Dieter Schiecke, Tom Becker, Susanne Walter, Ute Simon

Microsoft Office PowerPoint –
Das Ideenbuch für kreative Präsentationen

D1669381

Dieter Schiecke, Tom Becker, Susanne Walter, Ute Simon

Microsoft Office PowerPoint – Das Ideenbuch für kreative Präsentationen

2. Auflage, jetzt für PowerPoint 2000 bis 2007

Dieter Schiecke, Tom Becker, Susanne Walter, Ute Simon: Microsoft Office PowerPoint –
Das Ideenbuch für kreative Präsentationen, 2. Auflage
Microsoft Press Deutschland, Konrad-Zuse-Str. 1, 85716 Unterschleißheim
Copyright © 2009 by Microsoft Press Deutschland

15 14 13 12 11 10 9 8 7 6 5 4 3 2 1
11 10 09

ISBN 978-3-86645-525-2

© Microsoft Press Deutschland
(ein Unternehmensbereich der Microsoft Deutschland GmbH)
Konrad-Zuse-Str. 1, D-85716 Unterschleißheim
Alle Rechte vorbehalten

Fachlektorat und Korrektorat: Frauke Wilkens, München
Satz und Layout: Gerhard Alfes, mediaService, Siegen (www.media-service.tv)
Umschlaggestaltung: Hommer Design GmbH, Haar (www.HommerDesign.com)
Gesamtherstellung: Kösel, Krugzell (www.KoeselBuch.de)

Inhaltsverzeichnis

Vorwort

Noch ein PowerPoint-Buch?

Es gibt zahlreiche Bücher zum effektiven Umgang mit Microsoft Office PowerPoint, und es gibt Ratgeber-literatur, wie Sie Präsentationen konzipieren und erfolgreich vortragen. Wir wissen nicht, ob Sie bereits solche Bücher gelesen haben. Wir wissen aber, dass viele Anwender sich folgende Frage stellen: Wie schaffe ich es, Informationen auf einen Blick zu transportieren, die Präsentation professionell zu gestalten – kurz: Wie erstelle ich eine gelungene PowerPoint-Präsentation?

Wir haben uns entschieden, in diesem Buch etwas aufzuschreiben, was wir selbst schon lange in Büchern zu PowerPoint finden wollten: Visualisierungslösungen für professionelle Businesspräsentationen. Insofern ist es nicht ein weiteres PowerPoint-Buch, sondern ein Buch zum kreativen und zuschauerorientierten Umgang mit PowerPoint.

Warum jetzt eine Neuauflage?

Als Dieter Schiecke und Tom Becker im April 2005 in einem Mainzer Café zum ersten Mal das Projekt zu diesem Buch diskutierten, konnten beide nicht ahnen, dass es zum erfolgreichsten PowerPoint-Buch avancieren würde. Inzwischen sind mehr als vier Jahre vergangen, PowerPoint 2007 hält auf vielen Computern Einzug, und damit stand ein umfassendes Update des Buches auf der Tagesordnung.

Wo liegt der Nutzen des Buches oder sind PowerPoint-Anwender anders?

Ja, das sind sie! Denn im Unterschied zu Word, Excel oder Outlook verwenden sie PowerPoint viel seltener. Logisch, denn die wenigsten von uns müssen täglich etwas präsentieren. Damit sind Fähigkeiten und Erfahrungen im Visualisieren weniger ausgeprägt. Da verwundert es nicht, dass Anwender, die mit Power-Point vertraut sind, vor allem nach guten Ideen suchen, um Informationen und Gedanken optisch aufzu-bereiten.

Hier in diesem Ideenbuch werden Sie fündig! Egal ob Sie eine viel beschäftigte Sekretärin, ein unter Zeit-druck stehender Manager oder ein anspruchsvoller Gestalter sind: Beim Durchblättern dieses Buches erhal-ten Sie sofort Anregungen, und beim Lesen entdecken Sie neue Techniken für die Gestaltung, die Sie sehr wahrscheinlich sofort ausprobieren werden. Sie werden auf völlig neue Gestaltungsideen stoßen.

Das Beste: Auf der CD-ROM zum Buch können Sie sich bedienen und direkt eine der zahlreichen profes-sionellen Vorlagen in Ihre Präsentation einfügen.

Außerdem finden Sie in diesem Buch Tipps & Tricks, die wir in unserer PowerPoint-Praxis gesammelt haben und die wir an Sie weitergeben.

In jedem Fall benötigen Sie solide Grundkenntnisse in PowerPoint – das Ideenbuch ist und es ersetzt kein Handbuch für Einsteiger. Für Kapitel 9 benötigen Sie außerdem ein angeborenes Talent zum Zeichnen und Geduld. Falls eine der genannten Eigenschaften nicht auf Sie zutrifft, ist das kein Problem: Verwenden Sie einfach die fertigen Visualisierungsbausteine von der CD-ROM.

Das Wissen über eine PowerPoint-Version hat eine geringe Halbwertszeit. Dieses Buch ist in weiten Teilen versionsunabhängig und enthält Gestaltungsideen und Tipps, die auch in künftigen PowerPoint-Versionen Gültigkeit besitzen werden.

Wie ist dieses Buch aufgebaut?

Wir gehen nicht davon aus, dass jemand dieses Buch von vorn nach hinten durcharbeitet. Lesen Sie es, wie Sie wollen und springen Sie nach Belieben zu einem Thema, das Sie gerade interessiert. Holen Sie sich anhand der zahlreichen Abbildungen Anregungen für die eigene, kreative Arbeit an Ihren Präsentationen. Das Buch beginnt beim Thema ansprechend gestaltete Textfolien, führt über Lösungen zur Darstellung von Strukturen und Abläufen, Tabellen und Diagrammen bis hin zur Verwendung von Fotos, Landkarten, Flaggen und Piktogrammen. Sie finden Ideen für Präsentationen mit Navigation, Interaktion und Animation. Am Ende dieser Neuauflage gibt es drei Zusatzkapitel exklusiv zu PowerPoint 2007.

Jeder »Ideen«-Abschnitt enthält neben den Beispielen auch Anleitungen zum Nachbauen. Hervorhebungen im Layout des Buches machen Sie auf Tipps, Hinweise und Beispiele auf der CD-ROM aufmerksam.

Tolle Lösungen entstehen durch Teamarbeit: Hier die Akteure dieses Buches

Dieter Schiecke arbeitet als Berater, Trainer und Fachautor für Microsoft Office-Produkte und hat sich dem Thema Präsentieren verschrieben. Als Chefredakteur der Monatszeitschrift »PowerPoint aktuell« und Initiator des Community-Portals »PowerPoint-User« (*www.ppt-user.de*) ist er ständig mit den Anwendern in Kontakt und kennt deren Bedürfnisse. Er legt besonderen Wert darauf, auch komplexe und umfangreiche Informationen zunächst inhaltlich auf den Punkt zu bringen und erst dann optisch ansprechend aufzubereiten. Sie sehen ihn in den Sendungen von PowerPoint-TV (*www.ppt-tv.de*) und erreichen ihn unter *ds@ppt-user.de*.

Tom Becker ist Designer und Mitbegründer der Multimedia-Agentur INSCALE (*www.inscale.de*). Als ein Meister im Umgang mit Farbe, Licht und Schatten und perspektivischer Darstellung zaubert er allein mit den Bordmitteln von PowerPoint grafisch anspruchsvollste Schaubilder. Seine langjährigen Erfahrungen bei der Betreuung von Kunden aus dem Bank- und Finanzsektor sowie aus der Industrie setzt er seit 2007 erfolgreich in Deutschlands größtem Downloadportal zu PowerPoint *www.PresentationLoad.de* um. Sie erreichen ihn per E-Mail unter *becker@inscale.de*.

Susanne Walter unterstützt als Spezialistin für Vorlagen ihre Kunden bei der Umsetzung von Corporate-Design-Richtlinien in PowerPoint. Aus ihrer langjährigen Erfahrung beim Visualisieren von Businessdaten und Optimieren von PowerPoint-Folien kennt sie die Hürden, die Anwender beim Erstellen einer Präsentation meistern müssen. Sie entwickelt anwenderfreundliche Vorlagensysteme, die sie bei Bedarf mit firmenspezifischen Add-In-Lösungen zum Automatisieren von Routine-Aufgaben und CI-Sicherung erweitert. Leser von »PowerPoint aktuell« schätzen monatlich ihre kreativen Businesslösungen. Sie erreichen sie unter *www.pptx.de*.

Ute Simon erhält seit 2005 für ihr immenses Fachwissen und ihre unermüdliche Unterstützung für Anwender in Newsgroups und Foren jährlich von Microsoft die begehrte Auszeichnung »MVP« (Most Valuable Professional). Sie ist Microsoft Certified Trainer und arbeitet im IT-Training und -Support einer großen Werbeagentur. Sie hat dieses Buch PowerPoint 2007-fähig gemacht. Ihr Know-how zu PowerPoint gibt sie bei den jährlich stattfindenden PowerPoint-Anwendertagen (*http://powerpoint.anwendertage.de*) sowie als ständige Autorin von »PowerPoint aktuell« weiter. Sie erreichen sie unter *us@ppt-user.de*.

Besonderer Dank gilt Thomas Pohlmann von Microsoft Press und unserer Lektorin Frauke Wilkens, die uns bei diesem Buch unterstützt und beraten haben.

Wir freuen uns, dass wir exklusiv für die Leser des Buches auf der CD-ROM mehrere Ausgaben des Informationsdienstes »PowerPoint aktuell« (*www.powerpoint-aktuell.de*) in digitaler Form zur Verfügung stellen können. Auf der Buch-CD finden Sie ebenfalls eine Add-In-Sammlung von »Efficient Elements for presentations« (*www.efficient-elements.com*), die Ihren Umgang mit PowerPoint deutlich beschleunigen wird.

Profitieren Sie auch über dieses Buch hinaus von der Erfahrung der vier Autoren und entdecken Sie auf der Website zum Buch (*www.powerpoint-ideenbuch.de*) weitere attraktive und zeitsparende Lösungen sowie Tutorials zu kreativen Techniken, mit denen Sie Ihre Folien optisch klar und anspruchsvoll gestalten.

Wir sind gespannt auf Ihr Feedback zu diesem Buch. Senden Sie Ihre Anregungen und Kommentare an *info@powerpoint-ideenbuch.de*. Wir wünschen Ihnen viel Spaß beim Stöbern in diesem Buch und beim erfolgreichen Umsetzen der Ideen in Ihren eigenen Präsentationen.

Kapitel 1

Der Einstieg

Natürlich sind Sie als erfahrene Anwender von Microsoft PowerPoint gespannt darauf, welche Ideen Sie in diesem Buch finden, um einzelne Folien oder komplette Präsentationen attraktiver, übersichtlicher oder einfach nur einheitlicher zu gestalten.

Doch bevor Sie sich daranmachen, die Ideen anzuschauen und in Ihrer eigenen Arbeit anzuwenden, empfehlen wir Ihnen die Lektüre dieses Kapitels. Denn wir erleben häufig, dass selbst erfahrene Anwender Power-Point mit einer Oberfläche und mit Einstellungen benutzen, die alles andere als optimal sind. Wir möchten aber, dass Sie bestens vorbereitet sind, wenn Sie mit PowerPoint arbeiten. Deshalb haben wir in diesem ersten Kapitel unsere Ratschläge und Erfahrungen zu den folgenden drei Fragen für Sie zusammengefasst:

- Wie richte ich PowerPoint für mich optimal ein?

- Was muss ich im Vorfeld und beim Anfertigen einer Präsentation beachten, woran muss ich denken, was darf ich nicht vergessen?

- Welche Wirkung haben Schrift, Farbe und Layout für die Zuschauer und was kann ich daraus für die Gestaltung meiner eigenen Präsentationen schließen?

Keine Sorge, es erwarten Sie jetzt keine langen, theoretischen Regelwerke. Wir haben das Wichtigste für Sie auf wenigen Seiten zusammengefasst.

Bevor es losgeht: Richten Sie die Arbeitsumgebung von PowerPoint optimal ein

Bei jeder neuen Programmversion gibt es für die Anwender nicht nur Erweiterungen, sondern auch Ände-rungen in der gewohnten Bedienung. Doch auch ohne solche versionsabhängigen Änderungen ist es kei-neswegs leicht, alle Einstellmöglichkeiten von PowerPoint zu überblicken. Erfahren Sie am Beispiel von PowerPoint 2003 Schritt für Schritt, welche Einstellungen die Arbeit erleichtern und welche Optionen Sie besser abschalten sollten.

Sie können diese Schritte analog auch in PowerPoint 2002 und PowerPoint 2000 absolvieren. Die einzelnen Optionen stehen zwar teilweise an anderer Stelle oder haben andere Bezeichnungen, aber vom Prinzip her ist das Vorgehen gleich.

HINWEIS   In PowerPoint 2007 wurde die Menüstruktur der bisherigen Versionen durch ein neues Konzept der Benutzer-oberfläche ersetzt. Alle Befehle finden Sie nun auf der *Multifunktionsleiste* (oft auch mit dem englischen Begriff »Ribbon« bezeichnet). Diese Leiste ist viel weniger anpassbar als die alten Menüs. Ohne XML-Kenntnisse können Sie nur die Schnellzu-griffsleiste anpassen.

Zwar wurde die Aufteilung der Multifunktionsleiste nach ausführlichen Untersuchungen zum Arbeitsverhalten der Anwender entwickelt, doch wenn Sie intensiv mit PowerPoint 2007 arbeiten, werden Sie sich ab und an darüber ärgern, dass sich ein gerade gebrauchter Befehl auf einer anderen Registerkarte befindet. Das ständige Wechseln kostet Zeit und Nerven. Daher empfiehlt es sich, häufig benutzte Befehle an einer Stelle zu konzentrieren.

CD-ROM   Statt langer Erklärungen gehen wir hier einen anderen Weg: Wir zeigen Ihnen in einem Video, wie Sie die Schnellzugriffsleiste anpassen können und welche Anpassungen sinnvoll sind. Die Datei *Schnellzugriffsleiste_in_2007_anpas-sen.wmv* finden Sie auf der CD zum Buch im Ordner *Zusatz\PowerPoint-TV*.

Die Arbeitsoberfläche sinnvoll einstellen

Nach dem ersten Start zeigt sich die Programmoberfläche von PowerPoint 2003 in horizontaler Richtung dreigeteilt: links die Registerkarten für Gliederung und Foliennavigation, in der Mitte die Folie und schließlich rechts der Aufgabenbereich.

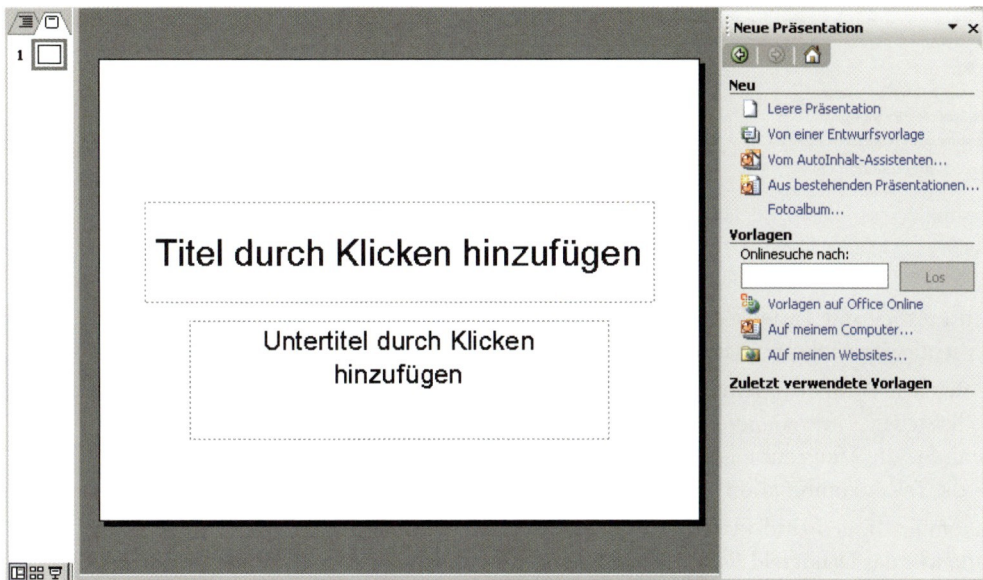

Abbildung 1.1 PowerPoint 2003 erscheint beim ersten Start zunächst mit einer dreigeteilten Arbeitsoberfläche

Viele Anwender empfinden die Anzeige des Aufgabenbereichs als eher störend, weil dadurch Platz verloren geht. Andere vermissen wichtige Symbole oder Menübefehle beim Aufklappen der Menüs. Nehmen Sie sich daher etwa fünf Minuten Zeit, um mit den nachfolgenden Schritten die Arbeitsoberfläche von PowerPoint zunächst einmal so einzurichten, dass Sie mit dem Programm effektiv arbeiten können.

Menüs und Symbolleisten konfigurieren

Was Ihnen wahrscheinlich zuerst auffällt, ist die unproduktive Anordnung der Symbolleisten in Power-Point. Sorgen Sie dafür, dass die beiden wichtigsten Symbolleisten – die für Standard- und die für Format-Befehle – nicht in einer Zeile zusammengequetscht werden. Erst wenn jede der beiden Symbolleisten in einer eigenen Zeile angeordnet ist, können Sie eine Reihe wichtiger Symbole sehen, die vorher im Verborgenen lagen.

Schalten Sie anschließend die Option aus, dass beim Öffnen der Menüs nur ein Teil der Befehle angezeigt wird. Das erspart Ihnen langes Suchen von Menübefehlen. Gehen Sie für beide Anpassungen wie folgt vor:

■ Wählen Sie *Extras/Anpassen* und wechseln Sie zur Registerkarte *Optionen*.

■ Versehen Sie die beiden ersten Kontrollkästchen mit einem Häkchen, also *Standard- und Formatsymbolleiste in zwei Zeilen anzeigen* sowie *Menüs immer vollständig anzeigen* (siehe Abbildung 1.2).

Abbildung 1.2 Sorgen Sie über *Extras/Anpassen* auf der Registerkarte *Optionen* dafür, dass die beiden wichtigsten Symbolleisten und die Menüs komplett angezeigt werden

Werden Sie Tastaturprofi

Wenn Sie Ihre Arbeit mit Tastenkürzeln noch schneller erledigen wollen, können Sie sich von Power-Point stets wichtige Tastenkombinationen anzeigen lassen.

Aktivieren Sie nach Wahl des Menübefehls *Extras/Anpassen* auf der Registerkarte *Optionen* ganz unten das Kontrollkästchen *Tastenkombinationen in QuickInfo anzeigen* (siehe Abbildung 1.2). Damit wird künftig, wenn Sie die Maus auf ein Symbol bewegen, neben der Beschreibung des Befehls auch – falls verfügbar – die Tastenkombination angezeigt.

Die Tastenkombinationen sind in PowerPoint 2007 weitgehend gleich geblieben. Rufen Sie über die *Office-Schaltfläche* das Dialogfeld *PowerPoint-Optionen* auf und aktivieren Sie in der Kategorie *Erweitert* in der Gruppe *Anzeigen* die Option *Tastenkombinationen in QuickInfos anzeigen*.

Die Optionen richtig einstellen

Nach dem Anpassen der Menüs und Symbolleisten fahren Sie mit der Einstellung der Optionen fort. Wählen Sie dazu bis PowerPoint 2003 *Extras/Optionen*, ab PowerPoint 2007 *Office-Schaltfläche/PowerPoint-Optionen/Erweitert*.

- Erhöhen Sie auf der Registerkarte *Allgemein* im Feld *Liste zuletzt geöffneter Dateien* die Zahl der Einträge auf *9* (bis PowerPoint 2003). Damit haben Sie künftig nicht nur die letzten vier, sondern die letzten neun bearbeiteten Präsentationen im Schnellzugriff. In PowerPoint 2007 ist der Maximalwert 50 bzw. so viele Dateinamen, wie auf dem verwendeten Monitor maximal angezeigt werden können. Diese Maximalzahl wird aber schnell unübersichtlich, in der Praxis bewährt haben sich Werte zwischen *17* und *25*.

- Auf der Registerkarte *Ansicht* deaktivieren Sie das Kontrollkästchen *Startaufgabenbereich* (siehe Abbildung 1.3). Der Aufgabenbereich erscheint noch früh genug, wenn Sie bestimmte Befehle aufrufen. Die Arbeitsoberfläche von PowerPoint erscheint jetzt nicht mehr drei-, sondern nur noch zweigeteilt.

TIPP   Der Aufgabenbereich gehört seit PowerPoint 2002 zu den Standardoberflächenelementen. Oft ist er jedoch eher störend, weil er unnötig Platz beansprucht. Das hat sich offenbar auch bei Microsoft herumgesprochen. Ab Version 2003 gibt es folgende Tastenkombination, mit der Sie den Aufgabenbereich je nach Bedarf schnell ein- und auch wieder ausschalten können: Strg + F1 .

In PowerPoint 2007 gibt es den Startaufgabenbereich nicht mehr, Strg + F1 minimiert bzw. maximiert hier die Multifunktionsleiste.

- Stellen Sie auch immer noch auf der Registerkarte *Ansicht* im Dropdown-Listenfeld unter *Standardansicht* Ihre bevorzugte Ansicht ein (siehe Abbildung 1.3). Wenn Ihnen die dort verfügbaren Einträge nicht reichen, schließen Sie dieses Dialogfeld. Konfigurieren Sie dann die Bildschirmbereiche so, wie Sie es wünschen, rufen Sie erneut *Extras/Optionen* auf und wählen Sie anschließend auf der Registerkarte *Ansicht* im Dropdown-Listenfeld unter *Standardansicht* den Eintrag *Die gespeicherte Ansicht aus der Datei*. Damit haben Sie maximale Flexibilität beim Bestimmen Ihrer favorisierten Ansicht.

Abbildung 1.3 Halten Sie sich Ihre Arbeitsumgebung frei, indem Sie das standardmäßige Einblenden des Aufgabenbereichs beim Start von PowerPoint ausschalten. Verbannen Sie bei einer Bildschirmpräsentation die oft störende Popup-Symbolleiste und legen Sie die von Ihnen favorisierte Standardansicht fest.

- Deaktivieren Sie auf der gleichen Registerkarte das Kontrollkästchen vor *"Popup-Symbolleiste" einblenden* (siehe Abbildung 1.3). Standardmäßig erscheinen bei einer Bildschirmpräsentation links unten vier Schaltflächen. Aber: Sie können jederzeit per Klick mit der rechten Maustaste im Kontextmenü alle erforderlichen Befehle aufrufen. Die Schaltflächen sind vor allem störend, wenn links unten die Foliennummer, ein Logo oder andere Informationen stehen.

- Wechseln Sie nun zur Registerkarte *Bearbeiten*. Deaktivieren Sie hier das Kontrollkästchen *Beim Markieren automatisch ganzes Wort markieren*. Nach dem Abschalten dieses Automatismus können Sie künftig auch einzelne Zeichen in einem Wort per Maus markieren, z.B. wenn Sie eine Zahl hoch- oder tiefgestellt formatieren wollen. Um ein Wort komplett zu markieren, reicht ein Doppelklick auf das Wort.

- Die Optionen unter *Neue Features deaktivieren* schalten Sie ein, wenn Sie mit Anwendern kompatibel sein müssen, die noch PowerPoint 97 oder 2000 einsetzen. Doch Achtung: Wenn Sie das Kontrollkästchen *Neue Animationseffekte* aktivieren (d.h. ein Häkchen setzen), können Sie die ab PowerPoint 2002 verfügbaren *Hervorgehoben*- und *Beenden*-Effekte sowie Animationspfade und Trigger nicht mehr nutzen.

- Zeigen Sie als Nächstes die Registerkarte *Rechtschreibung und Format* an. Deaktivieren Sie dort das Kontrollkästchen *Format überprüfen*. Wenn Sie dies nicht wollen, sollten Sie zumindest per Klick auf *Formatoptionen* auf der ersten Registerkarte die im deutschsprachigen Raum unübliche Regel deaktivieren, dass in Überschriften jedes Wort mit einem Großbuchstaben beginnen muss.

- Wechseln Sie im Dialogfeld *Optionen* zur Registerkarte *Speichern*. Deaktivieren Sie hier das Kontrollkästchen *Schnellspeicherung zulassen*. Das gerade bei längeren Präsentationsarbeiten erforderliche Zwischenspeichern erledigen Sie besser mit der Tastenkombination Strg + S oder per Klick auf die Schaltfläche *Speichern* in der Standardsymbolleiste. Die Schnellspeicherung lässt zum einen die Dateigröße erheblich anwachsen, zum anderen ist sie nicht selten Ursache dafür, dass Präsentationen später nicht mehr korrekt geöffnet werden können. Das Abschalten der Schnellspeicherfunktion ist ein Muss für alle Anwender, die längere Zeit für das Anfertigen einer Präsentation aufwenden. Auch Microsoft selbst empfiehlt in seiner Wissensdatenbank das Deaktivieren der Schnellspeicherung, um eine Fehlerquelle zu vermeiden.

Störende Korrekturautomatismen abschalten

Unbekannte Automatismen strapazieren gerade zu Beginn der Arbeit mit einer neuen Programmversion die Geduld der Anwender. Schaffen Sie hier wie folgt Abhilfe:

1. Bis PowerPoint 2003 zeigen Sie über *Extras/AutoKorrektur-Optionen* die Registerkarte *AutoKorrektur* an, ab PowerPoint 2007 finden Sie diese Registerkarte über *Office-Schaltfläche/PowerPoint-Optionen/Dokumentprüfung/AutoKorrektur-Optionen*. Deaktivieren Sie zunächst das Kontrollkästchen *Jeden Satz mit einem Großbuchstaben beginnen*.

2. Wechseln Sie dann zur Registerkarte *AutoFormat während der Eingabe* (siehe Abbildung 1.4). Hier sind die meisten Automatismen versammelt, die Anwender zur Verzweiflung bringen können. Lassen Sie nur die Kontrollkästchen für die folgenden Optionen aktiviert:

   - Bruchzahlen
   - englische Ordnungszahlen
   - Smileys und Pfeile
   - Internet- und Netzwerkpfade

Je nach Geschmack können Sie natürlich auch ganz oben die typografischen Anführungszeichen einschalten.

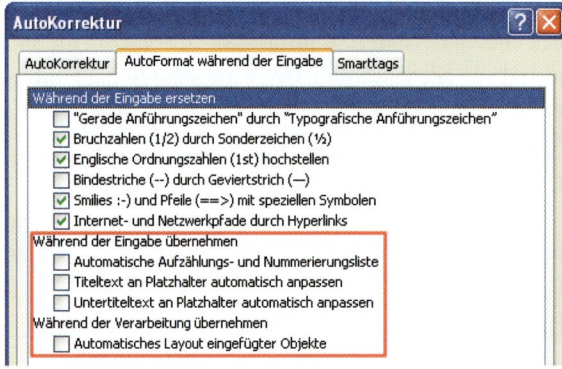

Abbildung 1.4 Die letzten vier Befehle in diesem Dialogfeld sorgen für den meisten Ärger bei den Anwendern; Sie sollten sie deshalb gleich zu Beginn der Arbeit mit PowerPoint deaktivieren

Alles unter Kontrolle: Checklisten zur Vorbereitung von Präsentationen

Die folgenden Checklisten sollen Sie bei der Planung, Durchführung und Veröffentlichung Ihrer Präsentationen unterstützen. Ganz gleich, ob Sie eine Versammlung oder Firmenkonferenz planen oder als Redner auftreten: Die einzelnen Punkte orientieren sich an der Praxis von Agenturen und Unternehmen und dienen als Leitfaden für die professionelle Vorbereitung und Durchführung von PowerPoint-Präsentationen.

Verwenden Sie eine Vorlage!

Klären Sie die folgenden Punkte in Ihrem Unternehmen ab und sichern Sie somit, dass das Corporate Design auch in Ihren Präsentationen eingehalten wird.

1. Gibt es eine offizielle *PowerPoint-Vorlage*? Wo ist diese verfügbar?

2. Bauen alle Präsentationen auch auf der *gleichen Vorlage* auf?

   Mit einer guten PowerPoint-Vorlage erreichen Sie zum einen eine einheitliche Außendarstellung Ihres Unternehmens. Sie soll dem Corporate Design entsprechen und ist ebenso wichtig wie eine professionelle Broschüre oder der Internetauftritt. Zum anderen werden mit einer einheitlichen Vorlage auch solche praktischen Aufgaben wie Änderungen an der Präsentation oder das Zusammenstellen von Folien aus unterschiedlichen Präsentationen wesentlich erleichtert.

3. Gibt es *Hausfarben* und gelten diese auch für Präsentationen?

   Verwenden Sie in Ihren Präsentationen stets ein einheitliches Farbschema. Stellen Sie sicher, dass es in der PowerPoint-Vorlage definiert ist. Legen Sie sich zur besseren Übersicht eine Seite an, auf der Sie alle zu verwendenden Farbwerte zusammenstellen.

4. Welche *Schriftarten* werden verwendet? Setzen Sie nur Standardschriften ein oder auch spezielle Hausschriften? Sind diese eventuell lizenzgeschützt oder gibt es Beschränkungen bei der Weitergabe der Präsentation? Sind in der PowerPoint-Vorlage die Schriftarten und Schriftgrößen genau festgelegt?

   Verwenden Sie Standardschriftarten in Ihrer Präsentation, die auf allen Systemen vorhanden sind, wie z.B. Arial. PowerPoint speichert Schriften standardmäßig nicht mit in der Datei. Daher kann es zu unschönen Darstellungsproblemen auf anderen Systemen kommen, wenn dort eine Schrift nicht installiert ist.

   Wenn Sie Präsentationen mit speziellen Schriften weitergeben wollen, speichern Sie diese vorher in der Präsentation mit ab. Wählen Sie dazu die Befehlsfolge *Extras/Optionen* und aktivieren Sie auf der Registerkarte *Speichern* das Kontrollkästchen *TrueType-Schriftarten einbetten* (siehe Abbildung 1.5). Diese Anweisung lässt allerdings die Dateigröße der Präsentation deutlich wachsen.

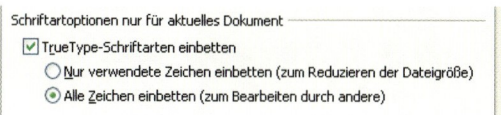

Abbildung 1.5 Über *Extras/Optionen* können Sie auf der Registerkarte *Speichern* Ihre Hausschriften zusammen mit der Präsentation speichern

5. Wenn Sie Office 2007 verwenden: Gibt es eine angepasste Vorlage für die neue PowerPoint-Version? Falls ja, sollten Sie diese unbedingt einsetzen, denn in den Bereichen Farben, Schriften, Effekte und Layouts hat es in der neuen Version einige Änderungen gegeben, die Sie nur mit einer angepassten Vorlage voll ausschöpfen können.

   Präsentieren Sie auf einem fremden Rechner, zum Beispiel bei einem Kunden oder auf einer Konferenz, sollten Sie vorher die verwendete PowerPoint-Version erfragen. Falls dort noch eine Version bis 2003 verwendet wird, speichern Sie Ihre Präsentation im kompatiblen Dateiformat für PowerPoint 97-2003 und testen sie möglichst auf einem Computer mit einer älteren Version.

Bereiten Sie die Präsentation systematisch vor!

1. Auf welchem Medium wird Ihre Präsentation gezeigt? Welches Seitenverhältnis ist dafür geeignet bzw. erforderlich? Erstellen Sie eine Beamer-Präsentation, eine selbstlaufende Präsentation für einen Plasmabildschirm oder werden die Inhalte der Präsentation nur ausgedruckt?

   PowerPoint verwendet normalerweise das Standardformat 4:3, das sich für Beamer- und Bildschirmpräsentationen eignet. Moderne Flach- und Plasmabildschirme arbeiten mit Seitenverhältnissen von 16:9, 16:10 oder 5:4. Sie können aber auch das Ausgabeformat für DIN A4 einstellen, um für einen Ausdruck die Blattgröße möglichst optimal auszunutzen. Je nachdem, für welches Medium Ihre Präsentation konzipiert werden soll, können Sie dafür eine eigene PowerPoint-Vorlage anlegen.

   Die Seiteneinstellungen finden Sie bis PowerPoint 2003 über *Datei/Seite einrichten*, in PowerPoint 2007 über *Entwurf/Seite einrichten*.

Präsentationsformat	Breite (in cm)	Höhe (in cm)
4:3 (Version 2000)	24,00	18,00
4:3 (Version 2002 und 2003)	25,40	19,05
16:9 (bis Version 2003)	33,86	19,05
16:9 (Version 2007)	25,40	14,29
16:10 (Version 2007)	25,40	15,87
5:4	23,81	19,05

Tabelle 1.1   Die Seiteneinstellungen für verschiedene Präsentationsformate

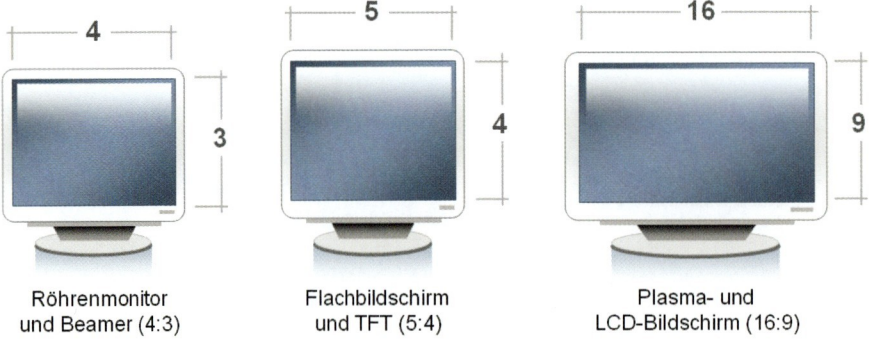

Röhrenmonitor
und Beamer (4:3)

Flachbildschirm
und TFT (5:4)

Plasma- und
LCD-Bildschirm (16:9)

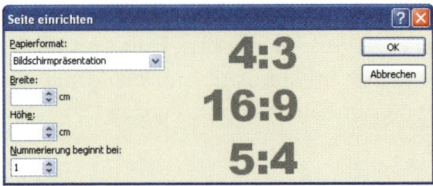

Abbildung 1.6   Egal welches Format Sie brauchen, legen Sie es unbedingt *vor* dem Anfertigen der Folien über die Befehlsfolge *Datei/Seite einrichten* bzw. *Entwurf/Seite einrichten* fest

2. Gibt es ein Grobkonzept oder ein Storyboard für die inhaltliche Gestaltung der Präsentation?

3. Stehen alle Informationen und Materialien zur Verfügung? Welche Abteilung liefert was und wann? Welche Daten und Inhalte müssen noch erstellt werden? Was ist schon vorhanden und kann wiederverwendet werden?

4. Kommen in Ihrer Präsentation immer wieder die gleichen oder ähnliche Informationen vor? Legen Sie für alle Inhalte, die Sie öfter verwenden, eine Sammlung an, in der Sie wiederkehrende Bausteine und Folien ablegen. Das spart Zeit und stellt sicher, dass Sie nichts suchen müssen.

5. Erstellen Sie die komplette Präsentation selbst? Wer ist für die grafische Umsetzung der Präsentationsinhalte verantwortlich? Beauftragen Sie einen Grafiker für die Gestaltung? Zahlreiche Designer und Agenturen haben sich auf das Erstellen professioneller PowerPoint-Präsentationen spezialisiert. Eine Liste von Dienstleistern in Ihrer Nähe finden Sie unter *www.ppt-user.de*.

6. Wie sind die Termine geplant? Bis wann muss die Präsentation fertiggestellt werden? Welche Verzögerungen sind zu erwarten? Wer kann Sie im Notfall unterstützen? Die Qualität Ihrer Präsentation sollte nicht darunter leiden, dass Sie nicht rechtzeitig fertig geworden sind.

Achten Sie auf diese praktischen Details!

Sind die Vorbereitungen getroffen, geht es an das praktische Erstellen der Präsentation. Dabei sind Sie mit einer Reihe sehr konkreter Fragen konfrontiert, um die Gestaltung Ihrer Inhalte konsistent und professionell umzusetzen.

1. Prüfen Sie, ob alle Schriften und Schriftgrößen den Vorgaben der gewählten PowerPoint-Vorlage entsprechen. Verwenden Sie durchweg gleiche Schriftgrößen? Sind die Inhalte auch bei der Projektion per Beamer gut lesbar?

    Wenn Sie viele Inhalte auf einer Folie platzieren, lässt sich die gleiche Schriftgröße nicht überall einhalten. Versuchen Sie, möglichst immer die gleichen Schriftgrößen zu wiederholen. Benutzen Sie gegebenenfalls im Menü *Format* den Befehl *Schriftarten ersetzen*, um sicherzugehen, dass auch die richtigen Schriften verwendet werden (siehe Abbildung 1.7).

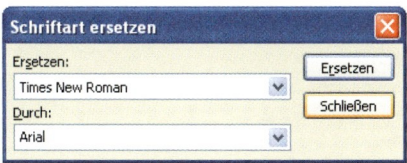

Abbildung 1.7 Mit nur wenigen Mausklicks sorgen Sie über dieses Dialogfeld für ein einheitliches Schriftbild

2. Haben Sie sich an die Farbskala gehalten? Gibt es Abweichungen? Falls ja, sind diese vertretbar?

    Wenn alle Farben in der Vorlage definiert sind, sollten sie auch durchgehend verwendet werden. Nutzen Sie die Funktion *Format übertragen*, um Farbwerte auszutauschen, die nicht in der Vorlage definiert sind. Mehr zum Thema Farbskala lesen Sie im Abschnitt »Mit Farbe die Informationsaufnahme steuern« weiter hinten in diesem Kapitel.

3. Verwenden Sie Bilder in Ihrer Präsentation? Sind alle Lizenzrechte geklärt? Liegen die Bilder in ausreichender Qualität und Auflösung vor?

    Im Internet gibt es zahlreiche Bilddatenbanken, um günstig oder sogar kostenlos an Bilder zu kommen, die Sie in Ihren Präsentationen verwenden können (mehr zu diesem Thema finden Sie in Kapitel 8 bzw. in der Datei *Bildquellen.pdf*, die sich im Ordner *\Zusatz\Tipps* auf der CD-ROM befindet).

4. Sind die Folienübergänge für alle Seiten gleich? Werden Bestandteile einzelner Folien animiert? Welche Animationseffekte werden verwendet? Werden diese automatisch oder manuell gesteuert? Benutzen Sie möglichst für alle Folien einen einheitlichen Übergangseffekt. Wählen Sie vorzugsweise Effekte, die weich überblenden. Dies wirkt ruhiger und gleichzeitig professioneller.

5. Verwenden Sie Multimedia-Inhalte wie Filme, Flash oder Sound? Stimmt die Qualität oder müssen diese Objekte nochmals angepasst werden? Sind alle Dateiformate mit PowerPoint kompatibel und werden sie problemlos dargestellt?

    Verwenden Sie für Sounddateien möglichst das MP3-Format. Testen Sie Filme auf unterschiedlichen Rechnern und stellen Sie sicher, dass ein Programm (Player oder Codec) zum Abspielen der Datei vorhanden ist.

    Bewährt hat sich für Videos das WMV-Format, das auf den meisten Windows-PCs abgespielt werden kann; auf Macs muss allerdings Zusatzsoftware installiert werden, empfehlenswert ist hier Flip4Mac (der Player ist in der Basisversion kostenlos): *http://www.telestream.net/flip4mac-wmv/overview.htm*

6. Sind Excel-Tabellen in Ihrer Präsentation eingebunden oder mit ihr verknüpft? Falls ja, passen diese zur Gestaltung Ihrer PowerPoint-Präsentation? In Kapitel 7 finden Sie einige Tipps, um das Aussehen Ihrer Excel-Tabellen zu verbessern.

Machen Sie die Präsentation für andere verfügbar!

Wenn Ihre Präsentation fertiggestellt ist, möchten Sie diese vielleicht ausdrucken, im Internet oder auf CD-ROM veröffentlichen und für andere Benutzer bereitstellen.

1. Soll die Präsentation ausgedruckt werden? Drucken Sie die Präsentation selbst aus oder beauftragen Sie einen Copyshop? Planen Sie genügend Zeit für den Ausdruck der Präsentation ein. Bedenken Sie, dass es keine Garantie für Farbechtheit gibt. Ein Testdruck ist immer empfehlenswert.

2. Bekommt jeder Teilnehmer ein Handout? Werden Handzettel mit mehreren Folien pro Seite oder Notizenseiten gedruckt? PowerPoint bietet verschiedene Möglichkeiten zum Drucken von Präsentationen. Nutzen Sie vorzugsweise die Optionen *Notizseiten* oder *Handzettel* mit *3 Folien pro Seite*, wenn die Teilnehmer Platz für eigene Notizen brauchen.

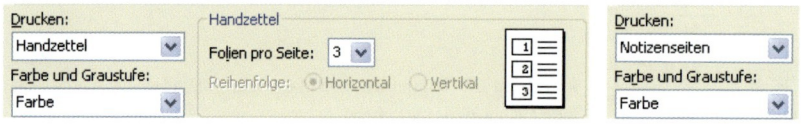

Abbildung 1.8 Für Handouts sollten Sie die Option *Handzettel* oder die Option *Notizenseiten* im Dialogfeld zum Befehl *Datei/Drucken* wählen

3. Soll Ihre Präsentation im Internet bereitgestellt werden? Wer stellt die Präsentation ins Internet? Welches Dateiformat wird dafür verwendet?

    Für das Veröffentlichen im Internet eignen sich PDF-Dateien besonders gut. Es gibt zahlreiche Programme, mit denen Sie eine PowerPoint-Präsentation in eine PDF-Datei konvertieren können. Für professionelle Zwecke empfiehlt sich ein Programm, das die PowerPoint-Präsentation mit allen Animationseffekten in das Flash-Format exportiert – z.B. mit *Camtasia Studio* (*www.techsmith.de*).

    Neu in PowerPoint 2007 ist die Option, direkt aus dem Programm heraus eine Präsentation im PDF-Format zu speichern. Damit erreichen Sie gleichzeitig einen einfachen Kopierschutz.

4. Soll die Präsentation auf CD-ROM verteilt werden?

   Es gibt die Möglichkeit, eine Datei auf einer CD-ROM automatisch zu starten, wenn diese in ein Laufwerk eingelegt wird. Am besten verwenden Sie hier die in PowerPoint 2003 verfügbare Funktion *Verpacken für CD* (Menü *Datei*).

5. Möchten Sie Ihre Präsentation per E-Mail versenden? Ist die Datei möglicherweise zu groß dafür?

   Es kann sein, dass Ihre Präsentation durch viele Bilder und Verknüpfungen schnell zu groß für den E-Mail-Versand wird. Dateianhänge von mehr als 3 MB werden bei vielen Unternehmen durch den Mailserver blockiert. Abhilfe schaffen Sie durch Komprimieren der Datei. Ab Version 2002 besteht die Möglichkeit, Bilder direkt in PowerPoint zu komprimieren. Außerdem gibt es mit *NXPowerLite* (*www.nxpowerlite.de*) ein Tool, mit denen Sie speicherintensive PowerPoint-, Word- oder Excel-Dateien im Handumdrehen »schlanker« machen.

Bereiten Sie die Technik für die Veranstaltung vor!

Da die Präsentation nicht unbedingt auf dem Rechner gezeigt wird, auf dem sie erstellt wurde, sollten Sie die folgenden Punkte beachten. Generell gilt: Machen Sie sich mit der Bedienung aller Geräte vertraut, die Sie während der Veranstaltung selbst verwenden, und prüfen Sie die Technik auf Funktionsfähigkeit!

1. Wird die Präsentation auf dem eigenen oder einem anderen Rechner gezeigt?

2. Wie wird die PowerPoint-Präsentation auf einen anderen Rechner übertragen? Speichern Sie die Präsentation auf einer CD-ROM oder einem USB-Stick ab. Nehmen Sie zur Sicherheit zwei Kopien auf unterschiedlichen Speichermedien zur Veranstaltung mit. Erkundigen Sie sich, welche PowerPoint-Version auf dem anderen Rechner installiert ist, und verwenden Sie das passende Dateiformat.

3. Welcher Beamer wird eingesetzt? Ist die Auflösung bekannt? Wie wirken die Farben auf dem Beamer? Testen Sie einige Seiten Ihrer Präsentation unbedingt vor der Veranstaltung auf dem jeweiligen Beamer. Farben, Helligkeit und Kontrast können von Gerät zu Gerät extrem unterschiedlich sein.

Schrift, Farbe und Layout zuschauergerecht einsetzen

Steht die Entscheidung für ein Produkt an, spielt auch dessen Verpackung eine Rolle. Bei Präsentationen ist das nicht anders: Neben gut formulierten Inhalten ist auch deren »Verpackung« für die Zuschauer wichtig. Deshalb finden Sie auf der CD zahlreiche Beispiele für die zuschauergerechte Verwendung von Schriften, Farben und Layout. Lesen Sie dort u.a. Tipps zu den folgenden Themen:

- Eine Präsentation als Lernprozess konzipieren
- Schriften sparsam einsetzen und Folien lesbar gestalten
- Mit Farbe die Informationsaufnahme steuern
- Mit Layout die Informationsaufnahme und -verarbeitung erleichtern

CD-ROM   Die Datei *Zuschauergerecht gestalten.pdf* finden Sie im Ordner *Zusatz\Tipps*.

Kapitel 2

Aus Texten mehr machen

Aufzählungslisten attraktiv und lesbar gestalten

Beginnen Sie dieses Kapitel mit einem Gedankenexperiment: Stellen Sie sich vor, Sie wollten einen Zeitungsartikel lesen. Ein Familienmitglied, das die Zeitung bereits gelesen hat, kommentiert genau diesen Beitrag. Können Sie gleichzeitig aufmerksam zuhören *und* lesen?

Das ist eine rhetorische Frage. Das menschliche Gehirn ist nicht dafür ausgelegt, gleichzeitig zu hören und zu lesen. Entgegen anderslautender Theorien gelingt übrigens auch Frauen dieses Kunststück nicht. Sie sind nur eher bereit, es trotzdem zu versuchen.

In der gleichen Situation befinden sich die Teilnehmer einer Präsentation. Sie müssen gleichzeitig den Worten des Vortragenden folgen und den Inhalt der Folie verarbeiten. Mit den Tipps in diesem Abschnitt erleichtern Sie Ihren Zuhörern diese Aufgabe und erstellen Textfolien, die auf einen Blick zu erfassen sind.

Übersichtliche Textfolien formulieren

Die übersichtliche Gestaltung einer Textfolie beginnt bei den Formulierungen. Hier einige grundlegende Anregungen:

- Verwenden Sie nach Möglichkeit nur einzeilige Überschriften und behalten Sie die voreingestellte Schriftgröße bei. Verwenden Sie einen Untertitel oder ein hervorgehobenes Fazit am unteren Folienrand, wenn der Platz nicht ausreicht, um die Aussage der Folie in einer Titelzeile treffend zusammenzufassen.

- Formulieren Sie schlag- und stichwortartig statt in vollständigen Sätzen.
  Ein Beispiel:
  »Hohe Verwaltungskosten erfordern Optimieren der Arbeitsabläufe« statt »Die hohen Verwaltungskosten machen eine Optimierung der Arbeitsabläufe erforderlich.«

- Formulieren Sie pro Aufzählungspunkt maximal zwei Zeilen Text. Vermeiden Sie bei zweizeiligen Texten sinnentstellende Trennungen.
  Ein Beispiel:
  Das Gesamtergebnis ist schön-
  gerechnet

- Achten Sie auf eine korrekte Gliederung und vermeiden Sie einzelne Unterpunkte, wenn Sie mehrere Textebenen einsetzen.

- Zeigen Sie pro Folie maximal so viele Aufzählungspunkte, wie Sie ohne Reduzierung der Schriftgröße unterbringen können. Prüfen Sie, ob Sie den Text kürzen können, wenn der Platz nicht ausreicht. Verwenden Sie gegebenenfalls ein zweispaltiges Textlayout oder verteilen Sie den Inhalt auf zwei Folien.

- Heben Sie Wichtiges farblich hervor.

- Silbentrennungen und das Formatieren als Blocksatz beeinträchtigen die Lesbarkeit des Textes. In den meisten Fällen können Sie einen unschönen Verlauf des rechten Randes durch geringfügiges Verkleinern der Breite des Textplatzhalters ausgleichen.

CD-ROM   Die Beispiele zu diesem Abschnitt finden Sie auf der CD-ROM zum Buch im Ordner *Buch\Kap02* in der Datei *TexteAttraktiv.ppt* bzw. in der Datei *TexteAttraktiv_2007.pptx*.

Abbildung 2.1 Knappe, stichpunktartige Formulierungen, farbliche Hervorhebungen und eine übersichtliche Absatzformatierung sorgen dafür, dass diese Folie auf einen Blick zu erfassen ist

Die Vorlage formatieren

Einheitliche Formatierungen auf allen Folien wirken optisch ansprechend und erleichtern die Orientierung. Für die einheitliche Gestaltung aller Aufzählungslisten sorgt die Formatierung des Textplatzhalters auf dem Folienmaster.

In der Standardvoreinstellung von PowerPoint ist der Folienmaster nicht optimal eingerichtet. Die Schriften sind größer als dies für moderne Beamer erforderlich ist, die Texteinzüge schließen nicht bündig und die Absatzformatierung bietet keine optische Struktur. Durch Optimieren dieser Voreinstellungen sorgen Sie für ein klares Bild.

Die Schriftgröße optimal einstellen

In PowerPoint 2003 rufen Sie den Folienmaster über die Befehlsfolge *Ansicht/Master/Folienmaster* auf. In PowerPoint 2003 stehen Ihnen nur der Folienmaster und ein Titelmaster zur Verfügung, die Layouts können Sie noch nicht anpassen.

In PowerPoint 2007 wechseln Sie auf der Registerkarte *Ansicht* in den *Folienmaster*. Das Konzept von Master und Layout hat sich in PowerPoint 2007 geändert. Nicht nur der Folienmaster, sondern auch die darauf basierenden Layouts können angepasst und ergänzt werden. Das größere Folienvorschaubild oben in der linken Übersichtsspalte steht für den eigentlichen Master, die kleineren Vorschaubilder darunter für die verschiedenen Layouts. Das Layout für die Titelfolie ist nun eines unter mehreren. Nehmen Sie Schriftanpassungen, die für die gesamte Präsentation und alle Layouts gelten sollen, deshalb immer auf dem Master selbst vor. Passen Sie erst danach bei Bedarf die Layouts an.

■ Reduzieren Sie den *Schriftgrad* der Titelzeile auf maximal *28*. Dies sieht nicht nur schöner aus, sondern bringt Ihnen auch genügend Platz, um aussagekräftige und einzeilige Überschriften zu formulieren.

- Passen Sie anschließend den *Schriftgrad* der Textebenen an, indem Sie den Schriftgrad der ersten Text-ebene gegenüber der Überschrift um 4 Grad verkleinern und für jede weitere Ebene um 2 Grad. Dadurch sind Überschrift und Text einerseits und die verschiedenen Textebenen andererseits optisch klar voneinander abgesetzt.

> **TIPP**   Das Dropdown-Listenfeld *Schriftgrad* in der Formatsymbolleiste oder im Dialogfeld zum Menübefehl *Format/Zeichen* (PowerPoint 2003) bzw. auf der Registerkarte *Start* oder in der Minisymbolleiste (PowerPoint 2007) stellt vordefinierte Werte zur Verfügung. Über dieses Listenfeld haben Sie aber auch die Möglichkeit, Zwischenwerte einzugeben.

- In den meisten Fällen wird es vollkommen ausreichend sein, wenn Sie die ersten drei Textebenen for-matieren. Für Inhalte einer vierten oder gar fünften Ebene ist kein Platz auf der Folie. Ausnahmen wären Folien, die nur als Tischvorlage genutzt werden und die sich ebenso in Word erstellen ließen.

Texteinzüge ausrichten

Wenn Sie Aufzählungstexte in PowerPoint 2003 gliedern, wird Ihnen möglicherweise schon aufgefallen sein, dass die Voreinstellung der Einzüge ab der zweiten Ebene nicht optimal ist. Das Aufzählungszeichen der zweiten Ebene müsste da beginnen, wo in der ersten Ebene der Text anfängt. Aber leider beginnt es deutlich weiter rechts. Doch das können Sie ändern:

- Blenden Sie gegebenenfalls über die Befehlsfolge *Ansicht/Lineal* das Lineal ein und setzen Sie den Cursor in den Textplatzhalter. Dann sehen Sie am linken Rand des Lineals die Marken, die die Einzüge definie-ren (siehe Abbildung 2.2).

  Die Marken am oberen Rand des Lineals bestimmen die Position des Aufzählungszeichens, die am unteren Rand die des Textes.

  Dabei kann die obere Einzugsmarke, die die Position des Aufzählungszeichens regelt, maximal auf glei-cher Höhe wie die untere Einzugsmarke stehen, nicht davor. Beim Verschieben der Einzugsmarken ist ein Raster vordefiniert, das normalerweise verhindert, dass sich die obere über die untere Einzugsmarke verschieben lässt.

- Doch dieses störende Raster können Sie außer Kraft setzen. Halten Sie die `Strg`-Taste gedrückt, wäh-rend Sie die obere Einzugsmarke mit der Maus nach links verschieben. Auf diese Weise können Sie den Einzug für die Aufzählungszeichen ab der zweiten Ebene so ändern, dass diese bündig zum Text der vor-herigen Ebene stehen.

In Abbildung 2.2 sehen Sie die Position der Einzugsmarken vor und nach dem Verschieben: links die Stan-dardeinstellung, rechts die Einstellung, bei der das Aufzählungszeichen der zweiten Ebene genau bündig unter dem Textbeginn der übergeordneten Ebene steht.

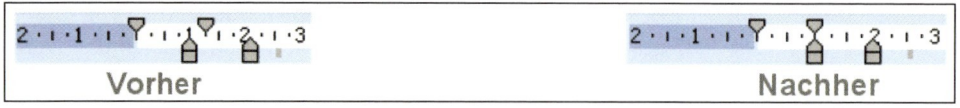

Abbildung 2.2   Mithilfe der `Strg`-Taste verschieben Sie die Einzugsmarken ohne einschränkendes Raster

Auch in PowerPoint 2007 ist es sinnvoll, das Lineal einzublenden, um die Einzüge kontrollieren und ändern zu können. Die oben beschriebene Einschränkung ist jedoch entfallen. Hier lassen sich die Einzüge für jeden Absatz getrennt verschieben. Das bedeutet jedoch auch: Wenn Sie auf einer Folie die Einzüge für mehrere Absätze gleichzeitig ändern wollen, müssen Sie alle betroffenen Absätze vorher markieren.

Absätze lesegerecht einrichten

In PowerPoint 2003 richten Sie Zeilenabstände und Absatzformatierungen ein, indem Sie die Befehlsfolge *Format/Zeilenabstand* wählen. Damit der Befehl verfügbar ist, muss der Cursor in einem Textplatzhalter oder Textfeld stehen.

Im Dialogfeld *Zeilenabstand* können Sie grundsätzlich wählen, ob Sie Zeilen- und Absatzabstand über *Zeilen* oder *Punkte* definieren möchten. Bei der Option *Punkte* handelt es sich um einen absoluten Wert. Sie ist dann sinnvoll, wenn Sie den Zeilenabstand unabhängig von der verwendeten Schriftgröße formatieren möchten. Wird der Zeilenabstand über *Zeilen* definiert, verhält er sich proportional zur Schriftgröße.

In PowerPoint 2007 klicken Sie auf der Registerkarte *Start* in der Gruppe *Absatz* auf den Dialogfeldstarter, um das Dialogfeld *Absatz* zu öffnen (siehe Abbildung 2.4). Hier können Sie den Abstand vor (oder nach) einem Absatz in Punkt *(pt)* eingeben. Der Zeilenabstand hingegen wird über das Maß *Zeilen* festgelegt.

Das Formatieren übersichtlicher Absatzblöcke wie in Abbildung 2.1 erreichen Sie mit der Einstellung unter *Vor einem Absatz*. Sie bestimmt den Abstand einer Textebene zum vorangegangenen Absatz. Wählen Sie für die erste Textebene einen Wert von *0,5 Zeilen* (bzw. *12 pt* bei Schriftgröße 24) oder höher und für alle folgenden Textebenen einen Wert von *0* bis maximal *0,2 pt* (bzw. *6 pt*) und die Option *Zeilen*.

| TIPP | Formatieren Sie Absätze immer über den Zeilenabstand und nicht über Leerzeilen, da diese beim Auslösen von Animationen zusätzliche Mausklicks erfordern. |

Abbildung 2.3 Mithilfe des Zeilenabstands formatieren Sie übersichtliche Absatzblöcke

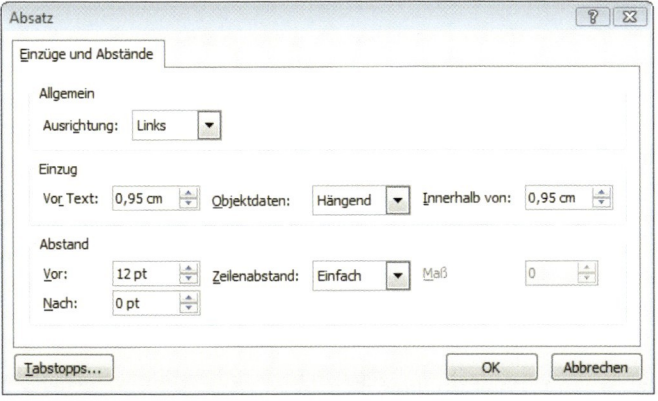

Abbildung 2.4 Noch mehr Komfort bei der Absatzformatierung in PowerPoint 2007

Besonderheiten beim Abschalten der Aufzählungszeichen für die erste Textebene

- Das Formatieren der ersten Textebene ohne Aufzählungszeichen hat zur Folge, dass die im Master definierten Aufzählungszeichen nicht angezeigt werden, wenn Sie nach der Eingabe des Untertitels per ⇥-Taste den Einzug vergrößern. Klicken Sie in diesem Fall auf die Schaltfläche *Einzug vergrößern*.

- Die Formatierung der ersten Textebene ohne Aufzählungszeichen wird auch für zweispaltige Textlayouts übernommen. Auch hier müssen Sie zunächst auf die Schaltfläche *Einzug vergrößern* klicken, damit die Aufzählungszeichen angezeigt werden.

- Wenn Sie den Objektbereich für AutoLayouts vergrößern, um den Untertitel unterhalb des Titels zu positionieren, wirkt sich dies auch auf alle anderen Folienlayouts aus und entspricht nicht mehr Ihrem Gestaltungsraster.

Symbolschriften und Bilder als Aufzählungszeichen verwenden

Über die Befehlsfolge *Format/Nummerierung und Aufzählungszeichen* bestimmen Sie in PowerPoint 2003 Art, Größe und Farbe des Aufzählungszeichens einer Textebene. Ein anderes als die voreingestellten Aufzählungszeichen können Sie auswählen, indem Sie im Dialogfeld *Nummerierung und Aufzählungszeichen* auf die Schaltfläche *Benutzerdefiniert* klicken.

In PowerPoint 2007 formatieren Sie Aufzählungszeichen und Nummerierungen über die entsprechenden Symbole in der Gruppe *Absatz* auf der Registerkarte *Start*. Mit dem Befehl *Nummerierung und Aufzählungszeichen* unterhalb der vorgegebenen Standardaufzählungszeichen bzw. -nummerierungen gelangen Sie zu den benutzerdefinierten Einstellungen.

Damit der Befehl verfügbar ist, muss der Cursor in einem Textplatzhalter oder Textfeld stehen oder es müssen ein bzw. mehrere Absätze markiert sein.

Symbolaufzählungszeichen nutzen

Im Dialogfeld *Symbol* stehen Ihnen die auf Ihrem Rechner installierten Schriften zur Auswahl eines Symbols zur Verfügung.

WICHTIG   Damit das ausgewählte Symbol auch auf einem anderen Rechner als Ihrem eigenen korrekt angezeigt wird, muss dort entweder die entsprechende Schrift installiert sein oder es muss die Symbolschrift in die Präsentation eingebettet werden. Wingdings ist die einzige Symbolschriftart, die wohl auf den meisten Windows-Computern anzutreffen ist.

Eigene Bildaufzählungszeichen zur individuellen Gestaltung erstellen

Anstelle von Symbolschriften können Sie auch Bilder als Aufzählungszeichen verwenden. Bildaufzählungszeichen, die zum Hintergrundbild der Folien passen, erstellen Sie am einfachsten, indem Sie Ausschnitte des Hintergrunds verwenden. Ab PowerPoint 2002 können Sie das wie folgt realisieren:

1. Zeichnen Sie das Aufzählungszeichen per *AutoForm* oder als Symbolschrift per *WordArt* auf die Folie.

In PowerPoint 2003 formatieren Sie es über die Befehlsfolge *Format/AutoForm* auf der Registerkarte *Farben und Linien* im Bereich *Ausfüllen* mit der Option *Farbe/Hintergrund*.

In PowerPoint 2007 klicken Sie auf der Registerkarte *Zeichentools/Format* auf den Dialogfeldstarter der Gruppe *Formenarten*. In der Kategorie *Füllung* wählen Sie die *Folienhintergrundfüllung*.

Durch Verschieben der AutoForm oder des WordArt-Objekts auf der Folie bestimmen Sie, welcher Ausschnitt des Hintergrundbildes im Aufzählungszeichen angezeigt wird.

Abbildung 2.5 Die Farbfläche einer AutoForm dem Folienhintergrund gleichsetzen (bis PowerPoint 2003)

2. Speichern Sie das so erstellte Bildaufzählungszeichen als Bild. Klicken Sie dazu mit der rechten Maustaste auf das Objekt und wählen Sie dann im Kontextmenü den Befehl *Als Grafik speichern*; legen Sie als Dateityp *PNG* fest.

3. In PowerPoint 2003 wechseln Sie über die Befehlsfolge *Ansicht/Master* zum Folienmaster, klicken Sie in die gewünschte Textebene und wählen Sie dann die Befehlsfolge *Format/Nummerierung und Aufzählungszeichen*.

   In PowerPoint 2007 klicken Sie auf der Registerkarte *Ansicht* auf *Folienmaster* und wählen Sie im Folienmaster die gewünschte Textebene. Klicken Sie auf der Registerkarte *Start* auf den Dropdownpfeil neben dem Symbol *Aufzählungszeichen* und dann auf *Nummerierung und Aufzählungszeichen*.

4. Klicken Sie auf der Registerkarte *Aufzählungszeichen* auf die Schaltfläche *Bild* und anschließend im Dialogfeld *Bildaufzählungszeichen* auf *Importieren*. Wählen Sie Ihr soeben als Bild gespeichertes Aufzählungszeichen aus und klicken Sie dann auf *Hinzufügen*.

5. Passen Sie abschließend im Dialogfeld *Nummerierung und Aufzählungszeichen* die Größe des Bildaufzählungszeichens passend zum Text an.

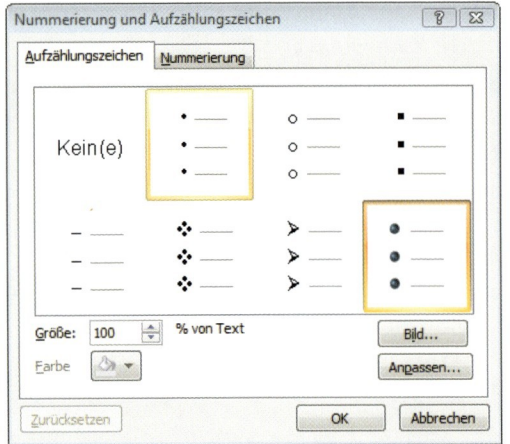

Abbildung 2.6 Klicken Sie auf die Schaltfläche *Bild*, um ein Bildaufzählungszeichen in die Präsentation zu importieren, und passen Sie anschließend die Größe des Bildes proportional zum Text an

PROFITIPP   Mithilfe der Grafikeffekte in PowerPoint 2007 können Sie nun ohne zusätzliches Grafikprogramm Halbkugeln wie in der Beispieldatei erstellen:

1. Zeichnen Sie mithilfe der Form *Ellipse* einen Kreis auf eine Folie. Halten Sie dabei die ⬒-Taste gedrückt, damit Höhe und Breite gleich werden.

2. Formatieren Sie ihn mit dem Formeffekt *Abschrägung* vom Typ *Kreis*.

3. Passen Sie Höhe und Breite der Abschrägung so an, dass sie jeweils dem halben Durchmesser entsprechen. Den Durchmesser können Sie auf der Registerkarte *Zeichentools/Format* ablesen. Die Standardmaßeinheit für die Abschrägung ist Punkt *(pt)*, Sie können aber Werte in Zentimetern verwenden, wenn Sie *cm* mit eintippen.

4. Wählen Sie über *Form formatieren* geeignete Einstellungen für *Material* und *Beleuchtung* aus. Achten Sie dabei darauf, dass die Aufzählungszeichen zum Stil Ihrer übrigen Grafiken passen.

5. Speichern Sie diese Grafik im PNG-Format und fügen Sie sie wie oben beschrieben ein.

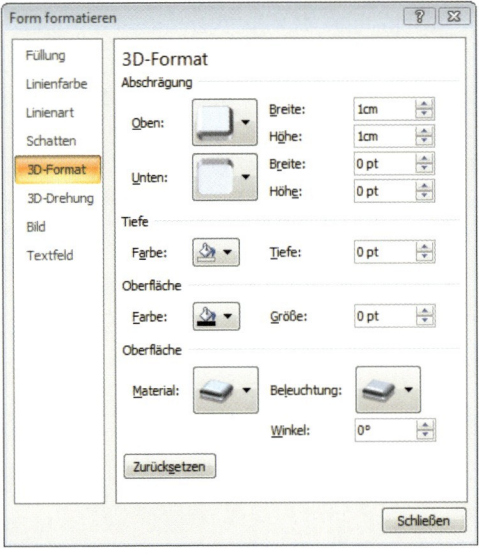

Abbildung 2.7   Mithilfe des *3D-Formats* können Sie in PowerPoint 2007 Halbkugeln zeichnen

Eigene Bildaufzählungszeichen mit Aussagewert erstellen

Neben der gestalterischen Wirkung können Bildaufzählungszeichen auch inhaltliche Aussagen transportieren. In Abbildung 2.8 sehen Sie, dass durch ein jeweils passendes Pfeilsymbol die Aussage wirkungsvoll unterstrichen werden kann.

Über die Befehlsfolge *Format/Nummerierung und Aufzählungszeichen* und einen Klick auf *Benutzerdefiniert* stehen in der Schriftart *Wingdings* zunächst vier Pfeile zur Verfügung. Doch diese reichen nur begrenzt aus, um Aussagen grafisch zu begleiten.

Wenn Sie weitere Pfeilsymbole benötigen, können Sie diese mit wenig Aufwand selbst herstellen – vorausgesetzt, Sie arbeiten mit PowerPoint ab Version 2002. In Abbildung 2.8 sehen Sie im unteren Teil der Folie zwei Beispiele dafür.

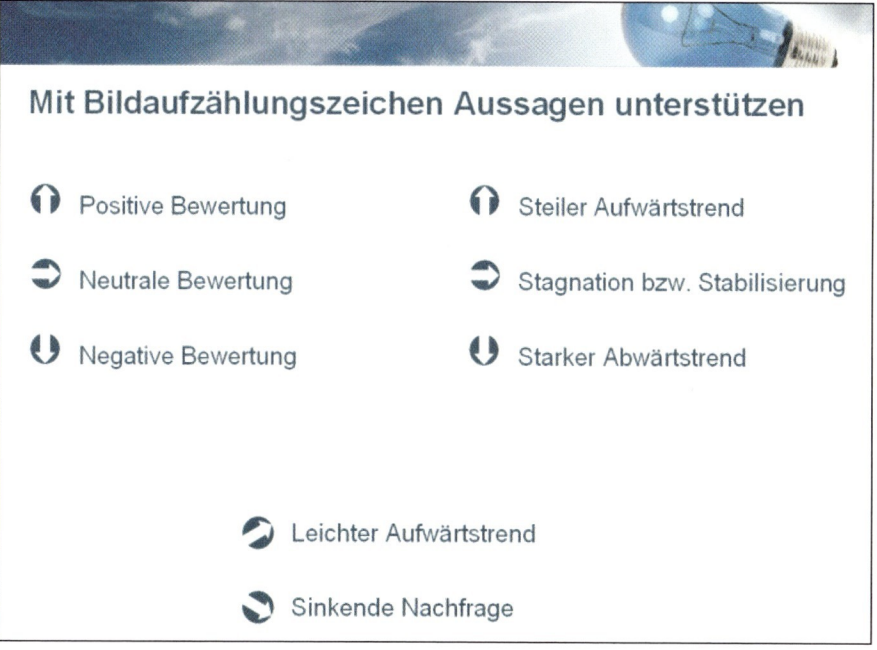

Abbildung 2.8   Die Bildsymbole mit Pfeil im oberen Teil der Folie gibt es in der Schriftart *Wingdings*, die anderen im unteren Folienteil erstellen Sie selbst mithilfe der AutoFormen *Ellipse* und *Blockpfeil*

Und so stellen Sie ein eigenes Pfeilsymbol her:

1. Fertigen Sie einen Kreis und einen von der Größe her passenden Blockpfeil in einer Kontrastfarbe an (beispielsweise in der Kombination Dunkelblau/Weiß).
2. Richten Sie Kreis und Pfeil mit den Befehlen *Horizontal zentrieren* und *Vertikal zentrieren* zueinander aus. Stellen Sie bei Bedarf den *Zoom* auf *400%* ein, um die Anordnung präzise zu steuern.
3. Fügen Sie beide Objekte zu einer Gruppe zusammen, indem Sie in der Symbolleiste *Zeichnen* im Menü zur Schaltfläche *Zeichnen* den Befehl *Gruppierung* wählen.
4. Fertigen Sie nun mehrere Kopien des gruppierten Objekts an und versehen Sie diese mit individuellen Drehwinkeln. Tipp: Beim freien Drehen bewirkt die ⬦-Taste, dass sich das Objekt im Intervall von je 15 Grad drehen lässt.

5. Klicken Sie mit der rechten Maustaste auf die gedrehten Objekte und wählen Sie dann im Kontextmenü den Befehl *Als Grafik speichern*. Als Grafikformat eignet sich hier *EMF* sehr gut.

6. Das so kreierte neue Pfeilsymbol können Sie anschließend über die Befehlsfolge *Format/Nummerierung und Aufzählungszeichen/Bild/Importieren* für die Präsentation verfügbar machen.

CD-ROM   Auf der CD-ROM zum Buch finden Sie im Ordner *\Buch\Kap02* zwei EMF-Dateien mit Pfeil-Aufzählungs-zeichen, die Sie für Ihre Präsentationen übernehmen können.

TIPP   Sie können bei Bedarf die beiden EMF-Dateien von der Buch-CD in PowerPoint umfärben (über die Schalt-fläche *Bild neu einfärben* in der Symbolleiste *Grafik* in PowerPoint 2003 bzw. auf der Registerkarte *Bildtools/Format* in Power-Point 2007) oder auch mit dem Befehl *Gruppierung aufheben* wieder in die beiden Einzelteile *Ellipse* und *Blockpfeil* auflösen.

Eigene Bildaufzählungszeichen aus Flaggen anfertigen

Hier noch ein Beispiel, bei dem Flaggen als Bildsymbole in Aufzählungslisten verwendet werden. Diesmal geht es darum, auf einer Folie Fakten zu zwei Ländern gegenüberzustellen – in diesem Beispiel Deutschland und Österreich. Für einen solchen Vergleich bietet sich natürlich ein zweispaltiges Layout an. Um nun die Zugehörigkeit der einzelnen Texte zum jeweiligen Land deutlicher zu machen, werden anstelle normaler Aufzählungspunkte kleine Flaggensymbole verwendet. Die Flagge selbst wird außerdem in deutlich sicht-barer Größe über bzw. hinter die Spalte gestellt. In Abbildung 2.9 und Abbildung 2.10 sehen Sie zwei mög-liche Darstellungsvarianten.

Abbildung 2.9   Ländervergleich mit klarer Trennung durch die beiden Spalten und einfacher Zuordnung durch die Flaggensymbole über den Spalten und bei den Aufzählungssymbolen

Abbildung 2.10 Ländervergleich mit aufgelockertem 2-Spalten-Layout; die Bildaufzählungszeichen haben hier mehr Wirkung, um die Zuordnung zu verdeutlichen

Bildaufzählungszeichen aus Flaggensymbolen erstellen

Auch für die in Abbildung 2.9 und Abbildung 2.10 gezeigten Bildaufzählungssymbole wurden wie oben beschrieben Bilder importiert.

CD-ROM   Auf der CD-ROM zum Buch finden Sie im Ordner *\Buch\Kap08* in der Beispielpräsentation eine umfangreiche Auswahl von Flaggendarstellungen, die Sie in Ihren Präsentationen einsetzen können, um geografische Sachverhalte oder Zugehörigkeiten sichtbar zu machen.

In Kapitel 8 stellen wir Ihnen weitere Beispiele für den Einsatz von Flaggensymbolen vor.

Bilder anstelle von Aufzählungszeichen nutzen

Sind nur wenige Aussagen vorhanden, kann jede von ihnen durch ein passendes Bild als »Bullet« aufgewertet werden. In Abbildung 2.11 sehen Sie dafür ein Beispiel. Natürlich erfordert das Suchen geeigneter Motive einige Zeit, aber bei wichtigen Folien ist dies ein Aufwand, der sich durchaus lohnt.

Abbildung 2.11   Jedes der drei Bilder symbolisiert die Aussage des Textes

Mit den neuen Grafikfunktionen von PowerPoint 2007 können Sie diesen Bildern zusätzliche Effekte verleihen.

Tipps, wie Sie passende Bilder finden, lesen Sie in Kapitel 8 bzw. in der Datei: *Bildquellen.pdf*, die sich im Ordner *\Zusatz\Tipps* auf der CD-ROM zm Buch befindet.

Rollender Euro: Bilder als animierte Aufzählungszeichen

In vielen Fällen geht es darum, eine Aussage auf den Punkt zu bringen. An die Stelle detaillierter Informationen müssen dann komprimierte Aussagen treten. Dass dabei die Attraktivität nicht leiden muss, zeigt das Beispiel aus Abbildung 2.12.

- Die Euro-Münze dient zum einen als Bildaufzählungszeichen.
- Zum anderen tritt sie als animiertes Objekt wirkungsvoll in Erscheinung.

Die Euro-Münze rollt vor dem Text her und zieht ihn in die Folie hinein. Die spezielle Layoutvariante und die attraktive Animation machen diese Folie zu einem »Hingucker« der Präsentation. Die Darstellung und die Animation eignen sich zur kurzen Schilderung eines Zustands oder für ein Fazit und machen auch Folien mit nüchternen Fakten und Zahlen attraktiv.

CD-ROM   Sie finden die zwei Beispiele mit dem rollenden Euro als Bildaufzählungszeichen auf den Folien 7 und 8 der Datei *TexteAttraktiv.ppt* bzw. Folien 8 und 9 der Datei *TexteAttraktiv_2007.pptx* im Ordner *\Buch\Kap02* auf der CD-ROM zum Buch.

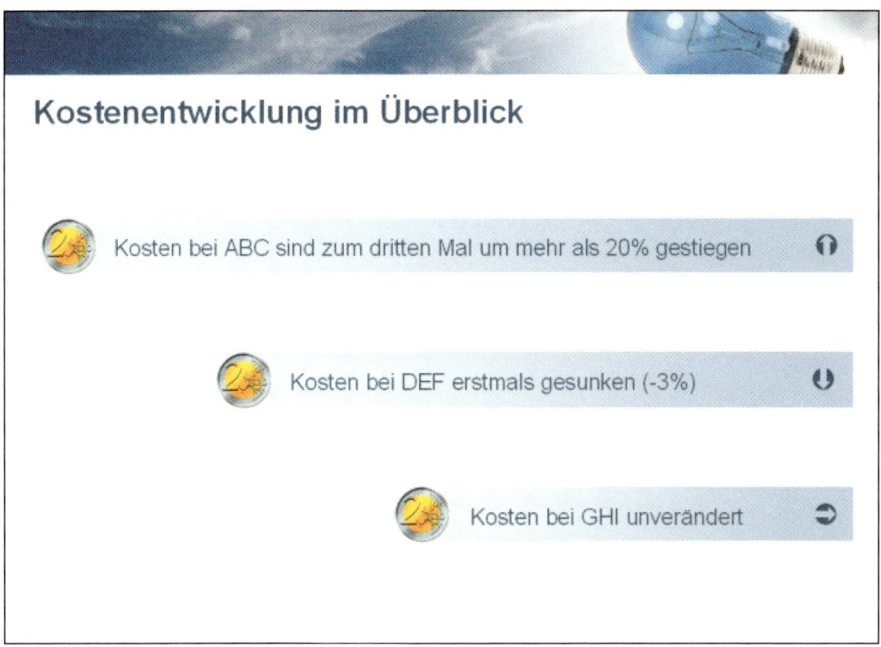

Abbildung 2.12   Die Euro-Münzen werden zusammen mit dem Text von rechts nach links in die Folie hineingerollt

Die erweiterte Zeitachse zum Abstimmen der Animationseffekte nutzen

Bei den beiden Beispielfolien mit dem rollenden Euro sind die Animationseffekte zeitlich genau aufeinander abgestimmt und erfolgen teilweise zeitgleich. Solche Möglichkeiten der zeitlichen Feinjustierung von Animationseffekten gibt es erst ab PowerPoint 2002. Sie erfordern Geduld beim Testen und natürlich einigen Zeitaufwand. Hilfreich ist dabei die Funktion *Erweiterte Zeitachse*. Mit ihr erhalten Sie eine grafische Darstellung der Beziehungen zwischen den Anfangs- und Endzeiten der Effekte; diese können Sie hier auch gleich ändern. In Abbildung 2.13 sehen Sie die *Erweiterte Zeitachse* für Folie 8 der Beispielpräsentation.

- Um die Zeitachse einzublenden, klicken Sie in der Liste der Effekte auf einen beliebigen Effekt und dann im Dropdownmenü des Effekts auf *Erweiterte Zeitachse anzeigen*.

Die horizontalen Felder stellen die Dauer der Effekte dar. Wenn Sie auf den Beginn einer Dauer zeigen, sehen Sie in der QuickInfo, wann der Effekt in Bezug auf die gesamte Animationsliste beginnt. Sie erfahren aber nicht nur, wann eine Animation beginnt, wie lange sie dauert und wann sie endet. Sie können per Maus die Balken auch nach Wunsch verschieben, verkürzen oder verlängern. So lassen sich beispielsweise schnell und einfach Verzögerungen einbauen oder Abläufe synchronisieren.

HINWEIS   In den orangefarbenen Balken können Sie nicht nur auf die Zehntelsekunde genau Animationseffekte aufeinander abstimmen. Die Balken verraten auch, wann und wie oft ein Effekt wiederholt wird. In Abbildung 2.13 sehen Sie beispielsweise, dass bei den Effekten mit vorangestelltem gelbem Sternsymbol (es steht für *Hervorgehoben*-Effekte, in diesem Fall für *Rotieren*) kleine senkrechte Unterteilungsstriche vorhanden sind. Sie geben Auskunft darüber, wie oft eine Animation wiederholt wird.

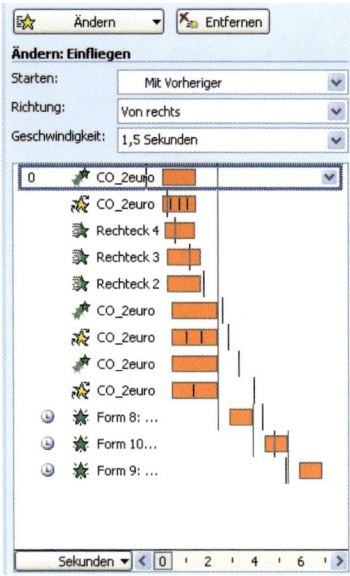

Abbildung 2.13 Die Einstellungen in der erweiterten Zeitachse sorgen auf Folie 8 der Beispielpräsentation für den richtigen Ablauf der einzelnen Animationseffekte

Sonderfall Zitate & Co. – Fließtext übersichtlich darstellen

Nicht jeder Text lässt sich in Aufzählungspunkte zerlegen. Nehmen Sie beispielsweise Fließtexte wie Zitate, die Philosophie eines Unternehmens oder die Kurzbeschreibung eines Produkts. Als Aufzählungslisten eignen sie sich nicht, aber als Fließtext wirken sie im vorgegebenen Layout meist eher unschön. In solchen Fällen ist es sinnvoll, vom üblichen Layout abzuweichen und den Text

- in anderer Darstellung (siehe Abbildung 2.14),
- vor einem Hintergrundmotiv (siehe Abbildung 2.15) oder
- vor einem einfarbigen Hintergrund zu zeigen.

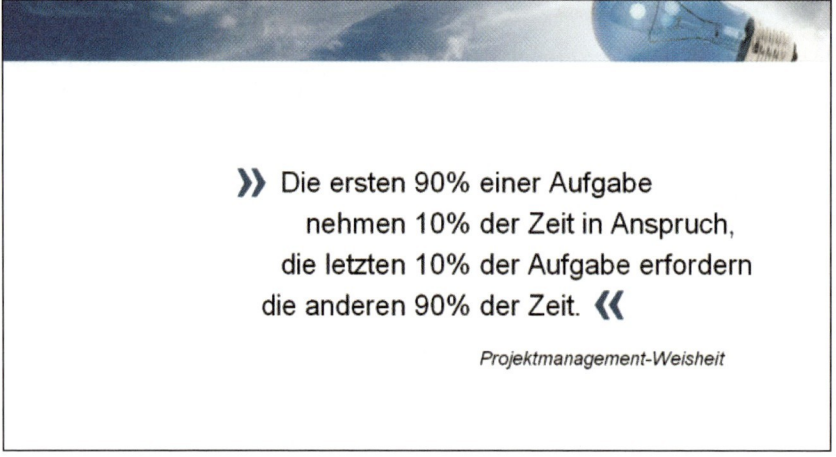

Abbildung 2.14 Ein abweichendes Layout für das Zitat und zwei Symbole, die es sichtbar »ankündigen«

Den Hintergrund für eine bestimmte Folie ändern

Um in PowerPoint 2003 einzelne Folien abweichend von der Vorlage zu gestalten, wählen Sie die Befehlsfolge *Format/Hintergrund* und aktivieren dann das Kontrollkästchen *Hintergrundbilder aus Master ausblenden.*

Um in PowerPoint 2007 einzelne Folien abweichend von der Vorlage zu gestalten, setzen Sie auf der Registerkarte *Entwurf* in der Gruppe *Hintergrund* ein Häkchen bei *Hintergrundgrafiken ausblenden.*

- Wenn Sie ein Bild als Hintergrund verwenden, können Sie die Lesbarkeit des Textes verbessern, indem Sie diesen mit einem halbtransparenten Rechteck hinterlegen. Ganz besonders schöne Ergebnisse erzielen Sie dabei mit einem halbtransparenten Verlauf, der das Rechteck über dem Bild weich ausblendet.

- Eine übersichtliche Formatierung erreichen Sie, indem Sie Sinneinheiten durch manuelle Zeilenschaltungen hervorheben.

- Alternativ zu einer zentrierten Ausrichtung von Zitaten können Sie auch Tabulatoren setzen. Blenden Sie dazu über die Befehlsfolge *Ansicht/Lineal* das Lineal ein und klicken Sie in das Textfeld. Setzen Sie dann die Tabulatoren. Durch die Kombination von rechts- und linksbündigen Tabulatoren erreichen Sie, dass jeweils ganz bestimmte Informationen einer Zeile exakt untereinander stehen (siehe Abbildung 2.15).

Abbildung 2.15 Zitate wirken im Standardlayout nicht sehr gut – eindrucksvoller ist ein passendes Bild als Hintergrund

CD-ROM   Die Beispiele für die Gestaltung von Zitaten finden Sie auf den Folien 12 bis 14 der Präsentation *TexteAttraktiv.ppt* bzw. 13 bis 15 in *TexteAttraktiv_2007.pptx* im Ordner *\Buch\Kap02* auf der CD-ROM zum Buch.

Zitate und bestimmte Fließtexte in farbige Flächen stellen

Nicht immer ist ausreichend Zeit vorhanden, um ein spezielles, zum Zitat passendes Hintergrundmotiv einzubauen oder das Layout zu verändern.

Aber wenige Handgriffe reichen, um ein Zitat in einer farbigen Fläche erscheinen zu lassen. Wenn Sie dann noch den Zeilenabstand beispielsweise auf den Wert *1,2* Zeilen einstellen, wird schon deutlich, dass es sich um einen besonderen Text handelt – und leichter lesbar wird er dadurch auch gleich.

So stellen Sie den Zeilenabstand ein:

In PowerPoint 2003 wählen Sie den Menübefehl *Format/Zeilenabstand* und geben den gewünschten Zeilenabstand in der Maßeinheit *Zeilen (ze)* ein.

In PowerPoint 2007 öffnen Sie auf der Registerkarte *Start* mit einem Klick auf den Pfeil rechts unten in der Gruppe *Absatz* das gleichnamige Dialogfeld und geben für *Zeilenabstand: Mehrere* den gewünschten Wert ein.

Bei den farbigen Flächen können Sie – in Abhängigkeit vom Hintergrund – durchaus auch mit der Farbe Weiß arbeiten. Wenn Sie mit der Textfläche beispielsweise ein Hintergrundmotiv so wie in Abbildung 2.15 etwas abdecken wollen, wirkt eine teilweise transparente Füllung der Textfläche besonders attraktiv.

- In PowerPoint 2000 können Sie über die Schaltfläche *Füllfarbe* in der Symbolleiste *Zeichnen* und den Befehl *Weitere Füllfarben* die Option *Halbtransparent* einstellen.

- In PowerPoint 2002, 2003 und 2007 stehen Ihnen weitaus differenzierte Möglichkeiten für das Erzeugen von Transparenzen zur Verfügung. Hier können Sie nicht nur Farbverläufe festlegen, sondern können auch bestimmen, wie durchsichtig die gewählten Farben sein sollen.

Exkurs 1: Transparenzen und Farbverläufe in PowerPoint 2002/2003

Die Farbverläufe gehören in PowerPoint seit Langem zum festen Repertoire der grafischen Möglichkeiten, wenn es darum geht, optische Effekte zu erzielen. Die Möglichkeit, ab Version 2002 bei einem Farbverlauf auch noch unterschiedliche Transparenzen einstellen zu können, ist eher unbekannt.

Rufen Sie über die Schaltfläche *Füllfarbe* in der Symbolleiste *Zeichnen* und den Befehl *Fülleffekte* das gleichnamige Dialogfeld auf. Farbverläufe stellen Sie auf der Registerkarte *Graduell* ein. Schauen Sie sich einmal genau die Einstellungen in Abbildung 2.16 an. Die Wahl eines Farbverlaufs, der aus zwei Farben besteht, ist zunächst nicht weiter bemerkenswert. Allerdings fällt auf, dass er mit Schwarz beginnt. Da aber für diesen ersten Farbton darunter im Feld *Transparenz* ein Wert von *100%* eingestellt ist, spielt die Wahl der Farbe hier gar keine Rolle. Mit anderen Worten: Als Startfarbe könnten ebenso Grün, Rot oder Blau eingestellt sein – es würde keinen Unterschied machen. Auch wenn der Hintergrund eine andere Farbe als Weiß aufweist.

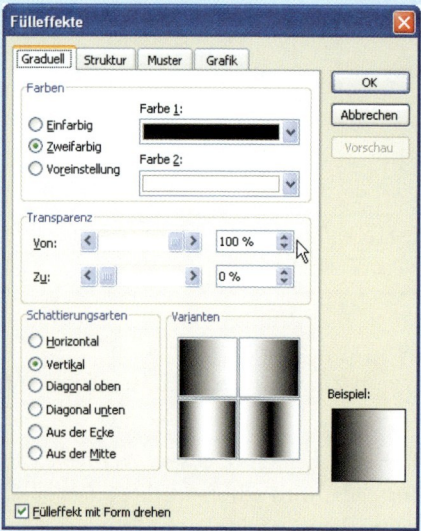

Abbildung 2.16 Mit diesen auf den ersten Blick möglicherweise seltsam erscheinenden Einstellungen für Farbverlauf und Transparenz sorgen Sie für professionelle Ergebnisse ▶

Ausgerüstet mit diesem Wissen können Sie sich neue Möglichkeiten der Gestaltung mit Transparenzen erschließen. Eine Gestaltungsvariante, die übrigens auch in einer Vielzahl von Zeitschriften und TV-Sendungen absolut »en vogue« ist.

Exkurs 2: Transparenzen und Farbverläufe in PowerPoint 2007

In PowerPoint 2007 sind die Einstellmöglichkeiten für Farbverläufe gegenüber den älteren Programmversionen nochmals erweitert worden.

Die schnelle Variante: Weisen Sie einer Form eine Füllfarbe zu. Klicken Sie anschließend erneut auf *Zeichentools/Format/Fülleffekt*. Unter *Farbverlauf* klappt dann ein Katalog mit je 13 hellen und dunklen Farbverläufen zur Auswahl auf (siehe Abbildung 2.17).

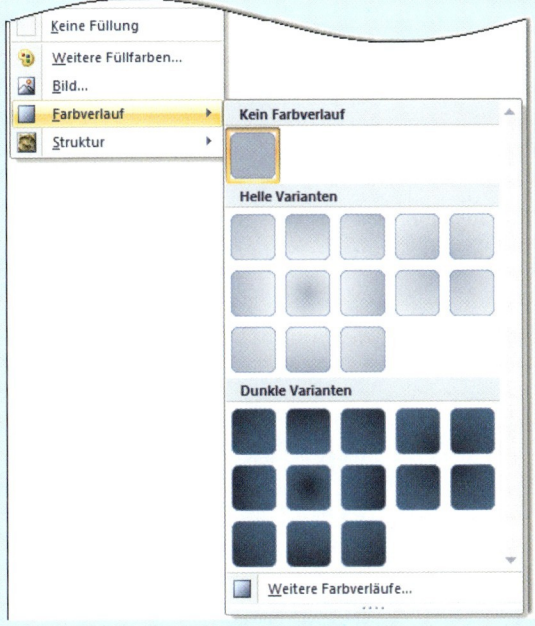

Abbildung 2.17 Voreingestellte helle und dunkle Farbverläufe für die schnelle Formatierung

Die umfangreichere Variante: Die Einstellmöglichkeiten für Farbverläufe entsprechen in der PowerPoint-Version 2007 fast denjenigen in professionellen Grafikprogrammen. Klicken Sie im oben genannten Katalog auf *Weitere Farbverläufe*. Es öffnet sich das Dialogfeld *Form formatieren* (siehe Abbildung 2.18).

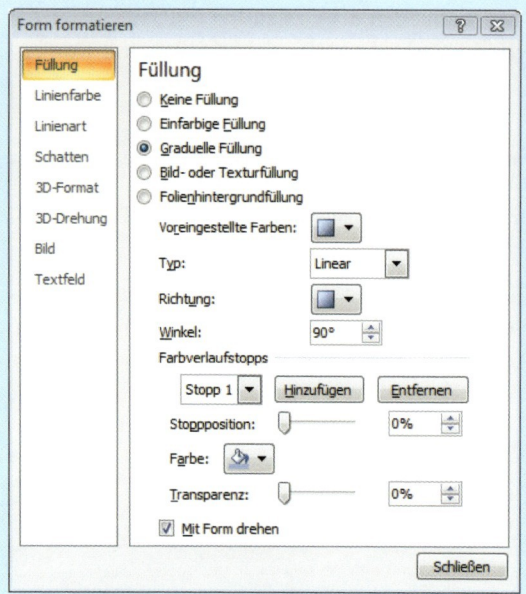

Abbildung 2.18 Professionelle Einstellmöglichkeiten
für Farbverläufe in PowerPoint 2007

1. Wählen Sie in der Kategorie *Füllung* die Option *Graduelle Füllung*.

2. Wählen Sie unter *Typ* die zu Ihrer Form passende Form aus.

3. Legen Sie *Richtung* und *Winkel* des Farbverlaufs fest.

4. Nun können Sie mit den *Farbverlaufstopps* das Aussehen des Farbverlaufs im Detail festlegen. Es sind bis zu zehn Stopps möglich.

Betrachten Sie das obere Beispiel in Abbildung 2.19. Dieser Balken hat nur zwei Farbverlaufsstopps: Blau links am Anfang (Stopp 1 = 0 %) und Rot rechts am Ende (Stopp 2 = 100 %). In der Mitte ergibt sich automatisch eine Mischfarbe, die schmutziggrau wirkt. Diese soll durch ein Violett ersetzt werden. Dazu wird ein weiterer Stopp bei 50 % eingefügt und diesem ein Violett als Stoppfarbe zugewiesen. Gleichzeitig wurden die beiden äußeren Stopps um 20 % zur Mitte verschoben, um so an den Enden des Balkens breitere einfarbige Bereiche zu schaffen.

Zusätzlich oder alternativ zu den Farbverlaufsfarben können Sie in diesem Dialogfeld auch die *Transparenz* einer Form stufenlos einstellen. Im unteren Beispiel der Abbildung 2.19 wurde allen fünf Stopps dasselbe Blau zugewiesen, aber mit unterschiedlicher Transparenz.

Diesen Effekt können Sie auch nutzen, um ein Hintergrundbild teilweise abzudecken und im nicht transparenten Teil der Form ein Zitat anzuordnen.

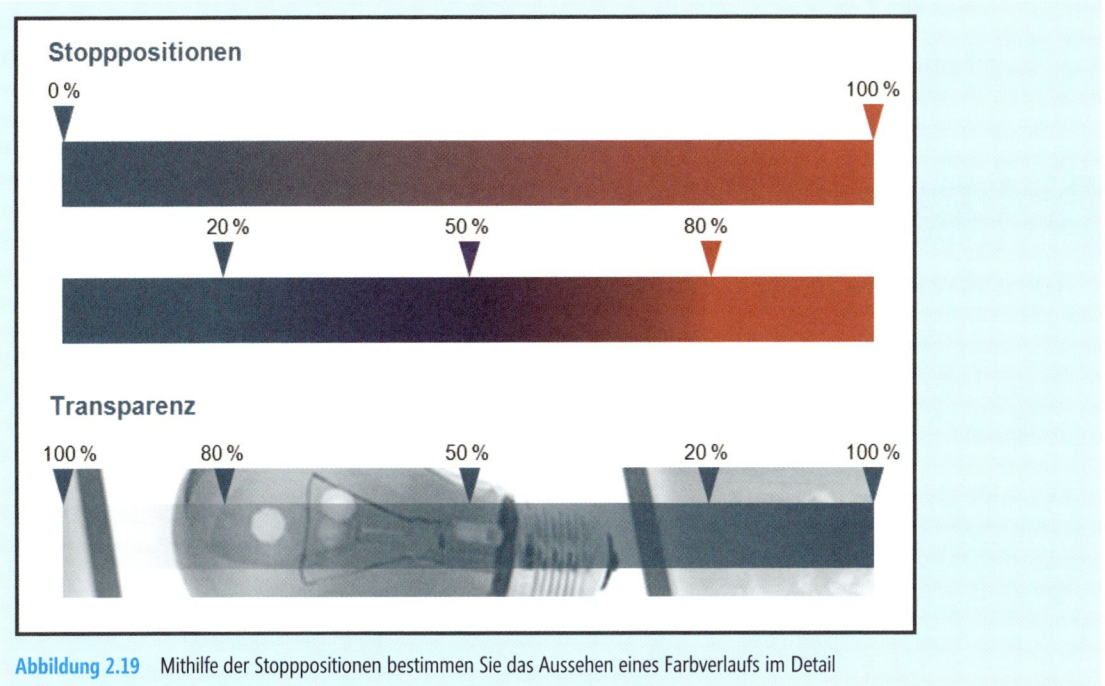

Abbildung 2.19   Mithilfe der Stopppositionen bestimmen Sie das Aussehen eines Farbverlaufs im Detail

Informationen reduzieren und wirklich auf den Punkt bringen

Textfolien dominieren die meisten Präsentationen. Doch in vielen Fällen würde es völlig ausreichen, wenn das Publikum dem Vortragenden zuhört und auf den Folien wirklich nur die Kernaussagen erscheinen, und zwar als visuelle Begleitung des gesprochenen Wortes und nicht – wie immer häufiger zu beobachten – als dessen Ersatz.

Übrigens: Je weniger Text auf einer Folie steht, umso weniger ist der Vortragende versucht, Folien vorzulesen. Und das Publikum seinerseits wird sich viel stärker auf den Vortragenden konzentrieren und ihn auch eindeutig als den Mittelpunkt des Vortrags erkennen und anerkennen.

Fallbeispiel 1: Eine Textfolie in Bilder verwandeln

An einem konkreten Beispiel können Sie selbst einmal nachvollziehen, wie aus einer Textfolie eine mehr oder weniger bildhafte Darstellung entstehen kann. Ganz bewusst stellen wir hier mehrere Varianten vor, die mit unterschiedlich großem Zeitaufwand zu realisieren sind. Denn oft sind Textfolien nicht unbedingt ein Zeichen für fehlende Kreativität, sondern für fehlende Zeit.

Mit AutoFormen den Text in eine bildhafte Darstellung integrieren

In Abbildung 2.20 sehen Sie eine der üblichen Textfolien, die als Aufzählungsliste gestaltet ist. Sie ließe sich angesichts der Überschrift in zwei Bereiche trennen: der eine für die kurzfristigen, der andere für die langfristigen Aufgaben. Doch wäre es dann immer noch eine Textfolie.

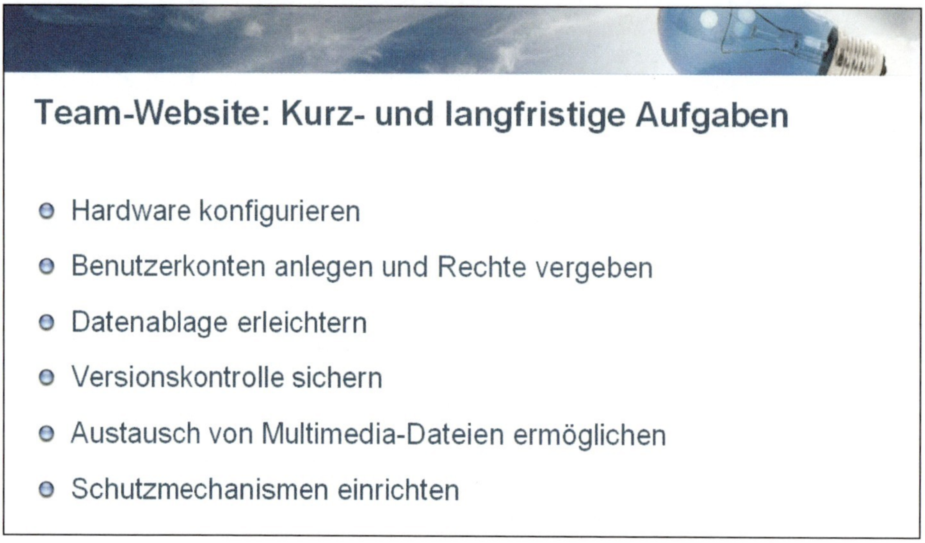

Team-Website: Kurz- und langfristige Aufgaben

- Hardware konfigurieren
- Benutzerkonten anlegen und Rechte vergeben
- Datenablage erleichtern
- Versionskontrolle sichern
- Austausch von Multimedia-Dateien ermöglichen
- Schutzmechanismen einrichten

Abbildung 2.20   Die Ausgangsfolie – eine ganz normale Textfolie mit Aufzählungssymbolen

Daher der Ansatz, die Texte in eine geeignete AutoForm einzubauen. Bei Aufgaben bietet sich der Gedanke an ein Blatt an.

In PowerPoint 2003 finden Sie die entsprechende AutoForm in der Symbolleiste *Zeichnen* über die Befehlsfolge *AutoFormen/Standardformen/Gefaltete Ecke*.

In PowerPoint 2007 klappen Sie auf der Registerkarte *Start* in der Gruppe *Zeichnung* den Formenkatalog auf und finden dort in der Kategorie *Standard* die *Gefaltete Ecke*.

1. Ziehen Sie eine solche AutoForm auf. (Nutzen Sie in PowerPoint 2007 die Formatierungsmöglichkeiten auf der Registerkarte *Zeichentools/Format*.)
2. Fügen Sie eine Linie hinzu und weisen Sie ihr über die Schaltflächen *Linienfarbe*, *Linienart* und *Strichart* in der Symbolleiste *Zeichnen* bzw. auf der Registerkarte *Zeichentools/Format* die passenden Formate zu.
3. Kopieren Sie diese Linie mehrfach und verteilen Sie die Linien auf dem Blatt mithilfe der Optionen im Untermenü zum Befehl *Ausrichten oder verteilen* im Menü zur Schaltfläche *Zeichnen*.
4. Setzen Sie Textfelder über die vorbereiteten Linien und geben Sie dort jeweils nur einen Begriff ein.

Diese Reduktion der Information ist nicht immer leicht, aber der Nutzen rechtfertigt den Aufwand. Das Komprimieren teilweise langatmiger Inhalte auf einen Begriff bietet für beide Seiten – Publikum und Vortragender – Vorteile:

- Das Publikum kann dem Vortragenden konzentriert zuhören und nimmt das eine Wort als zusätzlichen visuellen »Anker« auf.
- Der Vortragende erhält ein Stichwort, um den nächsten Gedanken auszuformulieren, erhält gleichzeitig den roten Faden und kommt definitiv nicht mehr in Versuchung, die Folieninhalte einfach abzulesen.

In Abbildung 2.21 und Abbildung 2.22 sehen Sie zwei Varianten für die Auflösung der reinen Textfolie in eine eher bildhafte Darstellung allein durch den Einsatz einer AutoForm.

Zusatznutzen: Erreichten Status als weitere Information einbauen

In beiden Varianten haben Sie durch die Häkchen am Anfang einer Zeile zusätzlich die Möglichkeit, erledigte Aufgaben zu kennzeichnen. Das Häkchen erhalten Sie wie folgt:

1. Klicken Sie in der Symbolleiste *Zeichnen* bzw. auf der Registerkarte *Einfügen* auf die Schaltfläche *Textfeld* und anschließend auf die Folie.
2. Lassen Sie den Cursor im leeren Textfeld blinken und rufen Sie die Befehlsfolge *Einfügen/Symbol* auf.
3. Stellen Sie im Dropdown-Listenfeld *Schriftart* die Symbolschriftart *Wingdings* ein.
4. Wählen Sie im Listenfeld mit den Symbolen der gewählten Schrift das Häkchen (ganz unten in der letzten Reihe).

In PowerPoint 2007 finden Sie das Textfeld auf der Registerkarte *Einfügen* in der Gruppe *Text*. In derselben Gruppe finden Sie auch *Symbol*.

Wenn Sie am Ende des Textaufbaus auf der Folie die Häkchen per Animationseffekt erscheinen lassen, geben Sie dem Publikum damit eine weitere, auf das Wesentliche reduzierte Information.

CD-ROM Sie finden die fertigen Lösungen auf den Folien 17 bis 19 der Beispielpräsentation *TexteAttraktiv.ppt* bzw. auf den Folien 19 bis 21 der Beispielpräsentation *TexteAttraktiv_2007.pptx* im Ordner *\Buch\Kap02* auf der CD-ROM zum Buch.

Die hier vorgestellte Art der Darstellung eignet sich übrigens auch für Checklisten, die häufig in Präsentationen anzutreffen sind.

Abbildung 2.21 Reduzierung der Texte auf je einen Begriff und Anordnung in einer AutoForm nach dem Vorbild einer Checkliste

Abbildung 2.22 Auch hier die Darstellung mit einem Notizblatt, aber diesmal stehen die Texte neben dem Blatt und es wurden Formatierungseffekte aus PowerPoint 2007 genutzt

Mit Animation mehr Wirkung erreichen und Interaktion unterstützen

Die in Abbildung 2.21 gezeigt Darstellung ist der vorhergehenden sehr ähnlich. Auch hier wird ein Notizblatt stilisiert. Der Vorteil dieser Variante ist, dass die einzelnen Texte vom Vortragenden besser per Stift angezeigt oder hervorgehoben werden können. Auch eine Animation der Texte ist in dieser Variante wirkungsvoller.

CD-ROM   Sie können die animierte und die nicht animierte Version dieser Folie in der Beispielpräsentation *TexteAttraktiv.ppt* auf den Folien 18 und 19 bzw. in der Beispielpräsentation *TexteAttraktiv_2007.pptx* auf den Folien 20 und 21 vergleichen.

Die Textfolie komplett in ein Bild umwandeln

Die dritte Variante schließlich stellt das Bildhafte in den Vordergrund und die Texte wirken hier noch stärker lediglich als Ergänzung. Eine Anordnung von Informationen als Mindmap ist eine attraktive Möglichkeit, Informationen zu visualisieren. Sie eignet sich immer dann, wenn es keine Hierarchie innerhalb der Informationen gibt. Die Reihenfolge bestimmen Sie über die Position innerhalb der Mindmap, die Sie im Uhrzeigersinn nacheinander aufbauen.

CD-ROM   Sie finden die fertige Lösung auf Folie 20 der Beispieldatei *TexteAttraktiv.ppt* bzw. auf Folie 22 in *TexteAttraktiv_2007.pptx* im Ordner \Buch\Kap02 auf der CD-ROM zum Buch. Dort können Sie sich auch anschauen, welche Art der Animation sich für den Aufbau der Mindmap eignet.

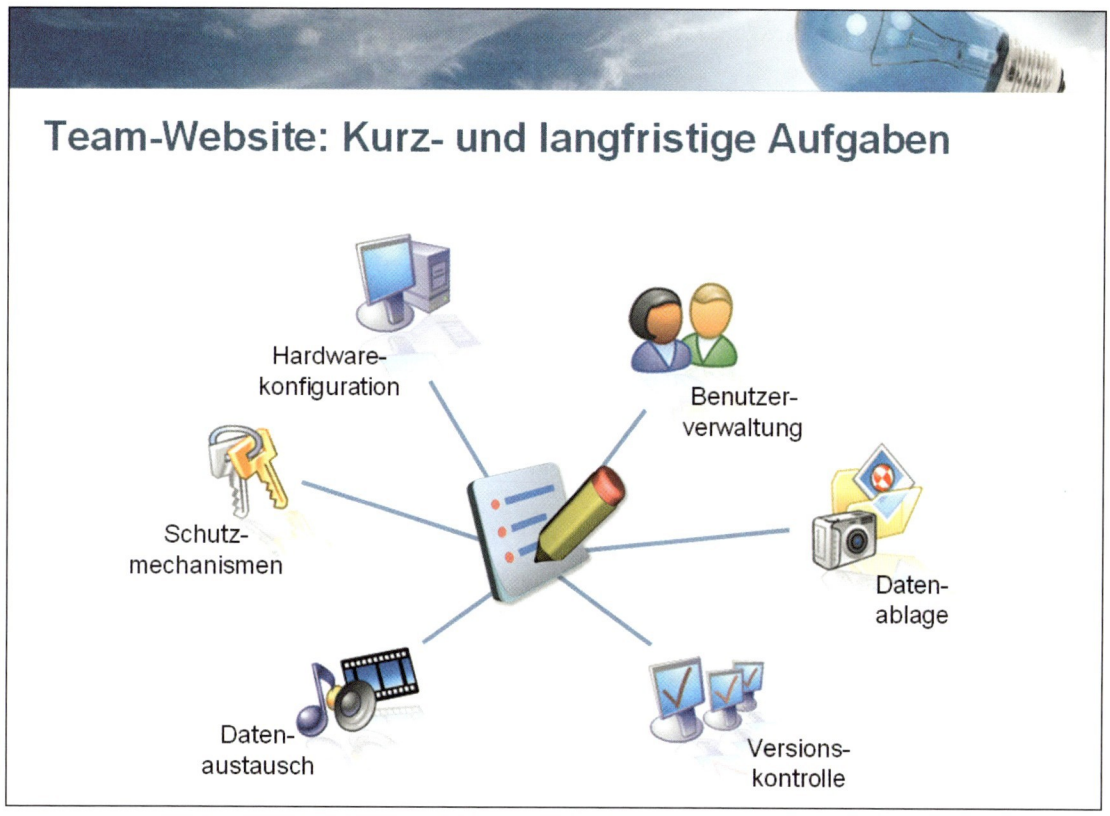

Abbildung 2.23 Die Anordnung der Aufgaben in Form einer Mindmap; durch die verwendeten Bilder und die Animation erhält die Folie einen völlig anderen Charakter im Vergleich zur Ausgangsfolie aus Abbildung 2.20

TIPP   Vielleicht denken Sie jetzt, dass die Suche nach passenden Symbolen langwierig sei. Doch in diesem Fall war es ganz leicht. Bis auf eine Ausnahme liegen alle in der Mindmap eingesetzten Symbole direkt auf Ihrer Festplatte. Vorausgesetzt, Sie arbeiten mit Windows XP und die Tour zu Windows XP ist installiert. Schauen Sie einmal im Ordner *C:\WINDOWS\Help\Tours\htmlTour* nach, denn dort finden Sie diese sowie viele andere Windows-typische Symbole.

SmartArt-Grafiken in PowerPoint 2007

Eine schnelle, neue Möglichkeit der Visualisierung stellen die SmartArt-Grafiken in PowerPoint 2007 dar. Dabei handelt es sich um 83 vorgefertigte Typen von Schaubildern, organisiert in sieben Kategorien. Damit wird es noch einfacher, Texte durch aussagekräftige Grafiken zu ersetzen.

Für eine mindmapartige Darstellung wie in Abbildung 2.23 eignet sich z.B. der Typ *Einfaches Radial* aus der Kategorie *Beziehung*. Zwei Möglichkeiten haben Sie, diese Darstellung einzufügen:

- Wandeln Sie eine vorhandene Stichwortliste in eine SmartArt-Grafik um. Dazu klicken Sie den Text mit der rechten Maustaste an und wählen *In SmartArt konvertieren*. Es klappt zunächst eine Übersicht über häufig genutzte Typen auf, wählen Sie unten *Weitere SmartArt-Grafiken*, um die komplette Liste zu sehen.

▶

- Oder fügen Sie eine leere SmartArt-Grafik ein (Registerkarte *Einfügen*) und füllen Sie diese anschließend mit Text.

In beiden Fällen erscheinen rechts in der Multifunktionsleiste die beiden kontextbezogenen Register-karten *SmartArt-Tools/Entwurf* und *Format*. Wählen Sie hier zunächst unter *Entwurf* die Farbgebung und Formatvorlage aus. Anschließend können Sie unter *Format* die Bestandteile der SmartArt wie von Formen gewohnt noch weiter formatieren.

Abbildung 2.24   Die Anordnung der Aufgaben mithilfe der SmartArt *Einfaches Radial*

Und während es bei Schaubildern, die Sie aus Formen selbst gezeichnet haben, sehr zeitaufwendig ist, eine Alternative auszuprobieren, ist dies bei SmartArts mit wenigen Mausklicks erledigt. Erstellen Sie eine Kopie Ihrer Folie, wechseln Sie zur Registerkarte *SmartArt-Tools/Entwurf* und klappen Sie den Katalog *Layouts* auf. Angezeigt werden Ihnen andere SmartArts derselben Kategorie. Wählen Sie aus diesen oder den weiteren Layouts eines aus. Die Livevorschau zeigt Ihnen, wie das Ergebnis aussieht – und ob es überhaupt funktioniert, denn die SmartArt-Layouts unterstützen unterschiedlich viele Ebenen und Elemente, hier ist ein wenig Ausprobieren angesagt.

Reichen die vorgegebenen SmartArt-Typen einmal nicht aus, können Sie die Auswahl durch vorge-fertigte oder individuell erstellte SmartArt-Vorlagen ergänzen. Eine Auswahl zusätzlicher SmartArt-Vorlagen können Sie z.B. von der Microsoft-Office-Online-Webseite herunterladen, leider bislang nur von der US-amerikanischen Version der Seite: *http://office.microsoft.com/en-us/templates/ CT101636101033.aspx*. Einige wenige Grafikdesigner haben sich bislang die zur Erstellung zusätz-licher SmartArts erforderlichen XML-Kenntnisse erarbeitet, im deutschsprachigen Raum finden Sie z.B. auf der Seite *http://www.pptx.de/vorlagen/smartart.html* einige Download-Dateien. Von dort stammt auch die SmartArt-Vorlage *MindMap* (siehe Abbildung 2.25). ▶

CD-ROM　　Auf der CD-ROM zum Buch finden Sie die fertige Lösung mit der MindMap-SmartArt auf Folie 24 der Beispieldatei *TexteAttraktiv_2007.pptx* im Ordner *\Buch\Kap02*. Dort finden Sie auch die SmartArt-Vorlage *MindMap.glox*.

Die heruntergeladenen SmartArt-Vorlagen tragen die Dateiendung *.glox*. Sie müssen im Unterordner *SmartArt Graphics* des Vorlagen-Ordnern abgespeichert werden. Unter Windows Vista ist dies: *Laufwerk:\Users\Benutzername\AppData\Roaming\Microsoft\Templates\SmartArt Graphics bzw. unter* Windows XP *Laufwerk:\Dokumente und Einstellungen\Benutzername\Anwendungsdaten\Microsoft\Templates\SmartArt Graphics*

Abbildung 2.25　　Die Aufgabenliste mit der individuell erstellten SmartArt-Vorlage *Mindmap* formatiert

Fallbeispiel 2: Zahlen auf den Punkt bringen

Zahlen sind nicht jedermanns Sache, schon gar nicht, wenn sich Anhäufungen davon auf einer Folie tummeln. Für Controller und andere »Zahlenmenschen« hingegen ist eine mit Zahlen überladene Folie kein Problem, denn sie sind aus der täglichen Arbeit den Umgang mit großen Listen von Zahlen gewohnt. Eines ist jedoch allen gemeinsam: Es geht nicht um Zahlen schlechthin, sondern um die Zahlen, die wichtig sind, die Zahlen nämlich, die eine Aussage oder Bewertung möglich machen.

Diese Zahlen zu finden, ist in der Tat eine Kunst. Sie dann zu zeigen, sollte eigentlich keine Kunst, sondern eher banal sein. Doch in der Realität werden Sie immer wieder Folien oder ganze Präsentationen sehen, in denen die wenigen wirklich wichtigen Zahlen nicht herausgearbeitet wurden. Sie gehen in langatmigen Textfolien unter, sie verschwinden im Gitternetz liebloser Tabellen und bestenfalls sind sie in einem Diagramm wiederzufinden.

Die Quartalsentwicklung für drei Standorte auf einen Blick sichtbar machen

An dem folgenden konkreten Beispiel können Sie selbst studieren, wie einfach es ist, Zahlen auf den Punkt zu bringen. Nutzen Sie die Zeit, in der andere komplette Textfolien beschreiben oder umfangreiche Tabellen erstellen, um auf einer oder zwei Folien Ihre wichtigen Zahlen tatsächlich zu präsentieren.

Die Aufgabe besteht darin, für drei Standorte den Umsatz des soeben abgelaufenen Quartals mit dem des vorhergehenden Quartals zu vergleichen. Bei einer solchen Aufgabenstellung interessiert zunächst nur die Frage: Gibt es ein Umsatzplus, Stagnation oder ein Umsatzminus? Fragen nach dem Wieviel und Warum kommen erst später. Warum also nicht diese erste Frage möglichst klar beantworten. In Abbildung 2.26 sehen Sie dafür eine mögliche Variante: drei Bilder, die aussehen, als seien sie einer Tabelle entnommen.

Wenn der Vortragende diese drei Schlüsselzahlen präsentiert, beginnt er vielleicht in der Mitte mit dem Umsatzrückgang, sagt dann etwas zum Spitzenergebnis für Standort 3 und blendet erst zum Schluss den Wert links ein. Wenn Zahlen auf diese Weise auf das Wesentliche reduziert und außerdem so prominent gestaltet werden, ist die Wahrscheinlichkeit erheblich höher, dass sich die Zuschauer die Zahlen bereitwillig anschauen und besser merken.

Abbildung 2.26   Keine Textfolie, keine Tabelle, kein Diagramm – einfach nur die pure, ungeschminkte Aussage

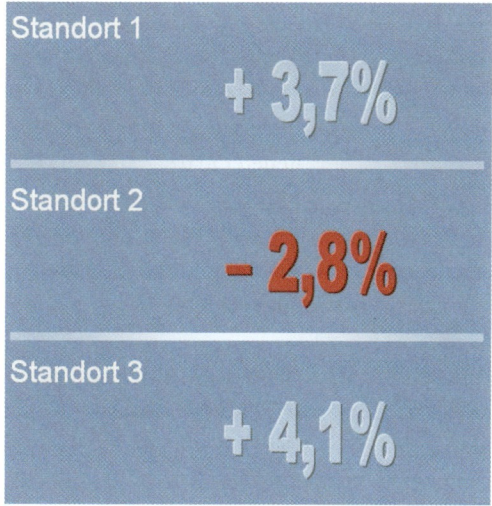

Abbildung 2.27 Die Zahlen sind diesmal nicht neben-, sondern untereinander angeordnet

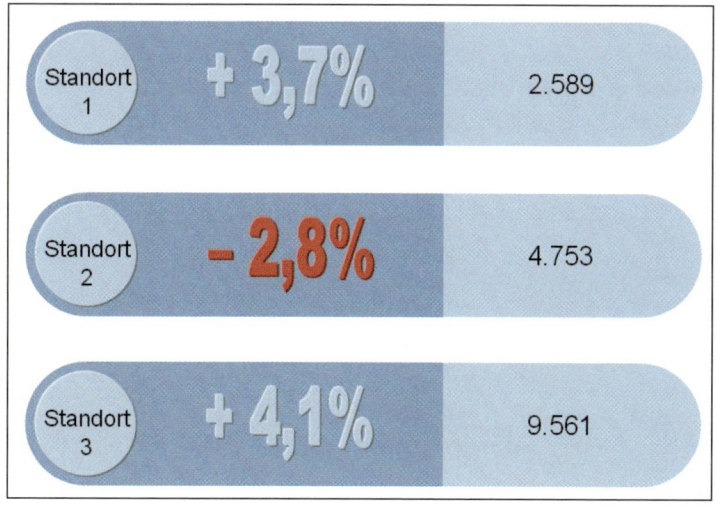

Abbildung 2.28 Neben der relativen Aussage in Prozent kommt in dieser dreispaltigen Anordnung der absolute Wert

CD-ROM   Sie finden die drei Darstellungsvarianten auf der CD-ROM zum Buch im Ordner \Buch\Kap02 in der Beispiel-datei *TexteAttraktiv.ppt* auf den Folien 22 bis 26 und in der Beispieldatei *TexteAttraktiv_2007.pptx* auf den Folien 26 bis 30. Hier können Sie auch im Detail nachsehen, wie die Informationen und AutoFormen aufgebaut und wie sie animiert sind.

Die drei Zahlenbilder Schritt für Schritt aufbauen

Die drei Zahlenbilder aus Abbildung 2.26 können Sie in PowerPoint und ohne Zugriff auf Drittprogramme anfertigen. Die Befehle und Funktionen, die Ihnen in der Symbolleiste *Zeichnen* zur Verfügung stehen, reichen hierfür völlig aus.

In Abbildung 2.29 sehen Sie, wie das Zahlenbild aufgebaut ist.

1. Das Objekt oben links wird bis PowerPoint 2003 aus drei AutoFormen zusammengesetzt: einem abgerundeten Rechteck und zwei Rechtecken, die so angeordnet werden, dass eines mit der rechten oberen und eines mit der linken unteren Ecke abschließt. Die exakte Ausrichtung erledigen Sie auch in diesem Fall wieder mit den Befehlen im Untermenü zu *Ausrichten oder verteilen*, das Sie über das Menü zur Schaltfläche *Zeichnen* erreichen.

   In PowerPoint 2007 brauchen Sie diese Form nicht zusammenzusetzen, sie ist in den *Formen*, Kategorie *Rechtecke*, auswählbar. Mit den gelben Rauten bestimmen Sie Rundung und Lage der Ecken.

2. In dem Moment, in dem alle drei Objekte die gleiche Füllfarbe und keine Linienfarbe haben, wirken sie wie eine neu geschaffene AutoForm. Sie werden über *Zeichnen/Gruppierung* zu einem Gesamtobjekt zusammengefasst.

3. Von diesem neuen Objekt machen Sie eine Kopie, indem Sie es mit gedrückter `Strg`-Taste ziehen. Verkleinern Sie die Kopie etwas durch Ziehen an einem der Eckpunkte und weisen Sie ihr eine andere Füllfarbe zu.

4. Legen Sie die Kopie über das Original und richten Sie beide mit den Befehlen *Horizontal zentrieren* und *Vertikal zentrieren* im Untermenü zu *Ausrichten oder verteilen* aus.

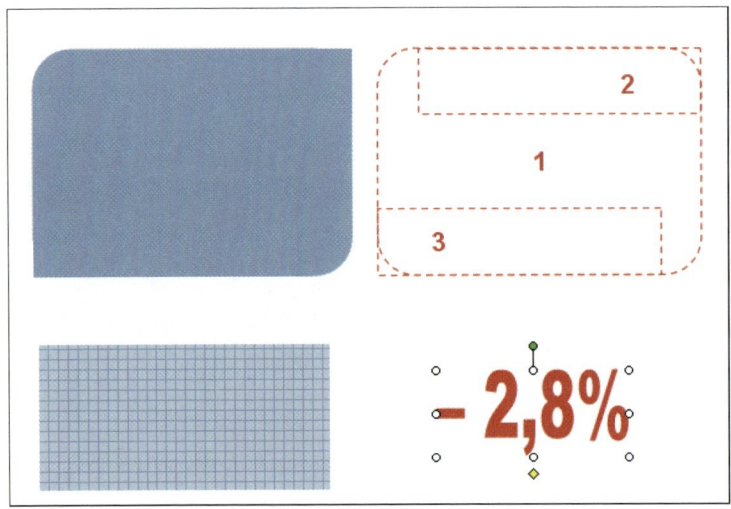

Abbildung 2.29 Grundelemente des Zahlenbildes: drei Rechtecke, ein abgerundetes Rechteck, ein WordArt-Objekt

5. Zeichnen Sie ein Rechteck und weisen Sie ihm über die Befehlsfolge *Zeichnen/Füllfarbe/Fülleffekte* auf der Registerkarte *Muster* ein Gitternetzmuster zu (siehe Abbildung 2.30).

   In PowerPoint 2007 steht der Fülleffekt *Muster* leider nicht mehr zur Verfügung.

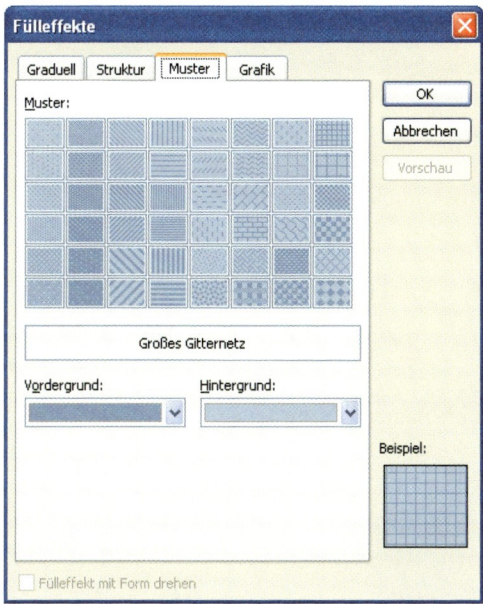

6. Legen Sie das Rechteck über die beiden anderen Objekte und passen Sie es in der Größe an.

7. Setzen Sie ein Textfeld mit der Beschriftung »Standort« auf das Objekt und weisen Sie ihm die Schriftfarbe Weiß zu.

8. Gruppieren Sie alle Elemente zu einem Gesamtobjekt. Kopieren Sie dieses noch zwei Mal und verteilen Sie die drei Objekte auf der Folie.

9. Erstellen Sie zum Schluss mit WordArt das Objekt für die Zahl. Der Vorteil von WordArt-Objekten liegt darin, dass Sie bei der Formatierung mehr Möglichkeiten haben als bei einem einfachen Textfeld. So können Sie beispielsweise der Zahl einen Farbverlauf, einen attraktiven Objektschatten (Relief) oder eine beliebige Neigung zuweisen.

Das dreigeteilte Rechteck aus Lösung 2 aufbauen

Die in Abbildung 2.27 gezeigte Lösung, bei der die Zahlen untereinander in einem dreigeteilten Rechteck stehen, ist schnell aufgebaut.

■ Die Abgrenzung innerhalb des Rechtecks realisieren Sie mithilfe von zwei schmalen Rechtecken, denen Sie einen Farbverlauf zuweisen.

■ Die Standortbeschriftungen sind Textfelder.

■ Die Zahlenwerte selbst sind wiederum WordArt-Objekte, die Sie etwas heller einfärben als die Füllfarbe des darunter liegenden Rechtecks. Um die Zahlen vor dem Hintergrund plastisch erscheinen zu lassen, klicken Sie in PowerPoint bis Version 2003 in der Symbolleiste *Zeichnen* auf die Schaltfläche *Schattenart* und wählen dann im Dropdownmenü – so wie in Abbildung 2.31 gezeigt – *Schattenart 17*.

In PowerPoint 2007 verwenden Sie statt des Reliefschattens einen Schatten aus den *Formeffekten* oder eine leichte *Abschrägung* (diese finden Sie auf der Registerkarte *Zeichentools/Format*).

Abbildung 2.31 Per Klick auf die Schaltfläche *Schattenart* den Effekt mit der Nummer 17 einstellen

Die dritte Lösung aufbauen

Auch diese Lösung ist nichts anderes als eine Kombination mehrerer AutoFormen und eines WordArt-Objekts. In Abbildung 2.32 sehen Sie die einzelnen Bestandteile, die zu der fertigen Lösung auf Folie 24 der Beispielpräsentation zusammengesetzt werden.

Am besten ist es, wenn Sie sich den Aufbau der Lösung auf der Folie selbst näher anschauen. Dabei werden Sie wieder den besonderen Schatteneffekt mit der Nummer 17 wiederfinden.

Ebenso wichtig wie der Aufbau der Folie ist in diesem Fall die Animation und deren Ablauf:

- Zunächst werden für jeden Standort die Umsatzänderungen zum vorangegangenen Quartal in Prozent angezeigt.

- Erst danach erscheinen rechts als Zusatzinformation die absoluten Zahlen.

Im Grunde genommen ist diese Lösung nichts anderes als eine dreispaltige Tabelle nur eben ohne die übliche Tabellenstruktur aus Gitternetzlinien.

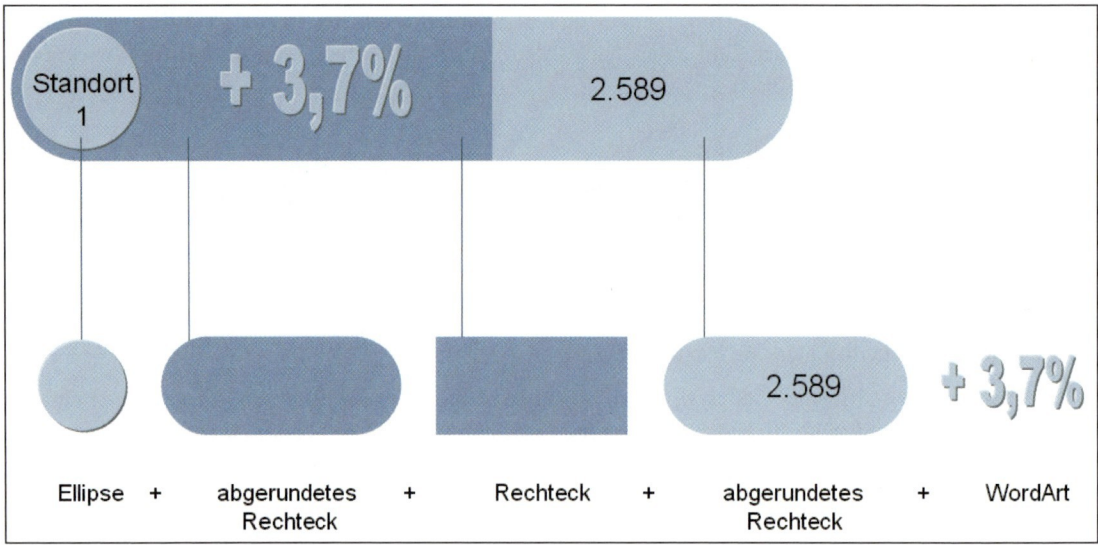

Abbildung 2.32 Auch hier wird die Lösung aus AutoFormen und WordArt-Objekt zusammengesetzt

Fallbeispiel 3: Termine prägnant darstellen

Gerade in der Projektarbeit kommt es häufig vor, dass Termine bekannt gegeben oder vereinbart werden sollen. Anstelle von Textfolien, in denen die Termine Zeile für Zeile aufgeschrieben werden, drängt sich hier eine bildhafte Alternative sofort auf: der Einsatz von Kalenderblättern, die mit den Terminen und gegebenenfalls mit dem Betreff beschriftet werden.

Blitzschnell ein Kalenderblatt aus Webdings anfertigen

In Abbildung 2.33 sehen Sie eine Übersicht über die in einem Monat anstehenden Besprechungstermine für vier Projekte. Die komplette Lösung haben Sie in fünf Minuten erstellt. Wenn Sie meinen, dass Sie allein schon diese Zeit bräuchten, um ein geeignetes Kalenderblatt zu finden, werden Sie gleich überrascht sein, wie einfach Sie ein solches Bild erzeugen können.

Abbildung 2.33   Eine schnelle Übersicht über die kommenden Besprechungstermine

1. Klicken Sie in der Symbolleiste *Zeichnen* bzw. in PowerPoint 2007 auf der Registerkarte *Einfügen* auf die Schaltfläche *Textfeld* und dann auf die Folie. An dieser Stelle befindet sich nun ein leeres Textfeld, in dem der Cursor blinkt.

2. Wählen Sie die Befehlsfolge *Einfügen/Symbol* und stellen Sie in dem daraufhin angezeigten Dialogfeld die Schriftart *Webdings* ein.

3. Suchen Sie nach dem Kalenderblattsymbol, markieren Sie es und klicken Sie dann auf *Einfügen* und anschließend auf *Schließen*.

4. Drücken Sie ⌨F2, um das Textfeld als Ganzes zu markieren, und vergrößern Sie den Schriftgrad über das betreffende Feld in der Formatsymbolleiste bzw. in PowerPoint 2007 auf der Registerkarte *Start* auf *150* pt. Stellen Sie außerdem eine geeignete Schriftfarbe ein.

5. Beschriften Sie das Kalenderblatt, indem Sie ein oder zwei weitere Textfelder erzeugen, mit den entsprechenden Informationen und der passenden Schriftgröße versehen und dann an der gewünschten Position anordnen.

6. Markieren Sie die Objektgruppe und erzeugen Sie mit gedrückter ⌨Strg+⌨⇧ so viele Kopien, wie Sie brauchen.

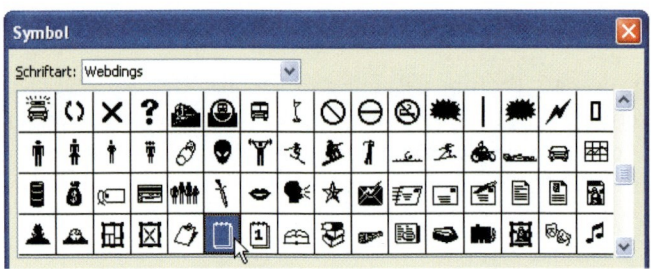

Abbildung 2.34 Die Schriftart Webdings enthält viele Symbole, die sich schnell als Bild einsetzen lassen

Noch attraktiver, wenn Sie die Vorzüge von Webdings und WordArt verbinden

Wahrscheinlich haben Sie nicht einmal fünf Minuten gebraucht, um die vorhergehende Lösung aufzubauen. Warum also nicht gleich noch eine Lösung probieren, die ebenso schnell angefertigt ist und zudem noch mehr gestalterische Möglichkeiten bietet.

Angenommen, Sie wollen beim Hinweis auf kommende Termine zwischen Routineterminen und wichtigen Terminen unterscheiden. Natürlich ließe sich das mit unterschiedlicher Schriftfarbe schnell realisieren. Hier eine Variante, die noch ein wenig weiter geht: Nutzen Sie das Kalenderblatt aus Webdings in WordArt, denn WordArt-Objekte bieten mehr Optionen beim Gestalten. Abbildung 2.35 zeigt eine Vorschau auf die fertige Lösung.

In PowerPoint bis Version 2003 geht da so:

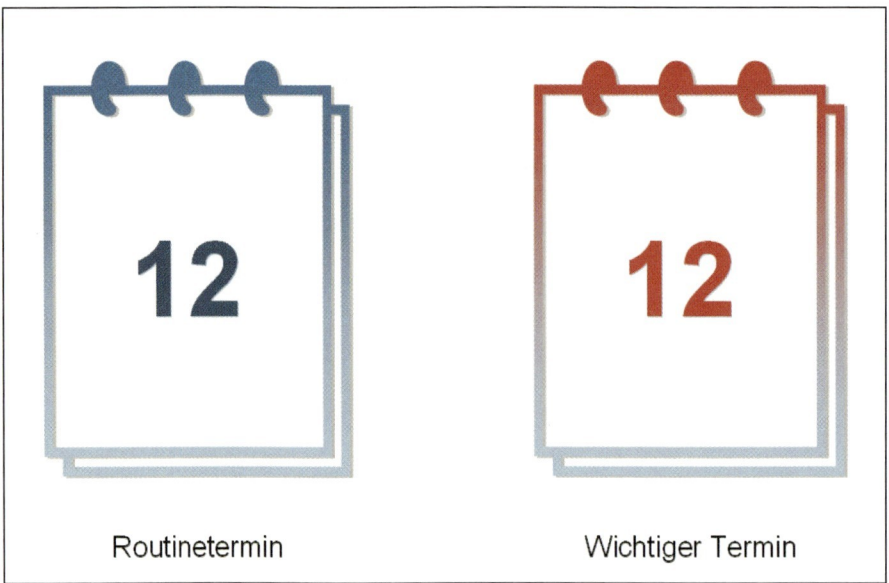

Abbildung 2.35 Diese Kalenderblätter stammen auch aus Webdings, wurden aber in WordArt gestaltet

1. Fügen Sie das Kalenderblatt – wie im vorherigen Beispiel beschrieben – über die Befehlsfolge *Einfügen/Symbol* in ein Textfeld ein.
2. Kopieren Sie dieses Kalenderblatt mit `Strg`+`C` in die Zwischenablage.
3. Klicken Sie in der Symbolleiste *Zeichnen* auf die Schaltfläche *WordArt einfügen* und dann gleich auf *OK*.

4. Fügen Sie das Kalenderblatt mit `Strg`+`V` ein, stellen Sie die *Schriftart* auf *Webdings* um (siehe Abbildung 2.36) und klicken Sie dann auf *OK*.

5. Markieren Sie das WordArt-Objekt und stellen Sie über die Schaltfläche *Füllfarbe* in der Symbolleiste *Zeichnen* und den Befehl *Fülleffekte* einen Farbverlauf ein (siehe Abbildung 2.37).

Abbildung 2.36 Das Kalenderblatt mit `Strg`+`V` in WordArt einfügen, die Schriftart auf Webdings umstellen …

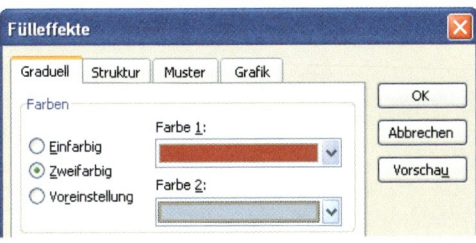

Abbildung 2.37 … und dann das WordArt-Objekt mit einem Fülleffekt versehen

In PowerPoint 2007 gibt es keinen Unterschied mehr zwischen Textfeldern und WordArt-Grafiken. Hier können Sie die *WordArt-Effekte*, die Sie auf der Registerkarte *Zeichentools/Format* finden, direkt auf das im Textfeld eingefügte Kalenderblatt-Zeichen anwenden. Details zu Farbverläufen finden Sie weiter vorn in diesem Kapitel.

CD-ROM Die beiden Lösungen mit den Kalenderblättern finden Sie auf den Folien 28 und 29 der Beispielpräsentation *TexteAttraktiv.ppt* bzw. auf der Folie 35 der Beispielpräsentation *TexteAttraktiv_2007.pptx* im Ordner *\Buch\Kap02* auf der CD-ROM zum Buch.

Texte visualisieren – das Beispiel Ziele-Folie

Die Attraktivität von Textfolien ergibt sich aus der Wahl der Aufzählungszeichen, einer gelungenen Visualisierung der Informationen oder auch durch die Gestaltung der Überschriften oder einer Schlüsselinformation. In diesem Abschnitt können Sie wiederum anhand eines konkreten Beispiels nachvollziehen, mit welchen Mitteln Sie Folien mehr »Pepp« verleihen.

Viele Möglichkeiten, um Ziele darzustellen

Bestandteil vieler Präsentationen ist es, das Publikum über die Ziele einer Sache zu informieren. Meist werden die Ziele auf einer Textfolie Zeile für Zeile notiert – und im schlimmsten Fall vom Redner vorgelesen.

Hier drei Anregungen, wie Sie das Thema Ziele auf Ihren Folien grafisch umsetzen können.

Abbildung 2.38   Ein wenig gewagt, aber zum Thema passend: die Überschrift in kleine Zielscheiben eintragen

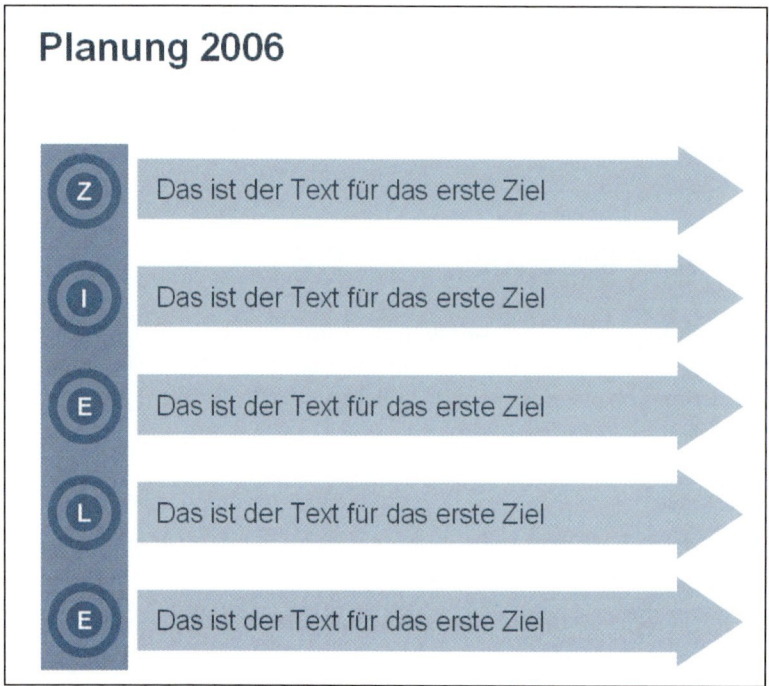

Abbildung 2.39   Zielscheiben und Pfeile nehmen das Thema »Ziele« auf

Service-Ziele für 2006

Reklamationen um 29% reduzieren

Wartezeiten bei Reparaturen um 15% verkürzen

Anfragen innerhalb von 24 Stunden bearbeiten

Abbildung 2.40   Klassisch: Pfeile, in denen die Ziele stehen, fliegen auf eine Zielscheibe

CD-ROM   Die drei Darstellungsvarianten finden Sie auf den Folien 2 bis 5 der Beispielpräsentation *Ziele.ppt* bzw. der Beispielpräsentation *Ziele_2007.pptx* im Ordner *\Buch\Kap02* der CD-ROM zum Buch.

Eine Zielscheibe Schritt für Schritt erstellen

Angenommen, Sie wollen in PowerPoint bis Version 2003 eine Zielscheibe erstellen, die aus fünf ineinander liegenden Kreisen besteht, dann gehen Sie wie folgt vor:

1. Klicken Sie in der Symbolleiste *Zeichnen* auf die Schaltfläche *Ellipse* und zeichnen Sie einen Kreis mit einem Durchmesser von mindestes 10 cm. Halten Sie beim Aufziehen des Objekts unbedingt die `⬆`-Taste gedrückt, um einen Kreis zu zeichnen.

2. Fertigen Sie nun vier Kopien des noch markierten Kreises an, indem Sie viermal die Tastenkombination `Strg`+`D` drücken (alternativ dazu können Sie auch die Befehlsfolge *Bearbeiten/Duplizieren* wählen).

3. Lassen Sie die letzte Kopie markiert und verkleinern Sie diese, indem Sie über die Befehlsfolge *Format/ AutoForm* auf der Registerkarte *Größe* unter *Skalieren* jeweils *20%* bei *Höhe* und bei *Breite* einstellen (siehe Abbildung 2.41).

Abbildung 2.41 Jede der vier Kopien in 20%-Intervallen verkleinern

4. Bringen Sie auf dem gleichen Weg die anderen Kopien auf die Größe von *40%*, *60%* und *80%* des Originals.

5. Markieren Sie nacheinander jeden der Kreise und weisen Sie jeweils unterschiedliche Füllfarben zu.

6. Markieren Sie alle fünf Kreise und richten Sie sie mittig aus. Klicken Sie dazu in der Symbolleiste *Zeichnen* ganz links auf die Schaltfläche *Zeichnen*. Bewegen Sie die Maus über den Befehl *Ausrichten oder verteilen*. Ziehen Sie das nun aufklappende Untermenü oben an der Titelleiste heraus und legen Sie es neben oder unterhalb der Folie ab. Klicken Sie dann nacheinander auf die Schaltflächen *Horizontal zentrieren* und *Vertikal zentrieren* (siehe Abbildung 2.42), und schon haben Sie die gewünschte Zielscheibe.

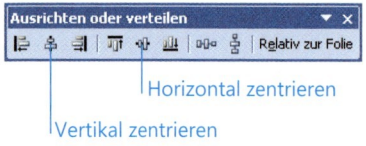
Horizontal zentrieren
Vertikal zentrieren

Abbildung 2.42 Mit zwei Mausklicks die Kreise präzise mittig übereinander legen

7. Verbinden Sie die noch markierten Kreise zu einem Gesamtobjekt. Wählen Sie dazu im Menü zur Schaltfläche *Zeichnen* den Befehl *Gruppierung*.

8. Die Zielscheiben können Sie nun an all den Stellen in der Präsentation verwenden, bei denen es um Ziele geht. Verkleinern oder vergrößern Sie bei Bedarf die Zielscheibenbilder und setzen Sie beispielsweise mithilfe von Textfeldern Buchstaben auf die Zielscheiben.

9. Lassen Sie während der Bildschirmpräsentation eine Zielscheibe beispielsweise mit dem Animationseffekt *Auflösen* (bis PowerPoint 2000) oder *Verblassen* (ab PowerPoint 2002) erscheinen.

Die Pfeile zeichnen und beschriften

Die Pfeile, die sich beschriften lassen, erfordern weitaus weniger Aufwand als die Zielscheibe.

1. Sie erstellen diese Objekte über die Symbolleiste *Zeichnen* und die Befehlsfolge *AutoFormen/Blockpfeile*.

2. Markieren Sie anschließend jeden der Blockpfeile und tippen Sie die erforderlichen Texte ein. Der Blockpfeil wird auf diese Weise zum Textfeld und erfüllt nun zwei Funktionen.

3. Formatieren Sie Blockpfeile und Schrift nach Ihren Wünschen und ordnen Sie die Pfeile über die Zielscheibe verteilt an.

4. Als Animationseffekt für die Pfeile kommt eigentlich nur *Einfliegen* infrage.

So sorgen Sie für gleich lange Pfeilspitzen

Wenn Sie – bis zur PowerPoint-Version 2003 – mehrere Pfeile auf einer Folie zeichnen und diese nicht die gleiche Länge haben, sieht das Ergebnis nicht perfekt aus, weil die Pfeilspitzen unterschiedlich lang sind. In

PowerPoint 2007 ist dieses Problem behoben. Hier sind die Pfeilspitzen unabhängig von der Länge des Pfeils automatisch gleich groß, solange die Pfeile gleich breit sind.

So lösen Sie dieses Problem in den älteren PowerPoint-Versionen:

1. In unserem Fall sollen die Pfeile alle nach rechts zeigen. Daher ordnen Sie diese zunächst rechtsbündig an. Markieren Sie dazu die Pfeile und wählen Sie in der Symbolleiste *Zeichnen* die Befehlsfolge *Zeichnen/Ausrichten oder verteilen/Rechtsbündig.*

2. Schalten Sie die Führungslinien ein. Bis PowerPoint 2000 geht das am schnellsten mit der Tastenkombination `Strg` + `G` , ab PowerPoint 2002 mit `Alt` + `F9` . Verschieben Sie die senkrechten Führungslinien an die Stelle, an der alle Pfeilspitzen links enden sollen – siehe Abbildung 2.43. In dieser Abbildung ist der mittlere Pfeil bereits angepasst. Beim obersten wird gerade der gelbe Korrekturziehpunkt nach links zur Führungslinie hin verschoben. Beim untersten muss die Pfeilspitze deutlich länger werden.

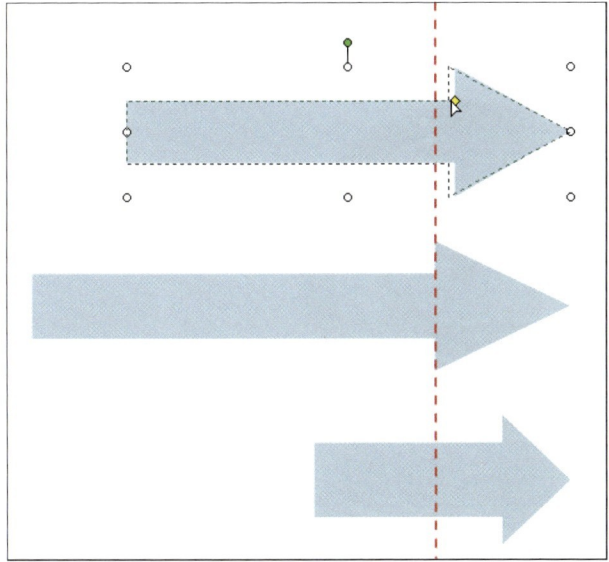

Abbildung 2.43 Mittels Führungslinie und durch Ziehen an dem gelben Rhombus die Pfeilspitzen auf die gleiche Länge bringen

3. Markieren Sie nacheinander jeden Pfeil und verschieben Sie mit gedrückter linker Maustaste den kleinen gelben Rhombus zur Führungslinie. Drücken Sie beim Ziehen die Taste `Alt` , um den Rhombus in kleinsten Schritten zu bewegen.

> **TIPP**   Falls das Drücken der `Alt` -Taste nicht reicht, um eine genaue Positionierung des gelben Rhombus zu erreichen, vergrößern Sie in der Symbolleiste *Standard* den Zoom auf *200%* oder mehr, um die Genauigkeit weiter zu erhöhen.

Eine Zielscheibe mithilfe von SmartArts erstellen und animieren (PowerPoint 200)

Das Zeichnen und Ausrichten der Zielscheibe können Sie sich in PowerPoint 2007 mithilfe von SmartArt stark vereinfachen.

1. Geben Sie den Text für Ihre Ziele auf einer Folie ein. Dabei sollte der Text, der der Mitte der Zielscheibe zugeordnet werden soll, an oberster Stelle stehen.

2. Klicken Sie diese Liste mit der rechten Maustaste an und wählen Sie *In SmartArt konvertieren.*

3. Wählen Sie das Layout *Einfaches Ziel.*

4. Formatieren Sie die SmartArt-Grafik mithilfe der SmartArt-Formatvorlagen auf der Registerkarte *SmartArt-Tools/Entwurf*. Zusätzlich können Sie mithilfe der Füllfarben auf der Registerkarte *SmartArt-Tools/Format* Akzente setzen.

Der Text wird zunächst automatisch rechts von der Zielscheibe angeordnet. Um ihn, wie in Abbildung 2.44 gezeigt, links anzuordnen, verwenden Sie die Schaltfläche *Von rechts nach links*, die Sie links auf der Registerkarte *SmartArt-Tools/Entwurf* finden.

Abbildung 2.44 Die fertig formatierte SmartArt-Zielscheibe

Ziele mit Optimismus darstellen

Ziele werden gesetzt, um eine Sache in Bewegung oder eine Person nach vorn zu bringen. Was also spricht dagegen, die Nennung der Ziele gleich mit der klaren Perspektive einer Vorwärts- oder Aufwärtsentwicklung zu verbinden.

In Abbildung 2.45 sehen Sie, wie die Ziele für den »Weg nach oben« stufenförmig von unten nach oben angeordnet sind. Mit dieser Art der Darstellung können Sie die Motivation des Publikums möglicherweise besser erreichen. Entscheiden Sie selbst, wann und wo Sie diese Alternative einsetzen wollen.

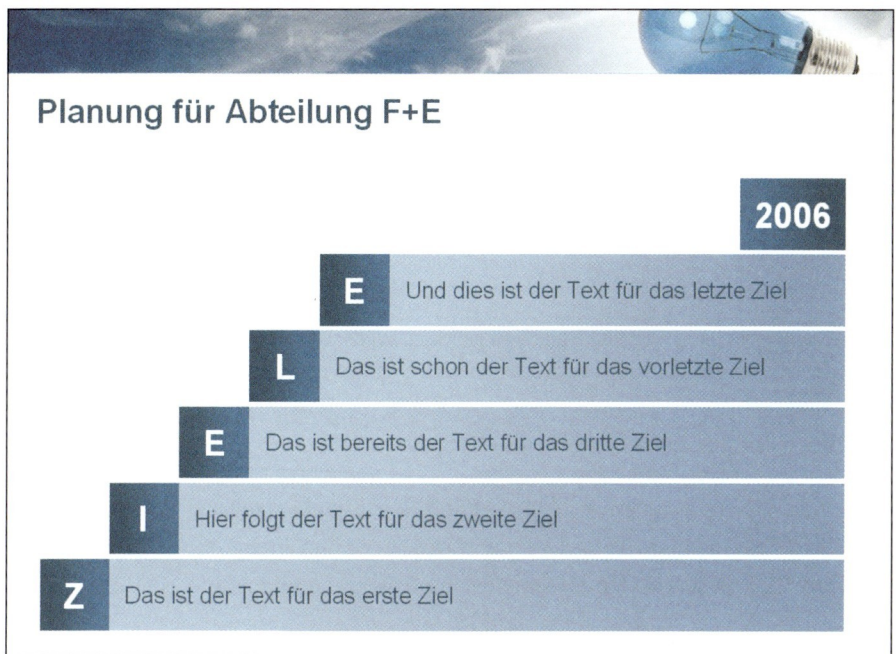

Abbildung 2.45 Ziele auf dem Weg nach oben

Beim Anfertigen der Lösung greifen Sie – wie in vielen anderen Fällen auch – wieder auf die AutoForm *Rechteck* zurück.

Zum Anordnen der Objekte nehmen Sie sowohl die Führungslinien als auch die Befehle der Symbolleiste *Ausrichten oder verteilen* zu Hilfe.

Wichtig beim Zeigen der Ziele während der Bildschirmpräsentation ist, dass die Informationen diesmal in Abweichung vom Standard von unten nach oben aufgebaut werden. Das sorgt nicht nur für zusätzliche Aufmerksamkeit, es wird darüber hinaus die Aufwärtsentwicklung besonders anschaulich, die bei Erreichen der Ziele zu erwarten ist.

CD-ROM   Auf der CD-ROM zum Buch finden Sie im Ordner *\Buch\Kap02* in der Datei *Ziele.ppt* auf den Folien 6 und 7 bzw. in der Datei *Ziele_2007.pptx* auf den Folien 7 und 8 zwei Varianten für diese Lösung, die sich durch die Schattierung der Rechtecke unterscheiden.

Eine Überschrift als Eyecatcher

Am Ende dieses Abschnitts wollen wir Ihnen noch eine besonders attraktive Variante vorstellen, mit der Sie während der Präsentation auf Ihre Ziele aufmerksam machen.

Diesmal handelt es sich um eine Lösung, die bis zur PowerPoint-Version 2003 außerhalb von PowerPoint erstellt werden muss. In Abbildung 2.46 sehen Sie den Titel »Ziele«, der durch die Spiegelung am unteren Rand einen räumlichen Effekt hervorruft.

Nutzen Sie diesen Titel als besonders attraktiven Blickfang für den Teil Ihrer Präsentation.

Abbildung 2.46 Eine Überschrift, die garantiert
für Aufmerksamkeit sorgt

TIPP   Für die Leser dieses Buches haben wir eine Website eingerichtet, auf der wir kontinuierlich weitere Ressourcen
für das Gestalten attraktiver Präsentationen zur Verfügung stellen werden. Sie erreichen die Website über die folgende Internetadresse: *http://www.powerpoint-ideenbuch.de*

Auf dieser Website finden Sie unter anderem weitere attraktive Titel mit Spiegelungseffekt.

In PowerPoint 2007 können Sie diesen Spiegelungseffekt auch mit Bordmitteln erzeugen:

1. Fügen Sie den gewünschten Text in einem Textfeld ein und weisen Sie ihm eine große Schriftgröße zu.
2. Unter *Zeichentools/Format/Texteffekte* wählen Sie eine leichte Abschrägung aus und eine der Spiege-
    lungsvarianten.

Achtung bei Buchstaben mit Unterlängen: Damit sich Unterlänge und Spiegelung nicht überlappen, markieren Sie das Textfeld als Ganzes und weisen ihm eine Spiegelung aus den Formeffekten zu.

Kapitel 3

Organigramme und Strukturen

Nutzen und Darstellungsmöglichkeiten von Organigrammen

Häufig müssen Strukturen von Firmen, Abteilungen und Projekten, komplette Projektabläufe oder aber auch komplexe Problemstellungen aufs Papier gebracht werden, um einem Kunden oder auch Mitarbeitern im eigenen Haus bestimmte Informationen in kurzer und knapper Form zu übermitteln.

Dabei ist es gar nicht so einfach, den Aufbau oder den Ablauf einer Sache nur mit Worten zu beschreiben. Hier helfen Schaubilder, sogenannte Organigramme – genau genommen eigentlich Organisationsdiagramme.

Der Nutzen von Organigrammen

Organigramme werden in der Praxis für sehr verschiedene Zwecke eingesetzt. Sie dienen traditionell dazu, die organisatorische Struktur von Unternehmen, Institutionen oder Projekten auf anschauliche Weise aufzuzeigen. Dabei werden insbesondere die Hierarchien, Beziehungen und Abhängigkeiten zwischen den verschiedenen Organisationseinheiten verdeutlicht.

Darstellungsmöglichkeiten von Organigrammen

Organigramme sollen dabei helfen, Daten und Fakten zu strukturieren und durch bildhafte Darstellung besser zu transportieren. Organigramme eignen sich auch, um Zusammenhänge besser zu verdeutlichen: Ein komplexes Problem wird bildhaft in verschiedene Einzelfragen aufgegliedert, lässt sich so besser überschauen und verstehen.

HINWEIS   Organigramme dienen also in erster Linie einem schnellen Überblick über mehr oder weniger verzweigte Informationen. Daher sollte ein Organigramm nicht mit Details überfrachtet werden. Denn damit würde genau der beabsichtigte schnelle Überblick unmöglich gemacht.

Diagramme aus dem Bereich der *Aufbauorganisation* veranschaulichen die Aufgabenverteilung. Dabei können – differenziert nach den verschiedenen Ebenen – folgende Informationen dargestellt werden:

- die Hierarchie bzw. der Platz einzelner Bereiche und Personen,
- der Beitrag zu den zu leistenden Aufgaben sowie
- die Art und Weise der Kommunikationsbeziehungen zwischen verschiedenen Organisationseinheiten.

Die Vorteile differenzierter Gestaltung nutzen

Die Organisationseinheiten werden meist mithilfe von Rechtecken dargestellt. Sie bieten den meisten Platz für Texteintragungen.

Zur Unterstützung der Übersichtlichkeit und zur Verdeutlichung der gewünschten Klassifizierung der Informationen werden die einzelnen geometrischen Objekte in Größe, Farbgestaltung, Schattierung, Schraffur und Strichstärke differenziert dargestellt.

- So können beispielsweise die Rechtecke für die Abbildung des Vorstands oder der Geschäftsleitung größer sein als die der nachfolgenden Hierarchieebenen. Abteilungen wiederum – die meist spaltenweise nebeneinander angeordnet werden – lassen sich gegebenenfalls durch unterschiedliche Farben voneinander abheben.

- Die einzelnen Organisationsebenen selbst können durch unterschiedliche geometrische Formen (Rechtecke, Ellipsen, Sechsecke usw.) gekennzeichnet und zeilen- bzw. spaltenweise auf dem Blatt angeordnet sein. Oft werden für bestimmte Positionen – beispielsweise Stabsstellen – typische geometrische Objekte (Kreise oder Dreiecke) verwendet.

- Kommunikations- und Unterstellungsverhältnisse werden mit unterschiedlichen Linien (verschiedene Farben, durchgehend/gestrichelt) verdeutlicht.

Welche Programme und Funktionen eignen sich zum Erstellen von Organigrammen?

Organigramme können Sie in Microsoft Office mit Word, Excel oder PowerPoint erstellen. PowerPoint ist dann zu empfehlen, wenn das Organigramm nicht allzu groß ist, auf eine Seite passt und mit wenig erklärendem Text auskommt. Änderungen an Inhalt und Gestaltung sind schnell eingearbeitet. Das Hauptargument für die Wahl von PowerPoint besteht jedoch darin, dass es gerade bei komplexen Schaubildern sinnvoll ist, die Informationen nacheinander aufzubauen. Hier sind die Animationsmöglichkeiten von PowerPoint unschlagbar, wenn es darum geht, Informationen dosiert zu zeigen.

Nach der Entscheidung, das Organigramm in PowerPoint zu erstellen, folgt die Frage nach den zu verwendenden Werkzeugen: *Schematische Darstellung* (bis Office 2003), *SmartArt* (ab Office 2007) oder *AutoFormen*? Tabelle 3.1 gibt hierauf eine Antwort.

Schematische Darstellung oder AutoFormen?

Schematische Darstellungen und SmartArt haben gegenüber AutoFormen mehrere Nachteile:

- Untergebene können nur hängend und nicht in gerader Linie angeordnet werden.

- An der Spitze eines Organigramms ist nur ein Element möglich.

- Die automatische Schriftanpassung und die Einschränkungen beim Formatieren sind zunächst irritierend.

Aufgabe	AutoFormen	Schematische Darstellung	SmartArt
Einfaches Organigramm mit einheitlichen Formen und Linien		✓	✓
Komplexes Organigramm mit unterschiedlichen Formen und Linien	✓		
Organigramm mit häufig wechselnder Struktur		✓	✓
Organigramm mit individueller Gestaltung	✓		

Tabelle 3.1 Entscheidungsmatrix: Welche Funktion zum Erstellen von Organigrammen nutzen

Einfach: Ein Organigramm mit der Funktion *Schematische Darstellung* oder der Funktion *SmartArt* erstellen

In PowerPoint 2002 und 2003 lassen sich über die Funktion *Schematische Darstellung* mit wenig Aufwand optisch ansprechende Organigramme erstellen. Die Funktion arbeitet deutlich stabiler als das in den Vorgängerversionen integrierte Modul »OrgChart«. In PowerPoint 2007 wurden die schematischen Darstellungen von den SmartArt-Grafiken abgelöst. Allerdings bieten beide nicht genug Flexibilität, wenn es darum geht, komplexe Hierarchien darzustellen oder individuelle Gestaltungen umzusetzen. Nutzen Sie die Funktion *Schematische Darstellung* oder die Funktion *SmartArt* zum Erstellen von Organigrammen immer dann, wenn Sie

- in kurzer Zeit einfache Sachverhalte visualisieren müssen,
- einen Rohentwurf für ein Schaubild benötigen, das Sie später weiter bearbeiten und anpassen wollen, oder
- Animationen für mehrere Objekte oder Objektgruppen schnell einrichten wollen.

Das Organigramm Schritt für Schritt erstellen

Bei einem Organigramm muss es nicht immer um die Struktur eines Unternehmens oder einer Organisationseinheit gehen. Auch die Struktur eines Programms lässt sich mit einem Organigramm gut abbilden. In dem Beispiel in Abbildung 3.1 wird das System der Animationseffekte, das es seit Version 2002 in PowerPoint gibt, mit einer solchen Übersicht erklärt.

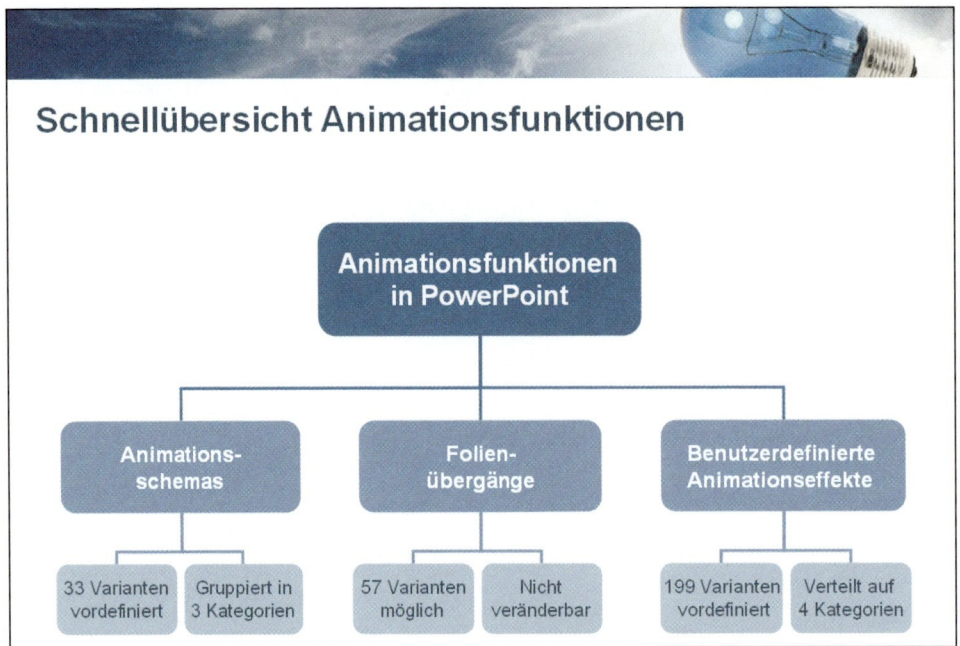

Abbildung 3.1 Organigramme mit solch einfacher Struktur erstellen Sie in wenigen Minuten mit der Funktion *Schematische Darstellung*

Bevor es losgeht – die Fallstricke der schematischen Darstellungen kennen (PowerPoint 2003)

Anwender, die bereits Erfahrungen mit der Funktion *Schematische Darstellung* gesammelt haben, wissen, dass das Anfertigen eines Organigramms schnell von der Hand geht, allerdings können zwei Automatismen störend sein:

- die Funktion *AutoLayout* und
- die Funktion *AutoFormat*.

Beides sind voreingestellte Optionen, die den Anwendern die Arbeit erleichtern sollen. Allerdings bringen solche automatischen Helfer nicht immer nur Vorteile. Daher möchten wir Ihnen *vor* der Verwendung der Funktion *Schematische Darstellung* die beiden genannten Automatismen näher vorstellen, damit Sie diese optimal nutzen und störende Einschränkungen umgehen können.

Die Funktion *AutoLayout* richtig einsetzen

Die Funktion *AutoLayout* bewirkt, dass sich Größe und Position der Objekte stets automatisch anpassen, wenn Sie im Organigramm ein neues Element hinzufügen oder ein bestehendes löschen. Eine durchaus hilfreiche Unterstützung also. Dass aber auch die Schriftgröße automatisch verkleinert bzw. vergrößert wird, ist oft weniger hilfreich. Wenn Sie beispielsweise das in Abbildung 3.1 gezeigte Organigramm nachbauen, werden Sie schnell feststellen, dass der Schriftgrad nur noch 10 pt oder 9 pt beträgt. An diesem Automatismus sind schon manche Anwender schier verzweifelt, denn in dieser Schriftgröße lassen sich die Beschriftungen kaum noch erkennen. Die Schriftgröße muss bei jeder Änderung am Organigramm jeweils nachgebessert werden.

> **TIPP**   Unsere Empfehlung: Lassen Sie die Funktion *AutoLayout* so lange eingeschaltet, bis Sie die Rohfassung des Diagramms mit allen Elementen fertiggestellt haben. Deaktivieren Sie dann die AutoLayout-Funktion, um Formatierungsarbeiten und individuelle Gestaltungswünsche leichter realisieren zu können.
>
> Wenn Sie nachträglich noch Elemente hinzufügen oder entfernen wollen, schalten Sie die AutoLayout-Funktion einfach wieder ein.

Neben dem automatischen Anpassen der Schriftgröße hat die AutoLayout-Funktion noch einen weiteren störenden Effekt: Größe und Position der einzelnen Organigrammobjekte lassen sich nicht verändern. Daher ist es angebracht, die AutoLayout-Funktion nach der Fertigstellung des Rohentwurfs abzustellen.

Um die AutoLayout-Funktion auszuschalten, klicken Sie in der Symbolleiste *Organigramm* auf die Schaltfläche *Layout* und anschließend, wie in Abbildung 3.2 gezeigt, auf *AutoLayout*.

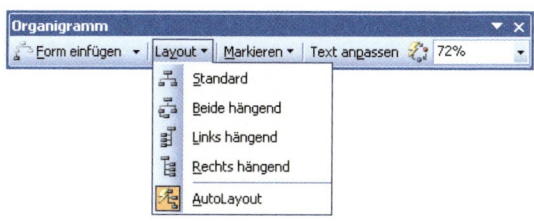

Abbildung 3.2 Hier ist die Funktion *AutoLayout* noch aktiviert – zu sehen an dem farbig hinterlegten Symbol

Nach dem Deaktivieren der AutoLayout-Funktion ist es nun auch möglich, die Größe und die Position der einzelnen Objekte zu ändern. Außerdem können Sie die Form von Objekten leicht verändern, beispielsweise können Sie bei abgerundeten Rechtecken – so wie in Abbildung 3.3 zu sehen – durch Ziehen an dem gelben Formkorrekturpunkt die Rundung des Objekts anpassen.

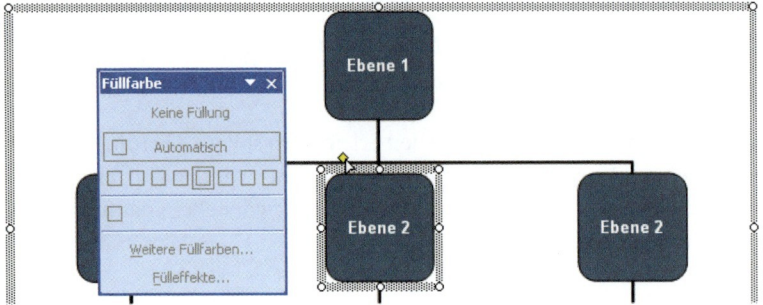

Abbildung 3.3   Nach Ausschalten der Funktion *AutoLayout* kann zwar die Form des Objekts an dem gelben Rhombus verändert werden, andere Formatoptionen hingegen wie z.B. die Füllfarbe bleiben weiterhin deaktiviert

Schriftgröße, -art und -farbe können Sie zu jeder Zeit verändern.

Unveränderbar hingegen sind auch nach Ausschalten der AutoLayout-Funktion die Füll- und Linienfarben der Objekte sowie die Eigenschaften der Linien wie Farbe, Stärke und Art. Sie können in Abbildung 3.3 sehen, dass alle Befehle zum Ändern der Füllfarbe nicht verfügbar sind. Um die Formatierung der Organigrammobjekte an individuelle Wünsche anpassen zu können, müssen Sie einen weiteren Automatismus ausschalten: die Funktion *AutoFormat*.

Die Funktion *AutoFormat* richtig einsetzen

Die AutoFormat-Funktion sorgt zum einen dafür, dass Sie mit wenigen Mausklicks ein Organigramm komplett formatieren können. Das ist eindeutig ein Vorteil, vor allem, wenn unter Zeitdruck ein optisch ansprechendes Resultat entstehen soll.

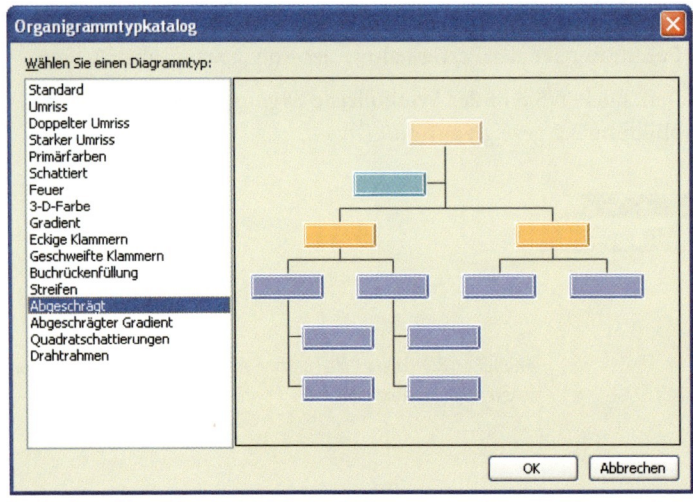

Abbildung 3.4   In diesem Dialogfeld stehen Ihnen neben der Standardvariante 16 weitere Formatierungsvorlagen für Organigramme zur Verfügung

Mit einem Klick auf die Schaltfläche *AutoFormat* in der Symbolleiste *Organigramm* haben Sie im daraufhin angezeigten Dialogfeld (siehe Abbildung 3.4) immerhin die Auswahl zwischen weiteren 16 Vorlagen zur Gestaltung des Organigramms.

Zugleich verhindert die Funktion *AutoFormat* jedoch, dass Sie an einzelnen Bestandteilen eines Organigramms abweichende Formatierungen vornehmen können. Das bedeutet, dass Sie weder die Füllfarbe eines Rechtecks noch die Farbe oder Stärke einer der Verbindungslinien ändern können. Veränderungen sind nur über die Schaltfläche *AutoFormat* und das in Abbildung 3.4 gezeigte Dialogfeld möglich.

Abhilfe schafft hier das Deaktivieren der AutoFormat-Funktion. Klicken Sie dazu mit der rechten Maustaste auf ein beliebiges Organigrammelement und klicken Sie dann im Kontextmenü auf den Eintrag *AutoFormat verwenden*, um das in Abbildung 3.5 zu sehende Häkchen vor der Option zu entfernen.

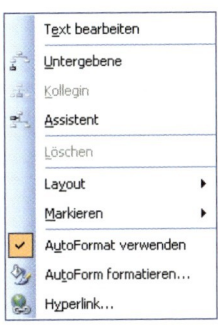

Abbildung 3.5 Ein unscheinbarer Befehl, den man leicht übersieht – erst wenn sich vor *AutoFormat verwenden* kein Häkchen mehr befindet, stehen Ihnen wichtige Formatierungsmöglichkeiten in einem Organigramm zur Verfügung

Nach dem Entfernen des Häkchens lässt sich jeder Bestandteil eines Organigramms so formatieren, wie Sie dies von der Arbeit mit AutoFormen her kennen.

Das Organigramm erstellen und animieren

Nach diesen Hinweisen zum Erstellen und Bearbeiten von Organigrammen auf Basis der Funktion *Schematische Darstellung* nun ein konkretes Beispiel. Erfahren Sie im Folgenden, mit welchen Schritten Sie ein Organigramm wie das in Abbildung 3.1 gezeigte anfertigen, von der Gestaltung her anpassen und animieren.

1. Fügen Sie eine neue Folie in die Präsentation ein und wählen Sie als Folienlayout *Nur Titel*.

2. Rufen Sie über *Einfügen/Schematische Darstellung* das Dialogfeld *Diagrammsammlung* auf und wählen Sie dort die Option *Organigramm*. Alternativ können Sie das Dialogfeld auch über die Schaltfläche *Schematische Darstellung oder Organigramm einfügen* in der Symbolleiste *Zeichnen* aufrufen.

Abbildung 3.6 Über diese Symbolleiste können Sie das Organigramm ergänzen und formatieren

3. In einem Objektrahmen erscheint nun das Organigramm im Rohentwurf. Außerdem wird die Symbolleiste *Organigramm* eingeblendet. Mit ihr können Sie dem Organigramm weitere Elemente hinzufügen. Markieren Sie dazu das erste Element in der zweiten Reihe und ergänzen Sie über *Form einfügen* und *Untergebene* das Organigramm um das erste und zweite Element in der dritten Ebene. Wiederholen Sie den Vorgang für die beiden anderen Elemente der zweiten Ebene. Danach sollte das Organigramm etwa wie in Abbildung 3.7 aussehen.

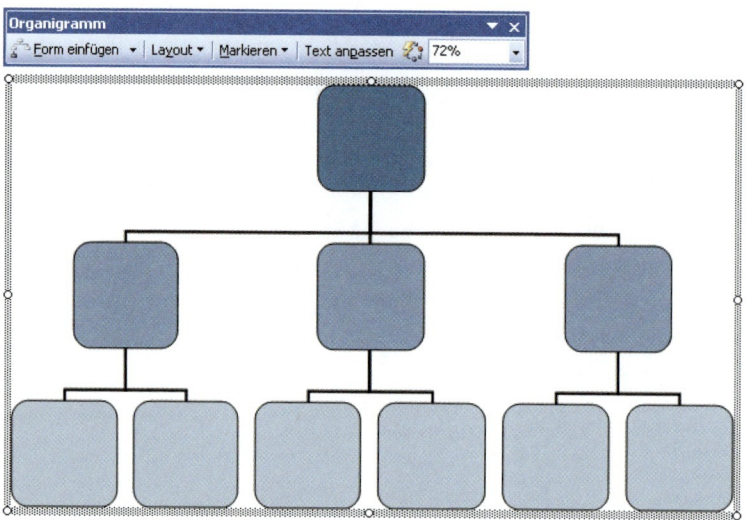

Abbildung 3.7 Das Organigramm hat nun sechs Elemente in der dritten Ebene

4. Beschriften Sie die einzelnen Rechtecke.

5. Markieren Sie den äußeren Objektrahmen, bringen Sie ihn auf die gewünschte Größe und legen Sie den Schriftgrad einheitlich auf *14* pt fest.

6. Animieren Sie das Organigramm, indem Sie mit der rechten Maustaste auf den äußeren Objektrahmen klicken und dann im Kontextmenü den Befehl *Benutzerdefinierte Animation* aufrufen. Weisen Sie über *Effekt hinzufügen* im Aufgabenbereich *Benutzerdefinierte Animation* dem Organigramm einen Eingangseffekt zu – beispielsweise *Blenden* mit der Richtung *Horizontal*.

Abbildung 3.8 Die Animationsoptionen für das Organigramm aufrufen

7. Rufen Sie – wie in Abbildung 3.8 gezeigt – die *Effektoptionen* zu diesem animierten Objekt auf und zeigen Sie die Registerkarte *Diagrammanimation* an.

8. Bestimmen Sie dort per Mausklick, wie und in welcher Reihenfolge die Elemente des Organigramms eingeblendet werden. Wählen Sie beispielsweise *Ebene für Ebene* (siehe Abbildung 3.9).

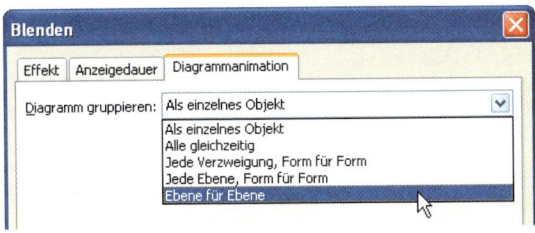

Abbildung 3.9 Die Animation des Organigramms individuell festlegen

Das Organigramm nachbearbeiten

Schalten Sie nun wie weiter vorn in diesem Kapitel im Abschnitt »Bevor es losgeht – die Fallstricke der schematischen Darstellungen kennen« beschrieben die Funktionen *AutoLayout* und *AutoFormat* aus.

Nun können Sie ohne Einschränkung folgende Änderungen am Aussehen des Organigramms Schritt für Schritt realisieren:

- Verändern Sie die Größe der einzelnen Rechtecke. Markieren Sie dazu vorher bei gedrückter ⬆-Taste jeweils alle Objekte in einer Ebene, damit die Größenanpassung pro Ebene einheitlich erfolgt.

TIPP   Schneller und einfacher geht das Markieren einer Ebene, wenn Sie in der Symbolleiste *Organigramm* auf die Schaltfläche *Markieren* klicken und im aufklappenden Menü den Befehl *Ebene* wählen.

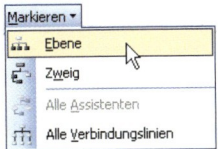

Abbildung 3.10 Markieren leicht gemacht – wählen Sie hier einfach die gewünschten Bestandteile aus

- Passen Sie über die Symbolleiste *Zeichnen* die Füll- und Schriftfarbe für die Rechtecke in den einzelnen Ebenen an und entfernen Sie die Linienfarbe (Befehl *Keine Linie*).
- Sorgen Sie ebenfalls über die Werkzeuge in der Symbolleiste *Zeichnen* bei den Verbindungslinien für die passende Farbe und Stärke.
- Passen Sie gegebenenfalls noch die Schriftgrade in den einzelnen Ebenen an.

Mit Farben das Auge lenken

Beim Ändern der Füllfarbe für die Rechtecke sollten Sie überlegen, welche Unterscheidung wichtiger ist: die der Ebenen oder die der Funktionen. In Abbildung 3.11 wurden die einzelnen Funktionen durch unterschiedliche Farben voneinander abgesetzt.

Sie sehen an dem Beispiel, dass Sie durch unterschiedliche Farben sehr einfach die Blickrichtung der Zuschauer lenken und einzelne Bestandteile hervorheben können.

CD-ROM   Die Folien, die den Aufbau des Organigrammbeispiels mithilfe der Funktion *Schematische Darstellung* zeigen, finden Sie in der Datei *Organigramm.ppt* auf der CD zum Buch im Ordner *\Buch\Kap03*. Auf den Folien 3 bis 6 können Sie Schritt für Schritt das Erstellen, Nachbearbeiten und Animieren des Organigramms nachvollziehen.

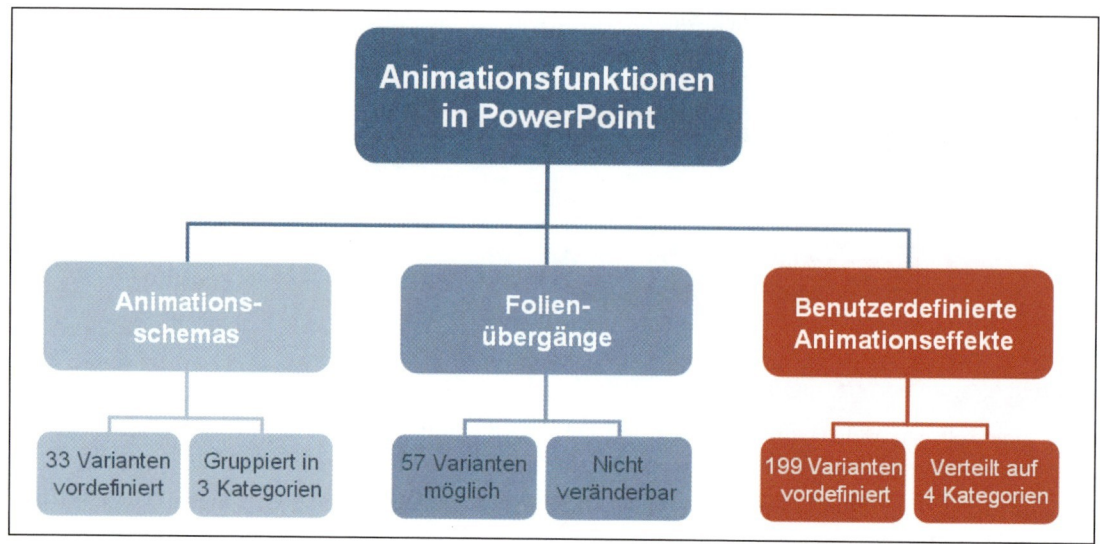

Abbildung 3.11 Unterteilen Sie das Organigramm durch unterschiedliche Farbgebung nach Ebenen oder nach Funktionen

Organigramme mit SmartArt-Grafiken erstellen (PowerPoint 2007)

In Office 2007 wurden die schematischen Darstellungen der Vorversionen durch die SmartArt-Grafiken abgelöst. Dadurch stehen Ihnen eine größere Vielfalt an Organigrammtypen und erweiterte Formatierungsmöglichkeiten zur Verfügung. (Mehr über das Einfügen und Bearbeiten von SmartArts finden Sie in Kapitel 2.)

CD-ROM Beispiele für SmartArt-Organigramme finden Sie in der Datei *Organigramm_2007.pptx* auf der CD zum Buch im Ordner \Buch\Kap03 auf den Folien 3 bis 12.

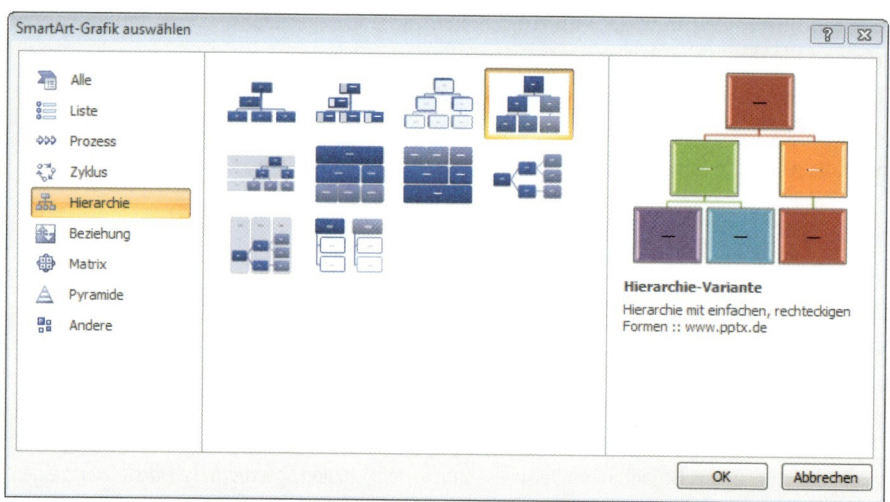

Abbildung 3.12 Sieben vorinstallierte SmartArt-Vorlagen machen die Erstellung von Organigrammen einfach (Nr. 2, 4 und 7 sind zusätzlich heruntergeladene)

Standardmäßig werden mit der neuen Office-Version sieben Organigrammtypen installiert (vgl. Abbildung 3.12). Sie finden sie in der Kategorie *Hierarchie*:

Organigramm

Das »klassische« Organigramm, das sich sowohl zum Darstellen von Organisationsstrukturen in Unternehmen als auch zum Verdeutlichen von Zusammenhängen anbietet. Dieser Organigrammtyp erlaubt seitlich angeordnete Assistenten. Untergebene können allerdings nicht in gerader Linie, sondern nur hängend angeordnet werden.

Hierarchie

Grafisch aufwendiger gestaltet als das vorherige. Hinter jedem abgerundeten Rechteck mit Text liegt ein zweites als Schatten. Untergebene können hier auch in gerader Linie angeordnet werden. Wenn Sie ein Element löschen wollen, dürfen Sie nicht das hintere Rechteck markieren, sondern müssen das vordere, das den Text enthält, auswählen.

Beschriftete Hierarchie

In seiner Gestaltung zwischen den beiden vorgenannten stehend: Abgerundete Ecken, Untergebene werden hängend angeordnet. Besonderheit sind hier die waagerecht hinter den Ebenen liegenden Rechtecke, mit denen die Ebenen beschriftet werden können. Gewöhnungsbedürftig: Wenn Sie den Text für diese Beschriftungen im Textbereich eingeben wollen, fügen Sie den Beschriftungstext nicht am Anfang, sondern unter der letzten Zeile als weitere Ebene 1 ein.

Tabellenhierarchie

Ein ungewöhnliches Format, um Hierarchien darzustellen: Die Elemente der untersten Ebene werden zu gleich breiten Rechtecken. Die übergeordneten Ebenen richten sich in ihrer Breite nach der Anzahl dieser Rechtecke. Zusammen füllen sie ein großes Rechteck. Dieser Typ verzichtet vollkommen auf Verbindungslinien, allein die Anordnung zeigt die Zusammengehörigkeit. Durch ihre Form wirkt die Tabellenhierarchie unbürokratischer und informeller als die klassischen Organigrammtypen. Aufgrund der ungewohnten Darstellungsweise sollten Sie allerdings auch Ihren Zuschauern mehr Zeit zum Betrachten einräumen.

Horizontale Hierarchie

Hier sind die Ebenen nicht vertikal untereinander, sondern horizontal nebeneinander angeordnet. Dieser Typ eignet sich zur Darstellung nicht so streng hierarchischer Strukturen, z.B. in Projektteams. Insbesondere bei Strukturen mit vielen Ebenen nutzen Sie hiermit das Querformat der Folie gut aus. Und es ist die ideale Form für Entscheidungsbäume.

Horizontal beschriftete Hierarchie

Wie der vorherige Typ, aber mit vertikal angeordneten Rechtecken, um die Ebenen zu beschriften.

Hierarchieliste

Wenn Sie gleichwertige Einheiten, z.B. Abteilungen eines Unternehmens, mit ihren Untereinheiten oder Zuständigkeiten visualisieren wollen, ist die Hierarchieliste ideal. Allerdings sind hier nur zwei Ebenen für Rechtecke vorgesehen. Geben Sie eine dritte Ebene ein, so wird diese zu Unterpunkten in den hängenden Kästen.

TIPP   **Weitere Hierarchievorlagen aus dem Internet herunterladen**

Auf der US-amerikanischen Office-Online-Webseite bietet Microsoft weitere SmartArt-Vorlagen an, darunter auch zwei Hierarchievorlagen:

Architecture   Kehrt die Reihenfolge der Rechtecke der Tabellenhierarchie um, hier ist das unterste das breiteste Rechteck. Gut geeignet für Untereinheiten, die auf einer gemeinsamen Basis aufbauen. Download-Link: *http://office.microsoft.com/en-us/ templates/TC101170031033.aspx?pid=CT101636101033*

Picture Organization Chart   Hier wird das klassische Organigrammlayout durch Bildplatzhalter ergänzt (siehe Abbildung 3.13). Download-Link: *http://office.microsoft.com/en-us/templates/TC102117841033.aspx?pid=CT101636101033*

Neutrale Hierarchie   Wenn Sie geradlinig verbundene untere Ebenen nutzen wollen, aber ein neutraleres Layout ohne abgerundete Ecken suchen, werden Sie hier fündig: *http://www.pptx.de/vorlagen/smartart.html*

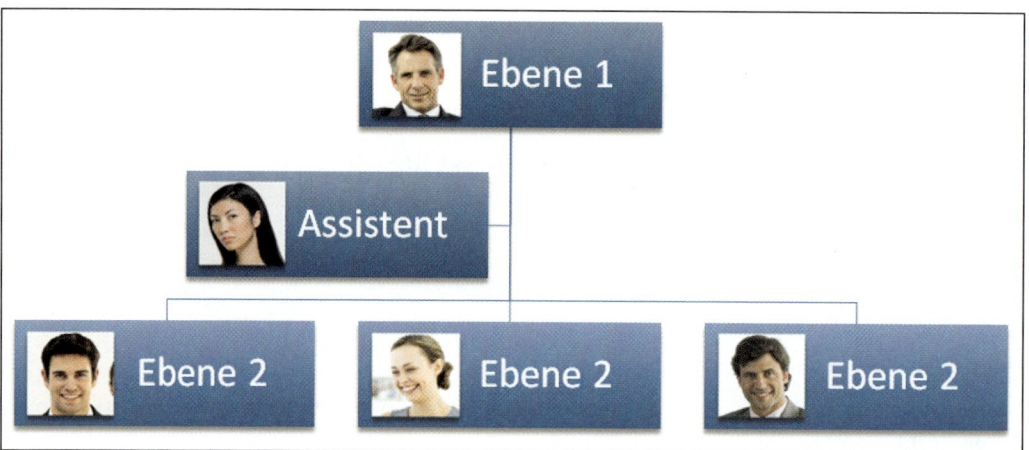

Abbildung 3.13   Das Organigramm mit Bildplatzhaltern (Picture Organization Chart) erweitert die Gestaltungsmöglichkeiten für Hierarchie-SmartArts

CD-ROM   Die Webadressen der zusätzlichen SmartArt-Vorlagen finden Sie als anklickbare Links in der Beispieldatei *Organigramm_2007.pptx* auf der CD zum Buch im Ordner *\Buch\Kap03* auf den Folien 10 bis 12. Bitte beachten Sie, dass Sie nach der Installation zunächst alle Office-Programme schließen müssen, damit die neu installierten Vorlagen im SmartArt-Verzeichnis auswählbar werden.

Organigramm-SmartArts animieren und weiterbearbeiten

Mehr Übersicht schaffen Sie, wenn Sie das fertige Organigramm animieren. Markieren Sie dazu die komplette Grafik mit einem Klick auf den äußeren Rahmen. Rufen Sie den Befehl *Animation/Benutzerdefinierte Animation* auf. Weisen Sie über *Effekt hinzufügen* im gleichnamigen Aufgabenbereich dem Organigramm einen Eingangseffekt zu – beispielsweise *Wischen* mit der Richtung *Von oben*. Standardmäßig wird nun zunächst die komplette SmartArt-Grafik animiert. Klicken Sie in der Animationsliste des Aufgabenbereichs auf den kleinen Pfeil rechts neben dem animierten Objekt. Mit *Effektoptionen/SmartArt-Animation* steuern Sie, in welcher Reihenfolge die Elemente erscheinen. Im Gegensatz zu selbst gezeichneten Formen können Sie die Reihenfolge nicht durch Verschieben in der Animationsliste ändern.

Die SmartArt-Gruppierung auflösen

Wenn Sie beim Formatieren oder Animieren an die Grenzen der SmartArts stoßen, können Sie die Elemente auch in normale Formen umwandeln. Es gibt allerdings keinen Befehl, der diesen Schritt rückgängig macht, legen Sie deshalb zunächst eine Sicherungskopie Ihrer Folie an.

Das *Service-Pack 2 (SP2)* für Office 2007, das im April 2009 erschien, brachte die ersehnte erleichterte Bearbeitung:

- **Bis SP1**   Klicken Sie in das SmartArt-Objekt, ohne allerdings ein einzelnes Element zu markieren. Drücken Sie `Strg`+`A` um alle Elemente zu markieren. Schneiden Sie sie mit `Strg`+`X` aus, löschen Sie den leeren SmartArt-Rahmen und fügen die Elemente mit `Strg`+`V` auf der leeren Folie ein.

- **Ab SP2**   Klicken Sie das SmartArt-Objekt mit der rechten Maustaste an und wählen Sie *Gruppierung/Gruppierung aufheben*. Wiederholen Sie diesen Schritt, um die aus dem SmartArt-Objekt entstandene Gruppe aufzulösen.

Bearbeiten Sie die Formen mit den Befehlen der Registerkarte *Zeichentools/Format* weiter. Sie können auch als Ausgangspunkt für die im folgenden Abschnitt beschriebenen Techniken dienen.

Individuell: Organigramme aus AutoFormen anfertigen

Unabhängig von der verwendeten PowerPoint-Version können Sie Organigramme natürlich auch mittels AutoFormen zeichnen. Dabei haben Sie gegenüber den oben beschriebenen Techniken zwei »Nachteile«:

- Sie müssen für die Anordnung und Aufteilung der Objekte auf der Folie selbst sorgen, denn jetzt gibt es keine AutoLayout-Funktion.

- Sie müssen die Verbindungslinien zwischen den Objekten selbst einfügen.

Ansonsten sind Sie von Anfang an absolut flexibel bei der Gestaltung und sicher vor unerwünschten oder störenden Automatismen.

Bei mit AutoFormen und Verbindungslinien angefertigten Organigrammen können Sie völlig individuell entscheiden, wie die Elemente des Organigramms angeordnet und miteinander verknüpft werden.

Sie müssen nur einige wenige Techniken zum Zeichnen beherrschen. Auf den folgenden Seiten halten wir diese und eine Reihe von Tipps bereit, mit denen Sie leicht und schnell zum Ziel gelangen.

Zeit sparen und systematisch vorgehen

Bei Schaubildern generell und bei Organigrammen und Flussdiagrammen speziell ist es angeraten, zuvor eine kleine Skizze auf Papier anzufertigen oder zumindest im Kopf zurechtzulegen. Sie können mit einer systematischen Vorbereitung und Vorgehensweise viel Zeit sparen; Nerven natürlich auch.

So vermeiden Sie unnötiges Nachbessern

- Überlegen Sie sich vor dem Zeichnen, wie viele Objekte Sie für das Organigramm benötigen.

- Erstellen Sie einen oder mehrere Prototypen mit den Werkzeugen der Symbolleiste *Zeichnen* bzw. ab 2007 mit den Werkzeugen der Registerkarte *Zeichentools/Format*. Formatieren Sie diese Prototypen komplett bezüglich Größe, Füll- und Linienfarbe, Schatten und Schriftattribute.

- Sollen die Elemente des Organigramms animiert werden, richten Sie bei dem oder den Prototypen auch die Animation gleich mit ein.

- Erstellen Sie anschließend von den Prototypen so viele Kopien, wie Sie benötigen. Vorteil: Auch die Animationen werden beim Kopieren der Prototypen mit übernommen.

- Nutzen Sie das Raster und setzen Sie Funktionstasten oder Tastenkombinationen ein, um beim Duplizieren, Kopieren und Verschieben der Objekte schnell und präzise agieren zu können. Lesen Sie mehr dazu im Kasten »Nutzen Sie die Hilfsmittel, die PowerPoint Ihnen zur Verfügung stellt«.

Nutzen Sie die Hilfsmittel, die PowerPoint Ihnen zur Verfügung stellt

- Aktivieren Sie die Option *Objekte am Raster ausrichten*.

  In PowerPoint 97 und 2000 finden Sie die Option zum Einschalten des Rasters in der Symbolleiste *Zeichnen* unter *Zeichnen/Ausrichten*.

  Wählen Sie in PowerPoint 2002 und 2003 den Menübefehl *Ansicht/Raster und Führungslinien*.

  In PowerPoint 2007 klicken Sie mit der rechten Maustaste auf eine leere Stelle der Folie und wählen *Raster und Führungslinien* im Kontextmenü.

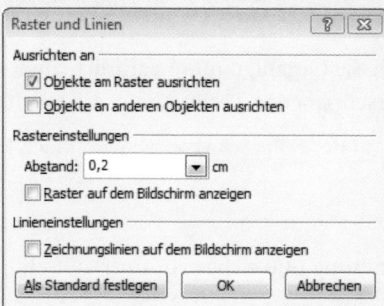

Abbildung 3.14 Ab PowerPoint 2002 können Sie über dieses Dialogfeld die Arbeitsfläche optimal vorbereiten

- Es kann auch hilfreich sein, das Raster selbst am Bildschirm anzuzeigen (diese Funktion ist ab Version 2002 verfügbar). Sie finden diese Möglichkeit – wie in Abbildung 3.14 gezeigt – ebenfalls über die Befehlsfolge *Ansicht/Raster und Führungslinien*.

- Wenn Sie das Raster als störend empfinden, sollten Sie auf jeden Fall die Führungslinien einschalten. Bis PowerPoint 2000 geht das am schnellsten mit der Tastenkombination Strg + G, ab Version 2002 mit Alt + F9. Alternativ dazu wählen Sie im Menü *Ansicht* den Befehl *Führungslinien* (bis Version 2000) bzw. *Raster und Führungslinien* und aktivieren im daraufhin angezeigten Dialogfeld das Kontrollkästchen *Zeichnungslinien auf dem Bildschirm anzeigen* (siehe Abbildung 3.14). Mit gedrückter Strg-Taste können Sie von jeder der beiden Führungslinie bis zu sieben Kopien erstellen.

- Das Drücken der ⇧-Taste beim Ziehen von Objekten mit der Maus bewirkt, dass die Objekte genau horizontal oder vertikal bewegt werden.

- Das Drücken der Strg-Taste beim Ziehen von Objekten mit der Maus bewirkt, dass eine Kopie des Objekts erstellt wird.

- Halten Sie beim Ziehen von Objekten mit der Maus sowohl die Strg- als auch die ⇧-Taste gedrückt, stellen Sie eine Kopie vom Original her, die vertikal in der gleichen Flucht bzw. horizontal auf gleicher Höhe liegt.

Die Objekte des Organigramms präzise anordnen

Setzen Sie zum exakten Anordnen der einzelnen Bestandteile eines Organigramms die Befehle ein, die Ihnen PowerPoint in der Symbolleiste *Zeichnen* im Menü zur Schaltfläche *Zeichnen* unter *Ausrichten oder verteilen* bzw. in PowerPoint 2007 auf der Registerkarte *Zeichentools/Format* zur Verfügung stellt.

Am besten ist es, wenn Sie dieses Untermenü als eigenständige Symbolleiste herausziehen und beispielsweise rechts unten neben der Symbolleiste *Zeichnen* ablegen. So haben Sie diese wichtigen Befehle beim Zeichnen immer im direkten und schnellen Zugriff. (Das »Abreißen« von Untermenüs ist in PowerPoint 2007 nicht mehr möglich.)

Abbildung 3.15 Mit den Befehlen dieser Symbolleiste erledigen Sie das Anordnen und Ausrichten von Objekten schnell und präzise

Mit den Befehlen der in Abbildung 3.15 gezeigten Symbolleiste überlassen Sie PowerPoint das Anordnen und Ausrichten der Objekte.

Die Objekte des Organigramms dauerhaft verbinden

Verknüpfen Sie die Elemente des Organigramms mit dynamischen Verbindungen, die sich mitbewegen, wenn Sie ein Objekt nachträglich verschieben. Sie finden diese »intelligenten« Linien über die Symbolleiste *Zeichnen* und die Befehlsfolge *AutoFormen/Verbindungen*. In PowerPoint 2007 sind alle Linien gleichzeitig Verbindungslinien.

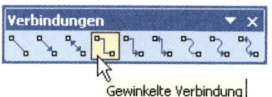

Abbildung 3.16 Die Symbolleiste *Verbindungen* bietet neun verschiedene Varianten an

Auch hier ist es am besten, wenn Sie das Untermenü – so wie in Abbildung 3.16 gezeigt – als eigenständige Symbolleiste auf die Arbeitsfläche neben die Folie ziehen. Gehen Sie dann wie folgt vor:

1. Klicken Sie in der Symbolleiste *Verbindungen* auf das Symbol für den gewünschten Verbindungstyp.
2. Wenn Sie die Maus nun zu einem Objekt bewegen, erscheinen kleine blaue (in PowerPoint 2007: rote) Rechtecke, an denen Sie die Linie festmachen können (siehe Abbildung 3.17).
3. Klicken Sie auf die gewünschte Objektseite und ziehen Sie – wie in Abbildung 3.17 gezeigt – mit gedrückter linker Maustaste zum nächsten Objekt. Lassen Sie die Maustaste los, wenn Sie sich über der Andockstelle des zweiten Objekts befinden.

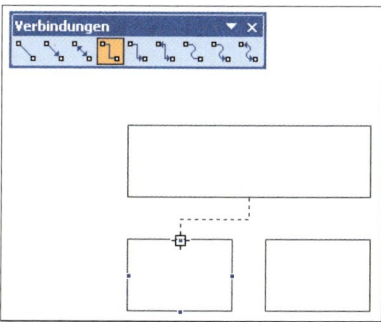

Abbildung 3.17 Eine gewinkelte Verbindung mit nur drei Mausklicks herstellen

Tipps & Tricks zum Umgang mit Verbindungslinien

- Verbindungslinien flexibel einrichten

  Wenn Sie Elemente geradlinig verbinden, entstehen Diagonalen, wenn Sie ein Element später horizontal verschieben müssen. Verwenden Sie deshalb generell den Typ *Gewinkelte Verbindung*. Er wird bei späteren Änderungen automatisch richtig angepasst.

- Die Funktion *Verbindungslinie* mehrfach nutzen

  Wollen Sie nacheinander mehrere Verbindungen zeichnen, machen Sie bis PowerPoint 2003 einen Doppelklick auf den gewünschten Linientyp; ab PowerPoint 2007 klicken Sie ihn mit der rechten Maustaste an und wählen *Zeichenmodus sperren*. Damit können Sie die Funktion mehrfach nutzen. Schalten Sie die Funktion zum Schluss mit `Esc` wieder aus.

- Haben die Verbindungslinien rote oder grüne oder weiße Endpunkte?

  Solange eine Verbindungslinie zwei rote Endpunkte hat, ist die »Befestigung« in Ordnung, d.h., beim Bewegen eines der Objekte bewegt sich die Linie automatisch mit. Wenn Sie hingegen grüne Endpunkte sehen (in PowerPoint 2007 weiße), ist die Verbindung »aus der Verankerung herausgerissen«. Bewegen Sie in diesem Fall die Maus auf den grünen (bzw. weißen) Punkt und ziehen Sie ihn mit gedrückter linker Maustaste auf das Objekt, an dem die Verbindung wieder befestigt werden soll. Es erscheinen die blauen (bzw. roten) Punkte zum Andocken, sodass Sie die Verbindung wieder reparieren können.

Vielfalt statt Eintönigkeit: Geeignete AutoFormen finden und verwenden

Nirgendwo steht geschrieben, dass ein Organigramm nur aus Rechtecken aufgebaut werden muss. Rechtecke haben zweifellos den Vorteil, dass sie eine größere Textmenge als andere geometrische Formen fassen. Doch wenn Sie einmal das Angebot der weit über 100 AutoFormen durchsehen, die Ihnen über die Symbolleiste *Zeichnen* bzw. ab PowerPoint 2007 über *Einfügen/Formen* zur Verfügung stehen, werden Sie garantiert noch mehr geeignete Formen finden. Abbildung 3.18 zeigt, dass es neben den Rechtecken durchaus auch andere passende Formen gibt, die sich in einem Organigramm gut verarbeiten lassen.

In PowerPoint 2007 sind weitere Alternativen mit einzelnen und mit gegenüberliegenden abgerundeten oder abgeschnittenen Ecken hinzugekommen. Die Form der Ecke können Sie mit den gelben Rauten verändern (vgl. die unteren beiden Reihen in Abbildung 3.18).

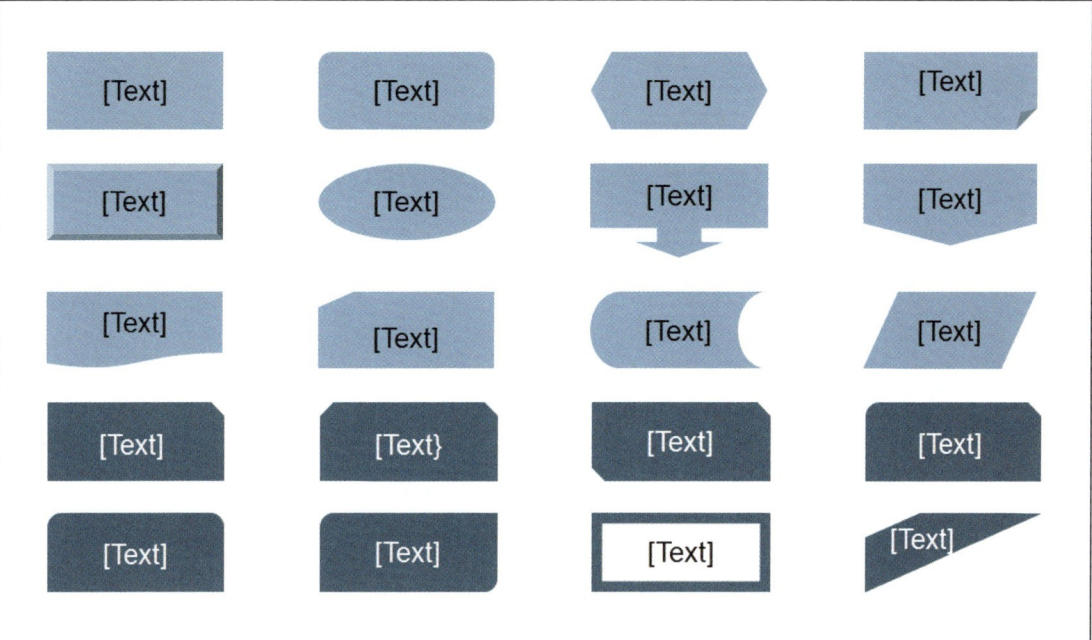

Abbildung 3.18 Geeignete AutoFormen aus den Kategorien *Standardformen*, *Blockpfeile* und *Flussdiagramm*
(Die oberen hellblauen Formen stehen Ihnen in allen Versionen zur Verfügung; die unteren dunkelblauen sind neu in der Version 2007)

Wenn Sie nicht an Festlegungen des Corporate Designs gebunden sind, sollten Sie ruhig einmal verschiedene Formvarianten ausprobieren. In den folgenden Beispielen können Sie sehen, dass Organigramme optisch durchaus gewinnen, wenn Sie mit alternativen Formen arbeiten.

Organigrammvariationen mit AutoFormen anfertigen

Standardmäßig sind Organigramme von oben nach unten aufgebaut. Das macht auf PowerPoint-Folien nicht selten Probleme, denn sie sind im Normalfall querformatig und somit in der Höhe begrenzt. Da Sie beim Erstellen von Organigrammen mit AutoFormen in der Anordnung der Objekte nicht beschränkt sind, spricht nichts dagegen, hier auch einmal neue Wege zu gehen.

Organigramm mit horizontalem Aufbau

In Abbildung 3.19 sehen Sie ein Beispiel dafür, wie Sie die Ebenen in einem Organigramm durchaus auch horizontal nebeneinander anordnen können.

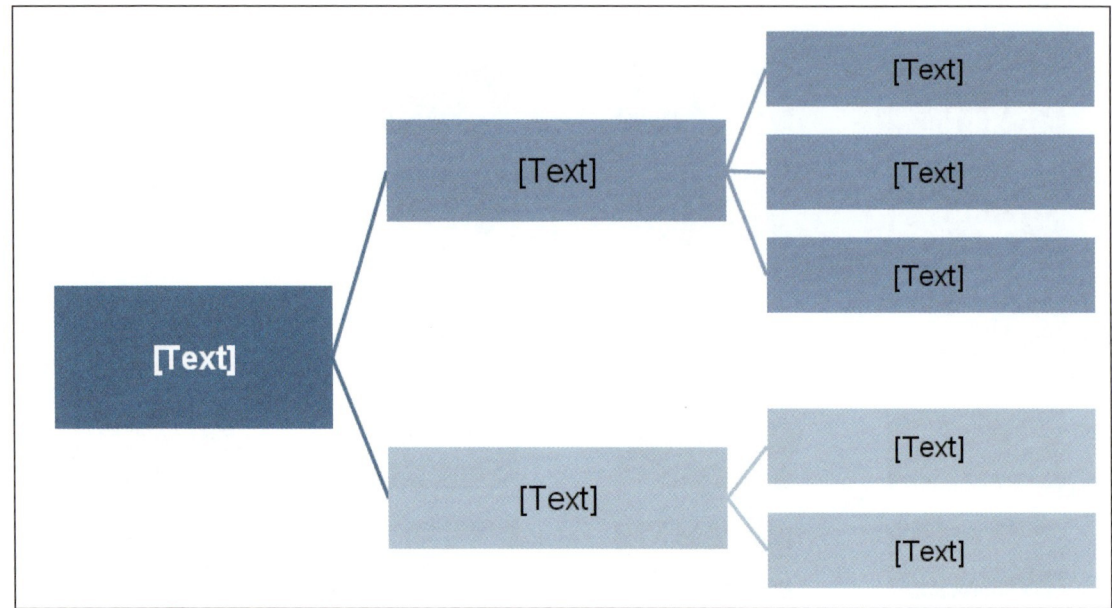

Abbildung 3.19   Organigramm mit horizontalem Aufbau

In Abbildung 3.20 sehen Sie den gleichen horizontalen Aufbau, aber diesmal kommen anstelle der einfachen Rechtecke schaltflächenähnliche Objekte zum Einsatz. Sie finden diesen Objekttyp in der Symbolleiste *Zeichnen* über die Befehlsfolge *AutoFormen/Standardformen* bzw. unter *Einfügen/Formen* unter dem Namen *Rahmen*.

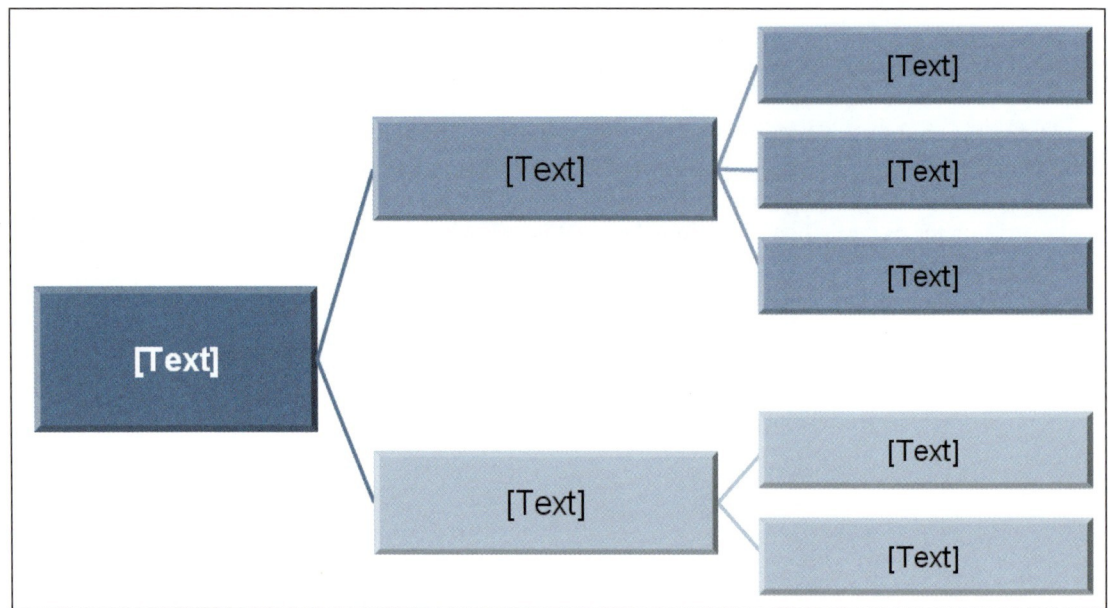

Abbildung 3.20   Mit Schaltflächen anstelle von einfachen Rechtecken das Organigramm optisch aufwerten

Organigramm vor einen besonderen Hintergrund stellen

Informationen können Sie hervorheben, wenn Sie diese vor einen farbigen Hintergrund oder vor ein passendes Bildmotiv stellen.

CD-ROM   Auf den Folien 11 und 12 der Beispieldatei *Organigramm.ppt* bzw. auf den Folien 19 und 20 der Datei *Organigramm_2007.pptx* finden Sie Varianten dafür. Die Datei ist auf der CD-ROM zum Buch im Ordner *Buch**Kap03* gespeichert.

Während auf der ersten der beiden Beispielfolien einfach ein farbiges Rechteck hinter dem Organigramm liegt, wurde auf der zweiten ein Bildmotiv für den Hintergrund gewählt, das in diesem Fall Optimismus, Erfolg und Konzentration auf das Ziel als Botschaft transportiert.

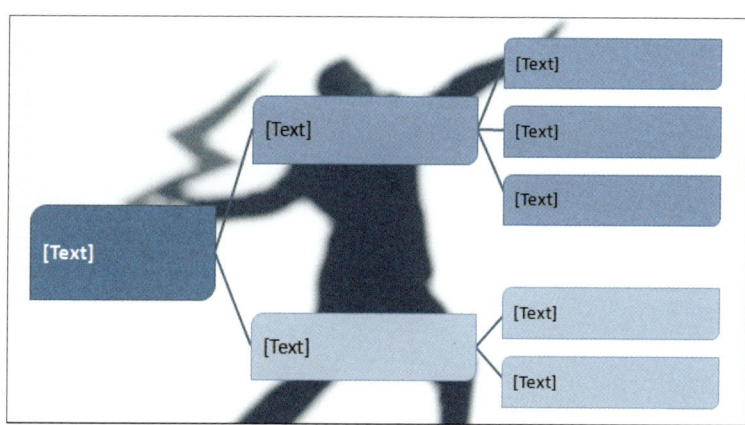

Abbildung 3.21 In den Hintergrund des Organigramms ein passendes Motiv stellen

Bei Bildern im Hintergrund ist wichtig, dass sie zum einen nicht zu dominant sind. Kontrastschwache Farben und eine unscharfe Darstellung helfen dabei. Zum anderen müssen sie farblich zur Folie passen. Hier können Sie sich notfalls mit folgendem Trick behelfen: Legen Sie über das Bild ein Rechteck in einer der Folienfarben und weisen Sie der Füllfarbe eine Transparenz von 50% und mehr zu. Setzen Sie bei Bedarf außerdem (bis Version 2003) das Foto über die Symbolleiste *Grafik* und die Funktion *Bildsteuerung* bzw. *Farbe* auf *Graustufe*. Ab Version 2007 finden Sie auf der Registerkarte *Bildtools/Format* links in der Gruppe *Anpassen* umfangreiche Möglichkeiten, um *Helligkeit* und *Kontrast* abzuschwächen und gar das Bild völlig neu einzufärben.

Organigramm mit abweichendem Aufbau und Ellipsen

Eine weitere Variante, die nicht nur von oben nach unten aufgebaut ist und in ihrer Anordnung dem Querformat der Folien besser Rechnung trägt, sehen Sie in Abbildung 3.22.

Neben der etwas weniger üblichen Anordnung der Objekte sorgt auch deren Form dafür, dass das vom Publikum wahrgenommen wird. Die Ellipsen in Verbindung mit den Pfeilspitzen sorgen für eine moderne und trotzdem gut strukturierte Darstellung.

Wenn diese Kombination aus Ellipsen und Pfeilspitzen auch in anderen Schaubildern wiederkehrt, erhält die Präsentation ein unverwechselbares, eigenes Gesicht.

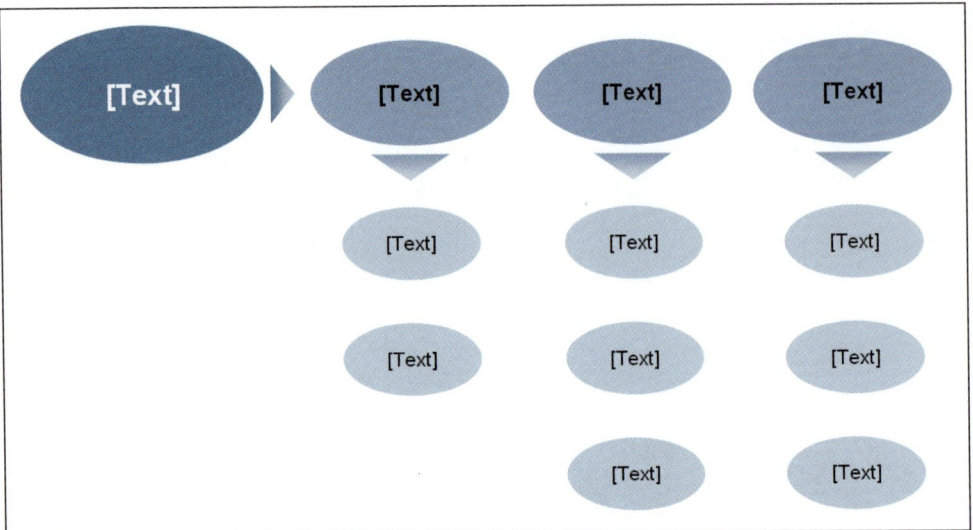

Abbildung 3.22   Garantiert ein Hingucker angesichts der eher ungewöhnlichen Formen, aber trotzdem übersichtlich und außerdem platzsparend

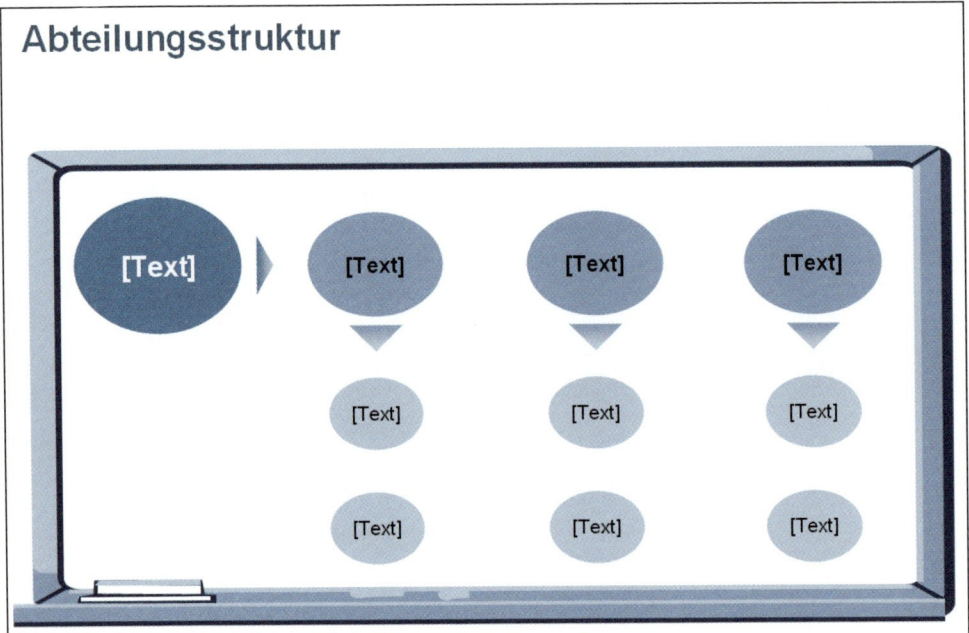

Abbildung 3.23   Mit der Verwendung einer Tafel als Hintergrund können Sie beispielsweise deutlich machen, dass die vorgestellte Struktur noch nicht endgültig, sondern nur ein Entwurf ist, der zur Diskussion steht

CD-ROM   Die beiden Beispiele aus Abbildung 3.22 und Abbildung 3.23 finden Sie auf den Folien 13 und 14 der Datei *Organigramm.ppt* bzw. 21 und 22 der Datei *Organigramm_2007.pptx* im Ordner *\Buch\Kap03*.

Rationell: Organigrammvorlagen einsetzen

Oftmals werden Organigramme nicht für Unternehmen oder bestehende Abteilungen erstellt, sondern für die Vorstellung von Teams, die nur auf Zeit agieren. Dabei können zum einen dieselben Personen in mehreren Projekten auftauchen. Zum anderen unterliegen solche Organigramme einem schnellen Wechsel, denn zu jedem Projekt wird ein neues Organigramm gebraucht.

Da bietet es sich doch geradezu an, die Arbeit mithilfe eines Organigramm-Baukastens zu erleichtern und effektiver zu machen.

Module für den Organigramm-Baukasten erstellen

Legen Sie sich Schritt für Schritt die Module für einen solchen Baukasten an:

- Fertigen Sie mit den AutoFormen aus der Symbolleiste *Zeichnen* bzw. ab Version 2007 über *Einfügen/ Formen* einzelne Bausteine für das Diagramm an. Legen Sie darin schon Farbe, Art der Beschriftung, weitere Formatierungsmerkmale und gegebenenfalls auch Animationseffekte fest.

- Beschriften Sie Objekte, von denen Sie wissen, dass sie immer wieder gebraucht werden.

- Setzen Sie die Bausteine zu Gruppen zusammen, beispielsweise zu einer kompletten Ebene oder zu einem kompletten Zweig.

- Kopieren Sie die Gruppen, ordnen Sie sie auf einer Folie an und verknüpfen Sie sie bereits mit Verbindungslinien.

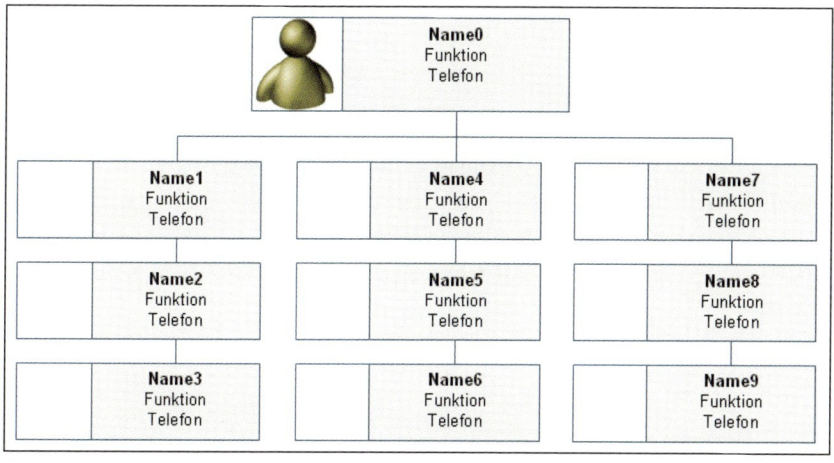

Abbildung 3.24 Beispiel für einen Baukasten, aus dem einzelne Module oder Gruppen schnell entnommen werden können

In Abbildung 3.24 sehen Sie eine einfache Variante für eine solche Baukastenlösung. Bei Bedarf lassen sich einzelne Objekte, Objektgruppen mit oder ohne Verbindungslinien entnehmen, auf anderen Folien einfügen und dort schnell zu einem Organigramm zusammensetzen.

CD-ROM   Das Beispiel aus Abbildung 3.24 finden Sie auf Folie 15 in der Datei *Organigramm.ppt* bzw. auf Folie 23 in der Datei *Organigramm_2007.pptx* im Ordner \Buch\Kap03.

Fotos schnell ändern

Bei wechselnden Personen ändern sich auch die Fotos. Diese Aufgabe können Sie bei einem modulartig aufgebauten Organigramm ebenfalls schnell und leicht lösen.

Damit alle Fotos im Organigramm die gleiche Größe haben, fügen Sie die Bilder nicht über die Befehlsfolge *Einfügen/Grafik/Aus Datei* ein. Einfacher ist es, wenn Sie für jedes Foto ein Rechteck oder Quadrat vorbereiten und dort das Foto als Hintergrund einfügen. Im Beispiel aus Abbildung 3.24 gibt es für jede Person eine Gruppe aus zwei Objekten – das linke ist für das Foto vorgesehen. Um in dem Objekt für das Foto ein neues Bild einzubauen, gehen Sie wie folgt vor:

1. Klicken Sie ab PowerPoint 2002 zweimal nacheinander auf das Objekt für das Foto, damit nur dieser Teil der Objektgruppe markiert ist (siehe Abbildung 3.25).

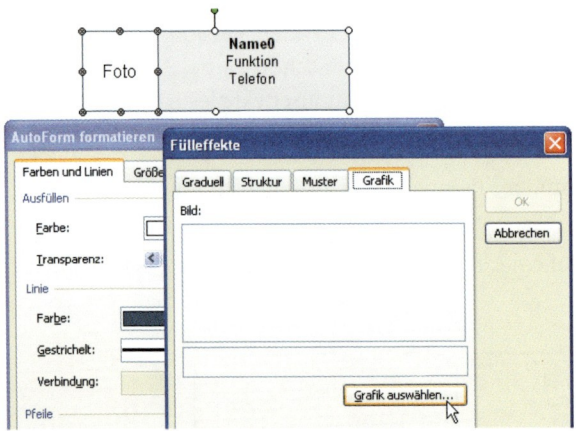

Abbildung 3.25 Eine Grafik als Hintergrund für eine AutoForm einbauen

2. Wählen Sie die Befehlsfolge *Format/AutoForm* und zeigen Sie die Registerkarte *Farben und Linien* an.
3. Öffnen Sie im Bereich *Ausfüllen* das Dropdown-Listenfeld *Farbe* und klicken Sie dann auf *Fülleffekte*.
4. Wechseln Sie im daraufhin angezeigten Dialogfeld zur Registerkarte *Grafik* und legen Sie über die Schaltfläche *Grafik auswählen* die Datei für das jeweils gebrauchte Foto fest.
5. Beenden Sie den Vorgang, indem Sie in den verschiedenen Dialogfeldern jeweils auf *OK* klicken.

TIPP   In PowerPoint 97 und 2000 sollten Sie keine Objektgruppen bilden, denn sonst müssten Sie diese erst wieder auflösen, um das Objekt für das Foto nachzubearbeiten.

TIPP   Noch einfacher wird es in PowerPoint 2007: Fügen Sie in die Bausteine ein beliebiges Platzhalterbild in der richtigen Größe ein. Mit *Bildtools/Format/Bildform* stehen Ihnen für dieses Bild alle Formen, z.B. auch abgerundete Ecken, zur Verfügung. Unter *Bildeffekte* stellen Sie dieselben Effekte wie für gezeichnete Formen ein. Mit *Bild ändern* tauschen Sie später das Bild aus. Form und Effekte bleiben dabei erhalten.

Abbildung 3.26   In PowerPoint 2007 können Sie Bilder austauschen und dabei die Formatierung beibehalten

Kapitel 4

Teile zum Ganzen

Zur Darstellung der Teile eines Ganzen werden häufig Aufzählungen verwendet oder Rechtecke aneinandergesetzt. In diesem Kapitel lernen Sie Alternativen zur Visualisierung von Baustein- und Paketlösungen, Produkteinführungsprozessen, Produktzyklen u.Ä. kennen.

Gleichzeitig erhalten Sie Einblicke in das Innenleben von PowerPoint und erfahren, wie Sie Bilder wirkungsvoll als *Fülleffekt* einsetzen und mit den Grafikwerkzeugen von PowerPoint anpassen.

Darüber hinaus erfahren Sie, wie Sie mit Bildbearbeitungssoftware wie Photoshop oder Paint Shop Pro schematische Darstellungen zum optischen Highlight Ihrer Präsentation machen.

Im letzten Abschnitt schließlich stellen wir Ihnen die neuen Grafikfunktionen von PowerPoint 2007 vor, mit denen Sie auch ohne zusätzliche Grafiksoftware aus einfachen Schaubildern echte Highlights zaubern.

Abbildung 4.1   Dieses Puzzle benötigt keine Bildbearbeitungssoftware – PowerPoint selbst hält die erforderlichen Funktionen bereit (die Anleitung finden Sie im Abschnitt »Bilder als Puzzle zusammensetzen«)

CD-ROM   Sie finden die Lösung auf Folie 9 der Beispieldatei *Teile zum Ganzen.ppt* im Ordner *\Buch\Kap04* auf der CD-ROM zum Buch.

Runde Sache: Das Puzzle im Kreis

Die Einzelteile eines Puzzles greifen ineinander und setzen sich nahtlos zu einem vollständigen Bild zusammen. Ein Kreispuzzle stellt damit eine attraktive Visualisierung dar, wenn Sie Vollständigkeit und reibungsloses Zusammenspiel darstellen möchten, sei es für ein Dienstleistungsangebot, für ein Produktpaket oder für ein Projekt.

CD-ROM　　Mit PowerPoint selbst kann das Kreispuzzle nicht gezeichnet werden. Wir haben deshalb Vorlagen mit Varianten aus fünf, sechs, sieben und acht Segmenten für Sie vorbereitet. Sie finden diese Vorlagen auf der CD-ROM zum Buch im Ordner \Buch\Kap04 in der Datei *Vorlagen.ppt*.

So setzen Sie die Vorlagen ein

1. Markieren Sie alle Segmente einer Vorlage, indem Sie die ⬆-Taste gedrückt halten und nacheinander auf die einzelnen Segmente klicken.
2. Kopieren Sie mit Strg + C die markierten Segmente in die Zwischenablage.
3. Rufen Sie Ihre Präsentation auf und fügen Sie die Segmente aus der Vorlage mit Strg + V auf der gewünschten Folie ein.
4. Bevor Sie eine der Vorlagen vergrößern oder verkleinern, müssen Sie diese zunächst gruppieren. Markieren Sie dazu alle Segmente wie in Schritt 1 beschrieben und wählen Sie dann bis Version 2003 in der Symbolleiste *Zeichnen* die Befehlsfolge *Zeichnen/Gruppierung*. In PowerPoint 2007 finden Sie die Befehle zum *Gruppieren* auf der Registerkarte *Start* in der Gruppe *Zeichnung*, Schaltfläche *Anordnen*.
5. Nehmen Sie Ihre Änderungen vor und heben Sie anschließend die Gruppierung über *Zeichnen bzw. Anordnen/Gruppierung aufheben* wieder auf.

TIPP　　Halten Sie Strg + ⬆ gedrückt, während Sie an einem der Eckziehpunkte der Vorlage ziehen, erfolgt die Skalierung aus der Mitte heraus, ohne dass das Seitenverhältnis verzerrt wird.

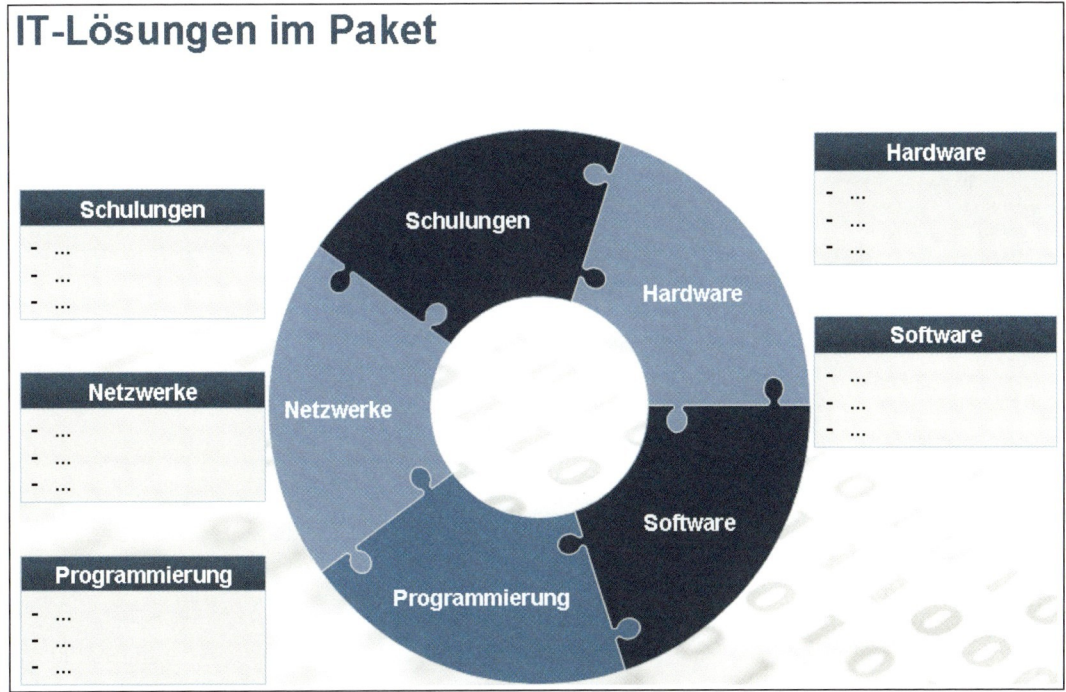

Abbildung 4.2　Ergänzt um Textfelder und Legende steht das Puzzle vor einem thematisch passenden, mit PowerPoint abgesofteten Bild

6. Beim Einfügen in Ihre Präsentation werden die Farben der Vorlagen automatisch an das Farbschema Ihrer Vorlage angepasst. Unabhängig hiervon können Sie die Vorlagen anpassen, indem Sie sie mit allen für Zeichnungsobjekte zur Verfügung stehenden Programmbefehlen bearbeiten.

7. Fügen Sie anschließend *Textfelder* ein, um die Segmente entweder direkt zu beschriften oder eine Legende neben der Grafik zu erstellen.

Abbildung 4.2 zeigt die fünfteilige Puzzlevorlage im Einsatz. Sie wurde mit einem zum Thema passenden Bild im Hintergrund kombiniert.

Im Original hat das verwendete Hintergrundbild eine goldene Farbstimmung. Um Bilder mit PowerPoint bis Version 2003 so abzusoften, dass sie den Hintergrund nur noch strukturieren, aber nicht vom Inhalt der Folie ablenken, hellen Sie mit den Befehlen *Farbe/Graustufe* und anschließend *Farbe/Intensität* (alle über die Symbolleiste *Grafik* aufrufbar) das Bild zunächst so weit auf, dass es nur noch als Wasserzeichen zu erkennen ist. Mit einem über dem Bild angeordneten Rechteck, das mit einem halbtransparenten weißen Farbverlauf gefüllt ist, erreichen Sie, dass das Bild – hier am oberen Bildrand – sanft ausgeblendet wird.

Mehr zum Anpassen von Bildern mit PowerPoint erfahren Sie im Abschnitt »Bilder farblich unterteilen« weiter hinten in diesem Kapitel.

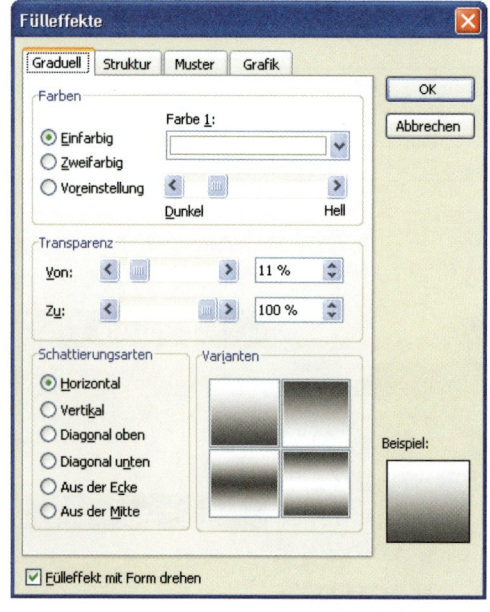

Abbildung 4.3 Mit diesen Einstellungen blenden Sie Bilder sanft in den Hintergrund aus

CD-ROM   Alle Beispiele zu diesem Abschnitt finden Sie in der Präsentation *Teile zum Ganzen.ppt* im Ordner *\Buch\Kap04* auf der CD-ROM zum Buch.

Bilder mit PowerPoint 2007 in den Hintergrund ausblenden

In PowerPoint 2007 sind die Bearbeitungsmöglichkeiten von Bildern deutlich flexibler geworden. Oft genügt bereits das Zuweisen einer der *Hellen Varianten* im Katalog *Neu einfärben* (Registerkarte *Format/Bildtools*, Gruppe *Anpassen*).

Eine ausführliche Anleitung zum Absoften finden Sie in Kapitel 13 im Abschnitt »Das Hintergrundbild einfügen und anpassen«.

Natürlich können Sie auch in PowerPoint 2007 zusätzlich Farbverläufe einsetzen, um Bilder fließend in den Hintergrund auszublenden. Die Anleitung zum Umgang mit Farbverlaufstopps finden Sie ebenfalls in Kapitel 13 im Abschnitt »3-D-Format, Farbverlauf und Transparenz der Diagrammsäulen einrichten«.

Puzzleteile per Animation farblich hervorheben und abblenden

Wenn Sie das Puzzle während der Bildschirmpräsentation schrittweise aufbauen und gegebenenfalls gemeinsam mit weiteren Informationen zum besprochenen Segment anzeigen, erleichtern Sie Ihrem Publikum die Zuordnung, indem Sie mit farblichen Hervorhebungen und mit anschließendem Abblenden arbeiten. Der Befehl *Nach Animation* blendet jedoch bei Freihandformen, die mit Textfeldern gruppiert sind, auch den Text aus.

Die Lösung besteht darin, die Gruppierung von Puzzleteil und Textfeld aufzuheben und den Animationseffekt *Hervorgehoben/Füllfarbe ändern* einzusetzen.

1. Formatieren Sie dazu alle Puzzleteile mit der hervorgehobenen Farbe und entfernen Sie gegebenenfalls die *Füllfarbe* der Textfelder.
2. Weisen Sie dem ersten Puzzleteil einen Eingangseffekt Ihrer Wahl zu, der beim Klicken gestartet wird. Animieren Sie das zum ersten Puzzleteil gehörige Textfeld mit *Eingang/Erscheinen/Nach Vorheriger*.
3. Das Abblenden des Puzzleteils animieren Sie per *Hervorgehoben/Füllfarbe ändern/Beim Klicken*. Wählen Sie für die geänderte Füllfarbe den Farbton, in dem das Puzzleteil abgeblendet werden soll.
4. Verfahren Sie in gleicher Weise bei den weiteren Puzzleteilen. Eine flüssige Animation ohne zusätzliche Mausklicks erreichen Sie, wenn Sie ab dem zweiten Puzzleteil die Eingangsanimation *Nach Vorheriger* starten.

CD-ROM   Die fertige Lösung finden Sie auf Folie 4 der Präsentation *Teile zum Ganzen.ppt* im Ordner *\Buch\Kap04* auf der CD-ROM zum Buch.

Das Puzzle per Animation zusammensetzen

Bei einem echten Puzzle muss der richtige Platz für ein Puzzleteil erst einmal gefunden werden. Man dreht es und probiert verschiedene mögliche Positionen aus, bis man schließlich die richtige findet. Wenn dieses »Zusammensetzen« zu Ihrer Aussage passt, können Sie durch die Kombination von Eingangsanimation, Rotation und Animationspfad tatsächlich während der Bildschirmpräsentation »puzzeln«.

Zugegeben, die Animation ist aufwendig und wird in der Praxis besonderen Anlässen vorbehalten bleiben. Sie steht hier stellvertretend für die Flexibilität, die in der Kombination mehrerer Animationseffekte liegt, und zeigt Ihnen die Technik, um Lösungen für Ihre eigenen Animationen zu finden.

1. Bis PowerPoint 2003 weisen Sie dem ersten Puzzleteil zunächst über die Befehlsfolge *Bildschirmpräsentation/Benutzerdefinierte Animation/Effekt hinzufügen* einen Eingangseffekt, z.B. *Verblassender Zoom*, zu. In PowerPoint 2007 rufen Sie den Aufgabenbereich *Benutzerdefinierte Animation* per Klick auf die Schaltfläche *Benutzerdefinierte Animation* auf der Registerkarte *Animationen*, Gruppe *Animationen* auf.

2. Wählen Sie als Nächstes für das gleiche Puzzleteil wieder über *Effekt hinzufügen* die Befehlsfolge *Hervorgehoben/Rotieren/Mit Vorheriger/30° entgegen Uhrzeigersinn*.

TIPP   Damit benutzerdefinierte Rotationswerte übernommen werden, müssen Sie die Eingabe mit der Taste ⇥ oder der Taste ↵ bestätigen.

3. Als Nächstes folgt der Animationspfad. Wichtig dabei ist, dass das Puzzleteil nach der Pfadanimation exakt an der richtigen Stelle im Puzzle steht.

   Dazu ist es erforderlich, dass der Animationspfad am Mittelpunkt des Puzzleteils angesetzt wird. Manuell ist dies nicht ohne Weiteres zu bewerkstelligen. Verwenden Sie deshalb am einfachsten einen vordefinierten Animationspfad – er wird automatisch ausgerichtet – und bearbeiten Sie den Pfad anschließend für Ihre Zwecke nach, indem Sie per Klick mit der rechten Maustaste das Kontextmenü des Pfades aufrufen und dort den Befehl *Punkte bearbeiten* wählen. Durch Ziehen der Kurvenpunkte des Pfades können Sie seinen Verlauf ändern. Sie müssen lediglich darauf achten, dass der am Puzzleteil ansetzende Startpunkt nicht verschoben wird.

   Um das Ende des Animationspfades exakt zu positionieren, bewegen Sie das Puzzleteil zunächst per Animationspfad aus dem Puzzle heraus und kehren anschließend die Pfadrichtung um. Weisen Sie dazu dem Puzzleteil zunächst einen Animationspfad zu und wählen Sie dann im Kontextmenü des Pfades den Befehl *Pfadrichtung umkehren*.

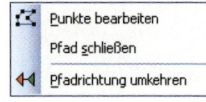   **Abbildung 4.4** Der Verlauf eines Animationspfades kann nach dem Erstellen flexibel angepasst werden

   Wählen Sie für *Starten* die Option *Mit Vorheriger* und für *Pfad* die Option *Gesperrt*. Das Sperren eines Animationspfades bewirkt, dass ein Folienobjekt entlang dem Animationspfad bewegt wird, unabhängig davon, wo es sich zu Beginn der Animation befunden hat. Dadurch können Sie das Puzzleteil nach dem Einrichten des Animationspfades aus dem sichtbaren Bereich der Folie herausziehen, sodass es erst sichtbar wird, wenn Sie die Animation starten.

4. Drehen Sie nun noch das Puzzleteil per *Hervorgehoben/Rotieren/30° im Uhrzeigersinn* wieder in seine Ausgangsposition zurück. Wählen Sie für *Start* die Option *Mit Vorheriger*.

5. Verfahren Sie in gleicher Weise mit den weiteren Puzzleteilen und variieren Sie gegebenenfalls beim Verlauf der Animationspfade.

CD-ROM   Die fertige Lösung finden Sie auf Folie 5 der Präsentation *Teile zum Ganzen.ppt* im Ordner *\Buch\Kap04* auf der CD-ROM zum Buch.

Erweiterbare Bausteinlösungen: Das Puzzle im Rechteck

In der ClipArt-Sammlung zu PowerPoint ist bereits eine Puzzlevorlage aus vier Teilen vorhanden. Wir haben eine weitere für Sie erstellt, die Sie beliebig anpassen, erweitern und mit Textfeldern beschriften können. Dabei haben Sie die Wahl, ob Sie das Puzzle mit Rand oder als erweiterbare Lösung mit Anbaumöglichkeit einsetzen. Eine Anleitung zum Einfügen der Vorlage in Ihre Präsentation finden Sie im Abschnitt »So setzen Sie die Vorlagen ein« weiter vorn in diesem Kapitel.

CD-ROM   Die Vorlage für das rechteckige Puzzle finden Sie in der Datei *Vorlagen.ppt* im Ordner *\Buch\Kap04* auf der CD-ROM zum Buch.

Abbildung 4.5   Diese Puzzlevorlagen finden Sie auf der CD zum Buch

In Abbildung 4.6 sehen Sie ein Beispiel, wie Sie die Vorlage einsetzen können. Hier werden nur die Innenteile aus der Puzzlevorlage verwendet, die in einer Reihe angeordnet und mit einer dicken, weißen Linie versehen wurden.

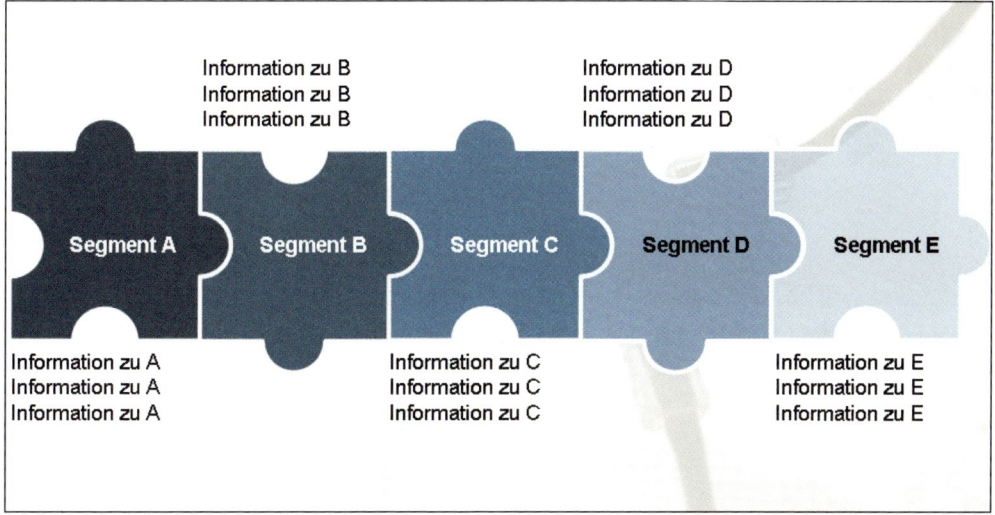

Abbildung 4.6   Im Gegensatz zum Kreispuzzle handelt es sich hier nicht um ein geschlossenes System, sondern um eine ausbaufähige Lösung

Eine übersichtlichere Zuordnung der ergänzenden Informationen erreichen Sie, indem Sie diese abwechselnd oberhalb und unterhalb der Reihe mit den Puzzleteilen anordnen und dazu auch die jeweils mittleren Puzzleteile über *Zeichnen* (bis PowerPoint 2003) bzw. *Zeichnung/Anordnen* (in PowerPoint 2007) Befehlsfolge *Drehen oder kippen/Vertikal kippen* spiegeln.

Wie in Abbildung 4.2 enthält auch dieses Beispiel ein abgesoftetes Bild im Hintergrund der Puzzleteile. Hier wird das Bild durch einen vertikalen Verlauf mit zunehmender *Transparenz* ausgeblendet.

CD-ROM   Das Beispiel finden Sie auf Folie 6 der Datei *Teile zum Ganzen.ppt* im Ordner *\Buch\Kap04* auf der CD-ROM zum Buch.

Bilder als Puzzle zusammensetzen

Die in diesem Kapitel vorgestellten Puzzlevorlagen können Sie nicht nur zum Erstellen von Strukturgrafiken verwenden. Wenn Sie in Ihren Präsentationen Bilder einsetzen, um neue Produkte vorzustellen oder Impulse zu setzen, ist ein »Bildpuzzle« eine schöne Abwechslung, um Neugier zu wecken und die Aufmerksamkeit des Publikums zu steigern.

Abbildung 4.7   »Wir stehen am Anfang des Weges« – dieses Bildpuzzle könnte z.B. die Präsentation zum Projektstart einleiten

Dazu verteilen Sie ein vollständiges Bild als *Fülleffekt* so auf mehrere Puzzleteile, dass erst das zusammengesetzte Puzzle das Bild ergibt.

Um den Fülleffekt *Grafik* – in PowerPoint 2007 wird er als *Bild- oder Texturfüllung* bezeichnet – so auf mehrere Auto- oder Freihandformen anzuwenden, dass die zusammengesetzten Formen das komplette Bild ergeben, stehen Ihnen gleich zwei Wege offen: der Fülleffekt *Hintergrund* und das Zuschneiden des Bildes.

In PowerPoint 2007 haben Sie theoretisch noch eine dritte Möglichkeit: Bildfüllungen können auch gruppierten Objekten zugewiesen werden. Das Bild wird dabei so innerhalb der Gruppierung angezeigt, als handle es sich um ein einziges Objekt. Abhängig von der Zahl der Elemente in der Gruppierung reagiert PowerPoint allerdings sehr träge, wenn Sie versuchen, Präsentationen mit bildgefüllten Gruppierungen weiterzubearbeiten, sodass diese Möglichkeit letztlich nicht uneingeschränkt empfohlen werden kann.

CD-ROM   Die in Abbildung 4.7 gezeigte Lösung finden Sie auf Folie 7 der Datei *Teile zum Ganzen.ppt* im Ordner *\Buch\Kap04* auf der CD-ROM zum Buch.

HINWEIS   Aktivieren Sie bis PowerPoint 2003 über die Befehlsfolge *Format/Hintergrund* das Kontrollkästchen *Hintergrundbilder aus Master ausblenden*, wenn Sie ein Bildpuzzle folienfüllend zeigen. In PowerPoint 2007 finden Sie den Befehl auf der Registerkarte *Entwurf* in der Gruppe *Hintergrund* mit der Option *Hintergrundgrafiken ausblenden*.

Den Fülleffekt *Hintergrund* einsetzen

Seit PowerPoint 2002 kann der Fülleffekt *Hintergrund* auch dann für AutoFormen verwendet werden, wenn es sich dabei um ein im Folienhintergrund liegendes Bild handelt. Er eignet sich zur Erstellung eines Bildpuzzles, wenn das Seitenverhältnis des Hintergrundbildes dem der Folie entspricht und das Bildpuzzle folienfüllend angezeigt werden soll.

HINWEIS   Um den Fülleffekt *Hintergrund* auch mit Bildern zu verwenden, deren Bildseitenverhältnis nicht dem Seitenverhältnis der Folie entspricht, müssen Sie einige Vorbereitungen treffen. Die Beschreibung dazu finden Sie in Kapitel 6 im Abschnitt »Diagramme mit Bildern«, Beispiel 3.

1. Fügen Sie bis PowerPoint 2003 über die Befehlsfolge *Format/Hintergrund/Fülleffekte/Grafik* das Bild, das Sie als Puzzle verwenden möchten, in den Hintergrund der Folie ein und aktivieren Sie im Dialogfeld *Hintergrund* das Kontrollkästchen *Hintergrundbilder aus Master ausblenden*. In PowerPoint 2007 rufen Sie per Klick auf den Pfeil der Gruppe *Hintergrund* auf der Registerkarte *Entwurf* das Dialogfeld *Hintergrund formatieren* auf und wählen dort die Option *Bild- oder Texturfüllung*. Anschließend wählen Sie per Klick auf die Schaltfläche *Datei* das gewünschte Bild aus.

2. Kopieren Sie aus der Datei mit den Puzzlevorlagen die passende Vorlage in die Zwischenablage und fügen Sie diese dann auf der Folie ein. Ordnen Sie die Puzzlevorlage so auf der Folie an, dass sie auf dem Teil des Folienhintergrunds liegt, den Sie für das Puzzle verwenden möchten.

3. Markieren Sie alle Puzzleteile und weisen Sie ihnen bis PowerPoint 2003 per *Format/AutoForm* auf der Registerkarte *Farben und Linien* unter *Ausfüllen* im Feld *Farbe* die Option *Hintergrund* zu. In PowerPoint 2007 rufen Sie per Klick auf den Pfeil der Gruppe *Zeichnung* (Registerkate *Start*) das Dialogfeld *Form formatieren* auf und aktivieren die Option *Folienhintergrundfüllung*.

4. Klicken Sie mit der rechten Maustaste auf jedes einzelne Puzzleteil und wählen Sie im Kontextmenü den Befehl *Als Grafik speichern*.

TIPP   Wählen Sie als Dateiformat zum Speichern des Bildes die Option *.PNG*. Dadurch erzielen Sie eine gute Bildqualität, ohne dass die Dateigröße der Präsentation allzu sehr ansteigt.

---

5. Entfernen Sie, nachdem Sie die einzelnen Puzzleteile als Bild gespeichert haben, das Bild wieder aus dem Hintergrund.

6. Fügen Sie die Puzzleteile über die Befehlsfolge *Einfügen/Grafik/Aus Datei* wieder ein und ordnen Sie sie zueinander passend an. Deaktivieren Sie dazu im Dialogfeld *Raster und Linien* alle Rasteroptionen und richten Sie die Puzzleteile mit den Pfeiltasten der Tastatur exakt aus. Wollen Sie zum exakten Ausrichten die Objekte in kleinsten Schritten bewegen, halten Sie zusätzlich die ⌨Strg-Taste gedrückt; schalten Sie außerdem bei Bedarf den Zoom auf *200%* oder mehr.

HINWEIS   Der Zwischenschritt, die einzelnen Puzzleteile als Bilder zu exportieren und danach wieder einzufügen, ist zum einen erforderlich, um den ursprünglichen Hintergrund wiederherstellen zu können, zum anderen, weil ältere PowerPoint-Versionen den Fülleffekt *Hintergrund* mit Bilder nicht unterstützen und deshalb fehlerhaft anzeigen.

Bilder passend zu Puzzleteilen und anderen AutoFormen zuschneiden

Die Vorgehensweise, Bilder passend zuzuschneiden, ist dann geeignet, wenn Sie das Bild nur auf wenige Segmente verteilen möchten und das Seitenverhältnis des Bildes nicht geeignet ist, um als Fülleffekt für den Hintergrund verwendet zu werden. Denn dann müssen Sie den Fülleffekt *Hintergrund* erst wie in Kapitel 6 im Abschnitt »Diagramme mit Bildern« beschrieben vorbereiten, sodass das Zuschneiden des Bildes zeitsparender ist.

Die Methode »Zuschneiden« beruht darauf, dass PowerPoint den Fülleffekt *Grafik* auch auf unregelmäßige AutoFormen so anwendet, als seien sie Rechtecke, also beginnend von der fiktiven linken oberen Ecke aus.

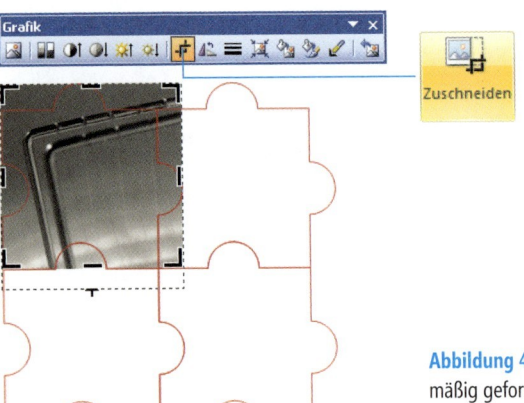

Abbildung 4.8   So schneiden Sie ein Bild zu, das Sie als Fülleffekt für ein unregelmäßig geformtes Objekt verwenden möchten. Der Bildausschnitt muss exakt mit den Kanten des Objekts abschließen und dieses vollständig abdecken.

1. Ordnen Sie Bild und Puzzlevorlage so auf der Folie an, wie Sie sie später verwenden möchten.

2. Aktivieren Sie im Dialogfeld *Raster und Linien* das Kontrollkästchen *Objekte an anderen Objekten ausrichten*. Dadurch sorgt PowerPoint automatisch für eine korrekte Ausrichtung der Begrenzungslinien des zugeschnittenen Bildteils an der Form.

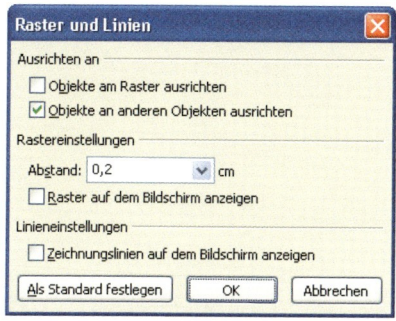

Abbildung 4.9 Die richtigen Rastereinstellungen sorgen automatisch für eine perfekte Ausrichtung von zugeschnittenem Bild und Objekt

3. Rufen Sie bis Version 2003 über die Befehlsfolge *Ansicht/Symbolleisten* die Symbolleiste *Grafik* auf, wenn sie beim Markieren des Bildes nicht automatisch eingeblendet wird. Schneiden Sie per Klick auf die Schaltfläche *Zuschneiden* das Bild für die einzelnen Puzzleteile zu, indem Sie die Ränder des Bildes – wie in Abbildung 4.8 gezeigt – auf die äußeren Kanten des Puzzleteils ziehen. In PowerPoint 2007 wechseln Sie zur Registerkarte *Bildtools/Format*; den Befehl *Zuschneiden* finden Sie dort in der Gruppe *Schriftgrad*.

4. Klicken Sie bis PowerPoint 2003 mit der rechten Maustaste in das zugeschnittene Bild und wählen Sie im Kontextmenü den Befehl *Als Grafik speichern*. In PowerPoint 2007 ist der Export als Grafik nicht erforderlich. Drücken Sie stattdessen Strg + C , um das zugeschnittene Bild in die Zwischenablage zu kopieren. Fügen Sie es anschließend wie in Schritt 5 beschrieben in das Puzzleteil ein.

HINWEIS   PowerPoint löscht zugeschnittene Bildteile erst, wenn Sie über die Befehlsfolge *Datei/Speichern unter/Extras/ Bilder komprimieren* (bis PowerPoint 2003) das Kontrollkästchen *Zugeschnittene Bildbereiche löschen* aktivieren. In PowerPoint 2007 rufen Sie die Befehle zum Komprimieren von Bildern über die Schaltfläche *Bilder komprimieren* auf der Registerkarte *Format/Bildtools*, Gruppe *Anpassen* auf. Solange Sie die zugeschnittenen Bildteile nicht gelöscht haben, können Sie das Bild immer wieder neu anpassen, um für ein Puzzleteil nach dem anderen einen geeigneten Bildausschnitt zu erstellen.

5. Weisen Sie in PowerPoint bis Version 2003 jedem Puzzleteil sein Bild als *Fülleffekt* zu. In PowerPoint 2007 können Sie Bilder über die Zwischenablage in Formen einfügen. Aktivieren Sie im Dialogfeld *Form formatieren* dazu die Option *Bild- oder Texturfüllung* und klicken Sie auf *Zwischenablage*.

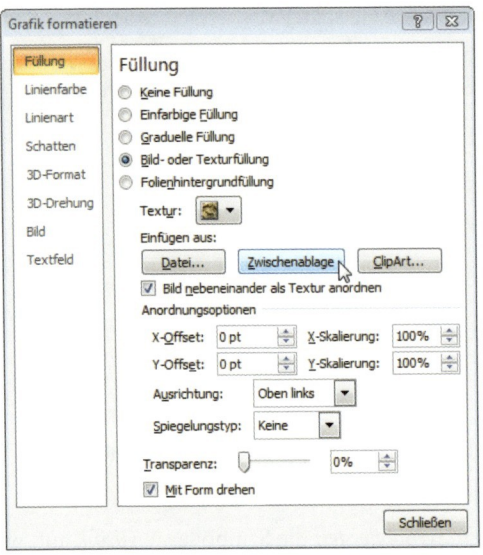

Abbildung 4.10 In PowerPoint 2007 ist der Export als Grafik nicht mehr erforderlich. Sie können Bilder direkt nach dem *Zuschneiden* über die *Zwischenablage* als *Bildfüllung* in eine Form einsetzen.

Bildpuzzles als Gliederungsfolien

Bei umfangreichen Präsentationen ist es sinnvoll, einzelne Abschnitte durch Gliederungsfolien zu trennen. Die im vorherigen Abschnitt vorgestellte Technik zum Anfertigen von Bildpuzzles erlaubt es Ihnen, attraktive Bildvarianten zu kreieren, mit denen Sie die einzelnen Abschnitte einleiten. Zusätzliche Spannung können Sie auch hier erzeugen, indem Sie das Bild nicht als Ganzes, sondern per Animation in Abschnitte aufgeteilt einblenden.

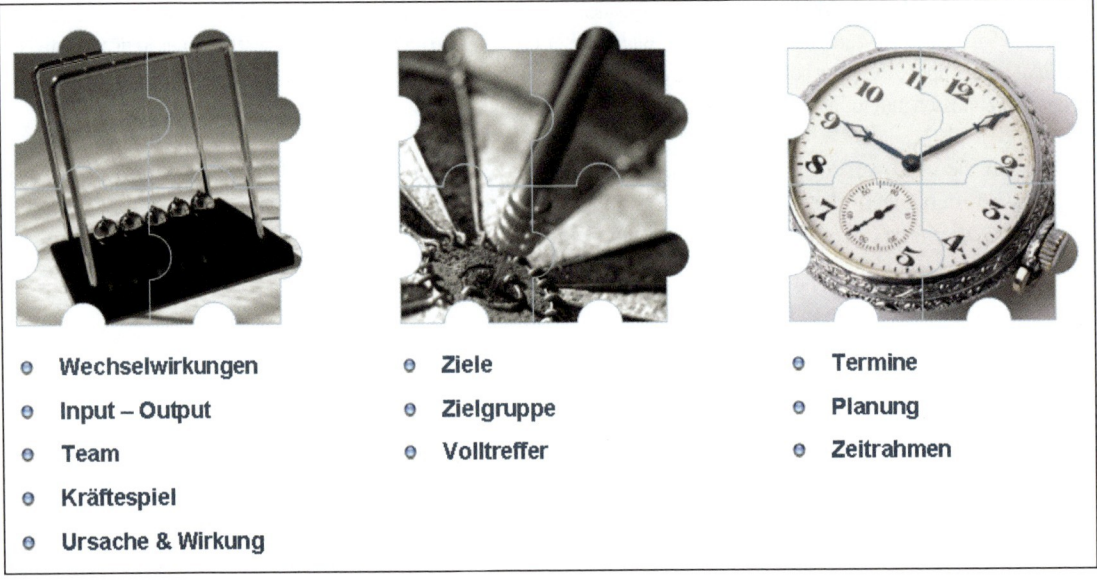

Abbildung 4.11 Leiten Sie mit geeigneten Bildern zum nächsten Abschnitt über

Der Einsatz eines Bildpuzzles für Gliederungen ist in den unterschiedlichsten Varianten denkbar:

- Verwenden Sie ein- und dasselbe Bild und blenden Sie mit jedem neuen Abschnitt ein weiteres Puzzleteil ein, sodass erst zum Schluss der Präsentation erkennbar wird, was das Bild darstellt.

- Zeigen Sie für jeden Abschnitt ein anderes, zum jeweiligen Thema passendes Bild.

- Verwenden Sie ein- und dasselbe Bild und färben Sie es unterschiedlich ein. Wie das zu bewerkstelligen ist, erfahren Sie im nächsten Abschnitt.

- Verwenden Sie ein- und dasselbe Bild und färben Sie den Hintergrund der einzelnen Abschnittsfolien unterschiedlich ein.

TIPP   Blenden Sie für die Gliederungsfolien die Hintergrundbilder aus dem Master aus und setzen Sie die Bildpuzzleteile zusammen mit der Abschnittsüberschrift vor einem einfarbigen Hintergrund ein.

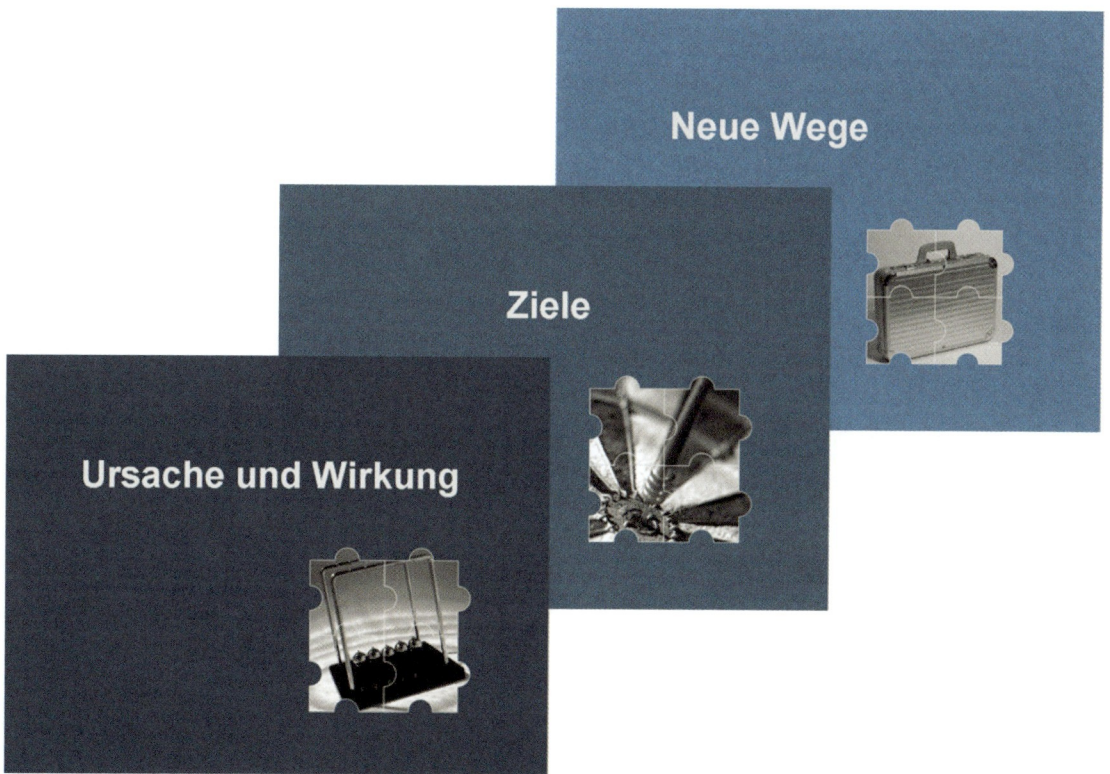

Abbildung 4.12   So unterteilen Sie umfangreiche Präsentationen deutlich erkennbar in Abschnitte

CD-ROM   Die Beispiele aus Abbildung 4.12 sowie weitere Gliederungsfolien finden Sie auf den Folien 12 bis 17 der Datei *Teile zum Ganzen.ppt* im Ordner *\Buch\Kap04* auf der CD-ROM zum Buch.

Bilder farblich unterteilen

Nicht nur Grafiken können Informationen strukturieren. Auch ein Bild erfüllt diesen Zweck, wenn Sie es wie in Abbildung 4.13 dargestellt in verschiedene farbliche Abschnitte unterteilen. Im vorliegenden Beispiel stehen die Farbfelder im Bild für die Phasen der Produktentwicklung. Sie werden umso heller und transparenter, je weiter die Entwicklung des Produkts fortschreitet, sodass das Bild immer klarer zu erkennen ist.

Um ein Bild in farbliche Abschnitte zu unterteilen, benötigen Sie keine Bildbearbeitungssoftware. Power-Point selbst hält die notwendigen Funktionen bereit.

TIPP   Die farbliche Harmonie von Vorlage und in der Präsentation verwendeten Bildern ist ein entscheidender Faktor für den professionellen Eindruck einer Präsentation. Die hier vorgestellte Methode können Sie nicht nur zum Strukturieren von Bildern verwenden, sondern auch zum farblichen Anpassen von Bildern an den Folienhintergrund.

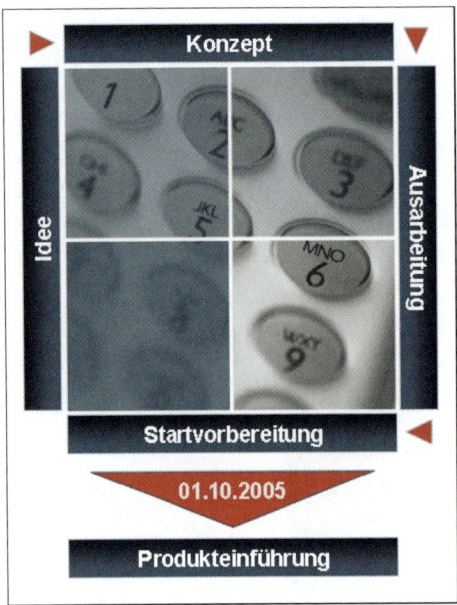

Abbildung 4.13 Im Lauf der Produktentwicklung wird das Bild des Produkts immer deutlicher zu erkennen

---

CD-ROM   Das fertige Beispiel finden Sie auf Folie 18 der Datei *Teile zum Ganzen.ppt*

Bilder mit PowerPoint 2002 und 2003 umfärben

Gute Ergebnisse erzielen Sie beim Umfärben von Bildern, wenn Sie möglichst helle Bilder verwenden.

1. Rufen Sie über die Befehlsfolge *Ansicht/Symbolleisten* die Symbolleiste *Grafik* auf, wenn diese beim Markieren des Bildes nicht automatisch angezeigt wird.

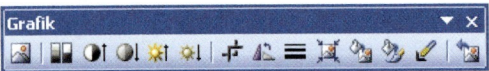

Abbildung 4.14 In der Symbolleiste *Grafik* finden Sie alle Befehle, die Sie zum Anpassen von Bildern benötigen

2. Entfernen Sie über die Schaltfläche *Farbe* mit der Option *Graustufe* die Farbe aus dem Bild.

3. Hellen Sie gegebenenfalls über die Schaltfläche *Mehr Helligkeit* das Bild ein wenig auf.

   Mit *Mehr Kontrast* können Sie die Bildqualität etwas nachbessern, wenn das Bild beim Aufhellen zu kontrastarm geworden ist.

4. Unterteilen Sie das Bild mit Rechtecken, die Sie über dem Bild anordnen, und weisen Sie den Rechtecken unterschiedliche transparente Füllfarben zu. Dabei können Sie das Bild nicht nur mit unterschiedlichen Farben, sondern auch mit unterschiedlichen Transparenzgraden einer einzigen Farbe unterteilen.

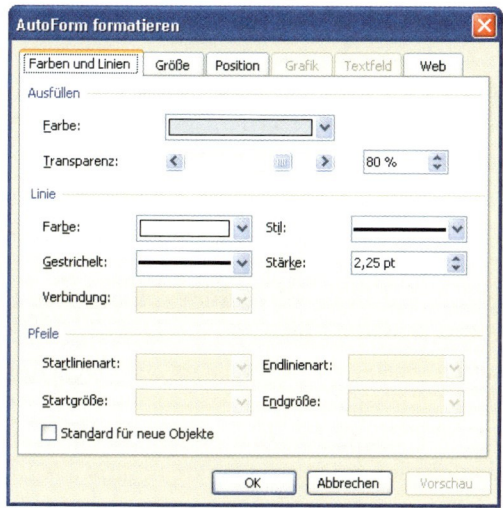

Abbildung 4.15 Auch mit verschiedenen Transparenzgraden einer einzigen Füllfarbe, die Sie den über dem Bild liegenden Rechtecken zuweisen, können Sie Bilder in unterschiedliche Abschnitte aufteilen

Bilder mit PowerPoint 2007 umfärben

In PowerPoint 2007 brauchen Sie keinen Workaround, um die Farbe von Bildern anzupassen – das Programm hat die erforderliche Funktionalität bereits integriert. Markieren Sie Ihr Bild und rufen Sie auf der Registerkarte *Bildtools/Format* den Katalog *Neu einfärben* auf. Neben den vordefinierten hellen und dunklen Farbvarianten, die sich aus den Akzentfarben Ihrer PowerPoint-Vorlage ergeben, können Sie über den Befehl *Weitere Varianten* eine beliebige andere Farbe definieren.

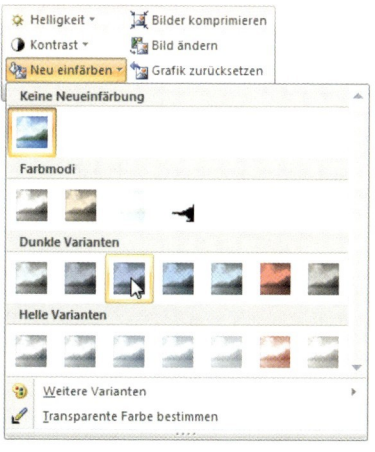

Abbildung 4.16 In PowerPoint 2007 ist die Funktion zum Färben von Bildern bereits integriert. Die Schaltfläche *Neu einfarben* finden Sie auf der Registerkarte *Bildtools/Format*.

Farblich unterteilte Bilder animieren

Wie Sie ein mit transparenten Rechtecken strukturiertes Bild für die Präsentation vorbereiten, hängt davon ab, welche Animation Sie verwenden.

Die Bildteile nach und nach einblenden

Um die gefärbten Bildteile nacheinander einzublenden, müssen Sie das Bild zunächst zuschneiden. Anschließend gruppieren Sie es mit dem darüber liegenden Rechteck und können dann diese Gruppierung als Objekt nach Belieben animieren.

1. Erstellen Sie für jeden Bildausschnitt ein Duplikat der Folie mit dem unterteilten Bild. Am schnellsten erzeugen Sie Duplikate einer Folie, indem Sie die Folie in der Folienübersicht markieren und dann die Tastenkombination `Strg`+`⇧`+`D` drücken.

2. Entfernen Sie auf den Duplikaten der Folie die jeweils nicht benötigten Rechtecke und schneiden Sie mit dem Werkzeug *Zuschneiden* in der Symbolleiste *Grafik* das Bild passend zum darüber liegenden Rechteck zu.

3. Markieren Sie das Bild und das darüber liegende Rechteck, indem Sie mit gedrückter linker Maustaste einen Markierungsrahmen aufziehen. *Gruppieren* Sie dann Bild und Rechteck.

4. Führen Sie nach dem Zuschneiden des Bildes wieder alle Bildteile und Rechtecke auf einer Folie zusammen, indem Sie sie vom Duplikat per `Strg`+`C` in die Zwischenablage kopieren und mit `Strg`+`V` wieder auf der Originalfolie einfügen. Da es sich um Kopien handelt, müssen Sie sich um die Ausrichtung auf der Folie nicht kümmern. PowerPoint positioniert die eingefügten Objekte automatisch so wie auf der Ursprungsfolie.

Per Animation die Helligkeit des Bildes erhöhen

Eine reizvolle Variante zum Animieren eines mit Farbe strukturierten Bildes besteht darin, den Transparenzgrad der über dem Bild liegenden Rechtecke per Animation zu erhöhen, sodass das Bild per Animation immer deutlicher zu sehen ist.

1. Formatieren Sie dazu alle Rechtecke in einer Farbe und wählen Sie für alle den gleichen Transparenzgrad, z.B. *5%*.

2. Animieren Sie per *Hervorgehoben/Transparent*, indem Sie für die verschiedenen Rechtecke unterschiedliche Grade definieren. Dazu geben Sie als Betrag die Differenz zwischen dem vorformatierten Transparenzgrad und dem Wert ein, der per Animation erreicht werden soll. Bestätigen Sie die Eingabe, indem Sie die `↹`-Taste drücken.

Abbildung 4.17 Per [⇆] - oder [↵] -Taste bestätigen Sie die Eingabe benutzerdefinierter Werte

3. Bestimmen Sie in den *Effektoptionen* auf der Registerkarte *Anzeigedauer*, dass die Hervorhebung *bis zum Ende der Folie* dauern soll. Dadurch verhindern Sie, dass mit dem nächsten Mausklick die per Animation angehobene Transparenz wieder auf den vorformatierten Wert zurückgesetzt wird.

Abbildung 4.18 Auf der Registerkarte *Anzeigedauer* bestimmen Sie, wie lange ein Animationseffekt dauern soll

CD-ROM   Die fertige Lösung finden Sie auf Folie 19 der Datei *Teile zum Ganzen.ppt* im Ordner *\Buch\Kap04* auf der CD-ROM zum Buch.

Informationen mit Ringsegmenten strukturieren

Ringsegmente stellen eine weitere Visualisierungsmöglichkeit für die Teile eines Ganzen dar. Im Gegensatz zu Puzzleteilen sind sie neutraler und können flexibler strukturiert werden, indem Sie unterschiedlich große Ringsegmente kombinieren.

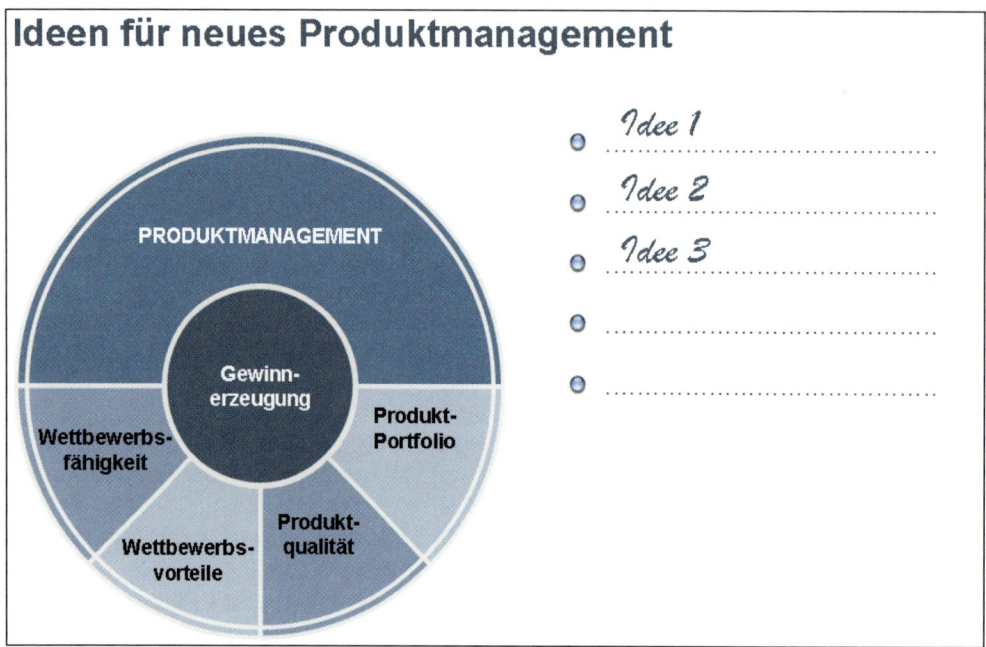

Abbildung 4.19   Hier können Strategie und Ziel auf einen Blick erfasst werden

CD-ROM   Wir haben für Sie Vorlagen für Ringsegmente auf der CD-ROM zum Buch bereitgestellt. Sie finden sie in der Datei *Vorlagen.ppt* im Ordner *\Buch\Kap04*.

Das in Abbildung 4.19 gezeigte Beispiel finden Sie auf Folie 20 der Präsentation *Teile zum Ganzen.ppt* im Ordner *\Buch\Kap04*.

Mithilfe der Vorlagen auf der CD erstellen Sie Grafiken wie die in Abbildung 4.19 gezeigte im Handumdrehen. Kopieren Sie eine oder mehrere der Vorlagen in Ihre Präsentation und kombinieren Sie die Vorlagen nach Bedarf. Die weiße Trennlinie am äußeren Rand erstellen Sie mittels eines Kreises mit dicker weißer Linie und ohne Füllfarbe. Im Abschnitt »So setzen Sie die Vorlagen ein« am Anfang dieses Kapitels finden Sie eine Anleitung zur Verwendung der Vorlagen.

TIPP   Einen gleichmäßigen Kreis zeichnen Sie, indem Sie beim Zeichnen des Objekts die $\boxed{\diamond}$-Taste gedrückt halten.

Eine Skalierung des Kreises aus der Mitte heraus erreichen Sie, indem Sie $\boxed{\text{Strg}}$ + $\boxed{\diamond}$ gedrückt halten, während Sie an einem der Eckziehpunkte ziehen.

Deaktivieren Sie bei Größenanpassungen des Kreises gegebenenfalls alle Rasteroptionen, indem Sie beim Ziehen mit der Maus an einem der Eckpunkte die $\boxed{\text{Alt}}$-Taste gedrückt halten.

In Kapitel 5 finden Sie darüber hinaus eine Anleitung, wie Sie mit PowerPoint selbst Ringsegmente nach Bedarf erstellen können.

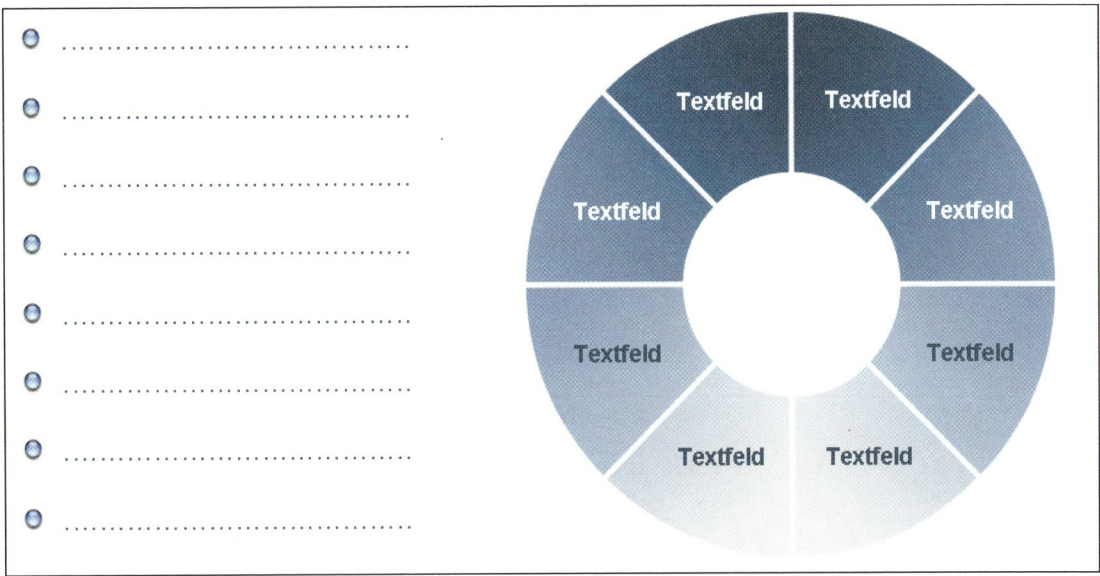

Abbildung 4.20   Eine der Ringsegment-Vorlagen, nachdem Linie und Füllfarbe angepasst wurden

Für einen Farbverlauf, der sich wie in Abbildung 4.20 über vier Segmente erstreckt, benötigen Sie fünf abgestufte Farbtöne, die Sie jeweils als zweifarbigen Farbverlauf vom dunkleren zum nächsthelleren Farbton einsetzen. Wählen Sie in PowerPoint bis Version 2003 dazu im Kontextmenü die Befehlsfolge *AutoForm formatieren/Ausfüllen Farbe/Fülleffekte* und dann auf der Registerkarte *Graduell* je nach Lage des Segments *Diagonal oben* oder *Diagonal unten*. In PowerPoint 2007 finden Sie auf der Registerkarte *Start* unter *Fülleffekt/Farbverlauf* aus der Füllfarbe des markierten Objekts vordefinierte helle und dunkle Farbverlaufsvarianten.

Vom Ringsegment zum Rundpfeil

Die Phasen eines Projekts können sowohl als Teile eines Ganzen als auch als Zeitabschnitte von Bedeutung sein. Mit einer kleinen Ergänzung der in diesem Kapitel vorgestellten Kreissegmente gelangen Sie zum Rundpfeil und damit zu einem Kreislauf. Fügen Sie lediglich ein kleines Dreieck als Richtungspfeil in die Grafik ein.

Die Zuordnung des ergänzenden Textes erfolgt im Beispiel in Abbildung 4.21 über zwei Rechtecke mit gerundeten Kanten. Dazu müssen Sie keine eigenen Freihandformen zeichnen. Verwenden Sie einfach einen Kreis in der Hintergrundfarbe, den Sie hinter die Kreissegmente und vor die beiden Rechtecke legen.

Mit dem Fülleffekt *Hintergrund* können Sie diese Methode auch einsetzen, wenn Ihr Folienhintergrund aus einem Bild besteht.

Ältere PowerPoint-Versionen interpretieren den Fülleffekt *Hintergrund* nicht richtig, wenn der Hintergrund mit einem Bild gestaltet wurde. Wenn Sie vorhaben, Ihre Präsentation auch auf anderen Rechnern als Ihrem eigenen zu zeigen, sollten Sie den Kreis als Grafik speichern und dann wieder in die Präsentation einfügen.

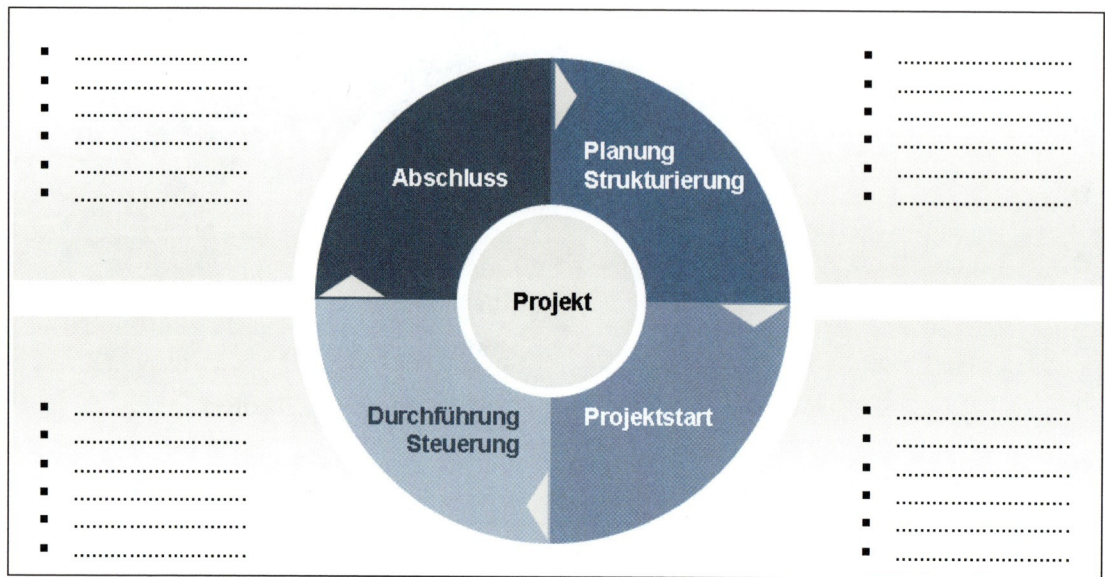

Abbildung 4.21   Nach dem Projekt ist vor dem Projekt; mit kleinen Dreiecken wird aus den Teilen zum Ganzen ein Kreislauf

Mehr Anregungen zum Thema Kreisläufe und Rundpfeile finden Sie zusammen mit einer Vielzahl sofort einsatzfähiger Vorlagen in Kapitel 5.

Exkurs Bildbearbeitung: Einfache Grafiken in Eyecatcher verwandeln

Wenn Sie PowerPoint bis Version 2003 und zusätzlich eine Bildbearbeitungssoftware einsetzen, können Sie mit PowerPoint erstellte Vektorgrafiken als Bilder weiterbearbeiten. Dazu benötigen Sie nicht unbedingt Photoshop. Kostengünstigere Lösungen wie Paint Shop Pro oder Photoshop Elements reichen völlig aus, um die hier beschriebenen Beispiele nachzuvollziehen. Mit PowerPoint 2007 kommen Sie ohne zusätzliche Software aus – mehr dazu im nächsten Abschnitt.

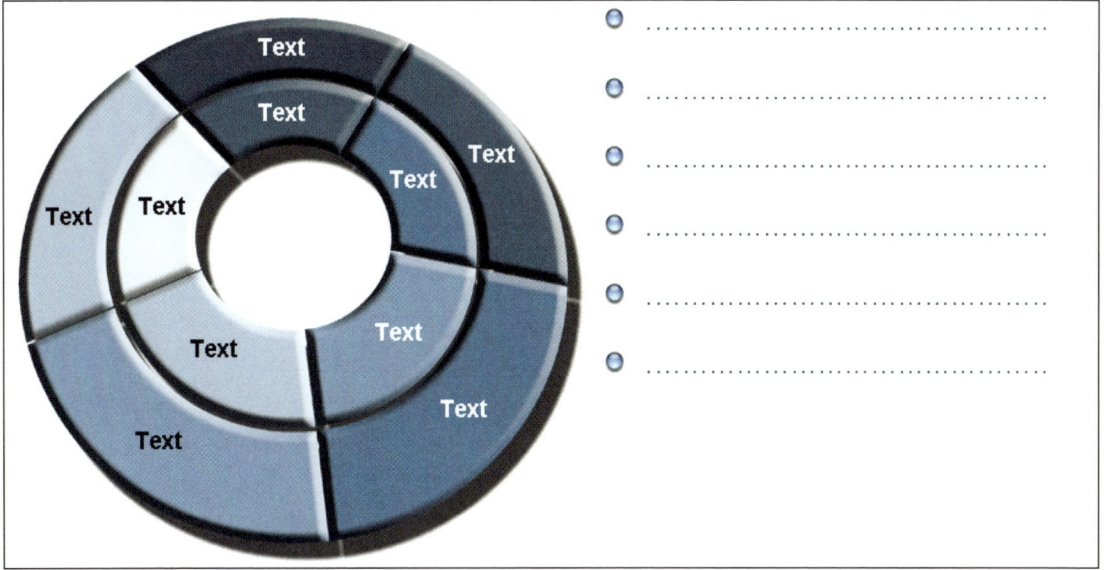

Abbildung 4.22 Für eine Unternehmenspräsentation ist der zusätzliche Aufwand für die Grafik angemessen; die Grafik basiert auf einem in PowerPoint erstellten Ringdiagramm

Das Prinzip ist denkbar einfach: Sie speichern die in PowerPoint erstellte Vektorgrafik als Bild, um sie im Bildbearbeitungsprogramm weiterzubearbeiten. Anschließend wird das bearbeitete Bild mit transparentem Hintergrund gespeichert und in PowerPoint wieder eingefügt.

Der Teufel sitzt im Detail. Beim Export aus PowerPoint heraus haben Sie keine Möglichkeit, eine hohe Bildauflösung zu definieren. Dadurch kommt es beim Erstellen der Auswahl im Bildbearbeitungsprogramm zu unschönen, gezackten Rändern. Mit einem Workaround sorgen Sie vor dem Export in PowerPoint dafür, dass die Kanten später geglättet dargestellt werden:

1. Formatieren Sie Füll- und Linienfarben Ihrer Grafik mit einem hohen Kontrast, der im Bildbearbeitungsprogramm die automatische Auswahl erleichtert.

2. Gruppieren Sie anschließend alle Bestandteile der Grafik und rufen Sie per Klick mit der rechten Maustaste das Kontextmenü auf. Wählen Sie dort die Befehlsfolge *Objekt formatieren/Größe* und skalieren Sie Ihre Grafik auf *300%*.

   Da es sich bei der mit PowerPoint erstellten Grafik um eine Vektorgrafik handelt, können Sie sie ohne Qualitätsverlust beliebig vergrößern. Dadurch erstellen Sie beim Export als Bild ein überproportional großes Bild.

   Wird dieses nach dem Bearbeiten wieder auf eine für PowerPoint sinnvolle Größe verkleinert, erscheinen die Kanten geglättet.

3. Wählen Sie beim Speichern der Grafik als Bild ein Dateiformat ohne Kompression, am besten *EPS*. Zum Speichern klicken Sie mit der rechten Maustaste auf das Bild und wählen dann im Kontextmenü den Befehl *Als Grafik speichern*. (Dieser Befehl steht allerdings erst ab PowerPoint 2002 zur Verfügung.)

4. Wechseln Sie zu Ihrer Bildbearbeitungssoftware und fügen Sie der Grafik zunächst Perspektive hinzu, indem Sie das Bild perspektivisch verzerren. Reduzieren Sie anschließend die Höhe des Bildes (und damit die perspektivische Tiefe).

5. Wählen Sie dann die Teilflächen der Grafik einzeln aus und kopieren Sie sie auf jeweils eigene Ebenen. Färben Sie die einzelnen Teilflächen nach Belieben ein und weisen Sie allen Ebenen ein Kantenrelief als Ebenenstil zu.

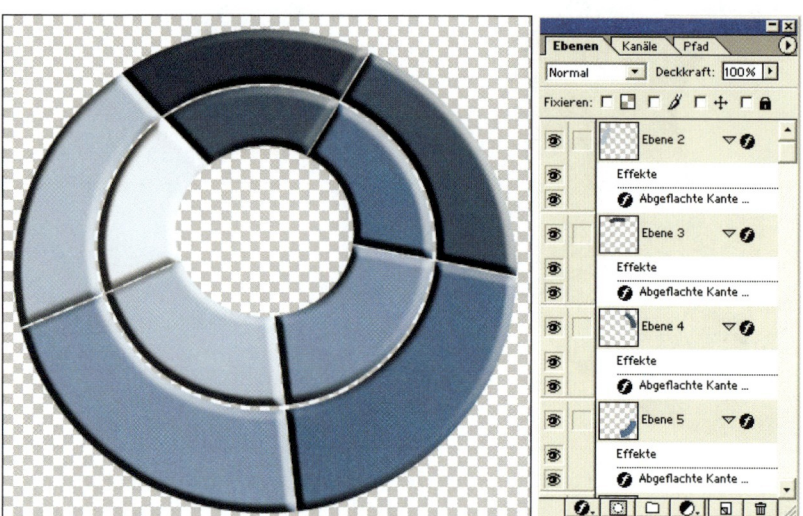

Abbildung 4.23 Die Arbeitsansicht in Photoshop mit Ebenenverwaltung, nachdem das Bild perspektivisch verzerrt, die einzelnen Segmente freigestellt und mit Ebenenstilen versehen wurden

6. Reduzieren Sie die Größe des Bildes auf eine für Ihre Folie passende Größe.

7. Zum Animieren in PowerPoint exportieren Sie jede Ebene als separates Bild.

8. Wählen Sie beim Speichern das Format *PNG*, um Bildqualität und Transparenz des Hintergrunds zu erhalten.

9. Wenn Sie die Grafik nicht per Animation nach und nach aufbauen möchten, können Sie alle Ebenen auf eine reduzieren und anschließend noch einen Schlagschatten hinzufügen.

Ergänzend zu der Vorgehensweise beim Ringdiagramm in Abbildung 4.22 wurde bei dem Bildpuzzle in Abbildung 4.24 auch das Bild, das als Füllung für die Puzzleteile dient, mit den gleichen Werten wie das Puzzle verzerrt.

Beim Puzzle wurde auf Schlagschatten verzichtet, da die freigestellten Bildpuzzle-Ebenen für die Animation in PowerPoint einzeln abgespeichert wurden.

Abbildung 4.24 Das Puzzle aus Abbildung 4.1 nachdem es in Photoshop bearbeitet wurde

Noch mehr Pepp mit den Grafik- und 3-D-Effekten in PowerPoint 2007

Wie Sie im vorangegangenen Abschnitt sehen konnten, sind Grafikeffekte wie Kantenreliefs, weiche Schatten und 3-D-Perspektive ein wirkungsvolles Mittel, um aus einfachen Grafiken echte Eyecatcher zu zaubern. Wenn Sie mit PowerPoint 2007 arbeiten, kommen Sie sogar ohne zusätzliches Bildbearbeitungsprogramm aus. PowerPoint 2007 verfügt über alle erforderlichen Funktionen. Etwas Experimentierfreude müssen Sie allerdings mitbringen – denn die neuen Funktionen lassen sich nur durch wiederholtes Testen und Anpassen der Einstellungen erobern. Lernen Sie anhand der folgenden Beispiele die grundsätzliche Vorgehensweise beim Einsatz der neuen Grafikfunktionen kennen.

Moderne Optik per Schnellformatvorlage

Schnellformatvorlagen sind zweifellos der schnellste und einfachste Weg zum attraktiven Schaubild. Welche Einstellungen Sie in Ihren *Schnellformatvorlagen* vorfinden, hängt übrigens von den *Designeffekten* Ihrer PowerPoint-Vorlage ab. Unser Beispiel verwendet *Metis*.

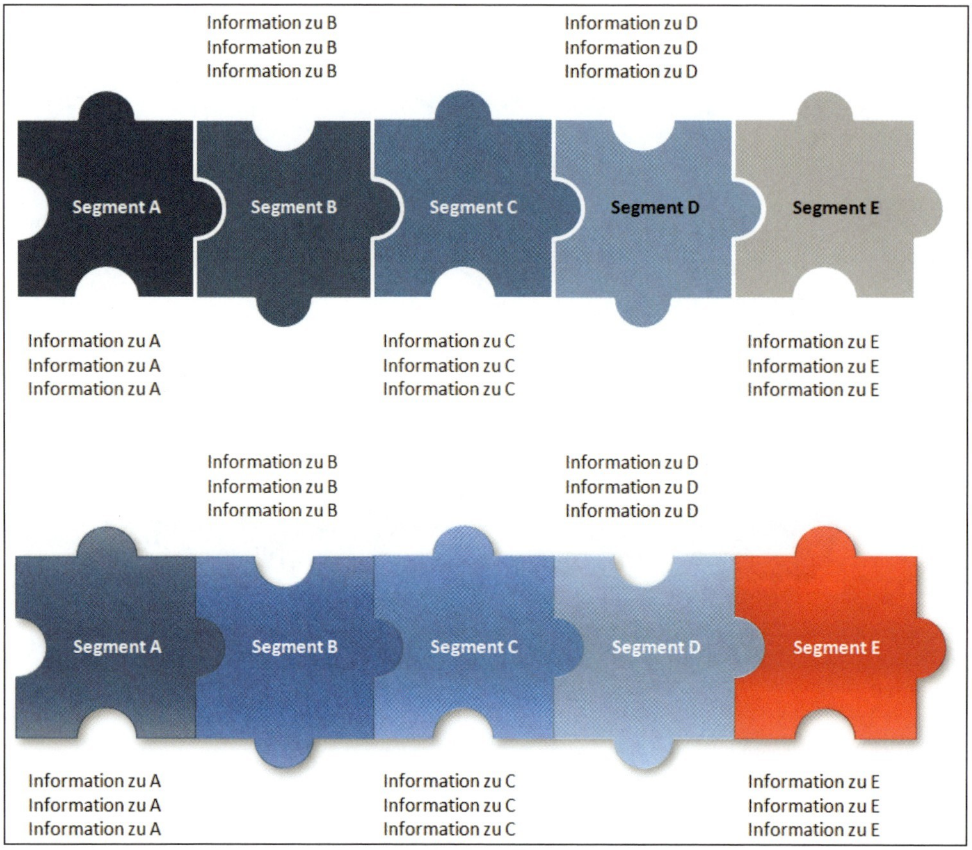

Information zu B
Information zu B
Information zu B
Information zu D
Information zu D
Information zu D
Segment A
Segment B
Segment C
Segment D
Segment E
Information zu A
Information zu A
Information zu A
Information zu C
Information zu C
Information zu C
Information zu E
Information zu E
Information zu E
Information zu B
Information zu B
Information zu B
Information zu D
Information zu D
Information zu D
Segment A
Segment B
Segment C
Segment D
Segment E
Information zu A
Information zu A
Information zu A
Information zu C
Information zu C
Information zu C
Information zu E
Information zu E
Information zu E

Abbildung 4.25 In PowerPoint 2007 genügen wenige Mausklicks, um Schaubildern eine frische, moderne Optik zu verleihen. Oben sehen Sie das in PowerPoint 2003 erstellte Schaubild, unten die per *Schnellformatvorlage* aufgehübschte Variante.

Schnellformat-
vorlagen
Abc
Andere Designfüllungen

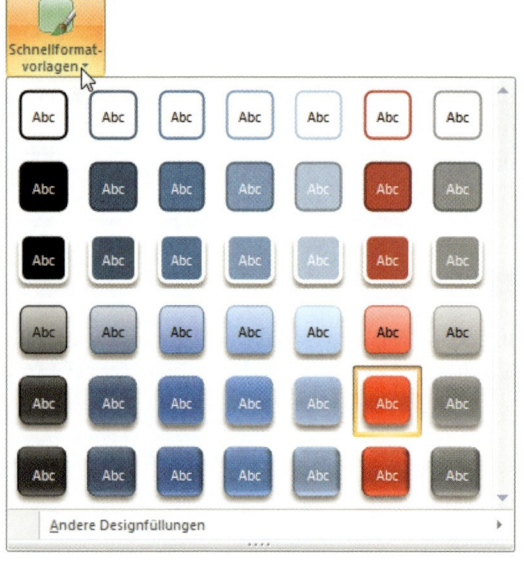

Abbildung 4.26 Welche Voreinstellungen Sie in den *Schnellformatvorlagen* vorfinden, hängt von den *Designeffekten* Ihrer PowerPoint-Vorlage – hier *Metis* – ab

Die Verwendung eines weichen Schattens mit Transparenz birgt aber – unvermeidlich – auch Stolperfallen. Unmittelbar nach Zuweisen der Schnellformatvorlagen macht sich im Schaubild nämlich der die benachbarten Objekte überlagernde Schatten störend bemerkbar (Abbildung 4.27).

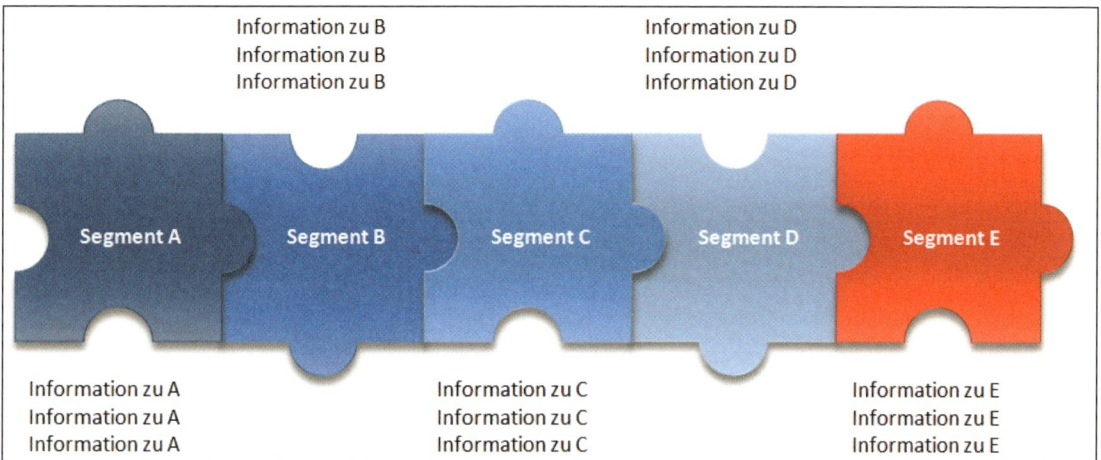

Abbildung 4.27   Durch den Schatten wirken die Puzzleteile provisorisch zusammengesetzt

Wie Sie in Abbildung 4.28 sehen, lässt sich dieser Effekt auch nicht durch das Ändern der Ebenenreihenfolge beseitigen.

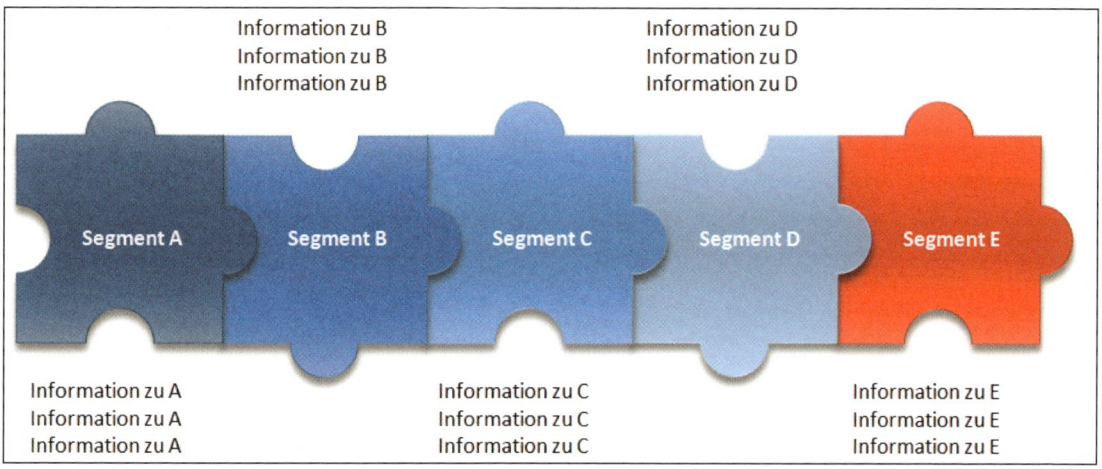

Abbildung 4.28   Nach der Korrektur der Ebenenreihenfolge wirken die Puzzle-Teile übereinandergestapelt

So vermeiden Sie die Ebenenwirkung des Schattens

PowerPoint 2007 verfügt über eine überaus praktische neue Programmfunktion. Sie können Schatten wahlweise einzelnen Objekten oder einer Gruppierung zuweisen. Dies ist zunächst natürlich noch nicht neu, aber: Der Schatten, den Sie einer Gruppierung zuweisen, folgt den Konturen des gruppierten Objekts als Ganzem und nicht den einzelnen Bestandteilen. Wenn Sie also Objekte, die Kante an Kante nebeneinander auf der Folie liegen, mit Schatten formatieren möchten, gruppieren Sie zunächst die betreffenden Objekte und weisen dann erst den gewünschten Schatten zu.

Falls Sie die einzelnen Bestandteile der Gruppierung bereits mit Schatten formatiert hatten, entfernen Sie diesen vor dem Gruppieren. Dies funktioniert völlig problemlos auch dann, wenn Sie *Schnellformatvorlagen* verwenden. Über *Formeffekte/Schatten/Kein Schatten* können Sie den Schatten, der als Teil der Formatvorlage zugewiesen wurde, wieder entfernen, ohne dass die übrigen Einstellungen der Formatvorlage davon betroffen wären.

Die Bestandteile der Gruppierung einzeln animieren

Um die Bestandteile Ihres Schaubildes einzeln per Animation einzublenden, müssten Sie die Gruppierung allerdings wieder aufheben – mit der Konsequenz, dass auch der Schatten wieder entfernt wird. Die Lösung ist recht einfach: Ersetzen Sie die Objektanimation auf der Folie durch eine Sequenz mehrerer Folien.

■ Erstellen Sie für jeden Animationsschritt eine Kopie der Folie.

■ Löschen Sie auf den einzelnen Folien jeweils die Objekte, die noch nicht zu sehen sein sollen.

HINWEIS   In PowerPoint 2007 können Sie Gruppierungen deutlich flexibler bearbeiten als in früheren Programmversionen. Sie können die Bestandteile der Gruppierung nicht nur markieren und formatieren, sondern auch verschieben und löschen. Sogar das Bearbeiten mehrerer Einzelobjekte gleichzeitig ist möglich, indem Sie beim Klicken die `Strg`- oder `⇧`-Taste gedrückt halten.

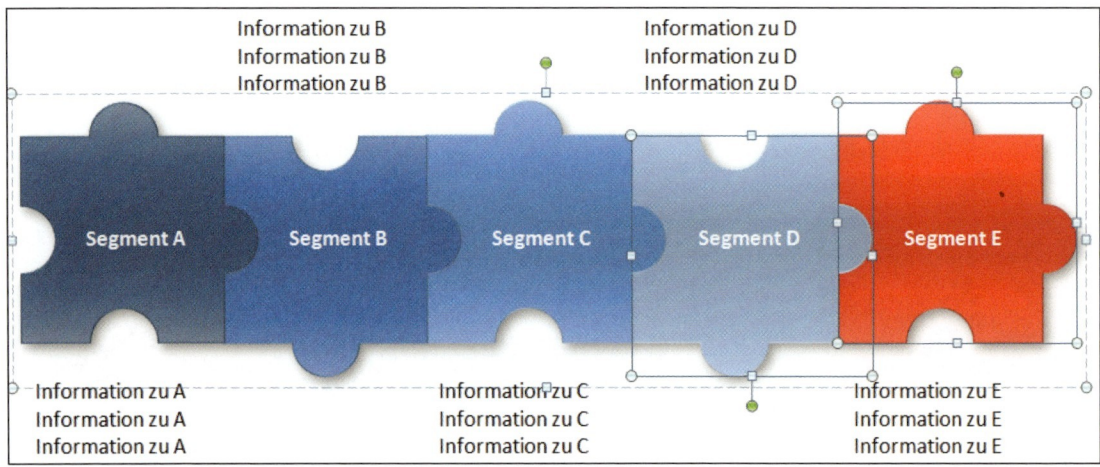

Abbildung 4.29   Der gestrichelte Rahmen markiert die Gruppierung, die durchgezogenen Linien kennzeichnen die in der Gruppierung markierten Objekte

ACHTUNG   Wenn Sie alle Bestandteile der Gruppierung bis auf das letzte entfernt haben, wird auch der Schatten der Gruppierung entfernt. Auf der ersten Folie Ihrer Animation müssen Sie den Schatten für das letzte noch vorhandene Objekt nochmals einrichten.

■ Weisen Sie den Folien mit den Einzelschritten der Animation einen geeigneten *Folienübergang* wie beispielsweise *Sanft ausblenden* zu.

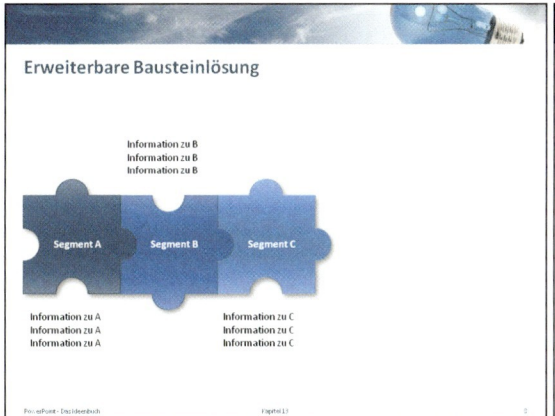

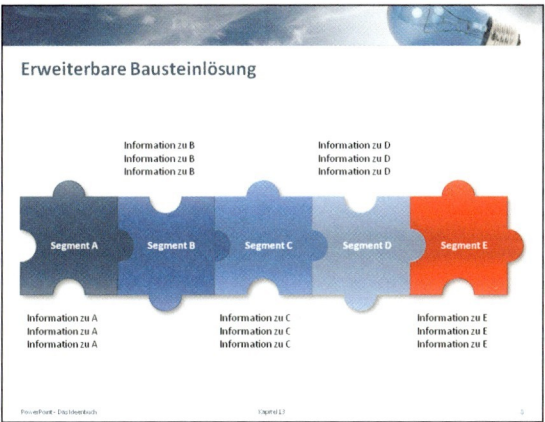

Abbildung 4.30   Die auf mehrere Folien verteilte Animationssequenz

Tipps für den Umgang mit 3-D-Einstellungen

Dreidimensionale Grafiken sind zweifellos das Highlight einer jeden Präsentation. Dabei hängt die Wirkung Ihres Schaubildes von allen Details ab, die Sie für die Formatierung verwenden. Eine Beschreibung sämtlicher Formatierungsschritte, die für die folgenden Beispiele erforderlich waren, würde den Rahmen dieses Kapitels sprengen. Wenn Sie die nachstehend gezeigten Effekte mit Ihren eigenen Schaubildern verwenden möchten, finden Sie in der Beispieldatei *Kap04_PPT2007.pptx* auf der CD-ROM zum Buch im Dialogfeld *Form formatieren* die in den Beispielen verwendeten Einstellungen.

ACHTUNG   Achten Sie beim Ansehen der Beispiele darauf, ob Sie die Gruppierung oder ein einzelnes Objekt in der Gruppierung markieren. Manche Formatierungen wie *Schatten* oder *Füllung*, die der Gruppierung zugewiesen wurden, werden im Dialogfeld nicht angezeigt, wenn Sie ein Element der Gruppierung markiert haben.

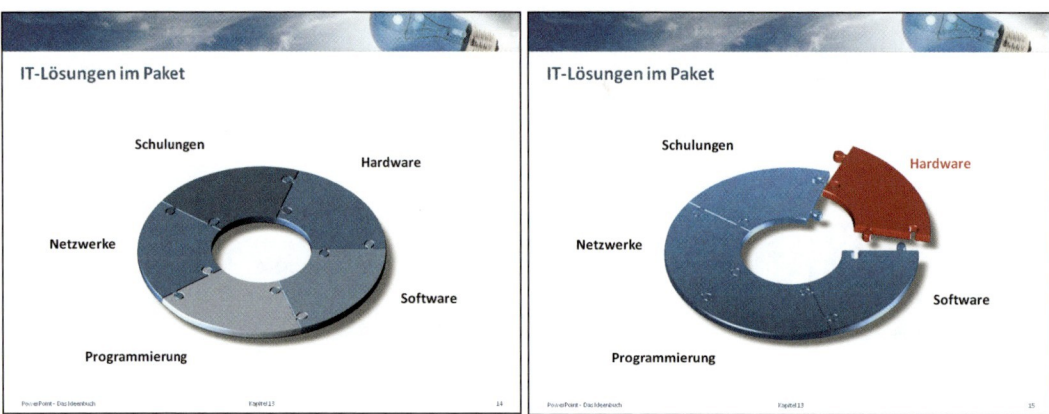

Abbildung 4.31   Zwei Beispiele für 3-D-Effekte in PowerPoint 2007; das zweite Beispiel verwendet einen *Farbverlauf* als *Füllung* und andere Material- und Beleuchtungseinstellungen

ACHTUNG   Wenn Sie versuchen, die Puzzle-Vorlagen mit *Schnellformatvorlagen* zu formatieren, erleben Sie zunächst eine unangenehme Überraschung. PowerPoint stellt für die Segmente der Kreispuzzle-Vorlagen aus der Datei *Vorlagen.ppt* auf der CD-ROM zum Buch nur die *Schnellformatvorlagen* für Linien und nicht die Voreinstellungen für geschlossene Formen zur Verfügung. Ursache für dieses eigenwillige Verhalten ist ein Fehler beim Import der Grafiken in PowerPoint 2003, der sich erst in PowerPoint 2007 – und glücklicherweise nur bei den *Schnellformatvorlagen* – bemerkbar macht. Alle übrigen *Füll-* und *Formeffekte* stehen auch für die Kreispuzzles zur Verfügung.

Darauf müssen Sie beim Einrichten von 3-D-Effekten achten:

- Gruppieren Sie die Bestandteile eines Puzzles, bevor Sie diesem eine 3-D-Drehung zuweisen. Andernfalls müssten Sie die korrekte Ausrichtung der 3-D-gedrehten Segmente manuell vornehmen – ein ausgesprochen mühseliges Unterfangen.

- 3-D-gedrehte Objekte können innerhalb einer Gruppierung zwar einzeln bearbeitet und verschoben, aber nicht mehr rotiert werden. Um ein einzelnes Segment wie im zweiten Puzzle-Beispiel auch zu rotieren, müssen Sie es aus der Gruppierung herauslösen:

  - Markieren Sie das Segment, indem Sie zunächst in die Gruppierung klicken und dann ein weiteres Mal auf das Objekt, das Sie bearbeiten möchten.

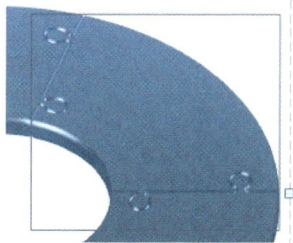

Abbildung 4.32 Innerhalb einer 3-D-gedrehten Gruppierung markierte Einzelobjekte werden mit einer durchgezogenen Rahmenlinie gekennzeichnet. Mithilfe der Richtungstasten der Tastatur können Sie solche Objekte verschieben, obwohl ein direktes »Anfassen« mit der Maus nicht möglich ist. Das Rotieren des Objekts ist jedoch erst nach dem Lösen aus der Gruppierung möglich.

- Drücken Sie `Strg`+`X`, um das markierte Objekt aus der Gruppierung auszuschneiden.
- Drücken Sie `Strg`+`V`, um das ausgeschnittene Segment auf der Folie einzufügen.

- Wenn Sie die Objekte in 3-D-gedrehten Gruppierungen einzeln animieren möchten, müssen Sie etwas anders vorgehen als für 2-D-Grafiken im Abschnitt »Die Bestandteile der Gruppierung einzeln animieren« beschrieben. Denn wenn Sie aus einer 3-D-Gruppierung zu viele Objekte entfernen, ändert die Grafik ihre Position auf der Folie. Dies vermeiden Sie, indem Sie nicht das Objekt selbst, sondern nur die Füllung der Objekte entfernen, die im jeweiligen Animationsschritt nicht zu sehen sein sollen.

CD-ROM Die Beispiele zu diesem Abschnitt finden Sie in der Datei *Kap04_PPT2007.pptx* im Ordner *\Buch\Kap4* auf der CD-ROM zum Buch. Neben den fertigen Lösungen zeigt die Datei auch die Einzelschritte der Bearbeitung.

HINWEIS Ergänzend zu den Vorlagen auf der CD-ROM zum Buch finden Sie unter *www.pptx.de/download/puzzle.html* eine weitere Puzzle-Vorlage mit Einsatzbeispielen zum Download.

Kapitel 5

Abläufe gestalten

Eine ganze Reihe konzeptioneller Ideen wie Wechselbeziehungen, Abfolgen und Prozesse lassen sich bildhaft und visuell ansprechend in PowerPoint darstellen. Mithilfe der *AutoFormen,* die Sie in der Symbolleiste *Zeichnen* (bis PowerPoint 2003) bzw. auf der Registerkarte *Start/Zeichnung* (in PowerPoint 2007) finden können Sie schnell eine Vielzahl von einprägsamen Schaubildern erstellen. So lassen sich Prozesse als Grundlage für Entscheidungen und Planungen abbilden oder bestehende Zusammenhänge und Abläufe anschaulich darstellen.

Mit den in diesem Kapitel beschriebenen Grundtypen Kreislauf, linearer Verlauf und Flussdiagramm verwirklichen Sie nahezu jede Idee zum Darstellen von Abläufen.

CD-ROM   Die in diesem Kapitel beschriebenen Beispiele und eine Reihe weiterer Anregungen und Vorlagen, die Sie direkt einsetzen können, finden Sie in der Datei *Abfolgen+Prozesse.ppt* bzw. der Datei *Abfolgen+Prozesse_2007.pptx* im Ordner *\Buch\Kap05* auf der CD-ROM zum Buch.

Abfolgen als Kreisläufe darstellen

Stellen Sie mit einem Kreislauf eine Abfolge aus mehreren Schritten dar, die eine Abhängigkeit oder einen Zusammenhang besitzen. Oft können Sie auch Aufzählungen oder eine größere Anzahl von Merkmalen zu einem Kreislauf zusammenfassen. Entscheidend für den Aufbau ist dabei immer die Anzahl der einzelnen Schritte bzw. Kreissegmente.

Abbildung 5.1   Erstellen Sie einen Kreislauf mithilfe eines Ringdiagramms und fügen Sie Nummerierungen und Texte hinzu

Einen Kreislauf mit einem Ringdiagramm erstellen

Leider besitzt PowerPoint keine geeignete AutoForm, um Kreisläufe zu erstellen. Um komplexere Kreisläufe zu zeichnen, sind Sie sogar auf ein externes Grafikprogramm angewiesen. Nutzen Sie daher einfach die Funktionalität eines Ringdiagramms, um die gewünschte Anzahl an Ringsegmenten von PowerPoint generieren zu lassen. Lösen Sie anschließend die Gruppierung des Diagramms auf und bearbeiten Sie die einzelnen Formen nach Ihren Wünschen weiter.

Die Diagrammfunktion hilft Ihnen beim Erstellen der einzelnen Formen und erlaubt Ihnen, in wenigen Schritten Kreisläufe mit beliebig vielen Segmenten zu erstellen.

In den PowerPoint-Versionen bis 2003 gehen Sie dazu wie folgt vor:

1. Fügen Sie ein Diagramm ein und wählen Sie als Diagrammtyp das *Ringdiagramm* aus.
2. Erstellen Sie die einzelnen Segmente, indem Sie in das Datenblatt die gewünschte Anzahl an Datenpunkten mit jeweils gleichem Zahlenwert eingeben.
3. Entfernen Sie Legende und Rahmen aus dem Diagramm.
4. Doppelklicken Sie auf eines der Ringsegmente und verändern Sie im Dialogfeld *Datenreihen formatieren* auf der Registerkarte *Optionen* die Innenringgröße und gegebenenfalls den Winkel (siehe Abbildung 5.2).
5. Beenden Sie die Diagrammfunktion mit einem Klick neben die Folie.

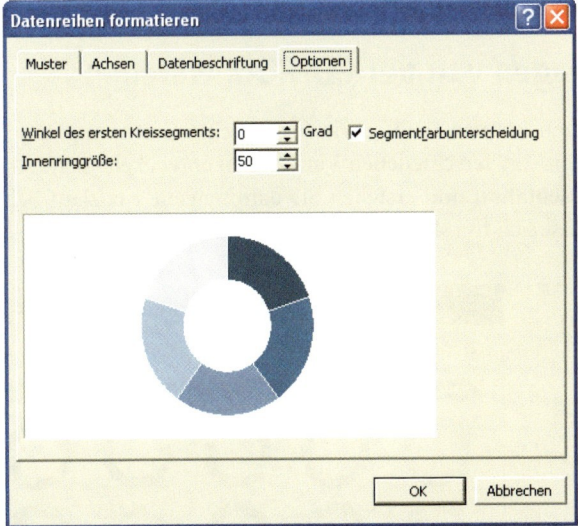

Abbildung 5.2 Passen Sie über die Drehfelder den Winkel des ersten Kreissegments und die Innenringgröße des Diagramms an

6. Klicken Sie mit der rechte Maustaste auf das Diagramm, wählen Sie im Kontextmenü die Befehlsfolge *Gruppierung/Gruppierung aufheben* und bestätigen Sie die Frage zur Umwandlung in ein Objekt mit *Ja*. Sie haben damit die Kreissegmente des Diagramms in einzelne Formen konvertiert und können diese nun weiter anpassen und formatieren.

HINWEIS PowerPoint stellt die Innen- und Außenränder des Rings nicht exakt rund dar. Um eine saubere Konturlinie des Kreislaufs zu erhalten, zeichnen Sie zwei Kreisobjekte mit einer dicken Linie in der Hintergrundfarbe und ohne Füllfarbe. Platzieren Sie diese Objekte genau über den Rändern der Ringsegmente.

7. Den Abstand der einzelnen Segmente ändern Sie durch die Stärke der Linien.

In PowerPoint Version 2007 gehen Sie dazu wie folgt vor:

1. Mit *Einfügen/Diagramm/Ring* fügen Sie ein Ringdiagramm ein.

2. In der rechten Bildschirmhälfte öffnet sich nun ein Excel-Fenster. Tragen Sie dort in der Wertetabelle so viele gleiche Werte ein, wie Sie Segmente im Kreislauf benötigen. Schließen Sie anschließend das Excel-Fenster.

3. Entfernen Sie den *Diagrammtitel* und die *Legende*.

4. Klicken Sie mit der rechten Maustaste auf den Ring und wählen Sie *Datenreihen formatieren*. Hier können Sie den *Drehwinkel* und die *Innenringgröße* einstellen.

5. Schneiden Sie das Diagramm mit ⌨Strg+⌨X aus. Klicken Sie auf den unteren Bereich der *Einfügen*-Schaltfläche, wählen Sie *Inhalte einfügen* und als Format *Bild (Erweiterte Metadatei)*.

6. Heben Sie die *Gruppierung* des eingefügten Bildes auf (zwei Mal). Sie haben damit die Kreissegmente in einzelne Formen konvertiert, die Sie beliebig weiter anpassen und formatieren können.

7. Wenn Sie die Segmente mit kleinem Abstand voneinander darstellen wollen, weisen Sie ihnen eine *Formkontur* in der Hintergrundfarbe zu und regeln den Abstand über die Stärke dieser Kontur.

Abschließend versehen Sie das Schaubild so wie in Abbildung 5.1 gezeigt mit Beschriftungen und Aufzählungen. Zeichnen Sie ein Dreieck als Richtungspfeil, positionieren und drehen Sie es so, dass der lange Schenkel des Dreiecks direkt zum Kreismittelpunkt zeigt. Zeichnen Sie einen Kreis und beschriften Sie diesen als Textobjekt, um die einzelnen Schritte zu nummerieren.

Kreisläufe schneller mit den Vorlagen von der CD-ROM erstellen

Damit Sie zeitsparend solche Kreisläufe einsetzen können, haben wir für Sie eine Sammlung gängiger Grundformen – von zwei bis sechs Ringsegmenten – in verschiedenen Variationen entwickelt (siehe Abbildung 5.3). Kopieren Sie diese direkt in Ihre Präsentation und erstellen Sie damit eigene Kreislauf-Schaubilder. Jedes einzelne Element dieser Vorlagen lässt sich frei skalieren und auch anderweitig anpassen.

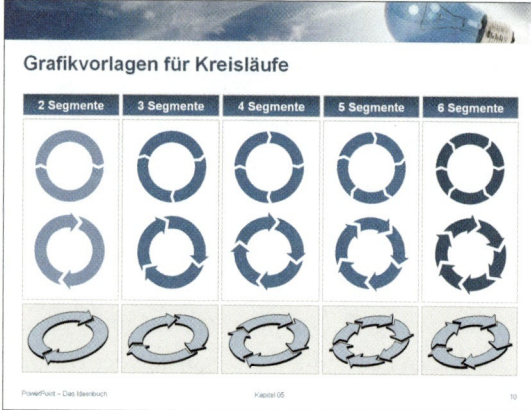

Abbildung 5.3 Auf der CD-ROM zum Buch finden Sie in der Datei *Abfolgen+Prozesse* zahlreiche fertige Grafiken, die Ihnen das Erstellen von Abläufen erleichtern

Lineare Verläufe und einen Zeitstrahl erstellen

Neben den Kreisläufen können Sie natürlich auch lineare Abläufe darstellen. Verwenden Sie die zahlreichen AutoFormen, um einen linearen Verlauf oder Zeitstrahl zu erstellen. Besonders Blockpfeile, Kreise, Rechtecke oder selbst erstellte Grafiken eignen sich hier gut. Wir zeigen Ihnen in diesem Abschnitt zahlreiche Darstellungsmöglichkeiten.

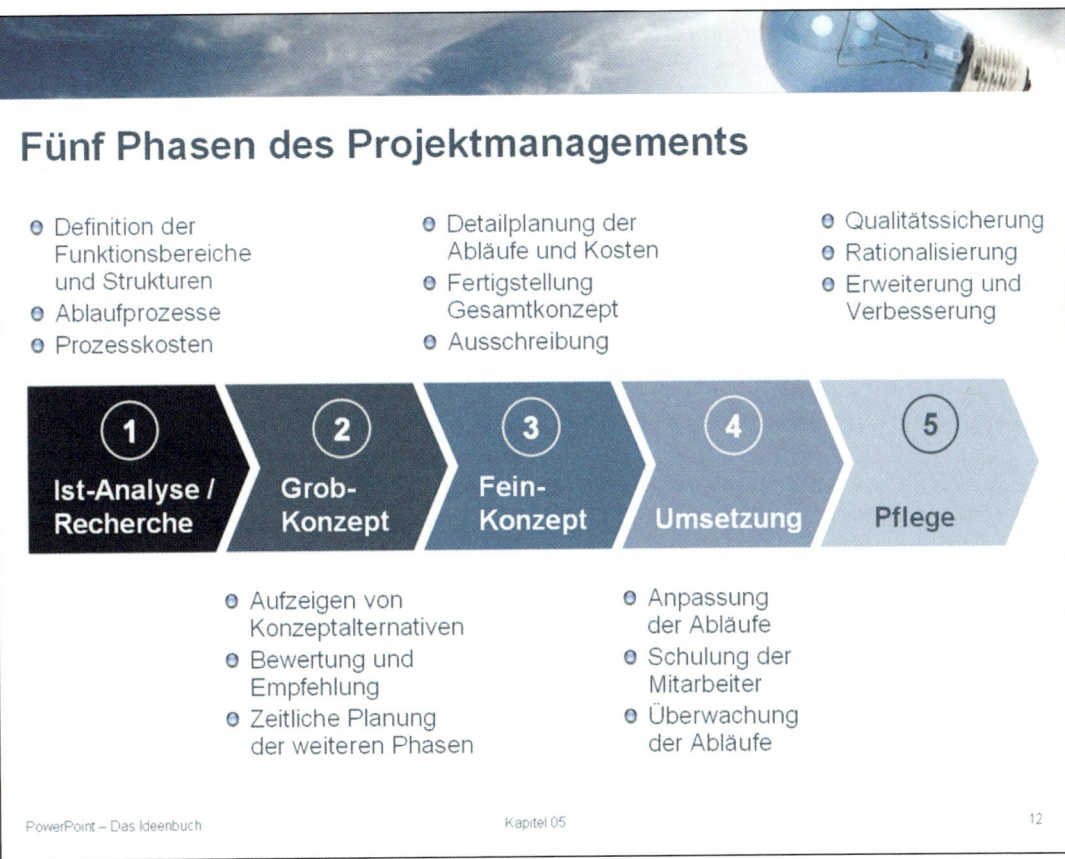

Abbildung 5.4 Mit Blockpfeilen verwandeln Sie die einzelnen Schritte eines Verlaufs in ein ansprechendes Schaubild

Zwar bietet Ihnen PowerPoint ab der Version 2007 etliche vorgefertigte SmartArt-Grafiken für Prozesse an, dennoch können Sie oft mit Formen Ihre Schaubilder flexibler gestalten.

Einen Ablauf mit Blockpfeilen zeichnen

Blockpfeile eignen sich gut, um einen Verlauf aus einzelnen Schritten darzustellen. Fügen Sie Nummerierungen und Beschriftungen hinzu und erzeugen Sie im Handumdrehen ein klar verständliches und einprägsames Schaubild.

1. Wählen Sie in der Symbolleiste *Zeichnen* bzw. über *Start/Zeichnung* die Befehlsfolge *AutoFormen/Blockpfeile/Richtungspfeil* und zeichnen Sie das Objekt in der gewünschten Größe auf die Folie.

Benutzen Sie die weißen Ziehpunkte, um die Größe des Pfeils anzupassen. Durch Ziehen an dem gelben, rautenförmigen Korrekturziehpunkt passen Sie die Neigung der Pfeilspitze bzw. Pfeilenden an.

2. Kopieren Sie den Richtungspfeil, indem Sie `Strg`+`⇧` drücken und gleichzeitig den Pfeil nach rechts verschieben. Sie erhalten dadurch zwei identische Pfeile in einer Reihe.

3. Markieren Sie den zweiten Pfeil und wählen Sie (bis Version 2003) in der Symbolleiste *Zeichnen* im Menü zur Schaltfläche *Zeichnen* die Befehlsfolge *AutoForm ändern/Blockpfeile* bzw. in Version 2007 auf der Registerkarte *Zeichentools/Format* den Befehl *Form bearbeiten/Form ändern*, um den *Richtungspfeil* in einen *eingekerbten Richtungspfeil* zu verwandeln. Sie erhalten eine andere AutoForm mit gleicher Größe und Ausrichtung.

4. Kopieren Sie auf gleiche Weise auch die anderen Pfeile.

5. Passen Sie die Abstände der Pfeilobjekte zueinander an, indem Sie die Objekte markieren und in der Symbolleiste *Zeichnen* im Menü zur Schaltfläche *Zeichnen* bzw. auf der Registerkarte *Zeichentools/Format* die Befehlsfolge *Ausrichten oder verteilen/Horizontal verteilen* wählen.

6. Wählen Sie die einzelnen Blockpfeile aus und versehen Sie sie mit Text. Passen Sie die Textausrichtung und den Umbruch an, definieren Sie für die eingekerbten Richtungspfeile einen größeren Abstand zum linken Rand als für den ersten Richtungspfeil.

7. Fügen Sie detaillierte Informationen und Nummerierungen hinzu und animieren Sie anschließend die einzelnen Schritte und Phasen des Schaubildes.

Durch die Animation der unterschiedlichen Abschnitte können Sie die Informationen besser verteilen und jede Phase des Verlaufs hervorheben. Um mehrere Objekte gleichzeitig zu animieren, gruppieren Sie diese, bevor Sie die Animationseinstellungen vornehmen.

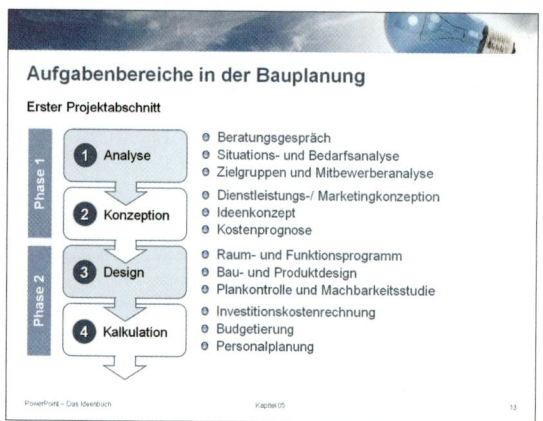 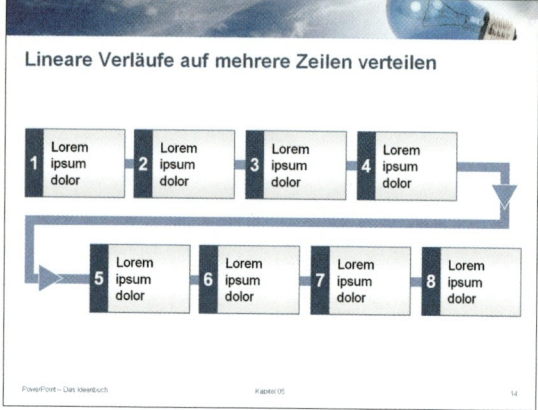

Abbildung 5.5   Wenn Sie viele Informationen in einem Verlauf darstellen wollen, eignet sich auch die vertikale Anordnung, bei mehreren Schritten die Verteilung auf mehrere Zeilen

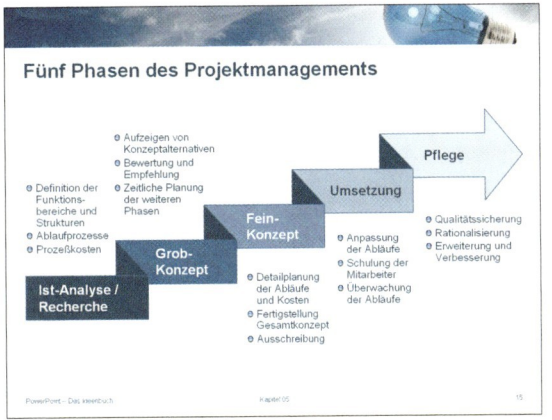 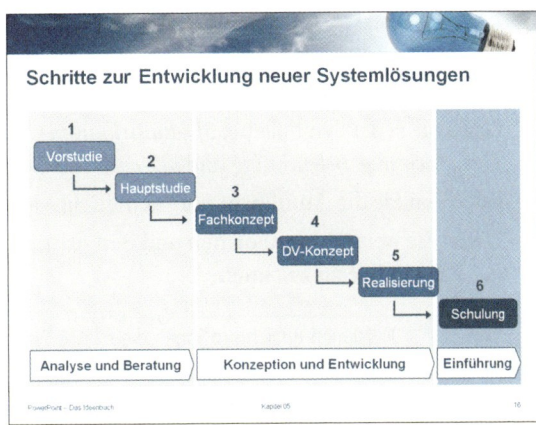

Abbildung 5.6 Verläufe lassen sich auch als Treppen- oder Wasserfall-Schaubild darstellen und um detaillierte Informationen erweitern

Verläufe mit 3-D-Effekt und Perspektive versehen

Sie können AutoFormen einen 3-D-Effekt zuweisen und zwischen der Ausrichtung als Parallelperspektive oder Fluchtpunktperspektive wählen. Effekte wie Drehungswinkel, Tiefe des Objekts und Richtung des Lichteinfalls lassen sich jederzeit mit den Bordmitteln von PowerPoint anpassen.

Objekte mit Parallelperspektive zeichnen und anordnen

Wenn Sie ein Schaubild aus einzelnen AutoFormen zeichnen, eignet sich die Parallelperspektive am besten, um allen Objekten einen einheitlichen 3-D-Effekt zu verleihen. Bei einer solchen Perspektive sind alle Linien, die in Wirklichkeit parallel sind, auch im Schaubild parallel dargestellt. Mithilfe einiger Hilfslinien können Sie so perspektivische Schaubilder erstellen.

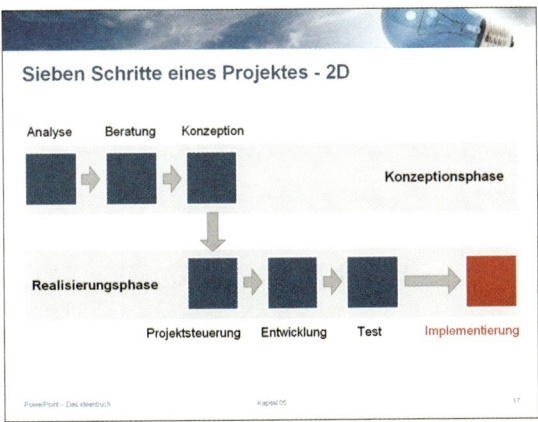 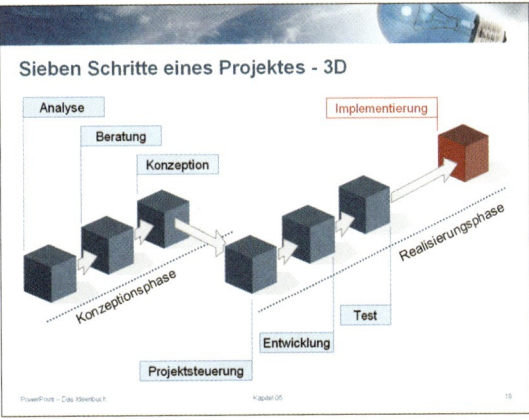

Abbildung 5.7 Wählen Sie statt der üblichen zweidimensionalen Darstellung für einen Verlauf einen 3-D-Effekt

Die folgende Anleitung beschreibt, wie Sie in den PowerPoint-Versionen bis 2003 aus einem Quadrat einen Würfel und einen dreidimensionalen Verlauf erstellen. Eine detaillierte Beschreibung der Vorgehensweise für die PowerPoint-Version 2007 finden Sie in Kapitel 12.

1. Zeichnen Sie ein Quadrat und klicken Sie in der Symbolleiste *Zeichnen* auf die Schaltfläche *3D-Art*. Wählen Sie unter den Optionen die linke obere Perspektive – *3D-Art 1* – aus.

2. Klicken Sie ein weiteres Mal auf die Schaltfläche *3D-Art* und wählen Sie die Option *3D-Einstellungen*.

3. Legen Sie in der Symbolleiste *3D-Einstellungen* über die Werkzeuge zum Kippen sowie über die Schaltflächen *Tiefe, Richtung, Beleuchtung* und *3D-Farbe* die Eigenschaften des 3-D-Effekts nach Ihren Wünschen fest.

4. Kopieren Sie die AutoForm und richten Sie sie in der passenden Perspektive auf Ihrer Folie aus.

5. Fügen Sie weitere AutoFormen und Beschriftungen hinzu. Verwenden Sie Freihandformen, um Pfeile in der Perspektive zu zeichnen.

TIPP   Hilfslinien erleichtern Ihnen die exakte Platzierung mehrerer Formen. Zeichnen Sie Linien, die Sie parallel an der perspektivischen Kante der Form ausrichten. Löschen Sie einfach die Hilfslinien nach der Fertigstellung des Schaubildes. Sie können auch später die Ausrichtung der Formen jederzeit mit einer Linie überprüfen.

Eine 3-D-Treppe mit der Fluchtpunktperspektive konstruieren

Eine Fluchtpunktperspektive orientiert sich an der natürlichen Sichtweise des menschlichen Auges und ist vom Blickwinkel des Betrachters abhängig. Längen und Breiten eines Objekts werden entsprechend der Entfernung zum Auge verkürzt. Der Zeitaufwand zur Erstellung einer solchen Perspektive ist für gewöhnlich größer und lässt sich nur durch die exakte Ausrichtung an einem Fluchtpunkt realisieren.

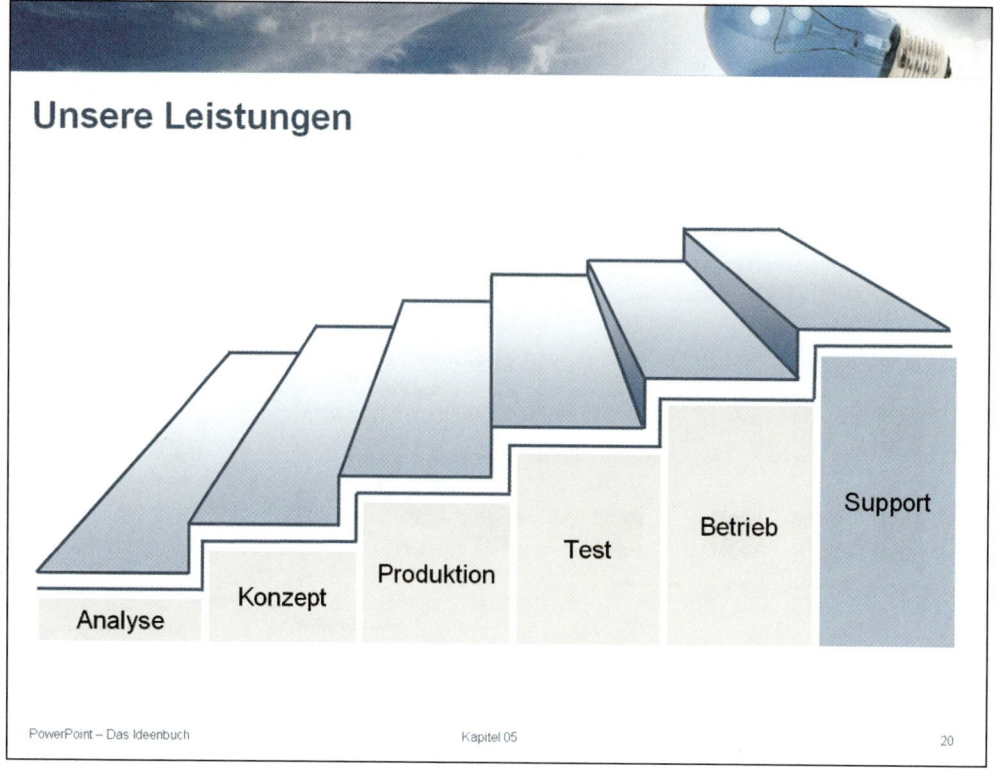

Abbildung 5.8   Das fertige Beispiel der Treppe – perspektivische Schaubilder lassen sich am besten aus Linien und Freihandformen konstruieren

Einer einzelnen AutoForm können Sie mit der Funktion *3D-Art* eine Fluchtpunktperspektive zuweisen. Zur korrekten Darstellung mehrerer AutoFormen zu einem perspektivischen Schaubild ist diese Funktion allerdings nicht geeignet.

Eine Perspektive mit einem Fluchtpunkt können Sie mit ein wenig räumlichem Vorstellungsvermögen und mehreren Hilfslinien selbst erstellen.

1. Zeichnen Sie die vorderen Kanten der Grafik als Ansicht. Benutzen Sie dafür einzelne AutoFormen wie Linien oder Rechtecke, um die Stufen der Treppe darzustellen.

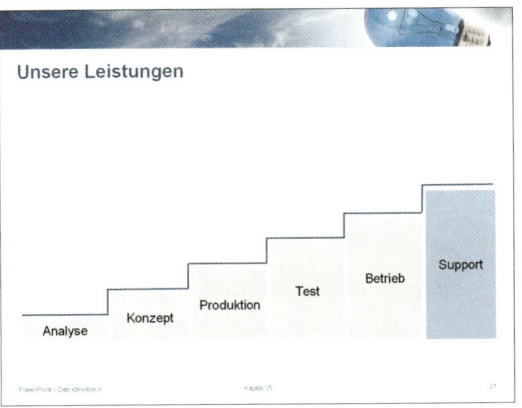 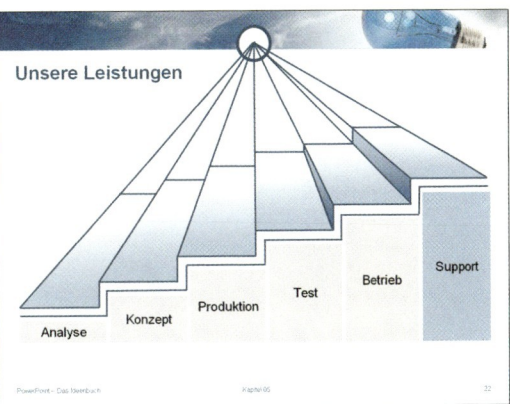

Abbildung 5.9 Bei einer Perspektive mit einem Fluchtpunkt werden die dem Betrachter zugewandten Kanten immer orthogonal dargestellt

2. Legen Sie einen Fluchtpunkt oberhalb der gezeichneten Formen als Ausgangspunkt zur Konstruktion der Perspektive fest.

3. Verwenden Sie Linien, um die einzelnen Stufenkanten der Treppe mit dem Fluchtpunkt zu verbinden. Achten Sie darauf, dass alle Kanten der Treppe genau auf diesen Punkt zulaufen.

4. Zeichnen Sie die hinteren Stufenkanten, indem Sie den Zwischenraum der Fluchtlinien durch horizontale und vertikale Linien ergänzen. Platzieren Sie diese Linien immer exakt zwischen zwei Fluchtlinien.

5. Verkürzen Sie die Fluchtlinien bis zur Überschneidung mit den hinteren Stufenkanten. Ziehen Sie diese direkt bis zum Überschneidungspunkt mit den Stufenkanten und halten Sie dabei die ⬆-Taste gedrückt, um den Winkel der Linie beizubehalten.

TIPP Wenn Sie eine Perspektive mit Linien konstruiert haben, können Sie mithilfe des Freihandwerkzeugs einzelne Flächen nachzeichnen. Versehen Sie diese mit Verläufen und Füllungen, um Ihrem Schaubild mehr Tiefe und Realismus zu verleihen.

CD-ROM Die fertige Lösung und die Arbeitsschritte dazu finden Sie auf den Folien 20 bis 22 der Datei *Abfolgen+Prozesse.ppt* bzw. auf den Folien 21 bis 23 der Datei *Abfolgen+Prozesse_2007.pptx* im Ordner *\Buch\Kap05* auf der CD-ROM zum Buch.

Einen Verlauf mit 3-D-Kugeln darstellen

Wie Sie mithilfe der 3-D-Effekte in PowerPoint 2007 eine Halbkugel oder Kugel erstellen, wurde bereits in Kapitel 2 beschrieben.

Aber auch in den PowerPoint-Versionen bis 2003 können Sie in wenigen Schritten aus einem einfachen Kreis eine 3-D-Kugel erstellen. Sie benötigen dafür nur drei AutoFormen, die Sie mit Farbverläufen und Transparenzen versehen, um den gewünschten Effekt zu erzielen.

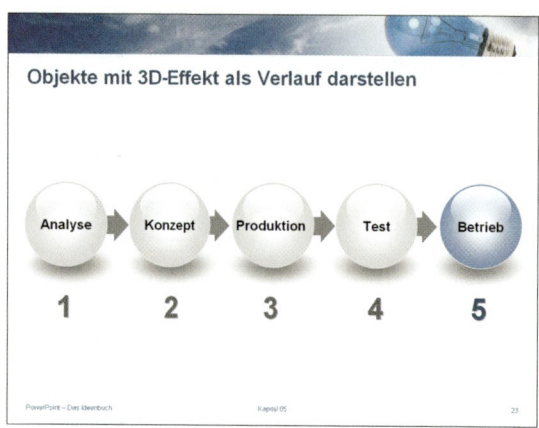 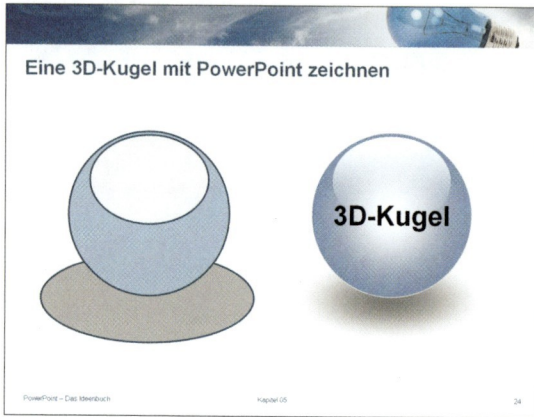

Abbildung 5.10   Schaubilder im 3-D-Stil können Sie auch mit AutoFormen, Verläufen und Transparenzen erstellen

1. Zeichnen Sie einen Kreis und fügen Sie diesem einen zweifarbigen Fülleffekt hinzu. Wählen Sie dafür die Füllmethode *Aus der Mitte*.

2. Ordnen Sie eine Ellipse auf der Kugel an, um die Reflexion auf der Oberfläche darzustellen. Wählen Sie dafür eine zweifarbige Füllung mit einem transparenten Verlauf von 0 bis 100%.

3. Platzieren Sie für den Schatten eine weitere Ellipse unterhalb der Kugel. Wählen Sie auch hier die zweifarbige Füllmethode *Aus der Mitte*.

CD-ROM   Die fertige Lösung und die Arbeitsschritte dazu finden Sie auf den Folien 23 bis 25 in der Datei *Abfolgen+Prozesse.ppt* bzw. auf den Folien 24 bis 27 der Datei *Abfolgen+Prozesse_2007.pptx* im Ordner *\Buch\Kap05* auf der CD-ROM zum Buch.

Einen Zeitstrahl anfertigen

Einen Zeitstrahl erstellen Sie genau wie einen Verlauf, den Sie mit zusätzlichen Zeiteinteilungen und Abschnitten ergänzen. Unterschiedliche Zeitspannen können Sie übereinander darstellen und einzelne Formen sowie Beschriftungen zur Darstellung von Zeitpunkten hinzufügen.

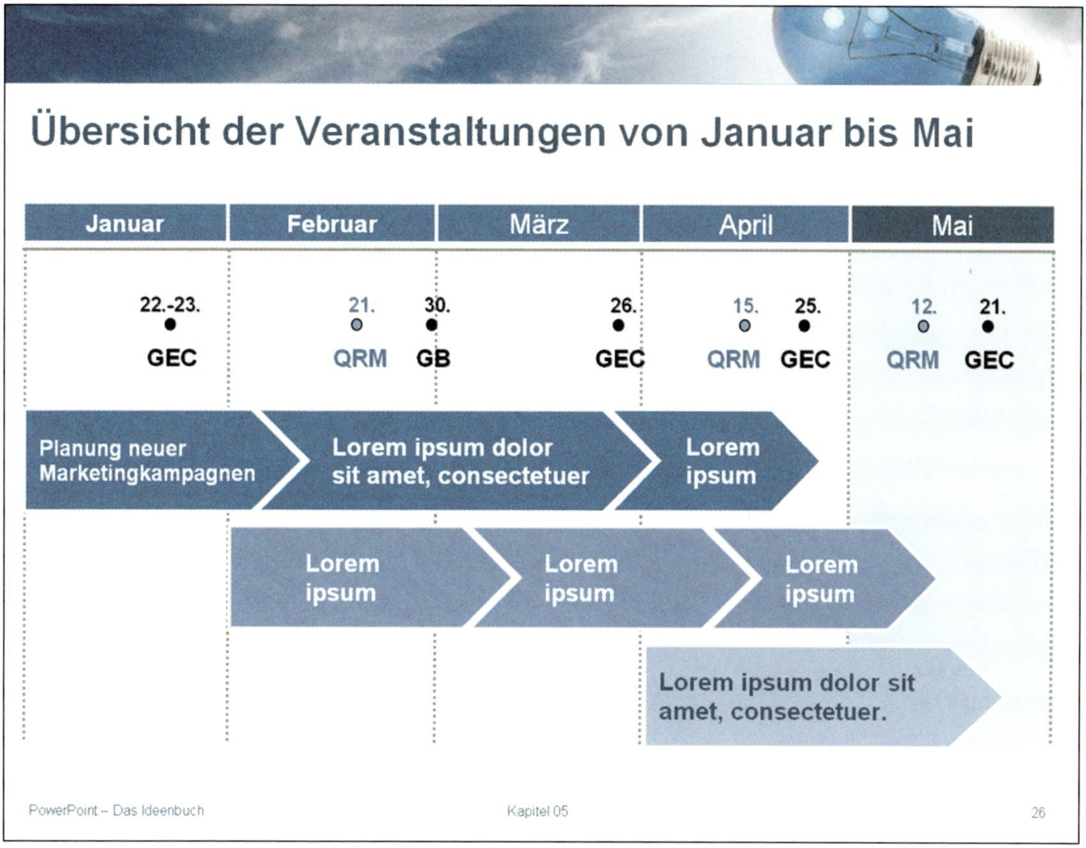

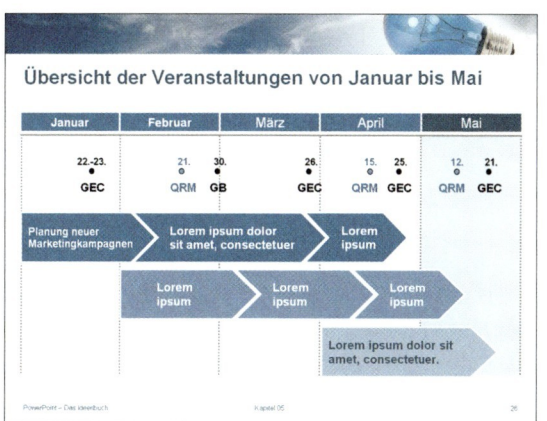

Abbildung 5.11 Erstellen Sie einen Zeitstrahl mit Blockpfeilen und fügen Sie verschiedene Zeitstränge und Zeitpunkte hinzu

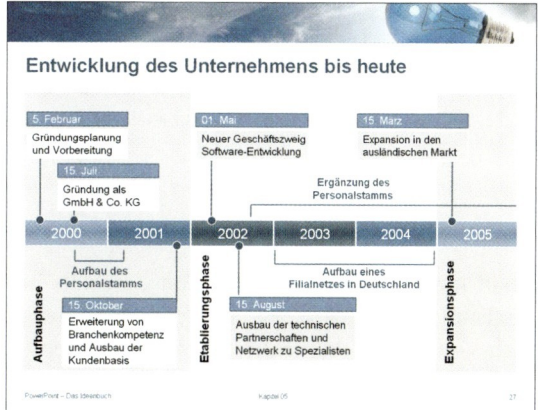

Abbildung 5.12 Ein Zeitstrahl lässt sich auch als einzelner Pfeil mit Unterteilung darstellen oder es lassen sich einzelne Zeitpunkte an einer Zeitachse abtragen

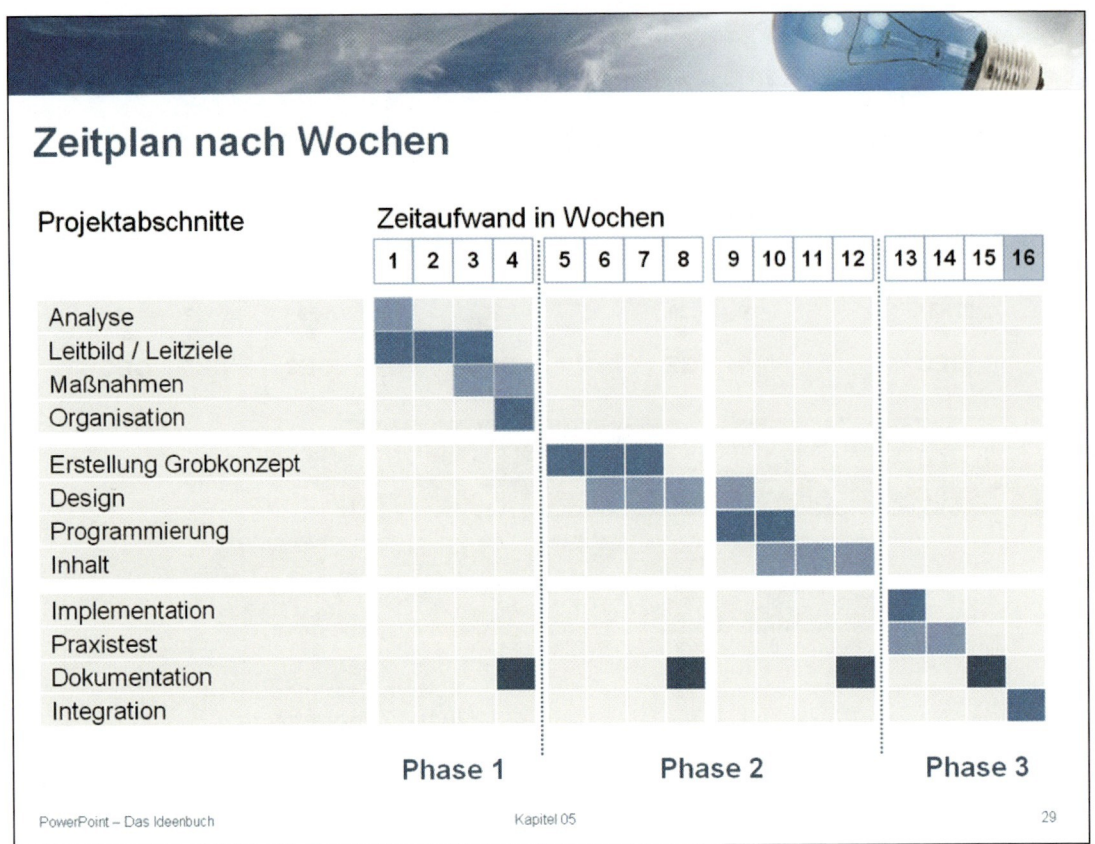

Abbildung 5.13   Zur Darstellung detaillierter Zeitpläne eignet sich auch eine tabellarische Struktur, die Sie mithilfe der AutoFormen zeichnen und frei gestalten können

TIPP   Sie können einen Zeitplan wie in Abbildung 5.13 auch mit einer anderen Software wie z.B. Excel erstellen und dann in PowerPoint importieren. Durch die Verwendung von AutoFormen in PowerPoint haben Sie die komplette Kontrolle über das Layout und das Aussehen Ihres Schaubildes, die Ihnen Excel so nicht bieten kann.

Flussdiagramme anfertigen

Verwenden Sie Flussdiagramme, um Geschäfts- und Arbeitsabläufe, Informationsflüsse und Sachverhalte anschaulich zu visualisieren. Anders als bei einem Organigramm können Sie mit einem solchen Schaubild auch Verfahren dokumentieren, Wechselbeziehungen darstellen oder komplexe Prozesse aufzeigen und analysieren.

Flussdiagramme mit AutoFormen zeichnen

Die Diagrammfunktion in PowerPoint zur Erstellung von Organigrammen ist für die Darstellung von Flussdiagrammen nicht geeignet. Diese Funktion schränkt Sie in der Gestaltung eines solchen Schaubildes zu stark ein. Auch bei den SmartArt-Grafiken fehlen die typischen Flussdiagrammformen. Benutzen Sie besser die vielfältigen AutoFormen, um die benötigten Objekte auf den Folien anzuordnen. Einzelne Formen können Sie bei Bedarf mit magnetischen Verbindungslinien zusammenführen. Auf diese Weise bleiben Sie beim Erstellen eines Flussdiagramms flexibel und können schnell Ausrichtung und Anordnung einzelner Formen ändern.

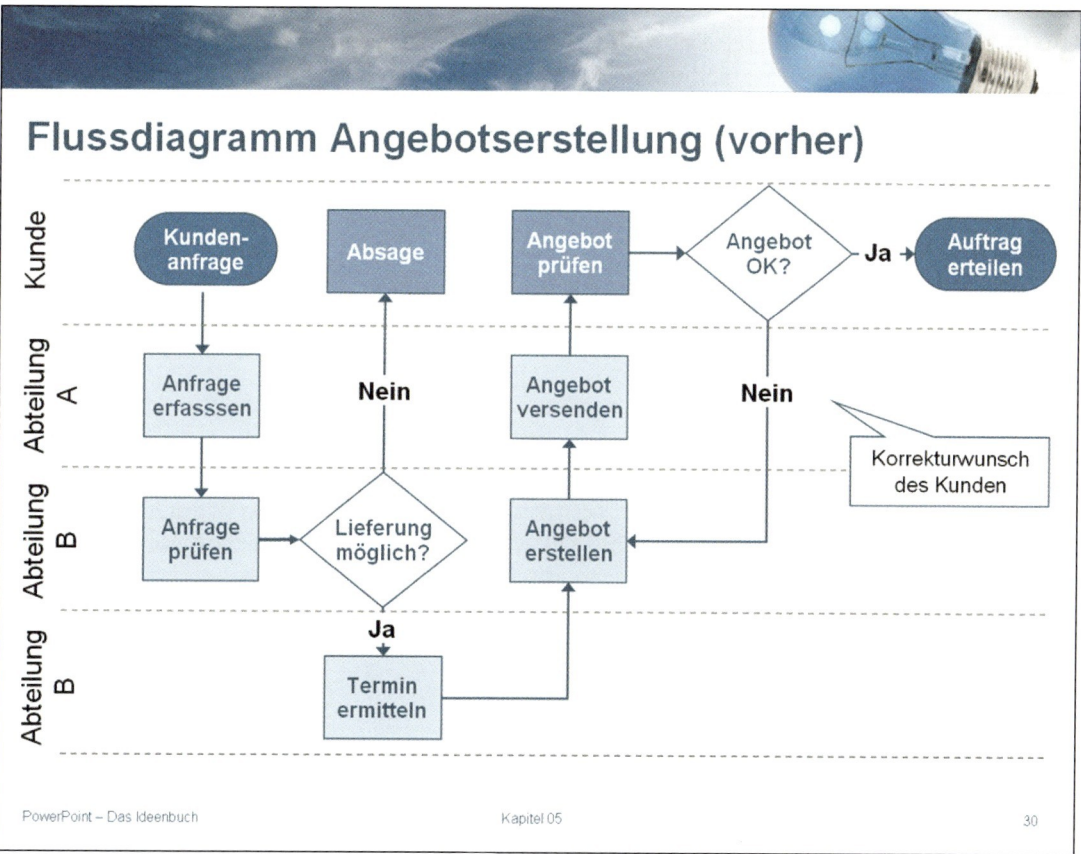

Abbildung 5.14   Stellen Sie mit einem Flussdiagramm anschaulich das Zusammenspiel der unterschiedlichen Beteiligten an einem Arbeitsablauf dar

AutoFormen erstellen und anordnen

Erstellen Sie zunächst alle benötigten Elemente, die Sie zur Darstellung des Flussdiagramms benötigen.

1. Zeichnen und platzieren Sie alle Formen auf der Folie. Sie können die gängige Symbolik zur Darstellung von Flussdiagrammen – wie in Abbildung 5.14 gezeigt – einsetzen oder eigene Formen und Grafiken als Diagrammpunkte benutzen.

2. Kopieren Sie Formen, indem Sie beim Verschieben der Formen `Strg`+`⇧` gedrückt halten.

3. Verteilen Sie die Formen so, dass die Abstände zwischen ihnen möglichst einheitlich sind, und versehen Sie die Formen mit kurzen und prägnanten Textbeschriftungen.

Magnetische Verbindungslinien zeichnen

Verbindungslinien lassen sich an eine AutoForm, eine Grafik oder ein Bild andocken und passen sich automatisch an, sobald Sie eine der Formen verschieben. Sie können Verbindungslinien an einem Eckpunkt oder am Mittelpunkt ausrichten.

1. Um Verbindungen zu erstellen, wählen Sie in der Symbolleiste *Zeichnen bzw.* auf der Registerkarte *Start/Zeichnung* zunächst die Befehlsfolge *AutoFormen/Verbindungen* und selektieren dann einen geraden oder einen gewinkelten Verbindungstyp. In PowerPoint 2007 gibt es keinen Unterschied mehr zwischen Linien und Verbindungen, alle Linien docken automatisch als Verbindungslinien an, wenn Sie beim Zeichnen die Enden in die Nähe einer Form bringen.

2. Zeichnen Sie eine Verbindung zwischen zwei Formen. Wählen Sie einen der blauen (bzw. in PowerPoint 2007: roten) Verbindungspunkte an einer Form aus und setzen Sie per Mausklick den Startpunkt der Verbindungslinie.

3. Halten Sie die Maustaste gedrückt und bewegen Sie den Mauszeiger in Richtung auf das zweite Objekt. Wieder werden blaue (bzw. rote) Punkte sichtbar, an denen Sie die Linie andocken können. Per Mausklick setzen Sie den Endpunkt der Linie. Der rote Kreis an jedem Ende der Linie kennzeichnet, dass die Formen miteinander verbunden sind.

TIPP   Bis Version 2003 können Sie die Palette zur Auswahl der Verbindungslinien durch Ziehen des oberen Randes aus dem Menü herauslösen. Damit bleibt sie auf dem Bildschirm immer sichtbar. Wenn Sie eine Linienart öfter benutzen, können Sie sie auch dauerhaft auswählen und mehrere Verbindungslinien hintereinander zeichnen. Bis Version 2003 doppelklicken Sie dafür auf die betreffende Schaltfläche. In Version 2007 klicken Sie sie mit der rechten Maustaste an und wählen *Zeichenmodus sperren*. Heben Sie die dauerhafte Auswahl mit `Esc` oder einem Klick neben die Folie auf.

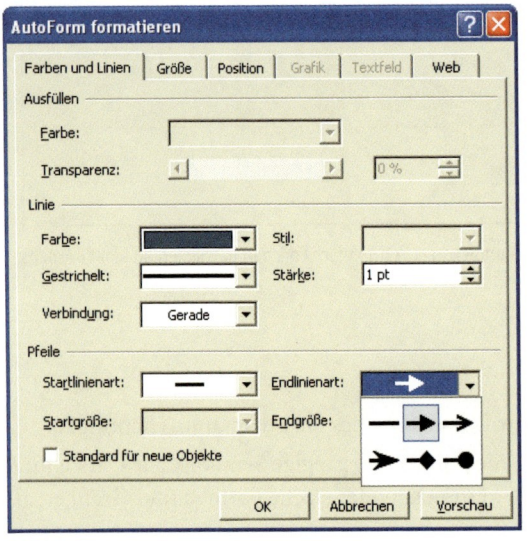

Abbildung 5.15 Durch Doppelklick auf eine Verbindungslinie können Sie in diesem Dialogfeld die Eigenschaften anpassen (bis PowerPoint 2003)

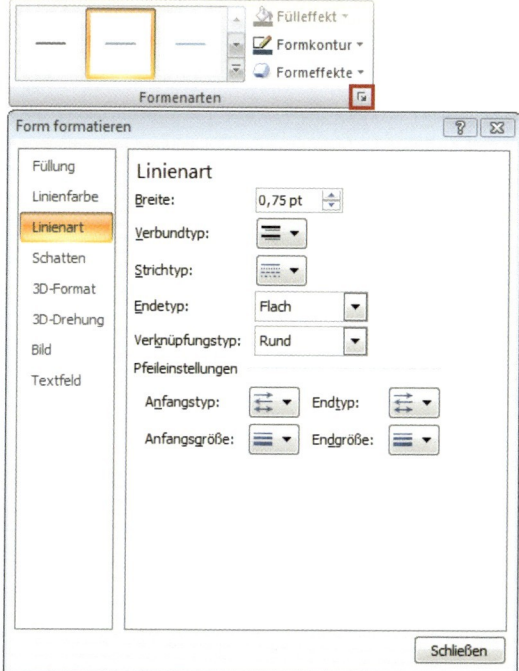

Abbildung 5.16 Durch Klicken auf den Dialogfeldstarter der Gruppe *Formenarten* rufen Sie das Dialogfeld *Form formatieren* auf, das vielfältige Einstellmöglichkeiten für Verbindungslinien bietet (PowerPoint 2007)

Verbindungslinien ändern und anpassen

Sie können die Formatierung und Ausrichtung der Verbindungslinien jederzeit anpassen.

- In PowerPoint bis Version 2003 doppelklicken Sie auf eine Verbindungslinie, um im Dialogfeld *Auto-Form formatieren* Linienstärke, Linienart und Endpunkte der Linie anzupassen. In Version 2007 ruft der Doppelklick die Registerkarte *Zeichentools/Format* auf. Klicken Sie dort auf den Dialogfeldstarter in der rechten unteren Ecke der Gruppe *Formenarten*, um das Dialogfeld *Form formatieren* aufzurufen.

- Ändern Sie die Größe und Art der Endpunkte.

- Gewinkelte Verbindungen können Sie markieren und anschließend durch Ziehen an der gelben Raute Länge und Ausrichtung verändern.

Kapitel 6

Diagramme: Bilder statt Zahlen

Zahlreiche Präsentationen enthalten Diagramme, die Zahlenmaterial verschiedenster Herkunft aufschlüsseln und darstellen. Die Absicht, Zahlen mittels Diagramm in Bildform zu zeigen, ist auf jeden Fall zuschauerorientiert. Doch auch bei Diagrammen kommt es vor, dass selbst Kenner der Materie Mühe haben, die im Diagramm dargebotene Informationsflut zu verarbeiten. Oft ist nur mit Mühe die wirkliche Aussage des Diagramms zu entschlüsseln.

In diesem Kapitel finden Sie eine Vielzahl Anregungen, wie Sie Diagramme attraktiv gestalten, aber auch wie Sie die Kernaussage so hervorheben, dass Ihrem Publikum die Zuordnung leichter fällt. Wir zeigen Ihnen außerdem Alternativen zu Diagrammen, die wichtige Schlüsse und Informationen mit einem Bild oder einer Animation auf den Punkt bringen. Sie werden überrascht sein, wie Sie mit dem Rückgriff auf die Elemente eines Cockpits – in diesem Fall Tachometer und Thermometer – Informationen auf das absolut Wesentliche reduzieren können.

Zugegeben, der Aufwand für die in diesem Kapitel vorgestellten Lösungen ist deutlich höher als der für ein Standarddiagramm. Doch Standarddiagramme können Sie bereits erstellen und dafür haben Sie dieses Buch nicht gekauft.

HINWEIS   In PowerPoint 2007 basieren Diagramme auf Microsoft Excel statt auf Microsoft Graph. Ausführliche Informationen zur Erstellung von Diagrammen in PowerPoint 2007 finden Sie deshalb in Kapitel 13.

Die meisten Aussagen in diesem Kapitel zur Visualisierung von Zahlen mithilfe von Diagrammen sind jedoch versionsübergreifend gültig.

Ranking per Balkendiagramm

Während Säulendiagramme vor allem zum Vergleichen von Werten eingesetzt werden, eignen sich Balkendiagramme besonders, um Reihenfolgen aufzuzeigen. Dazu werden die Werte vom niedrigsten zum höchsten – in der Regel von unten nach oben ansteigend – sortiert. So kann die Position einzelner Werte innerhalb des Rankings auf den ersten Blick abgelesen werden.

Die horizontale Ausdehnung der Balken auf der querformatigen Folie bietet im Vergleich zu Säulen den Vorteil, dass Sie noch genügend Platz haben, um aussagekräftige Datenbeschriftungen und zusätzliche Informationen in das Diagramm aufzunehmen.

Das folgende Beispiel zeigt, wie Sie eine Top-10-Rangliste erstellen, die den Umsatz eines Unternehmens mit neun Wettbewerbern vergleicht und zusätzlich die Veränderung gegenüber dem Vorjahr aufzeigt.

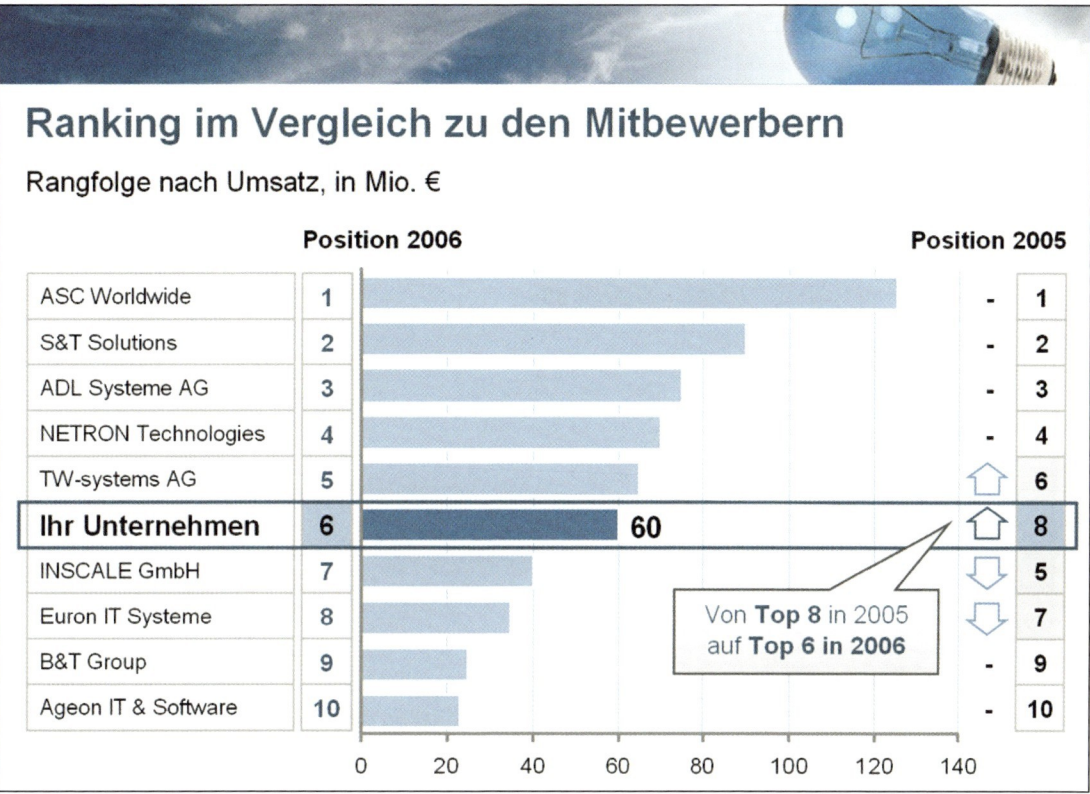

Abbildung 6.1 Die Position des eigenen Unternehmens am Markt und die Entwicklung zum Vorjahr sind auf einen Blick zu erkennen

Reihenfolge und Darstellungsoptionen bestimmen

1. Fügen Sie ein Diagramm ein und wählen Sie dafür den Diagrammtyp *Balken* aus.
2. Geben Sie die Werte in der gewünschten Rangfolge (vom höchsten zum niedrigsten) ein.

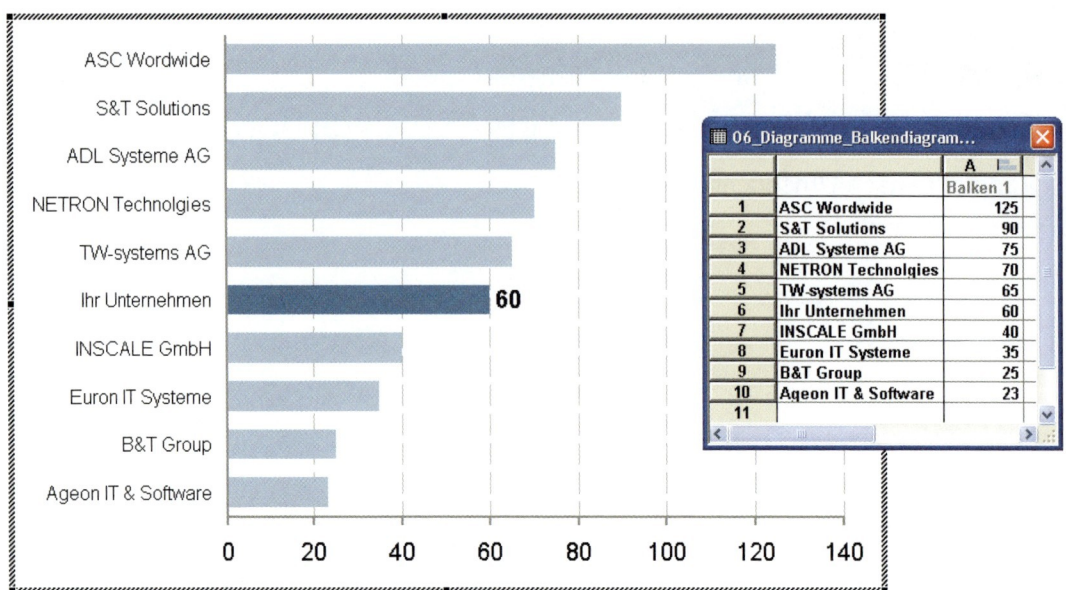

Abbildung 6.2 So geben Sie die Werte für ein Balkendiagramm ein

3. Wählen Sie die Befehlsfolge *Daten/Datenreihen in Spalten*, damit das Diagramm Wert und Beschriftung aus den ersten beiden Spalten des Datenblatts zusammenhängend darstellt.

HINWEIS   PowerPoint kehrt im Diagramm automatisch die Reihenfolge der Zeilen im Datenblatt um. Die Inhalte der obersten Zeile des Datenblatts werden im Diagramm an der untersten Position angezeigt. Um dies zu ändern, klicken Sie mit der rechten Maustaste auf die Rubrikenachse und wählen dann die Befehlsfolge *Achse formatieren/Skalierung/Rubriken in umgekehrter Reihenfolge*.

4. Doppelklicken Sie auf einen Balken und bestimmen Sie auf der Registerkarte *Optionen* die *Abstandsbreite* zwischen den einzelnen Balken. Dieser Abstand sollte kleiner sein als die Balkenhöhe.

TIPP   **Dreimal Zusatznutzen für die Betrachter**

■ Heben Sie den wichtigsten Wert in einer kräftigeren Farbe hervor.

■ Verwenden Sie entweder eine Größenachse mit Zahlenwerten oder eine Datenbeschriftung an den Balken, je nachdem, ob Sie einen schnellen Überblick geben möchten oder die Aussage von den einzelnen Werten abhängt.

■ Wenn Sie nur eine Größenachse mit Zahlenwerten verwenden, können Sie einen einzelnen Wert zusätzlich hervorheben, indem Sie nur diesen Balken mit einer Datenbeschriftung versehen.

Das Diagramm durch AutoFormen ergänzen

Das Beispiel aus Abbildung 6.1 ist um die Nummerierung der Rangfolge, die Position im Vergleich zum Vorjahr und die Entwicklungstendenz mit Pfeilen erweitert. Zusätzlich zur farblichen Hervorhebung des Datenpunktes für das eigene Unternehmen wurde auch die Schrift vergrößert sowie ein Rahmen und eine Legende hinzugefügt.

1. Deaktivieren Sie die Anzeige der Beschriftung in Ihrem Diagramm.
2. Passen Sie die Größe und Positionierung des Diagramms auf der Folie so an, dass Sie ausreichend Platz haben, um zusätzliche Informationen einzufügen.
3. Erstellen Sie die Achsenbeschriftung sowie die Rangliste mithilfe von *Rechtecken* aus den *AutoFormen*. Richten Sie die Höhe dieser Rechtecke exakt an den Balken des Diagramms aus.

> **TIPP** Erstellen Sie zunächst einen Prototyp für die erste Zeile, für den Sie bereits alle Formatierungen wie Füllfarbe, Schriftgröße etc. bestimmen. Erstellen Sie dann für die weiteren Zeilen Kopien der ersten Zeile und richten Sie diese über *Zeichnen/Ausrichten oder verteilen* aus.

4. Erstellen Sie je eine Spalte für die Achsenbeschriftung und die aktuelle Rangfolge auf der linken Seite des Diagramms.
5. Kopieren Sie die aktuelle Rangfolge für die Vorjahreswerte und ordnen Sie diese rechts von den Balken an. Durch zusätzliche Blockpfeile stellen Sie auf einen Blick die Entwicklung der Rangfolge als Tendenz dar.
6. Mit einer beschrifteten Legende heben Sie die Entwicklung für eine bestimmte Datenreihe zusätzlich hervor und verstärken so die Aussage des Diagramms.

Portfolio-Analyse per Blasendiagramm

In vielen Unternehmen laufen mehrere Projekte parallel nebeneinander. In periodischen Abständen wird deren Effektivität geprüft und es werden Entscheidungen über die Fortsetzung, eine Schwerpunktverlagerung oder auch das Einstellen von Projekten getroffen. Da neben quantitativen auch qualitative Parameter zur Entscheidung herangezogen werden, stellt sich die Aufgabe, dies visuell umzusetzen.

Quantitative und qualitative Parameter einbeziehen

Quantitative Faktoren zu einem Projekt könnten beispielsweise die Größe des Budgets, die Anzahl der beteiligten Mitarbeiter oder die Laufzeit sein. Doch damit allein lässt sich nicht herausfinden, wie bedeutsam das Projekt für die weitere Entwicklung des Unternehmens ist. Pilotprojekte mit bescheidenem Budget liegen in ihrer strategischen Bedeutung nicht selten weit über besser ausgestatteten Projekten. Quantitative Faktoren geben auch keine Auskunft darüber, wie gut ein Projekt läuft bzw. wie gefährdet es ist. Hier sind qualitative Aussagen und Bewertungen vonnöten.

Mit den drei Kenngrößen Kostenvolumen, Projektfortschritt und Projektrisiko fällt es schon leichter, Projekte nebeneinander zu stellen und zu vergleichen. In Abbildung 6.3 sehen Sie dafür ein Beispiel.

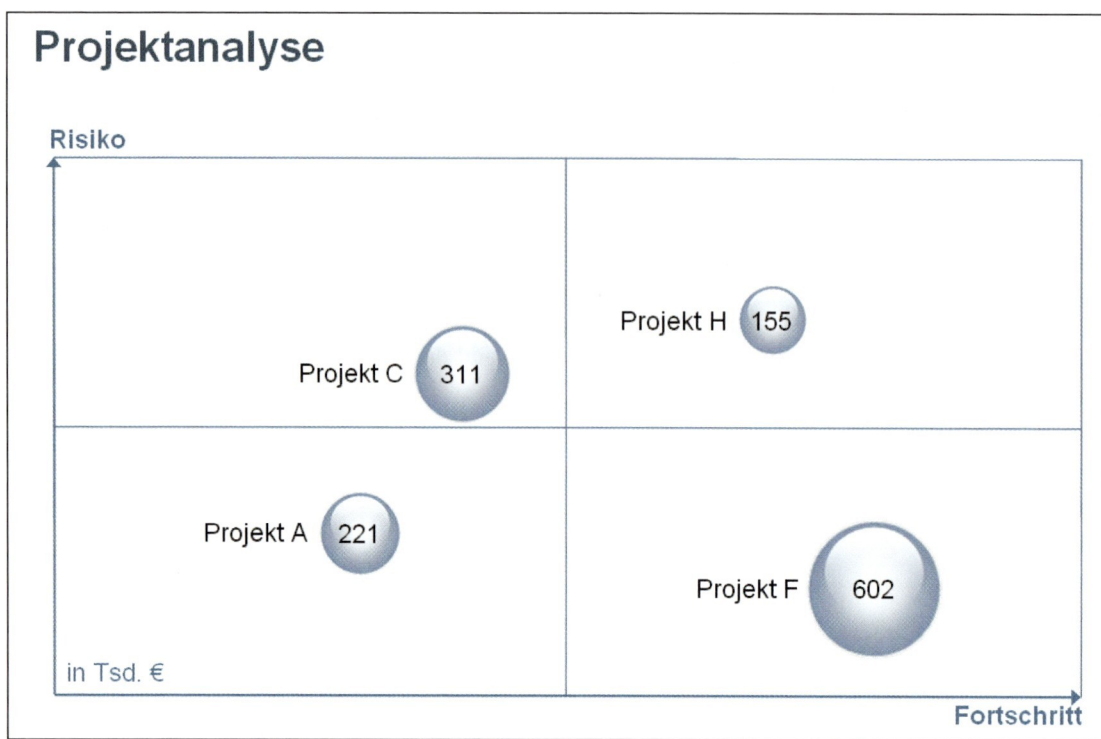

Abbildung 6.3 Mit einem Portfolio mehrere Projekte nach den Kriterien Projektfortschritt, -risiko und -kosten analysieren und vergleichen

Bewertungsmaßstab für qualitative Merkmale definieren

Das Volumen von Projekten kann in Euro angegeben werden und ließe sich sofort per Diagramm abbilden und vergleichen.

Für die qualitativen Merkmale bedarf es hingegen einer subjektiven Einschätzung. Beispielsweise kann auf einer Skala von 0 bis 10 der Fortschritt und das Risiko eines Projekts festgelegt werden. Entscheidend ist, dass damit mehrerer Projekte vergleichbar werden und sich der rein quantitative Blick auf die Projekte ändert.

Das Zusammentreffen von quantitativen und qualitativen Faktoren erfordert auch eine angemessene Art der Darstellung. Diagramme, die aus Säulen, Balken oder Linien bestehen, genügen den Anforderungen nicht.

Ein Blasendiagramm als Lösung verwenden

Drei Dimensionen sind also abzubilden und dafür eignet sich das selten verwendete Blasendiagramm. Auf der waagerechten Achse wird der Projektfortschritt abgebildet (in Anlehnung an eine Zeitachse), das Risiko wird auf der senkrechten Achse abgelesen (wie bei einem Thermometer) und das Kostenvolumen der Projekte wird über die Größe der Blasen dargestellt.

HINWEIS   Diese Diagrammart wird oft im Marketing verwendet, beispielsweise um ein Marktwachstums-Marktanteils-Portfolio für eine Gruppe von Produkten zu erstellen. Ziel eines solchen Portfolios ist es, die verschiedenen Produkte nach den Kriterien Marktanteil und Marktwachstum in einer Vier-Felder-Matrix zu positionieren und aus deren Position Schlüsse abzuleiten. Außerdem lässt sich in einer solchen Matrix über die Größe der Blasen die Höhe des Umsatzes der einzelnen Produkte vergleichen, also eine rein quantitative Betrachtung durchführen.

Die richtige Anordnung und Eingabe der Daten beachten

Diese Darstellung erfordert das Einhalten folgender Regeln:

- Beim Eingeben der Daten für das Blasendiagramm beginnen Sie direkt in der ersten Zeile des Datenblatts mit den Werten für die horizontale Achse (x-Achse). Das ist in unserem Fall der Projektfortschritt (auf einer Skala von 0 bis 10).

- In der zweiten Zeile folgen die Daten für die vertikale Achse, also die y-Achse. In unserem Fall ist dies die Bewertung des Projektrisikos (wiederum auf einer Skala von 0 bis 10).

- An letzter Stelle folgen die Daten zum Kostenvolumen. Sie bestimmen die Größe der Blasen.

In Abbildung 6.4 sehen Sie den Aufbau der Tabelle. Es geht um Daten für vier Projekte, die sich hinsichtlich Fortschritt, Risiko und Volumen unterscheiden.

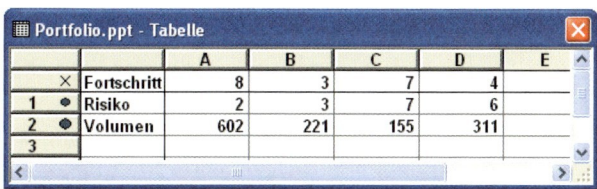

		A	B	C	D	E
✕	Fortschritt	8	3	7	4	
1	Risiko	2	3	7	6	
2	Volumen	602	221	155	311	
3						

Abbildung 6.4   Daten bereits in der ersten Zeile eingeben

CD-ROM   Die Lösung, die Sie beim Lesen der folgenden Seiten aufbauen können, finden Sie Schritt für Schritt auch in der Beispielpräsentation *Portfolio.ppt* im Ordner *Buch\Kap06* auf der CD-ROM zum Buch.

Das Blasendiagramm in seiner Rohfassung erstellen

1. Rufen Sie eine neue Folie mit dem Layout *Diagramm* auf und doppelklicken Sie auf den Diagramm-platzhalter.

2. Das Datenblatt wird angezeigt. Markieren Sie die vorgegebenen Inhalte, löschen Sie diese mit `Entf` und wählen Sie über die Befehlsfolge *Diagramm/Diagrammtyp* die Option *Blasendiagramm*.

3. Tragen Sie die Daten wie in Abbildung 6.4 gezeigt ein.

4. Löschen Sie rechts die Diagrammlegende und stellen Sie für die gesamte *Diagrammfläche* als Schrift *Arial, 16 pt* ein. Das Diagramm ist nun in seiner Rohfassung fertig und sollte so wie in Abbildung 6.5 aussehen.

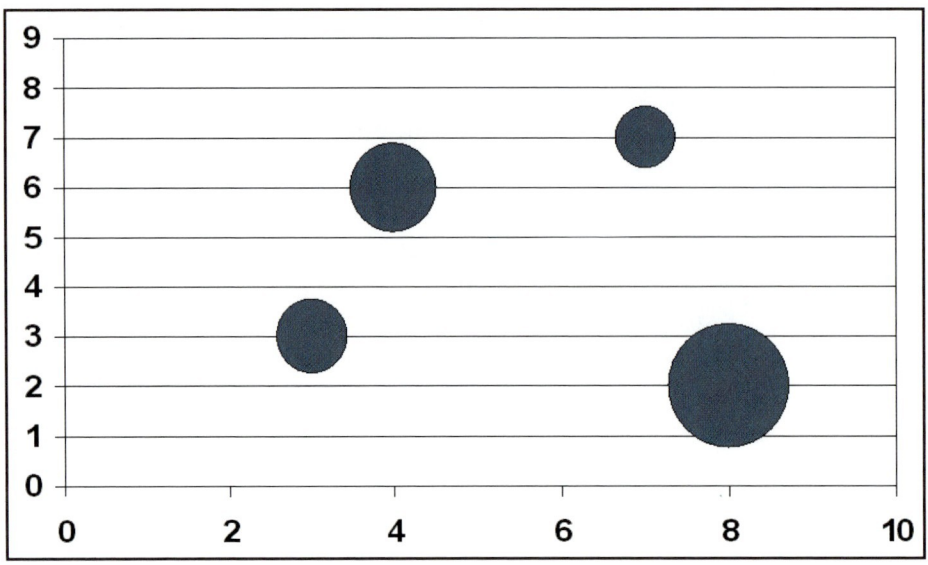

Rohzustand des Diagramms

Die Einteilung des Diagramms in vier Felder vornehmen

Um im Diagramm eine Matrix aus vier Feldern entstehen zu lassen, legen Sie benutzerdefinierte Werte für die Formatierung beider Achsen fest:

1. Doppelklicken Sie auf jede der zwei Achsen, wechseln Sie zur Registerkarte *Skalierung* und legen Sie – so wie in Abbildung 6.6 gezeigt – jeweils folgende Werte fest: *Minimum = 0, Maximum = 10, Hauptintervall = 5.* Wichtig: Entfernen Sie bei allen drei Parametern das Häkchen aus dem Kontrollkästchen, damit die Skalierung der Achsen wirklich unverändert bleibt.

2. Aktivieren Sie über die Befehlsfolge *Diagramm/Diagrammoptionen* auf der Registerkarte *Gitternetzlinien* – so wie in Abbildung 6.7 gezeigt – unter *Größenachse (X)* das Kontrollkästchen *Hauptgitternetz*.

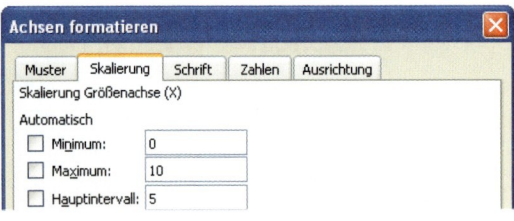

Abbildung 6.6 Für beide Achsen die Werte für Minimum, Maximum und Hauptintervall benutzerdefiniert festlegen und ...

Abbildung 6.7 ... der x-Achse ein Gitternetz hinzufügen

3. Entfernen Sie danach beide Achsen, indem Sie diese jeweils anklicken und dann die Taste `Entf` drücken.

4. Passen Sie gegebenenfalls noch die Farben der verbleibenden Linien und der Blasen an. Danach sollte das Diagramm schon wie ein Portfolio aussehen, also so wie in Abbildung 6.8.

Abbildung 6.8 Das Diagramm ist nun in vier Sektoren eingeteilt

5. Doppelklicken Sie auf eine der Blasen, wählen Sie im daraufhin eingeblendeten Dialogfeld *Datenreihen formatieren* die Registerkarte *Datenbeschriftung* und aktivieren Sie dort das Kontrollkästchen *Blasengröße* (siehe Abbildung 6.9).

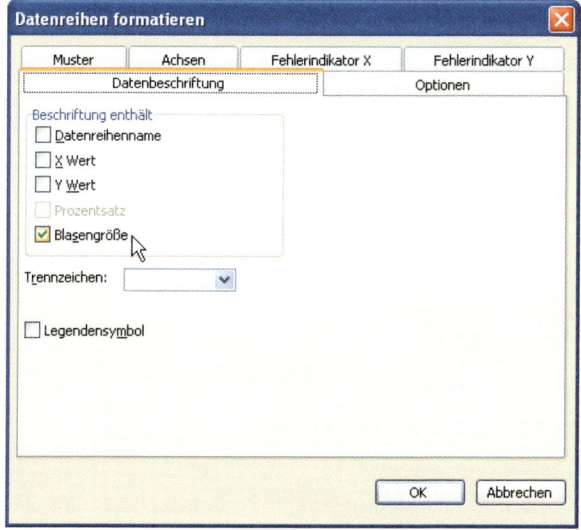

Abbildung 6.9 Die Blasen mit der Information zum Kostenvolumen beschriften

Das Diagramm in Einzelteile auflösen

Für die individuelle Gestaltung und Animation des Portfolios ist es an dieser Stelle erforderlich, das Diagramm in Einzelteile zu zerlegen, Überflüssiges zu löschen und noch Erforderliches hinzuzufügen.

| WICHTIG | Erzeugen Sie aber vorher zur Sicherheit ein Duplikat der Folie, indem Sie die Tastenkombination `Strg` + `⇧` + `D` drücken (alternativ dazu die Befehlsfolge *Einfügen/Folie duplizieren*). Verschieben Sie das Duplikat »auf die Reservebank«, also an das Ende der Präsentation. Kehren Sie dann zur Originalfolie zurück. |

Das Diagramm lösen Sie wie folgt in seine einzelnen Elemente auf:

1. Markieren Sie das Diagramm.
2. Wählen Sie in der Symbolleiste *Zeichnen* die Befehlsfolge *Zeichnen/Gruppierung aufheben*.
3. Quittieren Sie die folgende Abfrage mit *Ja*.
4. Wiederholen Sie in PowerPoint 2003 die Befehlsfolge *Zeichnen/Gruppierung aufheben* noch einmal.
5. Klicken Sie außerhalb der Folie, um alle Markierungen aufzuheben, und löschen Sie dann alle Diagrammelemente, die nicht mehr gebraucht werden. Drücken Sie am besten die `⇥`-Taste, um systematisch und nacheinander jedes Element auf der Folie zu markieren – auch die, die Sie gar nicht wahrnehmen.

In PowerPoint 2007 ist der Befehl zum Aufheben der Diagrammgruppierung entfallen. Hier schneiden Sie das Diagramm aus der Folie aus und fügen es mit *Einfügen/Inhalte einfügen/Bild (Erweiterte Metadatei)* wieder ein. Anschließend heben Sie die Gruppierung der so eingefügten EMF-Grafikdatei auf.

Zur optische Aufbesserung ein 3-D-Objekt einbauen

Um die Blasen plastischer erscheinen zu lassen, könnten Sie nun über *Fülleffekte* einen Farbverlauf aus der Mitte heraus für die Blasen festlegen. Wir schlagen Ihnen eine andere Variante vor, die Sie in diesem Buch noch öfter finden werden: die Verwendung eines Objekts, das durch die eingearbeiteten Lichteffekte mehr dreidimensionale Wirkung bei den Betrachtern erzeugt. Wie Sie Objekte mit solchen Effekten selbst herstellen können, erfahren Sie in Kapitel 9. Für das vorliegende Beispiel haben wir ein solches Objekt schon für Sie vorbereitet.

| CD-ROM | Sie finden die kleine Grafikdatei namens *Blase.png* auf der CD-ROM zum Buch im Ordner *Buch**Kap06*. |

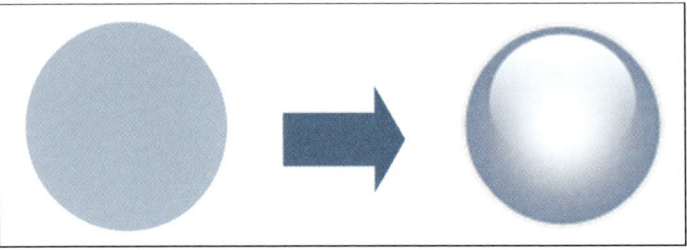

Abbildung 6.10 Zweidimensionale gegen
dreidimensionale Darstellung austauschen

Und so gehen Sie vor, um die 2-D-Blase gegen die 3-D-Grafik auszutauschen:

1. Markieren alle vier Blasen mit gedrückter `⇧`-Taste.
2. Rufen Sie über die Symbolleiste *Zeichnen* die Befehlsfolge *Füllfarbe/Fülleffekte* auf und wechseln Sie zur Registerkarte *Grafik*.
3. Klicken Sie auf die Schaltfläche *Grafik auswählen*, stellen Sie den Pfad zu der o.g. Grafikdatei *Blase.png* ein, klicken Sie auf *Einfügen* und dann auf *OK*.

Die beiden Achsen mit Pfeilspitzen versehen

Sorgen Sie per Doppelklick auf jeder der Achsen im Dialogfeld *AutoForm formatieren* auf der Registerkarte *Farben und Linien* dafür, dass beide Achsen Pfeilspitzen am Ende erhalten (siehe Abbildung 6.11)

Abbildung 6.11 Für beide Achsen Pfeilspitzen hinzufügen

Die Beschriftungen für das Portfolio komplettieren

Nun bleibt noch, die Beschriftung des Diagramms zu vervollständigen. Abbildung 6.12 zeigt dafür einen Vorschlag. Wichtig sind vor allem die Zuordnung der Projektbezeichnungen zu den einzelnen 3-D-Blasen, die Angabe einer Maßeinheit für das Kostenvolumen und die Beschriftung der beiden Achsen.

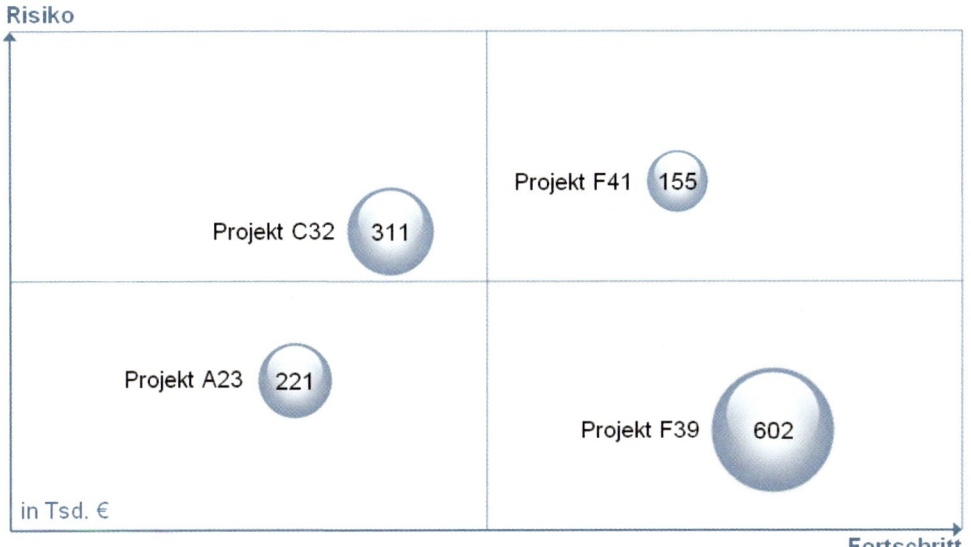

Abbildung 6.12   Das fertige Portfolio

CD-ROM   Die in Abbildung 6.12 gezeigte Lösung finden Sie auf Folie 6 der Datei *Portfolio.ppt* im Ordner *\Buch\Kap06* auf der CD-ROM zum Buch.

Das Portfolio per Animation schrittweise aufbauen

Gruppieren Sie nun die zusammengehörigen Informationen, um sie anschließend schlüssig und sinnvoll zu animieren. Unser Vorschlag:

- Lassen Sie erst die beiden Achsen erscheinen, um das Publikum darauf einzustimmen, dass es Informationen zu Projektfortschritt und -risiko erhalten wird.
- Blenden Sie dann die Vier-Felder-Matrix und die Maßeinheit für das Kostenvolumen ein. Erläutern Sie an dieser Stelle Sinn und Bedeutung der Matrix, damit die Zuschauer die folgenden Informationen möglichst problemlos erfassen und vor allem einordnen können.
- Lassen Sie dann nacheinander die vier Projekte in dem Portfolio erscheinen.

Informationen, die gleichzeitig erscheinen sollen, fassen Sie zuvor über die Symbolleiste *Zeichnen* und die Befehlsfolge *Zeichnen/Gruppierung* jeweils zu einer Objektgruppe zusammen.

Das Zuweisen der Animationseffekte zu den Objekten erledigen Sie über die Befehlsfolge *Bildschirmpräsentation/Benutzerdefinierte Animation/Effekt hinzufügen/Eingang*.

CD-ROM   Eine mögliche Lösung finden Sie auf Folie 7 der Beispielpräsentation *Portfolio.ppt* im Ordner *\Buch\Kap06* auf der CD-ROM zum Buch.

Per Animation einen Ausblick geben

Wenn Sie mit PowerPoint ab Version 2002 arbeiten, können Sie die Portfolio-Analyse der Projekte eindrucksvoll fortführen, indem Sie einen aussagekräftigen Ausblick geben. Setzen Sie dazu Animationseffekte aus den Kategorien *Beenden* und *Animationspfade* ein.

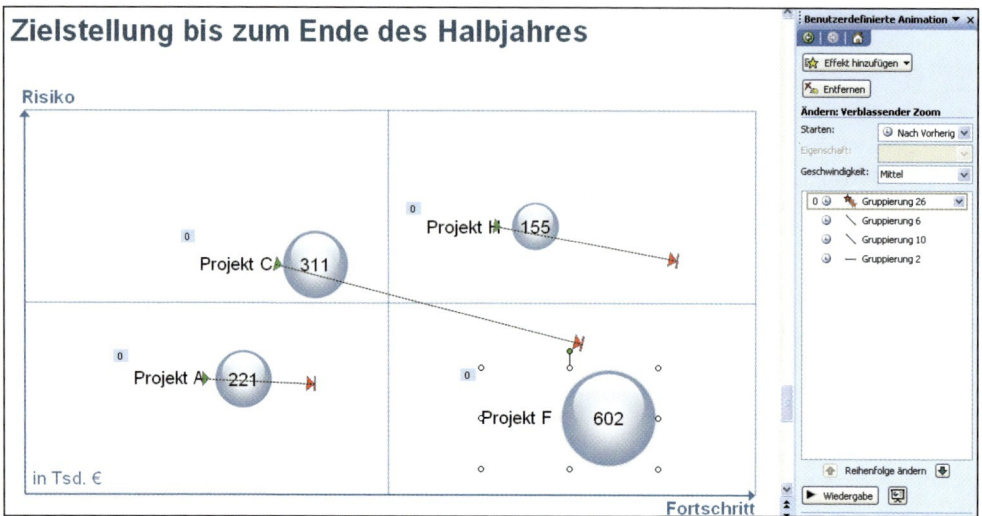

Abbildung 6.13   Mit Animationspfaden die Projekte zu den Halbjahreszielen verschieben

In unserem Beispiel lässt sich per Animation sehr anschaulich zeigen, dass zuerst »Projekt F« beendet wird und wo die anderen Projekte zum Ende des Halbjahres stehen sollen.

- In Abbildung 6.13 sehen Sie die Animationspfade, mit deren Hilfe drei der Projekte zu den Positionen verschoben werden, die als Halbjahreszielstellung festgelegt wurden. Zwei der Projekte sollen nicht nur fortgeführt, sondern es soll auch ihr Risikograd deutlich gesenkt werden (»Projekt C« und »Projekt H«).

- Im rechten Teil von Abbildung 6.13 können Sie im Aufgabenbereich *Benutzerdefinierte Animation* erkennen, dass *vor* den drei Effekten mit Animationspfad noch eine andere Animation erfolgt. Und zwar wird zunächst das »Projekt F« im rechten unteren Sektor mit einem *Beenden*-Effekt aus der Folie ausgeblendet, weil es bis zum Halbjahresende abgeschlossen sein soll. Der *Beenden*-Effekt – in diesem Fall *Verblassender Zoom* – steht daher an erster Stelle der Animationsreihenfolge und ist an dem roten Stern zu erkennen.

- Die Animationen selbst legen Sie über die Befehlsfolge *Bildschirmpräsentation/Benutzerdefinierte Animation/Effekt hinzufügen/Beenden* bzw. *Animationspfade* fest.

Legen Sie bei Bedarf noch ein Rechteck hinter das Portfolio und zwar in einer kontrastarmen Farbe, die stark genug ist, um das Portfolio auf der Folie herauszuheben, aber zugleich so »zurückhaltend«, dass die Elemente im Portfolio als Hauptaussage weiterhin dominieren.

CD-ROM   Die fertige Lösung für den Ausblick auf das Halbjahresende mit Animation und Hintergrundfarbe finden Sie auf Folie 9 der Beispieldatei *Portfolio.ppt* im Ordner *\Buch\Kap06* auf der CD-ROM zum Buch.

Übersicht wie im Cockpit mit Thermometer und Tachometer

Diagramme bilden Zahlen ab. Erst die Überschrift bestimmt, welche Aussage mit dem Diagramm getroffen wird. Diese reicht aber nicht immer aus, um alle wesentlichen Informationen auf der Folie deutlich zu machen, weil

- die abgebildeten Daten in engem Zusammenhang mit nicht gezeigten Werten stehen,

- der Trend, den das Diagramm abbildet, oft auch kommentiert und bewertet werden soll,

- die Aussage des Diagramms markanter hervorgehoben werden soll, als dies in einer Überschrift möglich ist.

Statt mit einem Untertitel oder mit Textfeldern können Sie diese zusätzlichen Informationen auch bildhaft darstellen: mit Thermometer und Tachometer. Sie bieten gegenüber zusätzlichem Text den Vorteil, dass Ihr Publikum die Aussage mit einem Blick erfassen kann. Darüber hinaus können Sie das Ansteigen und Fallen des Thermometers sowie den Ausschlag der Tachonadel per Animation zeigen und damit noch anschaulicher visualisieren.

Hinzu kommt, dass besonders unter Controllern die Arbeit mit Cockpit-Darstellungen sehr verbreitet ist, um Sachverhalte und Zusammenhänge aufzuzeigen. PowerPoint bietet standardmäßig keine Diagrammtypen, die solche Darstellungen direkt ermöglichen. Sie werden aber auf den folgenden Seiten sehen, dass Sie über einige Umwege und vor allem unter Nutzung der umfangreichen Funktionen zum Zeichnen und Animieren sehr nahe an die Ergebnisse professioneller und teurer Softwaretools herankommen.

Den aktuellen Status per Thermometer anzeigen

Wie weit ist das Budget aufgebraucht? Wie hoch ist die Kundenzufriedenheit? Wie gut ist die Maschinenauslastung? Wie hoch ist die Auslastung der personellen Ressourcen im Projekt? Solche Fragestellungen lassen sich relativ leicht mit gestapelten 100%-Balken- oder Säulendiagrammen visualisieren. In jedem der Fälle gibt es ein oberes Limit, das auf 100 gesetzt wird, und innerhalb dieses Limits gibt das zweite Segment Auskunft über den bisher erreichten Status.

Bei einem Thermometer ist es nicht anders: Auch hier gibt es ein oberes Limit und die Quecksilbersäule (das zweite Segment also) zeigt den aktuellen Stand an. Thermometer sind im Normalfall senkrecht angebracht. Daher liegt es nahe, die Darstellung eines Säulendiagramms zu nutzen, um darin die Assoziation zu einem Thermometer aufzubauen.

Die Anzeige wie in einem Thermometer wachsen lassen

Im folgenden Beispiel geht es darum, in einer oder mehreren Säulen per Animation eine »Quecksilbersäule« nach oben wachsen zu lassen. Säulendiagramm und Thermometer kennt jeder und daher ist es passend, Statusinformationen auf diese Weise zu visualisieren. Die Lösung bauen Sie in zwei Hauptschritten auf:

- Zunächst müssen die Säulen angefertigt werden, die das Thermometer darstellen sollen.

- Dann kommen die Säulen an die Reihe, die als »Quecksilbersäule« animiert werden.

Hinzu kommen noch Ergänzungen wie Achsen und Beschriftungen.

CD-ROM   Die Schritte zum Aufbau und zur Verwendung der Thermometer-Lösung sind in einer Beispieldatei dokumentiert. Sie finden sie auf der CD-ROM zum Buch im Ordner \Buch\Kap06 in der Datei *Cockpit.ppt* auf den Folien 4 bis 12.

Eine Säulendiagramm-Darstellung nachbauen

Natürlich können Sie als Grundlage der Lösung tatsächlich ein gestapeltes 100%-Säulendiagramm erstellen, das Sie anschließend in seine Bestandteile auflösen wie im Beispiel des Blasendiagramms. Vorteil dieses Herangehens ist auf jeden Fall, dass die Proportionen exakt stimmen.

Alternativ dazu können Sie aber auch die Grunddarstellung eines Säulendiagramms selbst aufbauen, indem Sie die Werkzeuge der Symbolleiste *Zeichnen* einsetzen.

Unabhängig davon, welche Variante Sie wählen, in jedem Fall sollten Sie zu der in Abbildung 6.14 gezeigten Darstellung gelangen.

In unserem Fall wurde das mit einer Linie, einem Pfeil, einigen Textfeldern sowie einem Rechteck auch ohne Diagrammfunktion schnell erledigt. Nach wenigen Minuten ist der Grundaufbau mit einer Säule fertig und Sie können diese Säule so oft wie erforderlich nach rechts duplizieren.

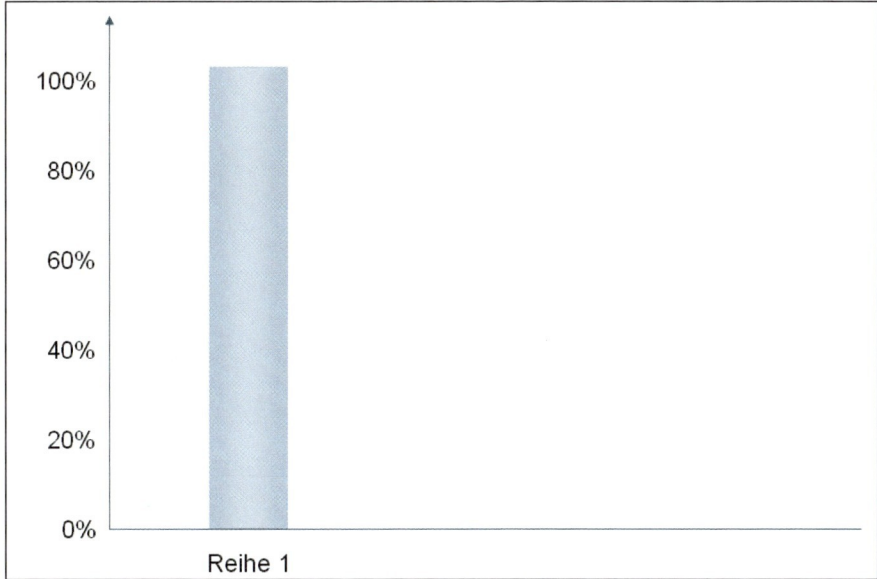

Abbildung 6.14   Die beiden Achsen und die erste Säule anlegen

Den Status mit einer Markierung verdeutlichen

Bevor Sie sich am Nachbauen einer »Quecksilbersäule« versuchen, können Sie zunächst durch eine einfache Markierung neben der Säule den Status deutlich machen. In Abbildung 6.15 sehen Sie, dass dies mit einem einfachen Dreieck ohne viel Aufwand möglich ist.

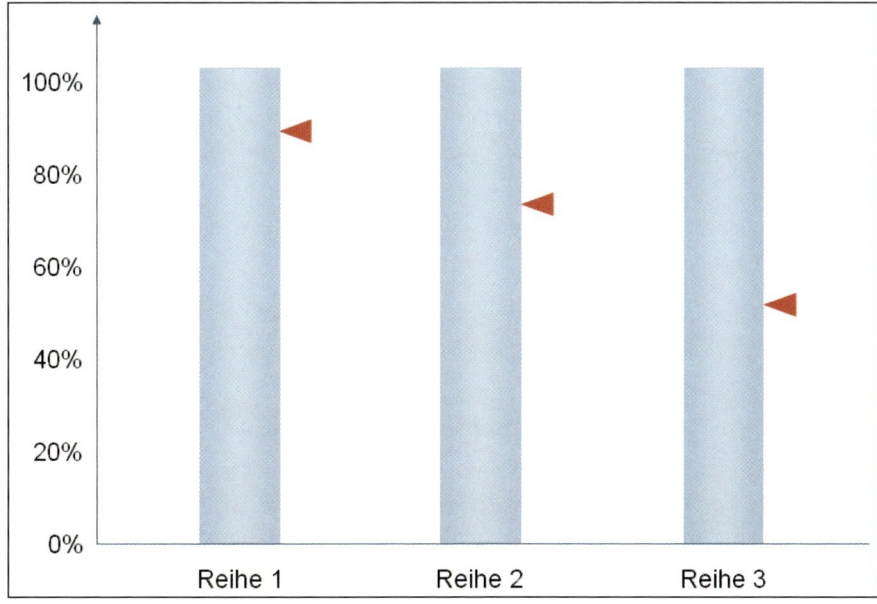

Abbildung 6.15   Den Füllstand mit einem einfachen Dreieck markieren

1. Wählen Sie dazu in der Symbolleiste *Zeichnen* über die Befehlsfolge *AutoFormen/Standardformen* die AutoForm *Gleichschenkliges Dreieck* (siehe Abbildung 6.16).

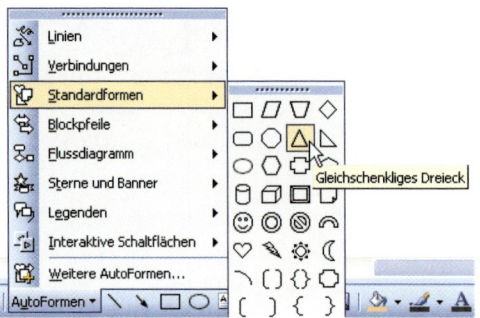

Abbildung 6.16 Die AutoForm *Gleichschenkliges Dreieck* wählen

2. Drehen Sie das Dreieck um 90 Grad über die Befehlsfolge *Zeichnen/Drehen oder kippen/Rechtsdrehung 90 Grad*.
3. Verschieben Sie dann das Dreieck an die gewünschte Stelle neben der Säule, um den aktuellen Status anzuzeigen.

TIPP   Wenn Sie zuerst nur eine Säule mit Dreieck erstellen, können Sie anschließend die Gruppe beider Objekte schnell beliebig oft duplizieren, indem Sie beide Objekte markieren und dann mit gedrückter linker Maustaste und gleichzeitig gedrückter ⌜Strg⌟- und ⌜⇧⌟-Taste nach rechts ziehen. Wichtig beim Abschließen des Vorgangs: Erst die Maustaste und dann die beiden Funktionstasten loslassen.

Das Markierungsdreieck animieren

Um die Statusinformationen zu den einzelnen Säulen dramaturgisch wirksam *nacheinander* anzuzeigen, animieren Sie die Dreiecke so, dass sie sich entlang der Säulen von unten nach oben bis zum aktuellen Stand bewegen.

Dazu eignet sich der Eingangsanimationseffekt *Einfliegen* mit der Richtung *Von unten* (in früheren Versionen hieß es *Text von unten*). Dadurch bewegen sich die Dreiecke vom unteren Folienrand bis zu der festgelegten Stelle nach oben.

Um die Bewegung vom unteren Folienrand bis zur waagerechten Achse unsichtbar zu machen, legen Sie ein Rechteck an den unteren Rand der Folie, das

- in der Farbe des Hintergrunds ist (Befehlsfolge *Format/AutoForm* und im Bereich *Ausfüllen* im Dropdown-Listenfeld *Farbe* die Option *Hintergrund* wählen),
- keine Linienfarbe hat,
- in seiner Höhe genau vom unteren Folienrand bis zur waagerechten Achse reicht,
- von der Ebene her vor dem Dreieck, aber hinter der Achsenbeschriftung steht. Das regeln Sie über die Symbolleiste *Zeichnen* und die Befehlsfolge *Zeichnen/Reihenfolge*. Am besten ist es, wenn Sie dieses Untermenü als eigene Symbolleiste auf die Arbeitsfläche neben die Folie ziehen und dann je nach Situation die Befehle *Eine Ebene nach vorne* bzw. *Eine Ebene nach hinten* verwenden.

Die Schritte, die für diese beiden Varianten des animierten Markierungsdreiecks notwendig sind, können Sie auf den Folien 9 und 10 der Musterdatei *Cockpit.ppt* studieren. Die Datei finden Sie im Ordner *\Buch\Kap06* auf der CD-ROM zum Buch.

Die Quecksilbersäule hinzufügen

In unserem Beispiel soll gleichzeitig zu dem animierten Markierungsdreieck *neben* der Säule noch *innerhalb* der Säule der »Füllstand« bzw. – wenn Sie so wollen – die »Quecksilbersäule« nach oben steigen.

Der Füllstand wird durch die Animation eines weiteren Rechtecks innerhalb jeder Säule realisiert. Dieses zweite Rechteck erhält eine Eingangsanimation. Der Effekt, der sich dazu bestens eignet, ist *Wischen* mit der Richtung *Von unten* (in früheren Versionen *Rollen von unten*).

Wenn Sie mit PowerPoint ab Version 2002 arbeiten, können Sie mehrere Animationseffekte kombinieren, also beispielsweise die Animation von zwei Objekten gleichzeitig ablaufen lassen. In PowerPoint 97 und 2000 müssen Sie erst die Objekte zu einer Gruppe zusammenfassen, die dann gleichzeitig erscheinen sollen.

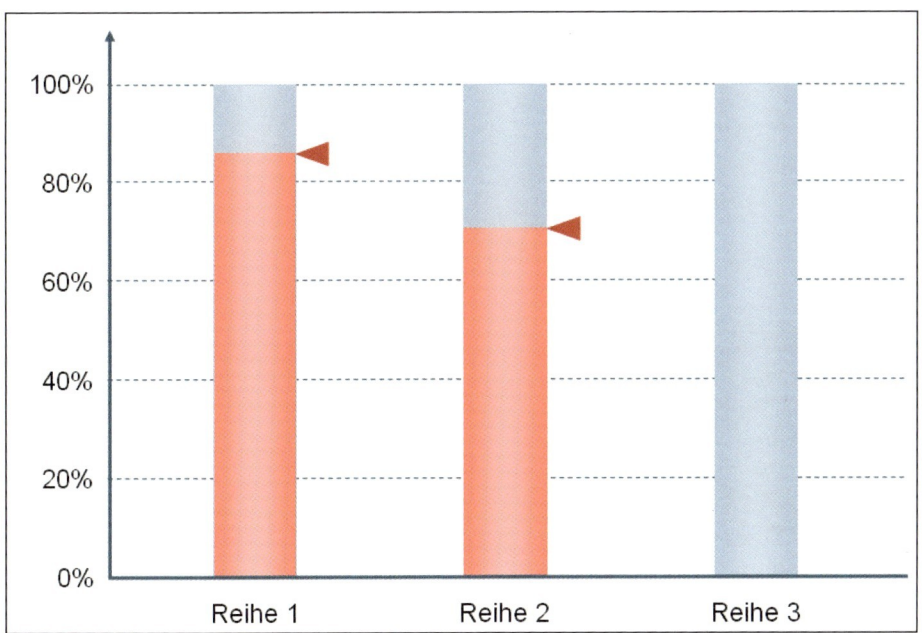

Abbildung 6.17 Den Füllstand nicht nur markieren, sondern tatsächlich mit einem animierten Rechteck anzeigen

Die Variante der synchronen Animation von »Quecksilbersäule« und Markierungsdreieck sehen Sie auf Folie 11 in der Datei *Cockpit.ppt* im Ordner *\Buch\Kap06* auf der CD-ROM zum Buch.

Die Animation von »Quecksilbersäule« und Markierungsdreieck synchronisieren

Lesen Sie in diesem Abschnitt, wie Sie in PowerPoint ab Version 2002 eine synchrone Animation von zwei Objekten realisieren. Um dies für die beiden Objekte Rechteck und Dreieck zu bewerkstelligen, weisen Sie zunächst wie oben beschrieben die geeigneten Eingangseffekte zu.

Schalten Sie anschließend im Aufgabenbereich *Benutzerdefinierte Animation* die *Erweiterte Zeitachse* ein. Wie und wo Sie diese finden, sehen Sie in Abbildung 6.18.

In Abbildung 6.19 können Sie in einer Vergrößerung sehen, dass Sie ganz leicht die Anfangs- und Endzeiten von Effekten mit gedrückter linker Maustaste verschieben können. Damit lassen sich mehrere Effekte perfekt synchronisieren. Auch die Länge eines Effekts lässt sich ganz einfach mit der Maus anpassen.

In unserem Fall soll die Animation beider Objekte zum gleichen Zeitpunkt abgeschlossen werden.

Die Animation des Rechtecks muss aber zeitlich versetzt zum Dreieck erfolgen, denn dieses muss ja erst vom unteren Folienrand bis zur waagerechten Achse und damit zum unteren Rand des Rechtecks bewegt werden und ab dann sollen beide Objekte synchron »noch oben wachsen«.

In Abbildung 6.19 sehen Sie eine Lösung, bei der das Rechteck 0,6 Sekunden nach dem Dreieck die Animation beginnt.

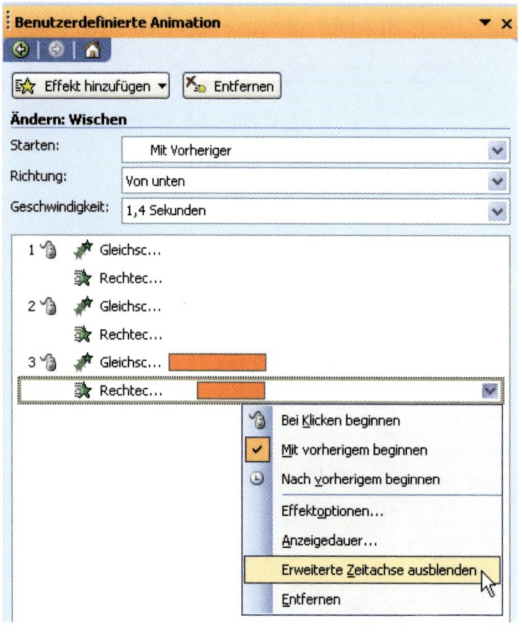

Abbildung 6.18   An dieser Stelle die *Erweiterte Zeitachse* ein- oder ausblenden

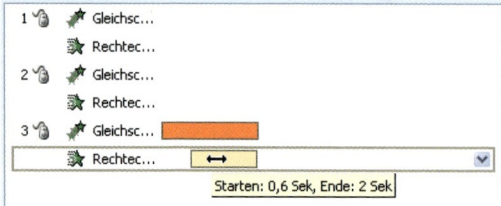

Abbildung 6.19   Der Start der Füllstandsanzeige durch das Rechteck erfolgt um 0,6 Sekunden zeitversetzt zum Dreieck

Säulen durch Thermometer ersetzen

Sie haben durchaus recht, wenn Sie jetzt denken, dass sich all die Mühe doch noch besser auszahlen würde, wenn anstelle der Säulen wirkliche Thermometer treten.

Entweder finden Sie ein geeignetes ClipArt-Bild oder Foto, auf das Sie eine animierte »Quecksilbersäule« setzen können, oder aber Sie bauen sich selbst eine Thermometer-Darstellung. Das ist im vorliegenden Fall nicht allzu schwer, denn Sie benötigen nur die beiden AutoFormen *Ellipse* und *Rechteck*. In Abbildung 6.20 sehen Sie eine mögliche Lösung. Sie basiert auf der oben erläuterten Technik. Nur die Säulen wurden durch eine Kombination aus Rechteck und Kreis ersetzt. Doch sehen Sie sich selbst die animierte Lösung an.

CD-ROM   Sie finden die Lösung auf Folie 12 der Präsentation *Cockpit.ppt* im Ordner *\Buch\Kap06*.

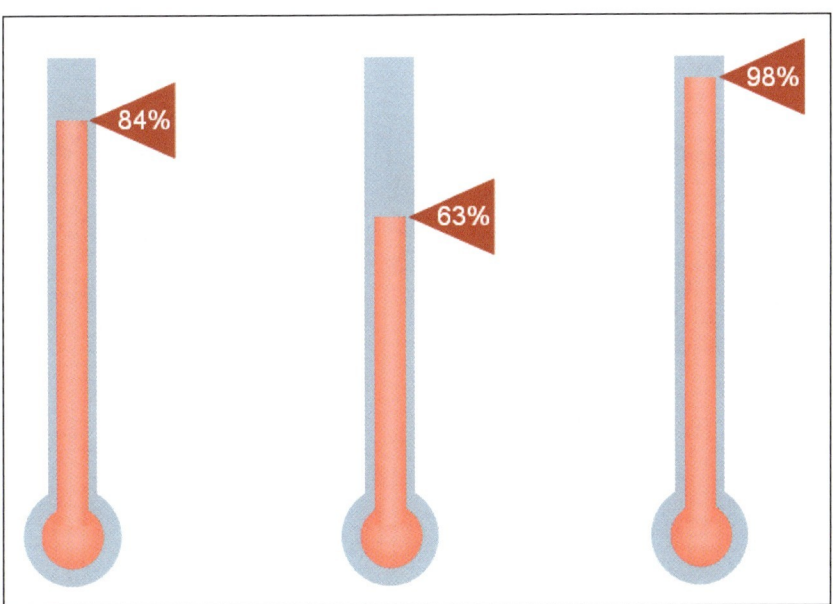

Abbildung 6.20   Die Säulen durch thermometerähnliche Objekte ersetzen

Zustände mit einem Tachometer visualisieren

Das Bild des Tachometers erinnert nicht nur an Geschwindigkeitsanzeigen, sondern an jede Form der Kontroll- und Instrumentenanzeige. Setzen Sie ihn ein, um Trends zu bewerten, um Umsatzzahlen durch prozentuale Aussagen zu ergänzen oder auch um mehrere Folien mit Diagrammen im Überblick zusammenzufassen.

CD-ROM   Die Beispiele zu diesem Abschnitt sowie die Tachometer-Vorlage finden Sie auf der CD-ROM zum Buch im Ordner *\Buch\Kap06* in der Datei *Cockpit.ppt* auf den Folien 14 bis 17.

Beispiel 1: Ein Balkendiagramm per Tachometer um prozentuale Aussagen ergänzen

Die Folie in Abbildung 6.21 stellt die Entwicklung der Außenstände im Verhältnis zum Umsatz dar.

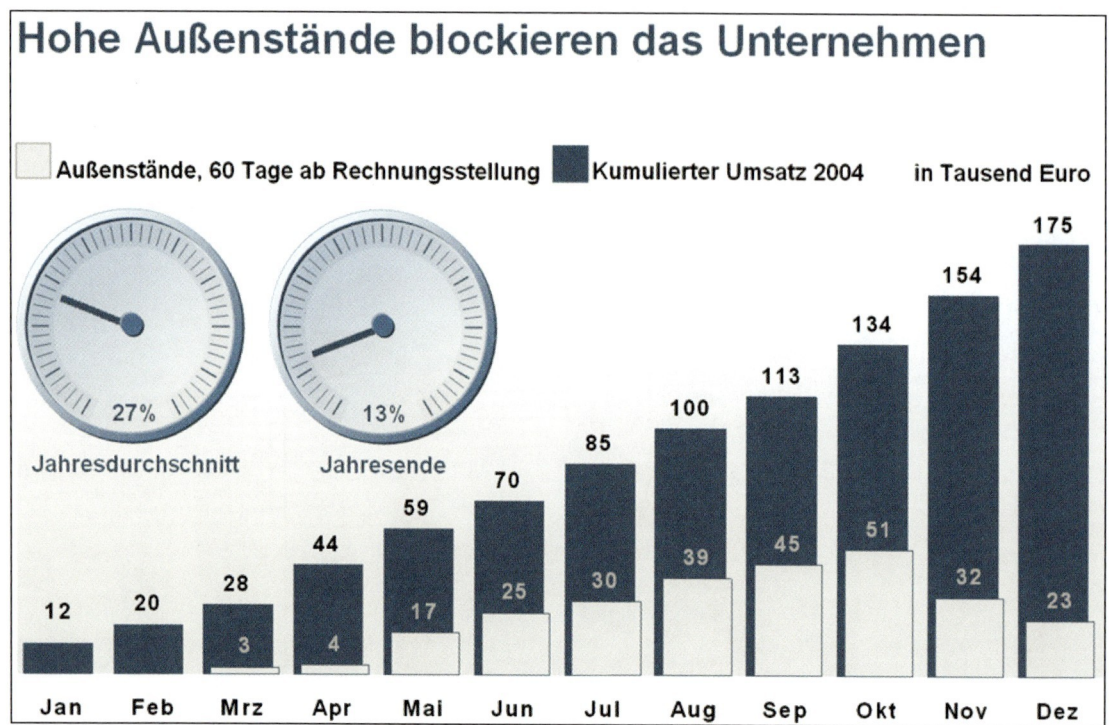

Abbildung 6.21 Mit zusätzlichen Informationen in Form von Textfeldern wäre das Diagramm unlesbar. Die beiden Tachometer geben dagegen auf einen Blick Auskunft.

> **TIPP** Um Säulen überlappend darzustellen, klicken Sie mit der rechten Maustaste in eine Datenreihe und wählen dann im Kontextmenü *Datenreihen formatieren/Optionen/Überlappung*.

Den Tachometer anpassen

Die Tachometer-Vorlage besteht aus mehreren Teilen: einer gruppierten Hintergrundfläche mit Außenring und der Gradeinteilung bzw. den Kreissegmenten, der Tachonadel sowie der Drehscheibe für die Tachonadel.

Damit die Tachonadel per Animation rotiert werden kann, hat sie einen »Zwilling« in Hintergrundfarbe. Er sorgt dafür, dass die Tachonadel während der Animation im Zentrum des Tachometers und nicht um ihre eigene Mitte rotiert.

> **HINWEIS** Die Rotationsbewegung der Tachonadel im Zentrum des Tachometers wird präziser ausgeführt, wenn das Doppel der Nadel ebenso wie der sichtbare Teil mit Füll- und Linienfarbe (in Hintergrundfarbe) formatiert ist. Andernfalls gerät die Tachonadel bei größeren Rotationsgraden deutlich sichtbar aus der Mitte.

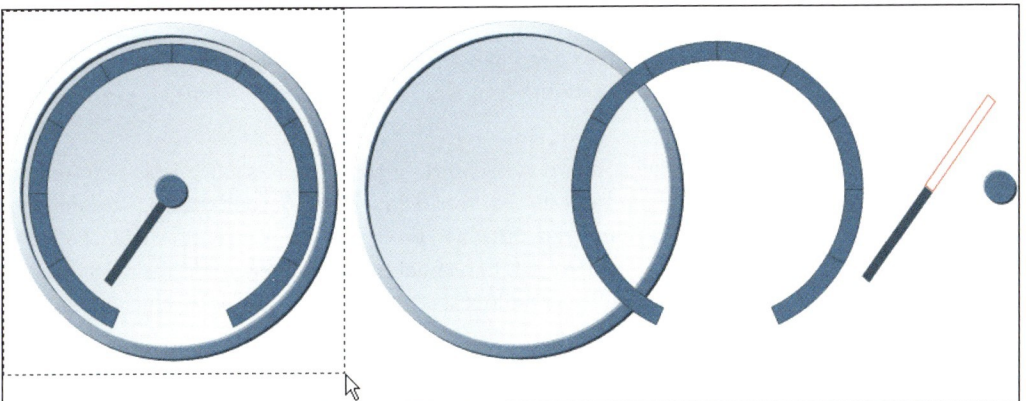

Abbildung 6.22   Die Bestandteile des Tachometers werden beim Einfügen in Ihre Präsentation automatisch an das verwendete Farbschema angepasst. Darüber hinaus können Sie sie mit den Funktionen der Symbolleiste *Zeichnen* individuell bearbeiten.

1. Markieren Sie alle Bestandteile des Tachometers, indem Sie die ⌂-Taste gedrückt halten und nacheinander die einzelnen Bestandteile des Tachometers mit der linken Maustaste anklicken.

   Alternativ dazu können Sie mit gedrückter linker Maustaste einen Markierungsrahmen um den Tachometer aufziehen (siehe Abbildung 6.22 links). Damit markieren Sie alle im Bereich des Markierungsrahmens liegenden Folienobjekte.

2. Kopieren Sie den Tachometer mit Strg+C in die Zwischenablage.

3. Wechseln Sie zu Ihrer Präsentation und fügen Sie dort den Tachometer mit Strg+V ein. Beim Einfügen wird der Tachometer automatisch an das Farbschema Ihrer Präsentation angepasst.

4. Um die Größe des Tachometers anzupassen, müssen Sie ihn zunächst gruppieren. Markieren Sie dazu alle Bestandteile wie unter 1. beschrieben und wählen Sie dann in der Symbolleiste *Zeichnen* die Befehlsfolge *Zeichnen/Gruppierung*.

5. Eine gleichmäßige Skalierung erreichen Sie, indem Sie ⌂+Strg gedrückt halten, während Sie mit der linken Maustaste an einem Eckziehpunkt des Tachometers ziehen.

6. Heben Sie zur weiteren Bearbeitung des Tachometers die Gruppierung über *Zeichnen/Gruppierung aufheben* wieder auf.

7. Fügen Sie abschließend über ein Textfeld den Wert ein, den der Tachometer anzeigen soll.

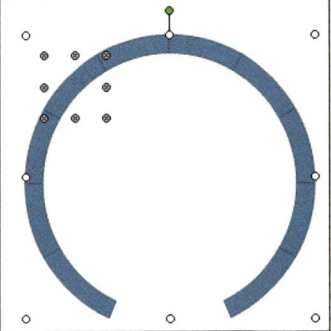

Abbildung 6.23   Innerhalb einer Gruppe ist ein einzelnes Objekt markiert. Füll- und Linienfarbe können Sie ändern, ohne die Gruppierung aufzuheben.

Die Tachonadel per Animation rotieren lassen

Das Ausschlagen der Tachonadel können Sie über den Animationseffekt *Hervorgehoben/Rotieren* auf den Grad genau einstellen. Dazu müssen Sie den Rotationsbetrag des Animationseffekts für den Wert berechnen, den die Tachonadel darstellen soll:

Die Gradanzeige des Tachometers liegt auf einem Kreisausschnitt von 300°, sodass jeder Teilstrich für eine Rotation um 6° steht. In der Ausgangsposition steht die Tachonadel nicht bei 0, sondern zeigt auf den ersten Teilstrich. Wenn Sie den Tachometer also einsetzen, um einen prozentualen Wert darzustellen, bedeutet das, dass für jeden Prozentpunkt ein Rotationswert von 3° berechnet und anschließend 6° für die Startposition am ersten Teilstrich abgezogen wird. In dem in Abbildung 6.21 gezeigten Beispiel dreht sich die erste Tachonadel für die Anzeige von 27% um 75°: 27*3–6.

1. Rufen Sie gegebenenfalls per *Ansicht/Aufgabenbereich* den Aufgabenbereich *Benutzerdefinierte Animation* auf.

2. Markieren Sie die Tachonadel und wählen Sie dann *Effekt hinzufügen/Hervorgehoben/Rotieren*.

3. Passen Sie die Einstellungen für die Rotationsbewegung an. Klicken Sie dazu auf den Dropdownpfeil im Feld *Betrag* und tragen Sie im Feld *Benutzerdefiniert* den Rotationswert ein, den Sie wie oben beschrieben berechnet haben. Bestätigen Sie diesen Wert, indem Sie die ⇥-Taste drücken. Erst damit wird der benutzerdefinierte Wert übernommen.

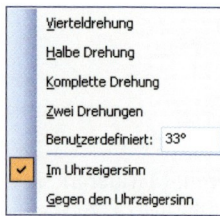

Abbildung 6.24 Benutzerdefinierte Rotationswerte werden nur übernommen, wenn Sie sie mit der ⇥ - oder der ↵ -Taste bestätigen

Beispiel 2: Die Aussage eines Diagramms per Tachometer kommentieren

Auf der Folie in Abbildung 6.25 zeigt das Diagramm selbst prozentuale Werte. Hier wird der Tacho eingesetzt, um den Trend der Diagrammabbildung zu kommentieren.

1. Die Bewertungsskala der Tachometer-Vorlage passen Sie nach Belieben für Ihre Zwecke an, indem Sie Füll- und Linienfarbe der einzelnen Segmente ändern. Wie in Abbildung 6.23 gezeigt können Sie diese Änderungen vornehmen, ohne die Gruppierung des Objekts aufzuheben.

2. Fügen Sie jetzt noch die Beschriftung hinzu. Einen an die Rundung des Tachos angepassten Schriftzug erstellen Sie mithilfe von *WordArt*. Klicken Sie dazu in der Symbolleiste *Zeichnen* auf die Schaltfläche *WordArt einfügen* und wählen Sie aus dem WordArt-Katalog das dritte Format in der ersten Reihe. Geben Sie dann Ihren Text ein.

   Wählen Sie eine Schriftgröße, die kleiner ist als die, die Sie im Diagramm und in Textfeldern verwenden, und entfernen Sie nach dem Erstellen des WordArt-Textes dessen *Linienfarbe*. Damit erreichen Sie, dass die mit WordArt erstellte Beschriftung des Tachometers dem Schriftschnitt der Textfelder auf der Folie möglichst nahekommt.

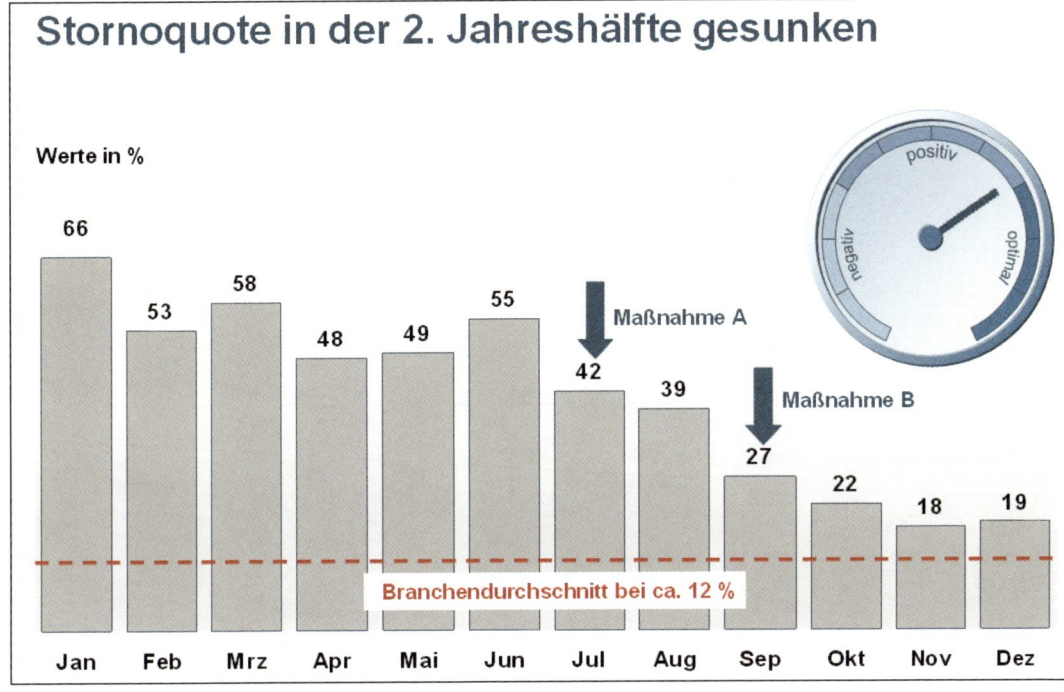

Abbildung 6.25 Hier wird der Tachometer für eine Wertung der Diagrammaussage eingesetzt

Durch Ziehen an der kleinen gelben Raute passen Sie die WordArt-Beschriftung weiter an den Tacho an.

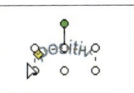

Abbildung 6.26 Mithilfe der gelben Raute können Sie das WordArt-Objekt für Ihre Zwecke anpassen

TIPP Wenn mehrere Objekte auf der Folie übereinander liegen, kann es beim Markieren schwierig werden, das richtige Objekt zu treffen. Bis PowerPoint 2003 lagern Sie dann störende Objekte per *Ausschneiden* und *Einfügen* aus: entweder auf eine weitere Folie oder indem Sie das Objekt vorübergehend in der Zwischenablage deponieren. In PowerPoint 2007 blenden Sie auf der Registerkarte *Start* mit *Markieren/Auswahlbereich* eine Liste aller Objekte auf der Folie ein und können diese mit Klick auf das Augensymbol vorübergehend ausblenden.

Diagramme mit Bildern: Vier Beispiele

Durch den Einsatz von Bildern erzielen Sie nicht nur optisch eindrucksvolle Ergebnisse, sondern erleichtern den Teilnehmern einer Veranstaltung auch die Zuordnung von Zahlenwert und Inhalt.

In diesem Abschnitt stellen wir Ihnen verschiedene Anregungen und Techniken zur wirkungsvollen Kombination von Zahl und Bild vor.

CD-ROM Die Beispiele zu diesem Abschnitt finden Sie in der Präsentation *BildDiagramm.ppt* im Ordner *\Buch\Kap06* auf der CD-ROM zum Buch.

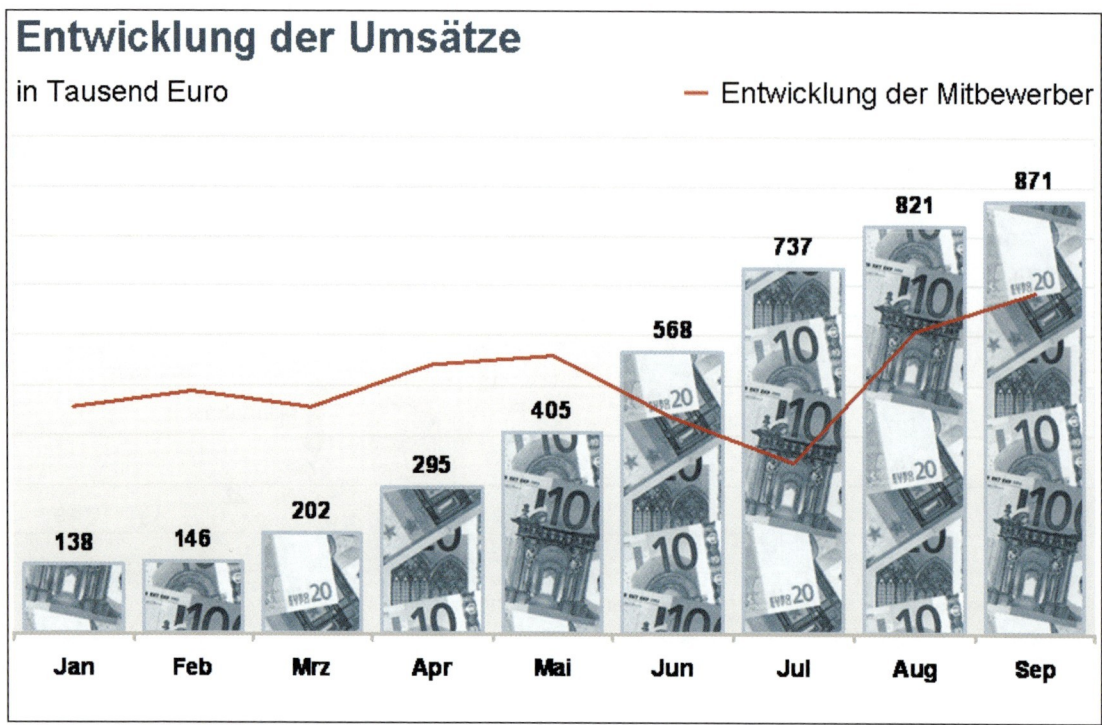

Abbildung 6.27   Hier ist auf den ersten Blick erkennbar: Es geht um Geld, nicht um Stückzahlen

Den Fülleffekt *Grafik* mit Säulendiagrammen effektiv einsetzen

Beim Formatieren der Säulen eines Diagramms haben Sie die Wahl, ob Sie die ganze Datenreihe oder nur einen einzelnen Datenpunkt bearbeiten. Klicken Sie einmal in eine Datenfläche, um die Datenreihe zu markieren, und ein weiteres Mal, um den einzelnen Datenpunkt auszuwählen. Per Doppelklick in die Markierung rufen Sie das Dialogfeld *Datenreihen formatieren* bzw. *Datenpunkt formatieren* auf. Klicken Sie in diesem Dialogfeld auf die Schaltfläche *Fülleffekte* und dann auf der Registerkarte *Grafik* auf die Schaltfläche *Grafik auswählen*, um das gewünschte Bild zu selektieren.

Wie PowerPoint das Bild in den Diagrammsäulen anzeigt, hängt von der Formatoption ab:

- Mit *Strecken* wird das Bild ohne Rücksicht auf sein Bildseitenverhältnis an die Höhe und Breite der Säule angepasst. Verwenden Sie diese Einstellung bei Piktogrammen (siehe weiter hinten in diesem Kapitel den Abschnitt »Geeignete Piktogramme für ein Diagramm wählen«).

- Die Einstellung *Stapeln* bewirkt, dass das Bildseitenverhältnis erhalten bleibt. Das Bild wird in seiner gesamten Breite innerhalb der Säule angezeigt und vertikal so oft wiederholt, bis die Säule vollständig gefüllt ist. Mit dieser Option erzielen Sie dann sehr schöne Ergebnisse, wenn es sich bei dem verwendeten Bild um eine nahtlos kachelbare Textur handelt.

Abbildung 6.28 Wählen Sie hier die geeignete Formatoption für Ihre Grafik aus

■ Per *Stapeln und teilen* wird das Bild entsprechend der angegebenen Einheiten pro Bild bezogen auf die Größenachse gestapelt.

Beispiel 1: Gekachelte Bildtextur

Die Beispielfolie »Entwicklung der Umsätze« in Abbildung 6.27 enthält ein Verbunddiagramm aus Säulen und Linie. Sie stellt die Umsatzentwicklung des eigenen Unternehmens dem Branchendurchschnitt gegenüber.

HINWEIS   Bei diesem Diagramm drängt die Füllfläche der Säulen die Datenbeschriftung in den Hintergrund. Es eignet sich deshalb für Zielgruppen, die primär am Verlauf der Umsatzentwicklung und weniger an den tatsächlichen Umsatzzahlen interessiert sind.

Für den Einsatz beispielsweise im Controlling, wo das Hauptaugenmerk auf den Zahlenwerten liegt, wäre diese Darstellungsform deshalb ungeeignet. Sie wäre allerdings auch nicht erforderlich, da Controller als »Zahlenmenschen« in wesentlich geringerem Maße optische Zuordnungshilfen benötigen.

Das Verbunddiagramm erstellen und formatieren

1. Weisen Sie Ihrem Diagramm nach Erfassen der Werte zunächst mit *Diagramm/Diagrammtyp* den Standardtyp *Gruppierte Säulen* zu.
2. Klicken Sie mit der rechten Maustaste auf die Datenreihe, die als Linie dargestellt werden soll, und wählen Sie dann im Kontextmenü *Diagrammtyp/Linie*.
3. Reduzieren Sie die Abstände zwischen den Säulen, indem Sie mit der rechten Maustaste in eine der Säulen klicken und dann über *Datenreihen formatieren/Optionen* unter *Abstandsbreite* den Wert *20* festlegen.
4. Entfernen Sie die Legende und Größenachse und hinterlegen Sie diese Informationen in Textfeldern am oberen Rand des Diagramms.

5. Passen Sie die Größe des Diagramms durch Ziehen mit der Maus so an das Layout Ihrer Folie an, dass Zeichnungsfläche und Beschriftung der *Rubrikenachse* an den Rändern des Inhaltsbereichs Ihrer Vorlage anliegen.

6. In den Voreinstellungen von MS Graph wirken Achsen, Zeichnungsfläche und Gitternetzlinien sehr massiv und lenken ab. Sie werden deshalb häufig ganz entfernt. Alternativ dazu können Sie diese Elemente farblich so gestalten, dass sie die Folie zwar noch strukturieren, aber keine Aufmerksamkeit mehr beanspruchen. Formatieren Sie dazu – jeweils per Klick der rechten Maustaste zum Aufruf des Kontextmenüs – die *Gitternetzlinien*, den Rahmen der *Zeichnungsfläche* und die *Rubrikenachse* Ton in Ton mit dem Hintergrund. Weisen Sie außerdem der Zeichnungsfläche einen sehr hellen Farbverlauf zu, der horizontal von oben nach unten etwas deutlicher sichtbar wird.

7. Wählen Sie für die Linie, die den Branchendurchschnitt darstellt, eine gut erkennbare Kontrastfarbe.

Die Diagrammsäulen gestalten

Erst bei genauem Hinsehen wird erkennbar, dass die Säulen nicht mit einem vollständigen Bild, sondern mit einer gekachelten Textur versehen wurden. Diese Wirkung erreichen Sie dadurch, dass Sie für den Fülleffekt nicht eine einzige Textur, sondern vier verschiedene verwenden.

1. Markieren Sie einen Datenpunkt und weisen Sie ihm per *Datenpunkt formatieren/Muster/Fülleffekte/ Grafik/Grafik auswählen* die erste Textur zu und aktivieren Sie die Formatoption *Stapeln*.

2. Bearbeiten Sie in gleicher Weise die übrigen Datenpunkte und variieren Sie bei der Auswahl der Texturen.

3. Formatieren Sie die Datenpunkte mit einer Rahmenlinie, falls das Diagramm durch Helligkeitsunterschiede in den verwendeten Bildern nicht mehr eindeutig lesbar ist.

Exkurs: Mit Photoshop & Co. eigene, nahtlos kachelbare Texturen erzeugen

Am besten können Sie nahtlos kachelbare Texturen aus Bildausschnitten mit kleinen Strukturen und ausgeglichenen Helligkeitswerten erzeugen.

1. Wählen Sie zunächst einen geeigneten Bildausschnitt aus. Das Bildseitenverhältnis sollte in etwa dem einer Diagrammsäule entsprechen.

2. Verschieben Sie dann per *Filter/Sonstige Filter/Verschiebungseffekt/Horizontal 0, Vertikal ca. die Hälfte der Bildgröße/Durch verschobenen Teil ersetzen* den bisherigen oberen und unteren Rand in die Mitte des Bildes.

3. Durch das Verschieben kann das Bild jetzt am oberen und unteren Rand nahtlos aneinandergesetzt werden.

4. In der Mitte des Bildes ist dagegen ein sichtbarer Übergang entstanden. Bearbeiten Sie diesen mit *Kopierstempel* und *Wischfinger*, bis er nicht mehr zu erkennen ist.

5. Erstellen Sie gegebenenfalls weitere, ähnliche Texturen. Abhängig vom verwendeten Bild kann es bereits völlig ausreichend sein, für die weiteren Texturen nach dem Fertigstellen der ersten Kachel den Verschiebungseffekt nochmals mit anderen Werten anzuwenden.

Beispiel 2: Transparente Säulen vor einem Bild

Anders als bei AutoFormen steht bei dem Befehl *Füllfarbe* für Diagramme bis zur Version 2003 die Option *Transparenz* nicht zur Verfügung. Wollen Sie dennoch transparente Füllfarben in Diagrammen einsetzen, müssen Sie die Gruppierung des Diagramms aufheben, um so seine Bestandteile als AutoFormen bearbeiten zu können. Daneben lernen Sie in diesem Abschnitt eine Vorgehensweise kennen, mit der Sie in Power-Point ein Bild farblich an die Vorlage anpassen und teilweise ausblenden können.

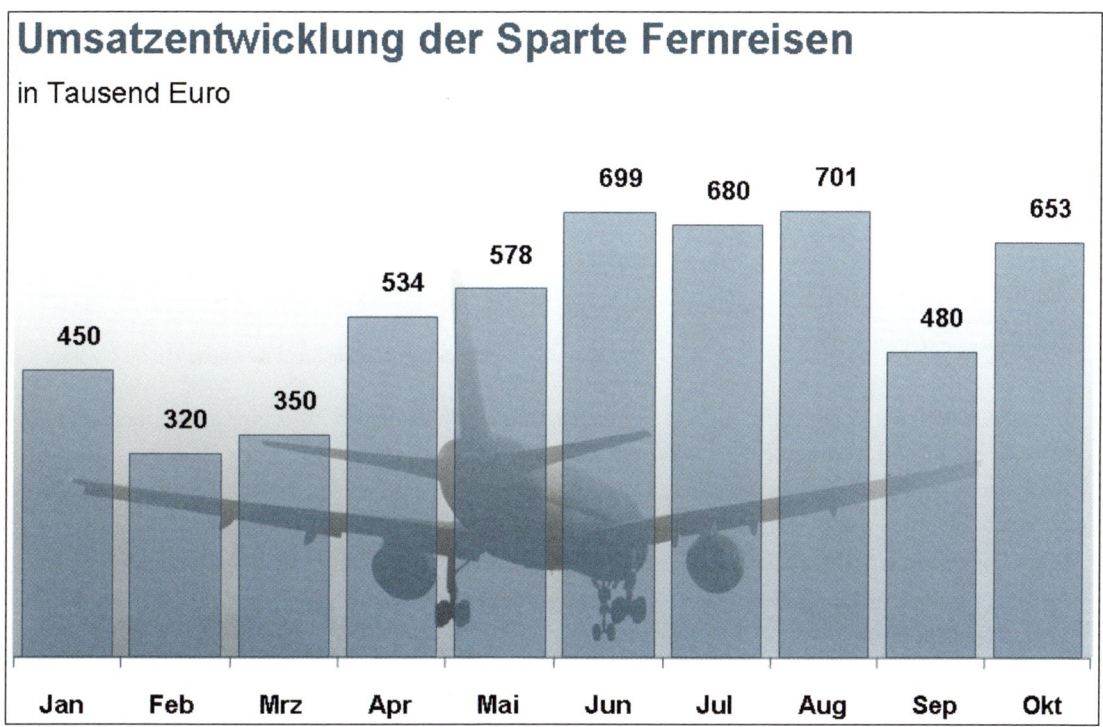

Abbildung 6.29 Durch die transparenten Diagrammsäulen ist das Bild dahinter erkennbar

---

HINWEIS   Damit Sie mit dieser Darstellung eine gute Wirkung erzielen, benötigen Sie ein Bild, dessen Hauptaussage überwiegend innerhalb der Diagrammsäulen angezeigt werden kann.

Das Diagramm erstellen und die Lösung vorbereiten

1. Erstellen Sie zunächst ein Säulendiagramm und entfernen Sie alle Bestandteile des Diagramms, die Sie später nicht verwenden möchten.
2. Klicken Sie außerhalb der Folie, um das Diagrammmodul MS Graph zu verlassen.
3. Klicken Sie mit der rechten Maustaste auf das Diagrammobjekt und wählen Sie im Kontextmenü die Befehlsfolge *Gruppierung/Gruppierung aufheben*.
4. Bestätigen Sie die Abfrage, ob Sie das Objekt tatsächlich umwandeln möchten, mit *Ja*.
5. Heben Sie ab PowerPoint 2002 die Gruppierung ein zweites Mal auf. Danach liegen alle Bestandteile des Diagramms einzeln auf der Folie.

WICHTIG Nachdem Sie die Gruppierung eines Diagramms aufgehoben haben, kann es nicht mehr editiert werden. Arbeiten Sie gegebenenfalls mit einer Kopie, damit Sie das Diagramm später nicht noch einmal komplett neu erstellen müssen. Eine Kopie der kompletten Folie erstellen Sie am schnellsten mit der Tastenkombination ⌨Strg + ⌨⇧ + ⌨D.

6. Entfernen Sie alle überflüssigen Objekte wie Rahmen, Zeichnungsfläche oder Diagrammfläche und gegebenenfalls auch Achsen und deren Beschriftungen.

Das Bild farblich anpassen

Im Original hat das hier verwendete Bild eine leuchtend orangegelbe Farbstimmung und wäre mit der Vorlage nicht verwendbar.

So passen Sie mit PowerPoint Bilder farblich an Ihre Vorlage an:

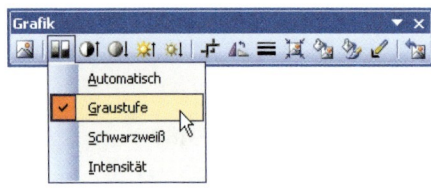

Abbildung 6.30 Über die Symbolleiste *Grafik* die Option *Graustufe* wählen

1. Blenden Sie mit der Befehlsfolge *Ansicht/Symbolleisten* die Symbolleiste *Grafik* ein, sofern sie nicht automatisch beim Markieren des Bildes angezeigt wird.

2. Reduzieren Sie die Bildfarben auf Grau, indem Sie in der Symbolleiste *Grafik* im Menü zur Schaltfläche *Farbe* die Option *Graustufe* wählen (siehe Abbildung 6.30).

3. Erhöhen Sie bei Bedarf die Helligkeit des Bildes per Klick auf die Schaltfläche *Mehr Helligkeit*.

4. Richten Sie Ihr Bild hinter dem Diagramm aus und entfernen Sie mit dem Werkzeug *Zuschneiden* bei Bedarf überflüssige Bildteile.

5. Zeichnen Sie ein Rechteck in der Größe des Bildes und legen Sie es über das Bild. Weisen Sie dem Rechteck eine transparente Farbe zu, um das Bild farblich an Ihre Präsentation anzupassen. Im vorliegenden Beispiel wurde ein Farbverlauf von Weiß nach Blau mit einer Transparenz von 0% zu 51% gewählt, um den oberen Teil des Bildes sanft auszublenden.

Sie sehen, mit sehr wenig Aufwand können Sie jedes beliebige Bild farblich an Ihre Präsentation anpassen.

Das Diagramm fertigstellen

1. Weisen Sie den Säulen eine transparente Farbe zu.

2. Achten Sie darauf, dass trotz der Transparenz ausreichend Kontrast zum Bild gegeben ist. Formatieren Sie die Säulen gegebenenfalls zusätzlich mit einer dünnen Linie, um die Lesbarkeit des Diagramms zu gewährleisten.

3. Gruppieren Sie die Bestandteile des Diagramms in Einheiten (z.B. Säule und Wert), um sie später einfacher animieren zu können.

TIPP Transparente Datenflächen über einem Bild eignen sich auch sehr gut, um »Negativ«werte wie Außenstände oder Verluste abzubilden. Verwenden Sie dazu Farbtöne, die heller sind als das Bild, sodass die Datenfläche Teile des Bildes aufhellt und verblasst.

Beispiel 3: Ein vollständiges Bild in den Diagrammsäulen zeigen

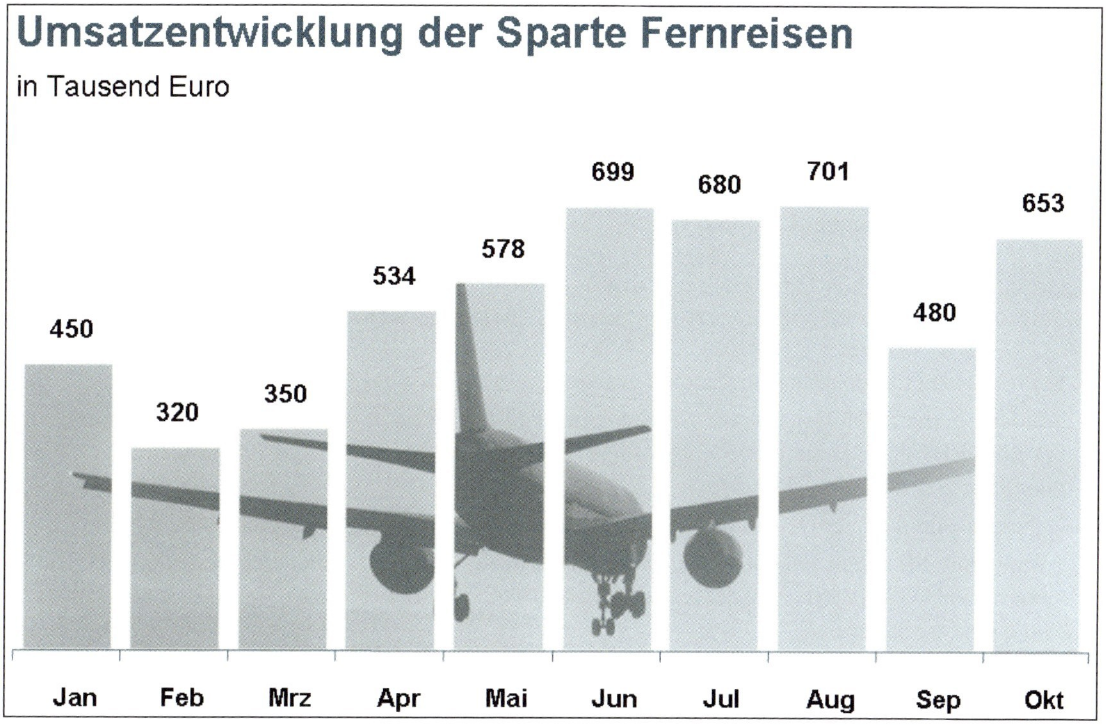

Umsatzentwicklung der Sparte Fernreisen

in Tausend Euro

Jan 450 · Feb 320 · Mrz 350 · Apr 534 · Mai 578 · Jun 699 · Jul 680 · Aug 701 · Sep 480 · Okt 653

Abbildung 6.31 Das gleiche Motiv wie in Abbildung 6.29; hier setzen jedoch erst die Säulen des Diagramms das Bild zusammen

Auch hier wird die Gruppierung des Diagramms aufgehoben, um die Säulen mit den für AutoFormen verfügbaren Fülleffekten bearbeiten zu können. Um ein Bild auf mehrere AutoFormen verteilt anzuzeigen, werden diese mit einem im Hintergrund liegenden Bild formatiert.

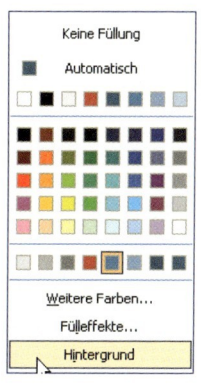

Abbildung 6.32 Seit PowerPoint 2002 kann der Fülleffekt *Hintergrund* auch bei Bildern eingesetzt werden

Den Fülleffekt *Hintergrund* vorbereiten

1. Erstellen Sie Ihr Diagramm und ordnen Sie das Bild, das später in den Säulen gezeigt werden soll, passend hinter dem Diagramm an.

2. Duplizieren Sie die Folie und entfernen Sie auf der Kopie das Diagramm und alle anderen Elemente, die das Bild möglicherweise überdecken.

3. Speichern Sie diese Folie als Bild, indem Sie im Dialogfeld zur Befehlsfolge *Datei/Speichern unter* den *Dateityp* auf *.TIF* oder *.EPS* stellen. Bestätigen Sie die Abfrage, dass Sie nur die aktuelle Folie exportieren möchten. Damit haben Sie ein Hintergrundbild erzeugt, auf dem das Bildmotiv exakt so angeordnet ist, wie Sie es für das Diagramm benötigen.

| WICHTIG | Achten Sie beim Exportieren darauf, dass Sie ein verlustfreies Bildformat wählen, da das Bildmaterial später ein weiteres Mal exportiert wird und eine nochmalige Kompression die Bildqualität beeinträchtigen kann.

4. Kehren Sie zur Originalfolie zurück und entfernen Sie auf dieser das Bild.

5. Wählen Sie die Befehlsfolge *Format/Hintergrund/Fülleffekte/Grafik* und weisen Sie dem Hintergrund das Bild der Folie, das Sie unter 3. exportiert haben, zu. Aktivieren Sie das Kontrollkästchen *Hintergrundbilder aus Master ausblenden*.

6. Heben Sie die Gruppierung des Diagramms auf und entfernen Sie nicht benötigte Bestandteile.

7. Formatieren Sie die Säulen über *AutoForm formatieren/Farben und Linien/Hintergrund*. Wählen Sie außerdem eine Linienfarbe, die dafür sorgt, dass die Säulen trotz eventueller Helligkeitsunterschiede im Bild gut zu erkennen sind.

8. Damit Sie das Hintergrundbild, das als Füllung für die Säulen dient, wieder entfernen können, werden jetzt alle Säulen als Grafiken exportiert. Klicken Sie dazu mit der rechten Maustaste in jede der Säulen und wählen Sie dann im Kontextmenü den Befehl *Als Grafik speichern*. Als *Dateityp* ist hier *.PNG* sehr gut geeignet.

9. Entfernen Sie sowohl das Hintergrundbild als auch die Diagrammsäulen und fügen Sie die Bilder, die Sie unter 8. exportiert haben, als Grafiken anstelle der ursprünglichen Säulen wieder in das Diagramm ein. Mithilfe der Befehle im Untermenü zu *Ausrichten oder verteilen*, das Sie in der Symbolleiste *Zeichnen* über das Menü zur Schaltfläche *Zeichnen* öffnen, können Sie die eingefügten Grafiken schnell und exakt zum Diagramm ausrichten.

| HINWEIS | Ungünstige Verkaufszahlen und vor allem Umsatzeinbrüche kommen bei dieser Darstellungsform viel deutlicher zur Geltung als bei der Verwendung von Farbfüllungen, weil die fehlenden Teile des Gesamtbildes viel deutlicher ins Auge springen.

In Einzelfällen kann dies wünschenswert sein, wenn beispielsweise der Außendienst informiert und motiviert werden soll. Der Grundsatz, dass die Darstellungsform der erwünschten Aussage entsprechen muss, erfordert hier aber eine noch gründlichere Überprüfung als bei anderen Visualisierungsformen.

Beispiel 4: Liniendiagramme mit Bildern einsetzen

In Zeitschriften werden in Infografiken häufig Liniendiagramme gezeigt, die ein Bild in zwei Teile teilen. Solche Grafiken können Sie auch mit PowerPoint erstellen.

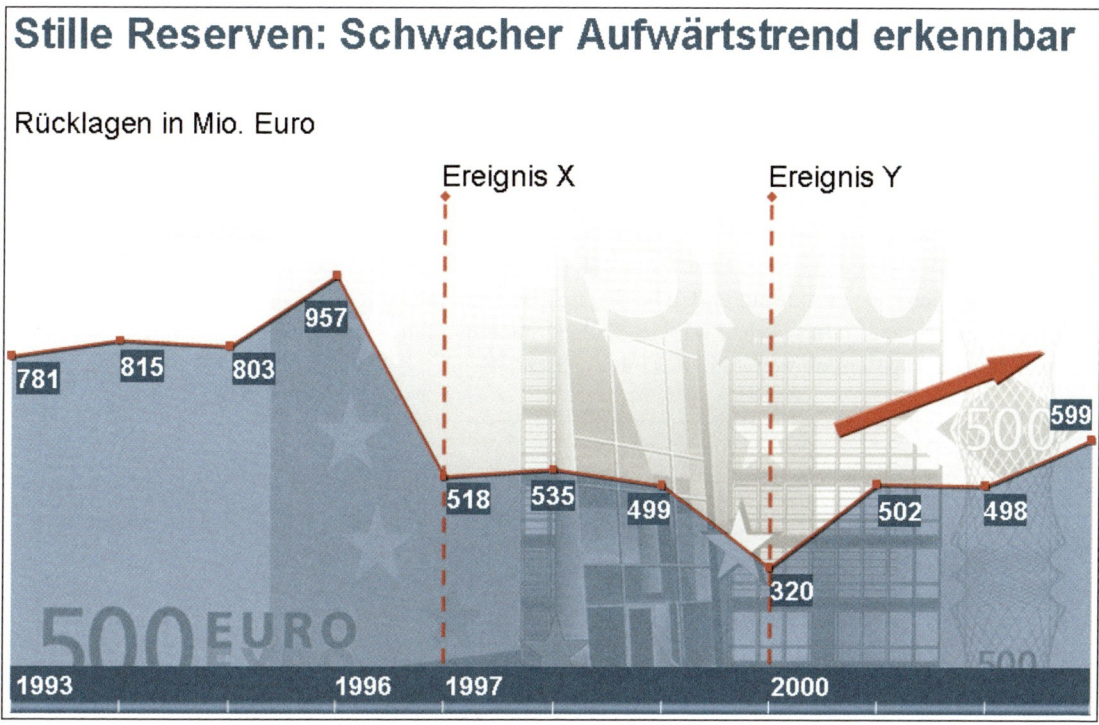

Abbildung 6.33 Dieses zweigeteilte Liniendiagramm erstellen Sie in PowerPoint

Bei der in Abbildung 6.33 gezeigten Grafik handelt es sich um ein Flächen-Linien-Verbunddiagramm. Dazu werden für beide Datenreihen die gleichen Werte eingegeben, sodass neben dem Liniendiagramm eine Fläche erzeugt wird, deren oberer Rand exakt dem Verlauf der Linie folgt und die nach Aufheben der Diagrammgruppierung zum Färben des dahinter liegenden Graustufenbildes verwendet werden kann. Die Schritte im Einzelnen:

1. Reduzieren Sie die Farben des Hintergrundbildes wie weiter oben beschrieben auf *Graustufe*.

2. Erfassen Sie Ihre Daten und erstellen Sie eine weitere, identische Datenreihe, bei der lediglich ein Wert vorübergehend niedriger eingegeben wird. Dies ist erforderlich, um die erste, nach der Zuweisung des Diagrammtyps exakt unter der zweiten liegende Datenreihe noch bearbeiten zu können.

3. Weisen Sie einer der beiden Datenreihen den Diagrammtyp *Fläche* und der anderen den Diagrammtyp *Linie* zu. Korrigieren Sie anschließend den Datenwert, den Sie wie unter 2. beschrieben verändert haben.

4. Formatieren Sie die Linie in einer gut sichtbaren Kontrastfarbe.

TIPP   Verwenden Sie in Diagrammen, deren Gruppierung später aufgehoben wird, keine Formatierungsoptionen wie beispielsweise Schatten. Beim Aufheben der Gruppierung wird der Schatten vom Objekt getrennt, was das Nachbearbeiten des Diagramms erschwert. Einfacher ist es hier, einzelne Elemente später als AutoFormen nach Bedarf zu gestalten.

5. Richten Sie Bild und Diagramm aneinander aus, entfernen Sie nicht benötigte Elemente des Diagramms und heben Sie dann die Gruppierung auf.

6. Bearbeiten Sie zunächst die Linie nach und stellen Sie die Gruppierung von Linie und Markierung wieder her.

7. Weisen Sie der Diagrammfläche eine transparente Farbe zu. Damit haben Sie Ihr Bild bereits zweigeteilt und die untere Bildhälfte eingefärbt.

8. Wenn Sie auch die obere Hälfte des Bildes farblich verändern möchten, können Sie aus der vorhandenen Diagrammfläche eine exakt passende Ergänzung für den oberen Teil des Bildes erzeugen.

   Erstellen Sie dazu zunächst eine Kopie der Diagrammfläche und wählen Sie dann im Kontextmenü der Fläche den Befehl *Punkte bearbeiten*. Entfernen Sie anschließend an der unteren, geraden Kante der Diagrammfläche alle Punkte außer den beiden Eckpunkten, indem Sie im Kontextmenü des markierten Punktes den Befehl *Punkt löschen* wählen. Ziehen Sie zum Schluss die beiden Eckpunkte so weit nach oben, dass sie mit dem oberen Rand des Bildes abschließen.

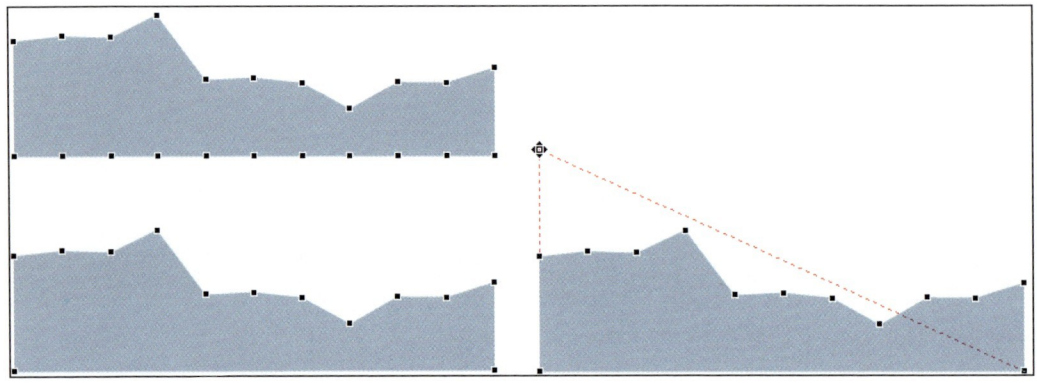

Abbildung 6.34 Durch Ziehen der Eckpunkte wird eine die Diagrammfläche ergänzende Form erstellt. Hier wird nach dem Entfernen nicht benötigter Punkte der Eckpunkt links unten senkrecht nach oben verschoben.

HINWEIS   Beim Bearbeiten von Punkten haben Sie keine Unterstützung durch das Raster. Achten Sie deshalb auf die roten Hilfslinien, die PowerPoint beim Verschieben von Punkten einblendet. Sie zeigen an, ob der Punkt in einer geraden Linie verschoben wird.

Für eine bessere Lesbarkeit des in Abbildung 6.33 gezeigten Diagramms wurden nicht benötigte Werte der Rubrikenachse entfernt sowie alle Werte mit Farbe hinterlegt und manuell ausgerichtet.

Bei dem am unteren Diagrammrand liegenden Zylinder mit den Einkerbungen handelt es sich um die Hilfsstriche der Rubrikenachse, die mit einem Rechteck mit Farbverlauf gruppiert wurden.

Piktogramme in Diagrammen einsetzen

Neben Bildern sind auch selbst erstellte Piktogramme eine attraktive Gestaltungsvariante, um die Aussage eines Diagramms anschaulicher zu visualisieren. Säulen-, Balken- und Liniendiagramme eignen sich besonders gut für die Kombination mit einzelnen oder sich wiederholenden Piktogrammen. Diese können Sie selbst aus AutoFormen erstellen oder Sie importieren eine Grafik in PowerPoint. Wählen Sie die Piktogramme passend zur Thematik des Diagramms aus und verstärken Sie so bildhaft die jeweilige Aussage.

Piktogramme in einem Balkendiagramm

Im ersten Beispiel in Abbildung 6.35 wird an einer Zeitachse die Entwicklung der Mitarbeiterzahlen aufgezeigt. Anstelle von Balken sind hier Menschen als Piktogramm eingefügt.

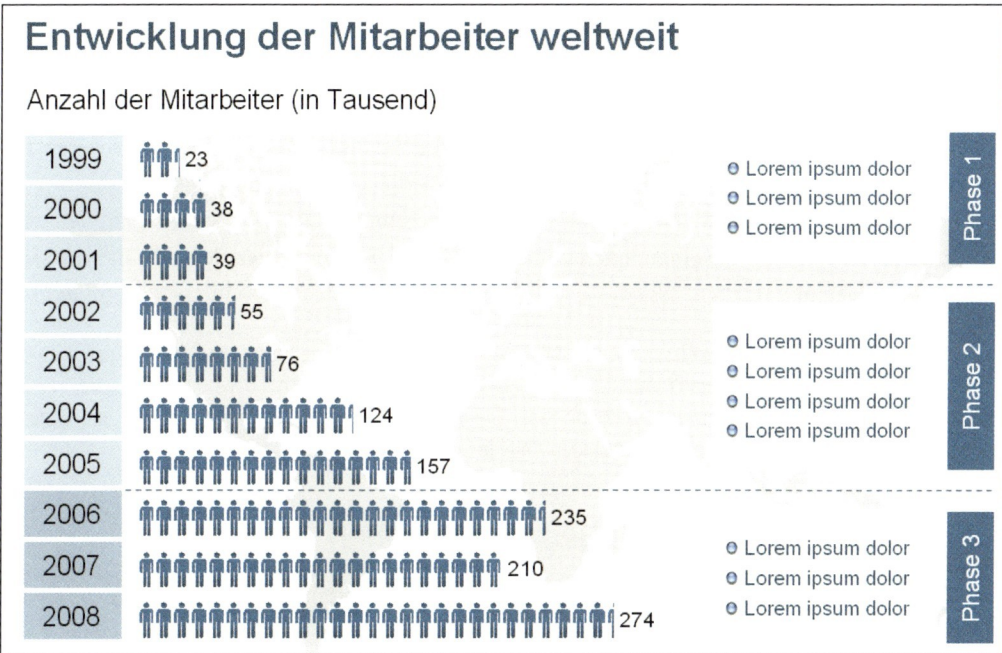

Abbildung 6.35   Ein Mensch als Piktogramm eignet sich zur bildhaften Darstellung von Mitarbeiterzahlen

Die hinter jeder Menschenkette genannte Mitarbeiterzahl entspricht dabei einer bestimmten Anzahl an Grafiken. In dem Beispiel in Abbildung 6.35 steht eine Grafik für zehn Mitarbeiter. Legen Sie dies in Power-Point individuell fest, indem Sie die Anzahl der Einheiten pro Bild in der Diagrammfunktion anpassen.

Ein Diagramm aus Piktogrammen erstellen

Am Beispiel der Menschenkette können Sie Schritt für Schritt nachvollziehen, wie Sie ein Piktogramm aus einzelnen AutoFormen erstellen und es in ein bereits bestehendes Balkendiagramm einfügen.

1. Überlegen Sie sich ein passendes Piktogramm – im vorliegenden Beispiel eignet sich ein Mensch zur Darstellung der Mitarbeiterzahlen.

2. Bauen Sie die Grafik aus einzelnen AutoFormen zusammen. In Abbildung 6.36 sehen Sie dazu einige Lösungen. Im vorliegenden Beispiel besteht die Figur aus einem Kreis (Kopf), Halbbogen (Schultern) und abgerundeten Rechtecken (Rumpf, Arme, Beine). Durch die Überlagerung der einzelnen Formen erstellen Sie ein eigenes Piktogramm.

3. Markieren Sie alle AutoFormen, klicken Sie mit der rechten Maustaste auf die markierte Objektgruppe und wählen Sie dann im Kontextmenü den Befehl *Als Grafik speichern* (erst ab PowerPoint 2002 verfügbar). Anwender von PowerPoint 97 und 2000 finden weiter unten einen Tipp, wie sie die mit den Auto-Formen erstellte Grafik über die Zwischenablage in das Balkendiagramm einbauen.

4. Verwenden Sie als Format *PNG*, um eine verlustfreie Komprimierung der Grafik zu erhalten. Dieses Format erstellt auch ein Pixelbild mit einem transparenten Bereich, sodass der Hintergrund durchscheinen kann. Alternativ können Sie auch direkt ein Vektorformat wie *WMF* oder *EMF* verwenden.

> **TIPP**   Sie können auch aus anderen Programmen oder Quellen Grafiken in PowerPoint importieren. Microsofts Clip-Art-Sammlung z.B. bietet zahlreiche Bilder, die Sie als Vorlage verwenden können. Viele davon lassen sich in PowerPoint direkt weiterbearbeiten oder anpassen.

5. Öffnen Sie das Balkendiagramm und doppelklicken Sie auf einen der Balken. Klicken Sie im Dialogfeld *Datenreihen formatieren* auf der Registerkarte *Muster* auf die Schaltfläche *Fülleffekte*. Aktivieren Sie dann die Registerkarte *Grafik* und klicken Sie dort auf die Schaltfläche *Grafik auswählen*.

6. Wählen Sie die zuvor gespeicherte Grafik, um diese in Ihr Diagramm zu importieren.

7. Legen Sie unter *Format* fest, ob die eingefügte Grafik gestreckt oder gestapelt werden soll und wie viele Einheiten in Ihrem Datenblatt einem Bild entsprechen sollen. Bestätigen Sie abschließend mit *OK*.

> **TIPP**   In PowerPoint 97 und 2000 müssen Sie die mit AutoFormen erstellte Grafik über die Zwischenablage in das Diagramm einbauen. Kopieren Sie dazu die Grafik mit `Strg` + `C` in die Zwischenablage. Öffnen Sie das Diagramm, markieren Sie die gewünschte Datenreihe oder den Datenpunkt und fügen Sie mit der Tastenkombination `Strg` + `V` die Grafik in das Diagramm ein. Verfahren Sie dann weiter wie in der obigen Anleitung in Schritt 7 beschrieben.

Geeignete Piktogramme für ein Diagramm wählen

Unser Auge reagiert sehr empfindlich auf Verzerrungen. Ab einem gewissen Punkt empfinden wir sie als störend. Bedenken Sie, dass Sie mit der Änderung des Seitenverhältnisses eines Piktogramms auch die optische Wirkung beeinflussen. Folgerichtig sollten Sie bei der Vorauswahl darauf achten, ob Ihre Bildsymbole streckfähig sind, sich zum Stapeln oder als Datenpunkte eignen.

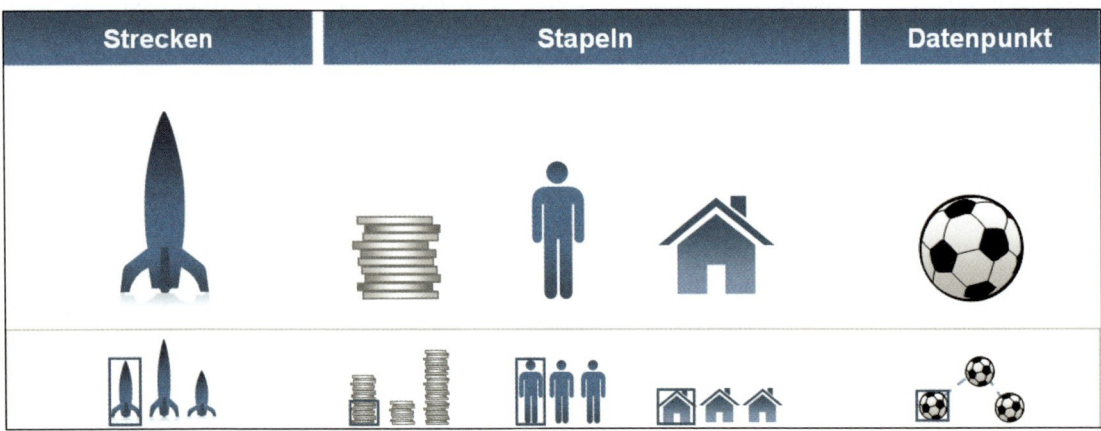

Abbildung 6.36   Legen Sie sich eine Vorlagensammlung wie diese für Ihre Piktogramme an

Die Beispiele in Abbildung 6.36 zeigen Ihnen, worauf es bei der Auswahl ankommt.

- Streckfähige Grafiken haben eine signifikante Seitenlänge, die Sie bis zu einem gewissen Grad verzerren können. Die Streckung bzw. Stauchung der nicht signifikanten Seite führt in vielen Fällen zu unschönen Verzerrungen.

- Stapelfähig sind die meisten Grafiken. Sie haben ein eher ausgeglichenes Seitenverhältnis und lassen sich aneinanderreihen und wiederholen. Hier gibt es Motive, die sich besser für Säulen- oder für Balkendiagramme eignen.

- Zur Darstellung einzelner Datenpunkte eignen sich runde oder quadratische Grafiken. Diese können Sie auch für Datenpunkte innerhalb eines Liniendiagramms einsetzen.

Abbildung 6.37 Nur wenige Motive wie diese Rakete lassen sich ohne Probleme strecken. Alternativ können Sie auch mit einer festen Höhe und gestapelten Säulen arbeiten.

CD-ROM   Die in Abbildung 6.36 gezeigten Vorlagen finden Sie auf Folie 9 der Datei *PiktogrammDiagramme.ppt* im Ordner *\Buch\Kap06* auf der CD-ROM zum Buch.

Piktogramme in Säulendiagrammen

In Säulendiagrammen lassen sich Piktogramme ebenso gut einsetzen wie in Balkendiagrammen. Beispiele wie Geldstapel, Flaschen oder übereinandergestapelte Produkte haben Sie bestimmt schon in Zeitschriften als Infografik gesehen. Nachfolgend einige Ideen, wie Sie Piktogramme in Säulendiagrammen einsetzen können.

Säulendiagramm mit gestrecktem Piktogramm

Eine Grafik wie im linken Beispiel in Abbildung 6.37 kann in der Höhe gestreckt werden. Das macht sie interessant für Säulendiagramme, in denen die Entwicklung eines Parameters (hier Umsatz) an einer Zeitleiste visualisiert wird. Die Länge der Rakete zeigt die Höhe des Umsatzes an und beginnt jeweils direkt an der Basislinie.

Säulendiagramm mit gleichbleibend großem Piktogramm

Wenn Sie eine Grafik nicht stapeln oder strecken möchten, dann greifen zu einem kleinen Trick. Verwenden Sie – wie im rechten Beispiel in Abbildung 6.37 gezeigt – ein Diagramm mit gestapelten Säulen, um das Strecken oder Stauchen des Piktogramms zu vermeiden. Und so gehen Sie vor:

1. Erstellen Sie ein Diagramm mit zwei Datenreihen und wählen Sie als Diagrammtyp *Gestapelte Säulen* aus.
2. Fügen Sie in die obere Datenreihe die Grafik mit einer festen Höhe ein, verwenden Sie also den gleichen Datenwert für alle Elemente dieser Datenreihe.
3. Geben Sie in die untere Datenreihe die jeweilige Differenz zum Gesamtwert an, um die Position zu beeinflussen, an der die Grafik beginnt. Weisen Sie den Segmenten dieser Datenreihe im Diagramm die Attribute *Keine Füllfarbe* und *Keine Linienfarbe* zu, damit die Segmente unsichtbar bleiben.

Piktogramme in Liniendiagrammen

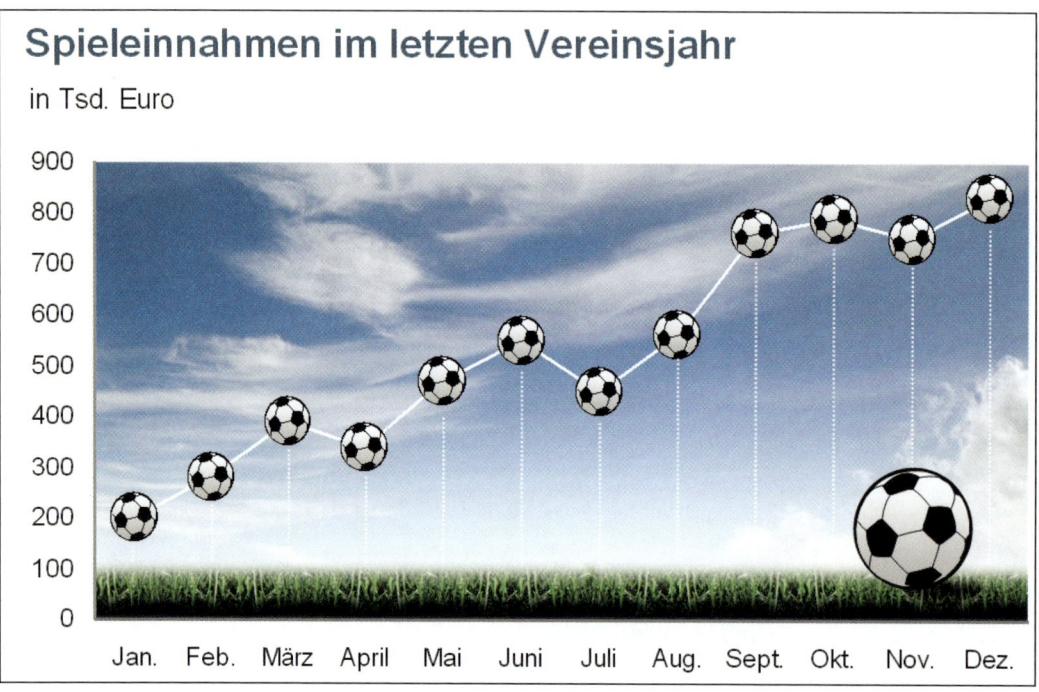

Abbildung 6.38   Datenpunkte in einem Liniendiagramm durch Grafiken ersetzen

Eine kreisförmige Grafik wie der Fußball in Abbildung 6.38 eignet sich als Datenpunktmarkierung in einem Liniendiagramm. Die Grafik wurde aus einer ClipArt-Sammlung in PowerPoint importiert und in das Diagramm als Datenpunkt eingefügt. Und so gehen Sie vor:

1. Kopieren Sie die Grafik in die Zwischenablage (`Strg`+`C`). Passen Sie vorher noch die Größe an.
2. Doppelklicken Sie auf das Diagramm, um es zu öffnen, und markieren Sie die gewünschte Datenreihe.
3. Fügen Sie mit `Strg`+`V` die Grafik aus der Zwischenablage ein.

TIPP   Wenn Sie AutoFormen oder Vektorgrafiken in ein Diagramm einfügen, kommt es zu Problemen bei der Darstellung, da PowerPoint in Diagrammen keine Kantenglättung und keine transparenten Verläufe unterstützt. Wählen Sie daher besser einfache Motive aus, die gegebenenfalls vertikale und horizontale Kanten oder Linien besitzen. Ein Pixelbild stellt leider keine Alternative dar, da PowerPoint das Motiv automatisch maximiert, sodass Sie keine Kontrolle mehr über die Größe der Datenpunkte haben. Alternativ können Sie ein solches Diagramm auch mit gestapelten Säulen erstellen.

Länderbezogene Informationen mit Flaggen verdeutlichen

Wenn Sie Zahleninformationen im internationalen Vergleich darstellen, bieten sich Flaggen an, um bestimmte Unternehmen, Erträge oder Eigenschaften länderbezogen hervorzuheben.

CD-ROM Eine Sammlung von Länderflaggen, die speziell für dieses Buch erstellt wurden, finden Sie auf der CD-ROM zum Buch im Ordner \Buch\Kap08 auf Folie 33 der Beispieldatei *LandkartenFahnenBilder.ppt*.

Stellen Sie zunächst das Diagramm fertig und fügen Sie dann die jeweiligen Flaggen aus der Vorlagensammlung ein. Passen Sie die Größe der Flaggen so an, dass sie der Breite bzw. Höhe der Diagrammfläche entsprechen. Heben Sie gegebenenfalls einen einzelnen Wert hervor, indem Sie die Flagge etwas vergrößert darstellen.

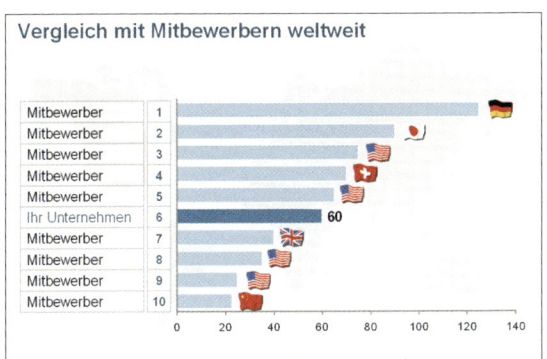
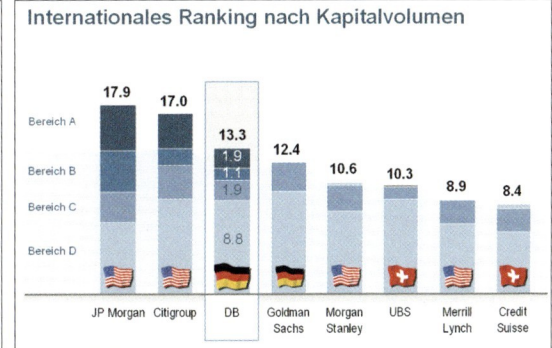

Abbildung 6.39 Diagramme mit Flaggen kombinieren, um den Bezug zu einem Land zu verdeutlichen

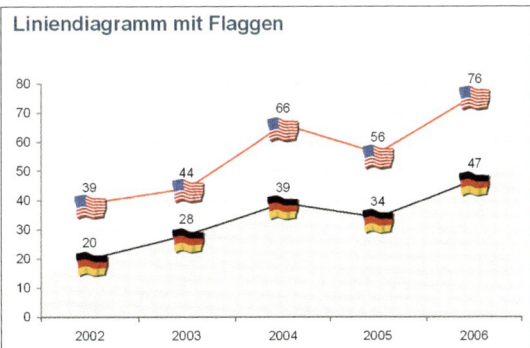

Abbildung 6.40 Neben einem Balkendiagramm Flaggen anordnen, um bestimmte Länder hervorzuheben, oder in einem Liniendiagramm Flaggen zur Kennzeichnung der Datenpunkte einsetzen

Kapitel 7

Auch Tabellen können gut aussehen

In diesem Kapitel dreht sich alles um Zahlenübersichten, egal ob für Berichte, für die Planung oder für Kalkulationen. Sie finden Lösungen, um Statusreports, Umsatztabellen oder eine Entscheidungsmatrix anschaulich darzustellen.

Neben Ideen für das Visualisieren von Zahlenübersichten und Tabellen finden Sie auch eine Reihe technischer Tipps zum effektiven Umgang mit Tabellen. So erfahren Sie beispielsweise, mit welchen Techniken Sie vorhandene Excel-Tabellen auch optisch nahtlos in eine PowerPoint-Folie integrieren.

Darüber hinaus stellen wir Ihnen ein Add-On vor, das Daten aus anderen Office-Anwendungen oder Datenbanken mit Textfeldern und Schaubildern einer PowerPoint-Präsentation verknüpft und Änderungen an der Datenquelle sogar während der Bildschirmpräsentation übernimmt.

Auf einen Blick: Mit Ampel-Lösungen Datenaussagen auf den Punkt bringen

Vor dem Einstieg in das Thema Tabellen wollen wir Ihnen am Beispiel einer Kostenübersicht für mehrere Projekte zeigen, dass weder Zahlen noch große Informationsmengen zwangsläufig zu Folien ohne klar ersichtliche Aussage führen müssen. Mit den Cockpit-Lösungsideen aus Kapitel 6 haben Sie schon einige Anregungen erhalten, wie Sie die Aussage von Daten durch die gezielte Nutzung grafischer Mittel auf den Punkt bringen können.

Im Folgenden lernen Sie eine weitere Visualisierungsmöglichkeit kennen, um Aussagen, die sich aus großen Datenmengen ergeben, auf den Punkt zu bringen. Diesmal kommt dafür eine Ampel zum Einsatz.

Kostenampeln sind speziell unter Controllern ein bekanntes und recht verbreitetes Instrument. Sie bieten den Vorteil, dass mit einem Blick erkennbar ist, ob die Kostenentwicklung »im grünen Bereich« liegt oder nicht. Ohne langwieriges Studium der Zahlen wird sofort die entscheidende Information ersichtlich.

CD-ROM   Die Beispiele aus diesem Kapitel finden Sie auf der CD-ROM zum Buch im Ordner \Buch\Kap07 in der Datei Tabelle.ppt bzw. der Datei Tabelle_2007.pptx.

Übersicht und Flexibilität mit einer interaktiven Kostenampel

Kostenübersichten werden standardmäßig in Tabellenform aufbereitet. Um die zahlreichen Werte schneller einordnen und bewerten zu können, werden oft kommentierende Texte ergänzt oder auf einer separaten Folie aufgelistet. In Abbildung 7.1 und Abbildung 7.2 sehen Sie ein typisches Beispiel dafür.

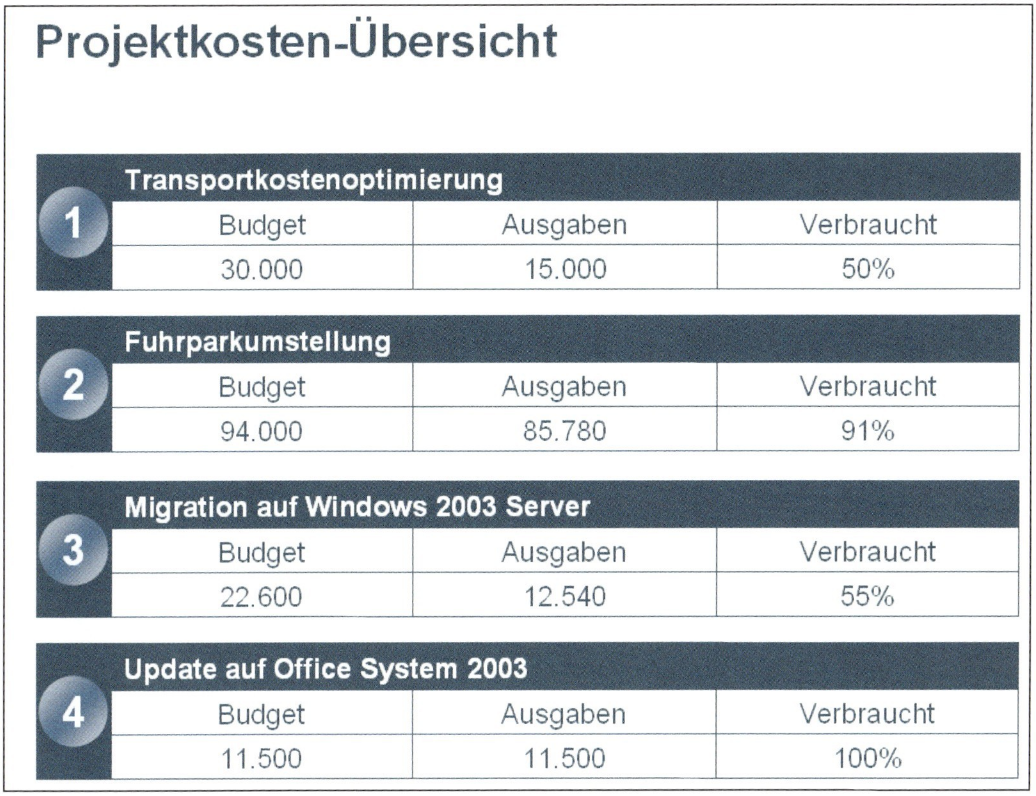

Projektkosten-Übersicht

1	Transportkostenoptimierung		
	Budget	Ausgaben	Verbraucht
	30.000	15.000	50%

2	Fuhrparkumstellung		
	Budget	Ausgaben	Verbraucht
	94.000	85.780	91%

3	Migration auf Windows 2003 Server		
	Budget	Ausgaben	Verbraucht
	22.600	12.540	55%

4	Update auf Office System 2003		
	Budget	Ausgaben	Verbraucht
	11.500	11.500	100%

Abbildung 7.1 Die Kostenübersicht in Tabellenform ...

Projektkosten-Übersicht

- Projekt Transportkostenoptimierung   OK
- Projekt Fuhrparkumstellung   Achtung
- Projekt Migration auf Windows 2003 Server   OK
- Projekt Update auf Office System 2003   Stopp

Abbildung 7.2 ... und die bewertenden Texte auf einer separaten Folie

Eindrucksvoller und nachhaltiger als die in Abbildung 7.2 gezeigte Textfolie wirkt eine Kostenampel, die das verbrauchte Budget in den Ampelfarben Rot, Gelb und Grün bewertet.

Auf ihr soll immer nur das aktuell besprochene Projekt sichtbar sein. Alle anderen Projekte werden durch Wahl einer helleren Schriftfarbe praktisch »abgeblendet«. Der Vortragende kann nun während der Bildschirmpräsentation in der noch dunklen Ampel bei Bedarf eine der drei Farben aufleuchten lassen. Dazu nutzt er eine der drei Aktionsschaltflächen rechts. Sie können diese Lösung in Abbildung 7.3 und Abbildung 7.4 im Detail betrachten.

Abbildung 7.3   Nur die Bezeichnung des aktuell besprochenen Projekts ist sichtbar, die Ampel ist noch »dunkel« und über die Aktionsschaltflächen rechts wird sie je nach Bedarf auf eine der drei Farben eingestellt

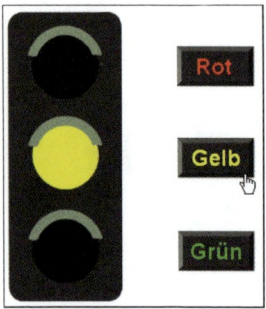

Abbildung 7.4   Die jeweils zutreffende Farbe – hier ist es Gelb – wird während der Bildschirmpräsentation mit der Trigger-Technik per Mausklick eingeblendet

Interaktion mithilfe der Trigger-Funktion aufbauen

Damit flexibel während der Bildschirmpräsentation zu jedem der Projekte die Kostenampel auf die jeweils zutreffende Farbe geschaltet werden kann, ist eine Schaltfläche oder ein beliebiges anderes Objekt notwendig, das als Auslöser für diesen Farbwechsel per Animation dient. In PowerPoint sind das sogenannte »Trigger«.

Was ist ein Trigger?

Der Begriff »Trigger« kommt aus dem Englischen und bedeutet so viel wie »Abzug«, »Auslöser«. In Power-Point können Sie ab Version 2002 Animationseffekte per Trigger auslösen, also Objekte auf einer Folie nur bei Bedarf oder nur auf Nachfrage per Mausklick animieren.

Ein Trigger setzt voraus, dass auf der gleichen Folie mindestens ein Text oder Objekt animiert ist. Der Trigger sorgt nun dafür, dass die Animation nicht wie sonst in einer vorbestimmten Animationsreihen-folge abläuft, sondern zu einem beliebigen Zeitpunkt und nur bei Bedarf.

Mit Triggern lässt sich also sehr gut Interaktion in eine Präsentation einbauen. Objekte auf der gleichen Folie können auf diese Weise nur im Bedarfsfall eingeblendet, hervorgehoben, auf Pfaden bewegt oder auch ausgeblendet werden.

Als Trigger, also Auslöser für die Animation, können Sie das animierte Objekt selbst oder auch jedes andere Element auf der Folie verwenden.

Der Auslöser muss in unserem Beispiel dafür sorgen, dass immer nur ein Licht der Ampel leuchtet, unabhängig davon, welche Farbe zuvor für ein anderes Projekt gewählt wurde. Daraus folgt, dass zusammen mit dem Aufleuchten der jeweils gewünschten Farbe die beiden anderen Lichter der Ampel ausgeschaltet, in unserem Fall Schwarz gefärbt, werden müssen. Der Trigger muss also drei Animationen, konkret drei Farbänderungen, gleichzeitig bewirken.

Kreise als Leuchten über die entsprechenden Stellen der Ampel zu legen, ist sicher kein Problem. Die erforderliche Farbänderung in diesen Kreisen bewirken Sie durch den *Hervorgehoben*-Effekt *Füllfarbe ändern*. Sie finden ihn im Aufgabenbereich *Benutzerdefinierte Animation* über *Effekt hinzufügen/Hervorgehoben/Weitere Effekte* in der Kategorie *Einfach*.

In Abbildung 7.5 und vor allem in Abbildung 7.6 können Sie im Detail sehen, wie die Trigger-Animation aufgebaut ist.

Abbildung 7.5 Die Liste der Animationseffekte auf der Folie; unten die drei Trigger-Animationen für den Wechsel zwischen den Ampelfarben

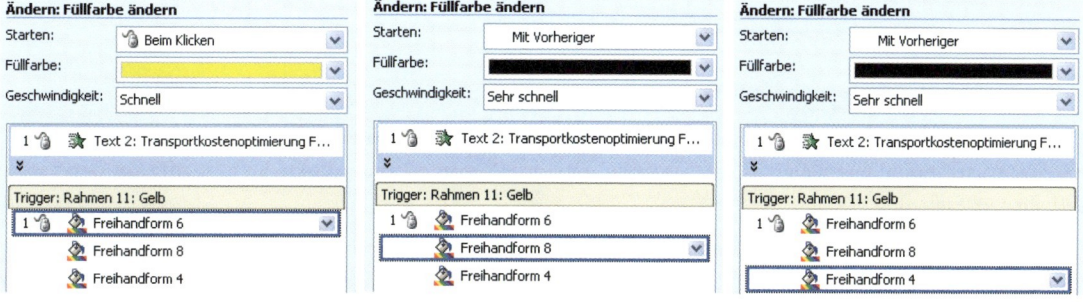

Abbildung 7.6 Die Einstellungen für eine der Trigger-Animationen – hier Gelb – im Detail

Einen Trigger für ein animiertes Objekt fügen Sie hinzu, indem Sie im Aufgabenbereich *Benutzerdefinierte Animation* das Dropdownmenü für den jeweiligen Animationseffekt öffnen (siehe Abbildung 7.7) und dort den Befehl *Anzeigedauer* wählen.

Im daraufhin angezeigten Dialogfeld (siehe Abbildung 7.8) klicken Sie auf die Schaltfläche *Trigger*, aktivieren die Option *Effekt starten beim Klicken auf* und wählen dann in der Liste das Objekt auf der Folie aus, das als Auslöser für die Animation fungieren soll.

Abbildung 7.7 Der Weg zur Trigger-Funktion

Abbildung 7.8 Den Trigger auf der Registerkarte *Anzeigedauer* einstellen

Aktive Texte hervorheben und inaktive abblenden

Nach dem Zuweisen der Trigger bleibt noch die Aufgabe, die Animation des Textfeldes so einzustellen, dass ein Absatz, nachdem er gezeigt wurde, abgeblendet wird. Somit wird der Fokus immer nur auf den gerade aktiven Text gelenkt.

Das Abblenden von Text wird dadurch erreicht, dass er eine hellere Farbe erhält, wenn die nächste Animation aufgerufen wird. Die Möglichkeit dieser Einstellung gibt es übrigens auch schon in PowerPoint 97. Und so gehen Sie vor:

1. Öffnen Sie im Aufgabenbereich *Benutzerdefinierte Animation* das Dropdownmenü für den Text und klicken Sie diesmal auf *Effektoptionen*.

2. Legen Sie – so wie in Abbildung 7.9 gezeigt – auf der Registerkarte *Effekt* im Bereich *Erweiterungen* im Dropdown-Listenfeld *Nach Animation* eine deutlich hellere Farbe für die Schrift fest.

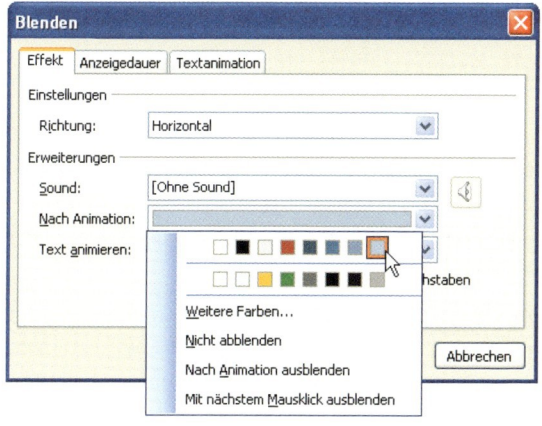

Abbildung 7.9 Die Einstellung, die dafür sorgt, dass die nicht besprochenen Projekte »abgeblendet« erscheinen

Tabellenform und Kostenampel verbinden

Abschließend noch eine Variante, die die Details der Kostenentwicklung in Verbindung mit einer Ampel zeigt. Um die Kostenentwicklung detailliert darzustellen, bietet sich eine Tabellenlösung an. In ihr werden das Budget, bereits entstandene Kosten und deren prozentualer Anteil am Budget gegenübergestellt. Die Kostenentwicklung jedes Projekts wird dann mit einer Ampel gekennzeichnet.

In Abbildung 7.10 sehen Sie diese Variante. Sie ist per Animation so aufgebaut, dass zunächst die Tabelleninhalte eingeblendet werden und anschließend die Ampeln.

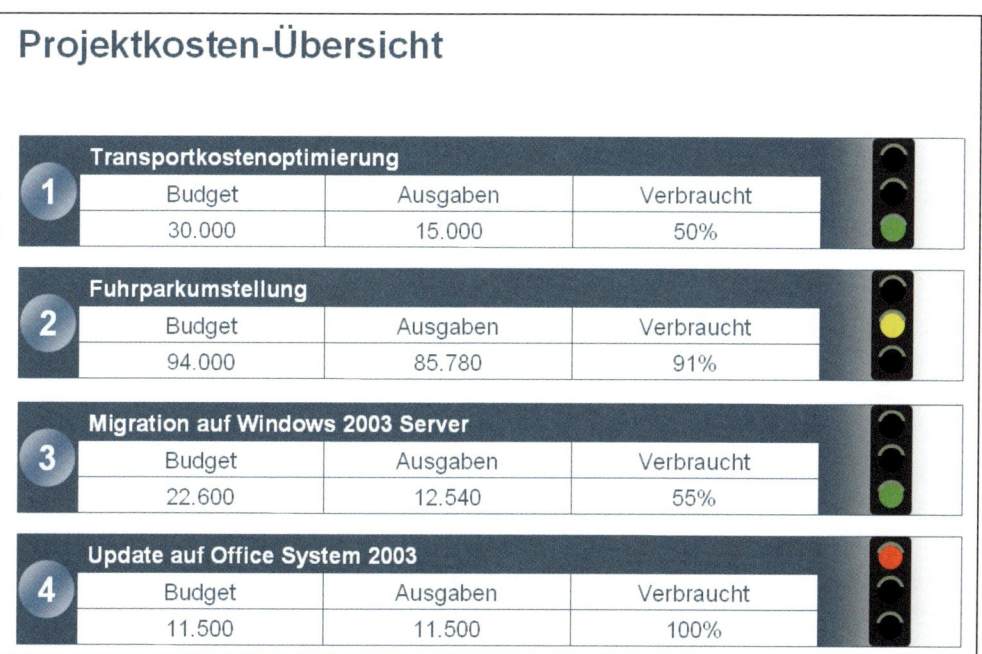

Abbildung 7.10 Trotz detaillierter Tabellendarstellung können Betrachter den aktuellen Status einzelner Projekte mithilfe der zusätzlich eingebauten Ampel auf einen Blick erfassen

CD-ROM   Die beiden Ampel-Lösungen finden Sie auf der CD-ROM zum Buch im Ordner \Buch\Kap07 in der Datei *Tabelle.ppt* bzw. der Datei *Tabelle_2007.pptx* auf den Folien 5 und 6.

Mit PowerPoint eine Tabelle erstellen

Liegen die erforderlichen Daten für eine Projektkosten-Ampel nicht bereits in einem geeigneten Excel-Arbeitsblatt vor (siehe den Abschnitt »Zeitsparend: Excel-Auswertungen gekonnt in PowerPoint importieren« weiter hinten in diesem Kapitel), können Sie auch mit PowerPoint selbst eine Tabelle erstellen. Dabei haben Sie zunächst die Qual der Wahl, welchen Weg Sie gehen.

Ihnen steht sowohl das Tabellenmodul von PowerPoint als auch der Weg über AutoFormen (siehe den Abschnitt »Volle Kontrolle: Tabellen aus AutoFormen aufbauen« weiter hinten in diesem Kapitel) zur Verfügung. Das Tabellenmodul von PowerPoint bietet den Vorteil, dass die Spaltenbreite komfortabel angepasst und nebeneinander liegende Zellen automatisch gleichmäßig verteilt werden können. Die Tabellenfunktion in PowerPoint bietet jedoch keine Möglichkeit, exakte Werte für Breite und Höhe einer Zelle zu definieren. PowerPoint verwendet dafür von der Schriftgröße abhängige Mindestwerte, sodass Sie die Größe einer Tabelle auch nur eingeschränkt reduzieren können.

TIPP   Verwenden Sie das Tabellenmodul von PowerPoint, um Tabellen mit einfacher Struktur vorzubereiten, und wandeln Sie die Tabelle dann, wie im nächsten Abschnitt beschrieben, in AutoFormen um.

Die Tabelle vorbereiten

1. Wählen Sie bis PowerPoint 2003 die Befehlsfolge *Einfügen/Tabelle* und geben Sie im Dialogfeld *Tabelle einfügen* die maximal benötigte Zahl der Zeilen und Spalten an. In PowerPoint 2007 finden Sie diesen Befehl auf der Registerkarte *Einfügen*. Das in Abbildung 7.10 gezeigte Beispiel besteht aus vier identischen Tabellen, sodass hier zur Vorbereitung zunächst eine Tabelle mit 5 Spalten und 3 Zeilen erforderlich ist.

2. Bis PowerPoint 2003 blenden Sie über die Befehlsfolge *Ansicht/Symbolleisten* die Symbolleiste *Tabellen und Rahmen* ein, sofern diese nicht bereits mit dem Einfügen der Tabelle automatisch angezeigt wird.

Abbildung 7.11   Die Symbolleiste *Tabellen und Rahmen* in den PowerPoint-Versionen bis 2003 ...

In PowerPoint 2007 erscheinen mit dem Einfügen der Tabelle automatisch die beiden kontextbezogenen Registerkarten *Tabellentools/Entwurf* und *Layout*, auf denen Sie alle Befehle zum Formatieren der Tabelle finden.

3. Markieren Sie die drei mittleren Zellen der obersten Zeile und klicken Sie dann auf die Schaltfläche *Zellen verbinden* in der Symbolleiste *Tabellen und Rahmen* bzw. auf der Registerkarte *Tabellentools/Layout*. Verfahren Sie in gleicher Weise mit den drei Zellen der Spalte am rechten Rand.

4. Markieren Sie alle Zellen, die einen farbigen Hintergrund erhalten sollen, und weisen Sie über die Schaltfläche *Füllfarbe* in der Symbolleiste *Tabellen und Rahmen* bzw. auf der Registerkarte *Tabellentools/Entwurf* eine geeignete Farbe zu. Achten Sie bei der Wahl der Füllfarbe darauf, dass der Text später lesbar bleibt. Im Beispiel haben die drei verbundenen Zellen am rechten Rand über *Füllfarbe/Fülleffekte/Graduell* einen zweifarbigen Verlauf erhalten, vor dem sich die Ampel später besser abhebt.

Abbildung 7.12 ... und die kontextbezogenen Registerkarten *Tabellentools* in PowerPoint 2007

5. Definieren Sie über die Werkzeuge in der Symbolleiste *Tabellen und Rahmen* Linienart, Linienstärke und Rahmenfarbe und bestimmen Sie über die Rahmenauswahl, welche Rahmenlinien formatiert werden sollen.

   In PowerPoint 2007 können Sie die Schritte 4 und 5 durch die Wahl einer geeigneten Tabellenformatvorlage abkürzen.

> **TIPP** In Tabellen mit vielen Einzelzellen erzielen Sie bei der Formatierung optisch ansprechende Ergebnisse, wenn Sie für die Zellen eine Füllfarbe verwenden und für die Linienfarbe die Farbe des Hintergrunds wählen. Dadurch werden die Tabellenzellen voneinander getrennt, ohne dass die Begrenzungslinien vom Inhalt ablenken.

6. Passen Sie Ausrichtung und Größe der Tabelle an, indem Sie den Objektrahmen der Tabelle wie ein Zeichnungsobjekt mit der Maus skalieren und verschieben.

7. Beschriften Sie die Tabelle und nehmen Sie die Formatierung des Textes über die Symbolleiste *Format* (bis PowerPoint 2003) bzw. die Registerkarte *Start* (Version 2007) vor.

8. Passen Sie die Breite der Zellen am rechten und am linken Rand der Tabelle an, indem Sie alle Zellen einer Spalte markieren und die innere Begrenzungslinie nach außen verschieben.

9. Markieren Sie alle Zellen der drei mittleren Tabellenspalten und klicken Sie dann auf die Schaltfläche *Spalten gleichmäßig verteilen* in der Symbolleiste *Tabellen und Rahmen* (bis Version 2003) bzw. auf der Registerkarte *Tabellentools/Layout* (Version 2007).

Die Tabelle fertigstellen

Wandeln Sie nun die PowerPoint-Tabelle in AutoFormen um:

1. Heben Sie (bis Version 2003) über *Zeichnen/Gruppierung aufheben* die Gruppierung der Tabelle auf und bestätigen Sie die Abfrage, ob die Tabelle in das PowerPoint-Format konvertiert werden soll, mit *Ja*.

   Dies ist in Version 2007 nicht mehr so einfach möglich. Markieren Sie hier die Tabelle zusammen mit einem weiteren Objekt, z.B. einer Form. Kopieren Sie beide zusammen in die Zwischenablage und fügen Sie sie über *Einfügen/Inhalte einfügen* als *Bild (Erweiterte Metadatei)* wieder ein. Heben Sie anschließend die Gruppierung dieser EMF-Grafik auf.

2. Gruppieren Sie alle Bestandteile der Tabelle über *Zeichnen/Gruppierung* bzw. über *Zeichentools/Format/Gruppieren/Gruppieren* und passen Sie gegebenenfalls Breite und Höhe des gruppierten Objekts an.

3. Fertigen Sie Kopien der ersten Tabelle an, indem Sie ⎡Strg⎤+⎡⇧⎤ gedrückt halten und die Tabelle mit der Maus vertikal verschieben.

4. Richten Sie zum Schluss über *Zeichnen/Ausrichten oder verteilen Zeichentools/Format/Ausrichten* die Tabellenblöcke gleichmäßig aus und bauen Sie im rechten Randbereich die Kostenampel ein.

Volle Kontrolle: Tabellen aus AutoFormen aufbauen

Alternativ zur Tabellenfunktion von PowerPoint können Sie Tabellen auch unmittelbar aus AutoFormen aufbauen. Dies hat den Vorteil, dass Sie die Bestandteile der Tabelle von Anfang an flexibel formatieren können. So trennen Sie beispielsweise den Tabellenkopf durch einen größeren Abstand auch optisch vom Tabellenkörper oder heben bestimmte Bereiche der Tabelle hervor.

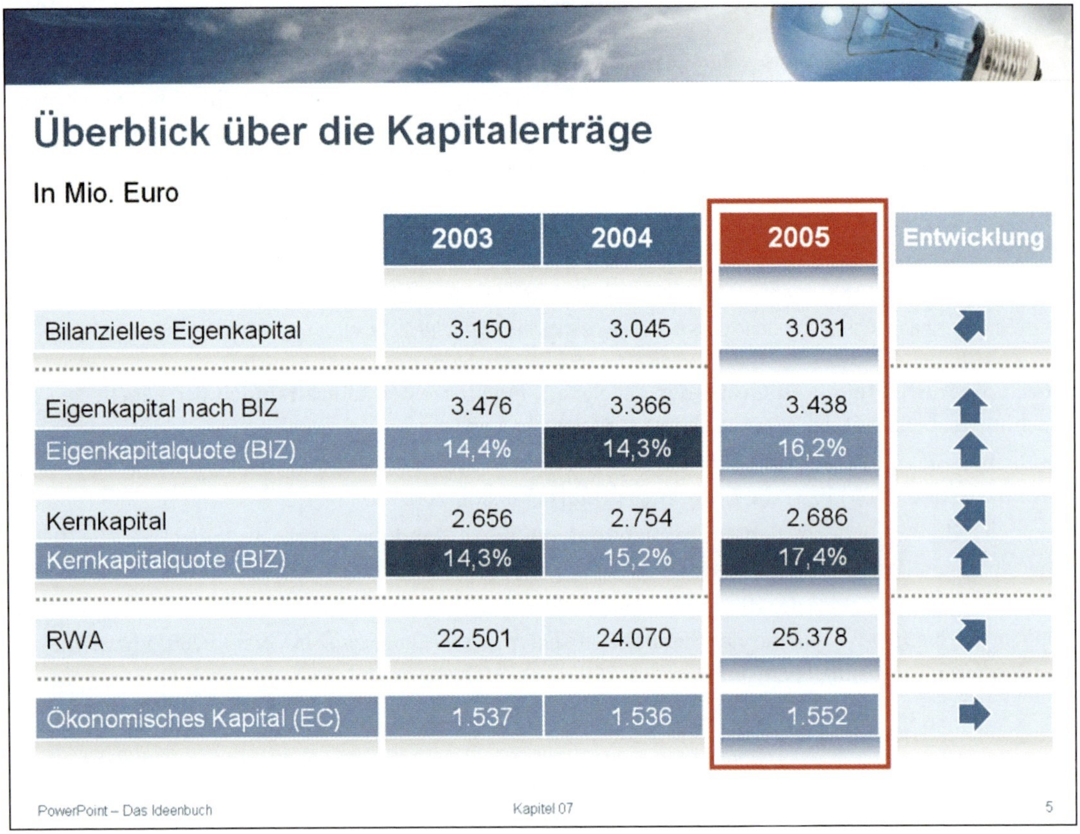

Überblick über die Kapitalerträge

In Mio. Euro

	2003	2004	2005	Entwicklung
Bilanzielles Eigenkapital	3.150	3.045	3.031	
Eigenkapital nach BIZ	3.476	3.366	3.438	
Eigenkapitalquote (BIZ)	14,4%	14,3%	16,2%	
Kernkapital	2.656	2.754	2.686	
Kernkapitalquote (BIZ)	14,3%	15,2%	17,4%	
RWA	22.501	24.070	25.378	
Ökonomisches Kapital (EC)	1.537	1.536	1.552	

PowerPoint – Das Ideenbuch   Kapitel 07   5

Abbildung 7.13   Mithilfe von AutoFormen erstellen und formatieren Sie Tabellen flexibel und nach Maß

CD-ROM   Das Beispiel zu diesem Abschnitt finden Sie auf der CD-ROM zum Buch im Ordner *\Buch\Kap07* in der Datei *Tabelle.ppt* bzw. der Datei *Tabelle_2007.pptx* auf Folie 7.

Die Tabelle vorbereiten

Am schnellsten erstellen Sie eine Tabelle aus AutoFormen, indem Sie aus Rechtecken, senkrechten und waagerechten Linien einen Prototyp für die erste Zeile erstellen, formatieren, gruppieren und dann für alle weiteren Tabellenzeilen kopieren.

Die meisten der im Folgenden beschriebenen Einstellungen erreichen Sie in PowerPoint 2007 am schnellsten, indem Sie die Form mit der rechten Maustaste anklicken und dann *Form formatieren* wählen.

1. Zeichnen, formatieren und beschriften Sie zunächst das erste Rechteck.
2. Nehmen Sie die Formatierung und Ausrichtung von Text oder Zahlen vor. Doppelklicken Sie dazu auf die AutoForm und aktivieren Sie im Dialogfeld *AutoForm formatieren* die Registerkarte *Textfeld*.

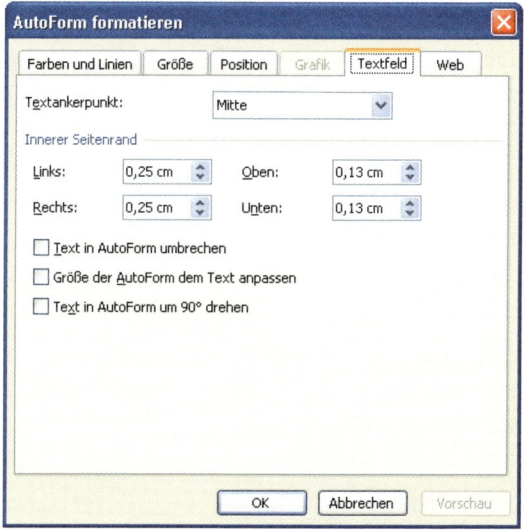

Abbildung 7.14 Legen Sie auf der Registerkarte *Textfeld* die Ausrichtung von Texten innerhalb einer AutoForm fest

- Der *Textankerpunkt* bestimmt die Lage Ihres Textes bzw. Ihrer Zahlen innerhalb der AutoForm. Wählen Sie *Mitte*, um den Inhalt zentriert auszurichten.

- Definieren Sie unter *Innerer Seitenrand* den Abstand zwischen Text und äußerem Rand der Auto-Form, wenn dieser von den Standardeinstellungen abweichen soll.

- *Text in AutoForm umbrechen* bewirkt, dass der Text innerhalb der von Ihnen vorgegebenen Breite der AutoForm in die nächste Zeile umbrochen wird.

- Wählen Sie *Größe der AutoForm dem Text anpassen*, wenn Ihr Text nicht umbrochen werden soll.

TIPP   In einer Tabelle ist die Breite der AutoFormen in der Regel definiert. Daher sollten Sie die Option *Text in Auto-Form umbrechen* aktivieren.

3. Erstellen Sie so viele Kopien der ersten AutoForm, wie Sie für eine Zeile der Tabelle benötigen. Passen Sie gegebenenfalls die Breite der einzelnen Elemente an und richten Sie sie über *Zeichnen/Ausrichten oder verteilen* bzw. *Zeichentools/Format/Ausrichten* aus.
4. Gruppieren Sie über *Zeichnen/Gruppierung Zeichentools/Format/Gruppieren/Gruppieren* alle Bestandteile der ersten Tabellenzeile.

Die Elemente der Tabelle zusammensetzen

Erstellen Sie Kopien der ersten Tabellenzeile und ordnen Sie diese in einer vertikalen Folge an, indem Sie ⌈Strg⌉+⌈⇧⌉ gedrückt halten, während Sie die Objektgruppe in die gewünschte Richtung ziehen.

Verwenden Sie zum genaueren Ausrichten der markierten Form(en) die Richtungstasten der Tastatur.

Vergrößern Sie zum präziseren Arbeiten gegebenenfalls den sichtbaren Bildschirmausschnitt, indem Sie aus dem Dropdown-Listenfeld *Zoom* in der Standardsymbolleiste einen Wert größer 100% wählen. Neben den dort angegebenen Zoom-Werten können Sie auch einen beliebigen Wert direkt in das zuvor markierte Zoom-Feld eingeben. In PowerPoint 2007 stehen Ihnen die Zoomfunktionen u.a. über die betreffenden Bedienelemente rechts in der Statusleiste zur Verfügung.

Beim Skalieren die Anordnung von AutoFormen erhalten

Wenn Sie mehrere AutoFormen markieren und gleichzeitig skalieren, fällt die ursprüngliche Anordnung der AutoFormen auseinander. Gruppieren Sie deshalb über *Zeichnen/Gruppierung* die Elemente, die Sie gemeinsam skalieren möchten. Durch die Gruppierung verhalten sich die einzelnen AutoFormen wie ein einziges Objekt und die Anordnung der einzelnen Elemente innerhalb des Objekts bleibt beim Skalieren erhalten.

Kennzeichen eines zusammengesetzten Objekts ist, dass nicht mehr die einzelnen Elemente Ziehpunkte aufweisen, sondern das Objekt Ziehpunkte an den Ecken und in der Mitte jeder Seite – also insgesamt acht – zeigt.

Um die Größe einzelner Elemente innerhalb einer Gruppierung nachträglich zu verändern, müssen Sie die Gruppierung wieder aufheben.

Füll- und Linienfarben können Sie dagegen innerhalb der Gruppierung bearbeiten. Markieren Sie dazu das Objekt und klicken Sie ein weiteres Mal auf das Element innerhalb der Gruppierung. Dann können Sie die ausgewählte AutoForm unabhängig vom Rest der Gruppe formatieren.

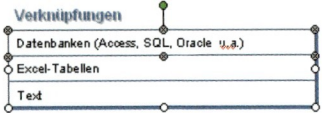

Abbildung 7.15 Über eine doppelte Markierung innerhalb der Gruppierung können Objekte einzeln bearbeitet werden

---

TIPP   PowerPoint merkt sich die einzelnen Objekte, die in einer Gruppe zusammengefügt waren. Um eine Gruppierung wiederherzustellen, genügt es, wenn Sie ein Element der aufgelösten Gruppe markieren und dann *Zeichnen/Gruppierung wiederherstellen* wählen.

AutoFormen exakt ausrichten

Drei Funktionen unterstützen Sie beim exakten Ausrichten mehrerer AutoFormen oder gruppierter Objekte:

Ausrichten oder verteilen

Markieren Sie alle Elemente, die Sie anordnen möchten. Richten Sie einzelne AutoFormen oder Gruppen relativ zueinander aus, indem Sie in der Symbolleiste *Zeichnen* die Befehlsfolge *Zeichnen/Ausrichten oder verteilen* bzw. auf der Registerkarte *Zeichentools/Format* die Funktion *Ausrichten* wählen. Bestimmen Sie dann, ob die gewählten Elemente horizontal oder vertikal verteilt, bündig ausgerichtet oder zentriert werden sollen.

Das Raster nutzen

Wählen Sie die Befehlsfolge *Ansicht/Raster und Führungslinien* und aktivieren Sie die Option *Objekte am Raster ausrichten*. Ändern Sie bei Bedarf den Wert unter *Rastereinstellungen*, um die Größe des Rasters anzupassen.

Zeichnungslinien (Führungslinien) verwenden

Zeigen Sie über die Befehlsfolge *Ansicht/Raster und Führungslinien* die Zeichnungslinien auf dem Bild-schirm an. Dabei handelt es sich um horizontale und vertikale, sehr fein gestrichelte Linien. Erstellen Sie aus mehreren horizontalen und vertikalen Zeichnungslinien ein Gestaltungsraster, das Sie bei der exakten Ausrichtung der Tabellenelemente unterstützt:

- Verschieben Sie die Zeichnungslinien mit der Maus und nutzen Sie bei der Erstellung des Gestaltungs-rasters gegebenenfalls die Positionsangabe, die beim Verschieben der Linie angezeigt wird.

- Erstellen Sie weitere Zeichnungslinien, indem Sie eine vorhandene Linie verschieben und dabei die `Strg`-Taste gedrückt halten.

- Entfernen Sie überflüssige Linien, indem Sie diese über den Folienrand hinausziehen.

HINWEIS   Zeichnungslinien können in PowerPoint nicht vor Veränderungen geschützt werden. Achten Sie darauf, dass Sie die Linien Ihres Gestaltungsrasters nicht versehentlich verschieben, da dieser Schritt nicht rückgängig gemacht werden kann.

Zusätzlich zu den Zeichnungslinien können Sie über das Menü bzw. die Registerkarte *Ansicht* das *Lineal* aktivieren, das Maß-angaben zu Ihrer Folie anzeigt.

Aufbereitet: Eine Entscheidungsmatrix visualisieren

Die Entscheidungsmatrix ist eine besondere Form der Tabelle, die Bewertungskriterien für mehrere Lösun-gen darstellt und dadurch die Entscheidungsfindung unterstützt.

- Mit einer *einfachen* Entscheidungsmatrix zeigen Sie, ob ein Kriterium eine bestimmte Eigenschaft besitzt oder nicht.

- Bei einer *bewerteten* Entscheidungsmatrix dagegen kann ein einzelnes Kriterium eine Eigenschaft in unterschiedlichem Maße erfüllen. Dieser Erfüllungsgrad wird dann durch eine Zahlenreihe abgestuft oder durch Symbole dargestellt.

Welche Form der Entscheidungsmatrix Sie auch verwenden: Beide Instrumente sollen dem Betrachter die Entscheidungsfindung erleichtern und müssen deshalb auf einen Blick zu erfassen sein. Wir stellen Ihnen in diesem Abschnitt drei Möglichkeiten zur Visualisierung vor.

Eine einfache Entscheidungsmatrix erstellen

Ausgangspunkt ist eine Tabelle aus einzelnen AutoFormen, wie sie im vorangegangenen Abschnitt bereits beschrieben wurde. Kennzeichnen Sie in dieser Tabelle mit einem Symbol, ob ein bestimmtes Kriterium die beschriebene Eigenschaft erfüllt.

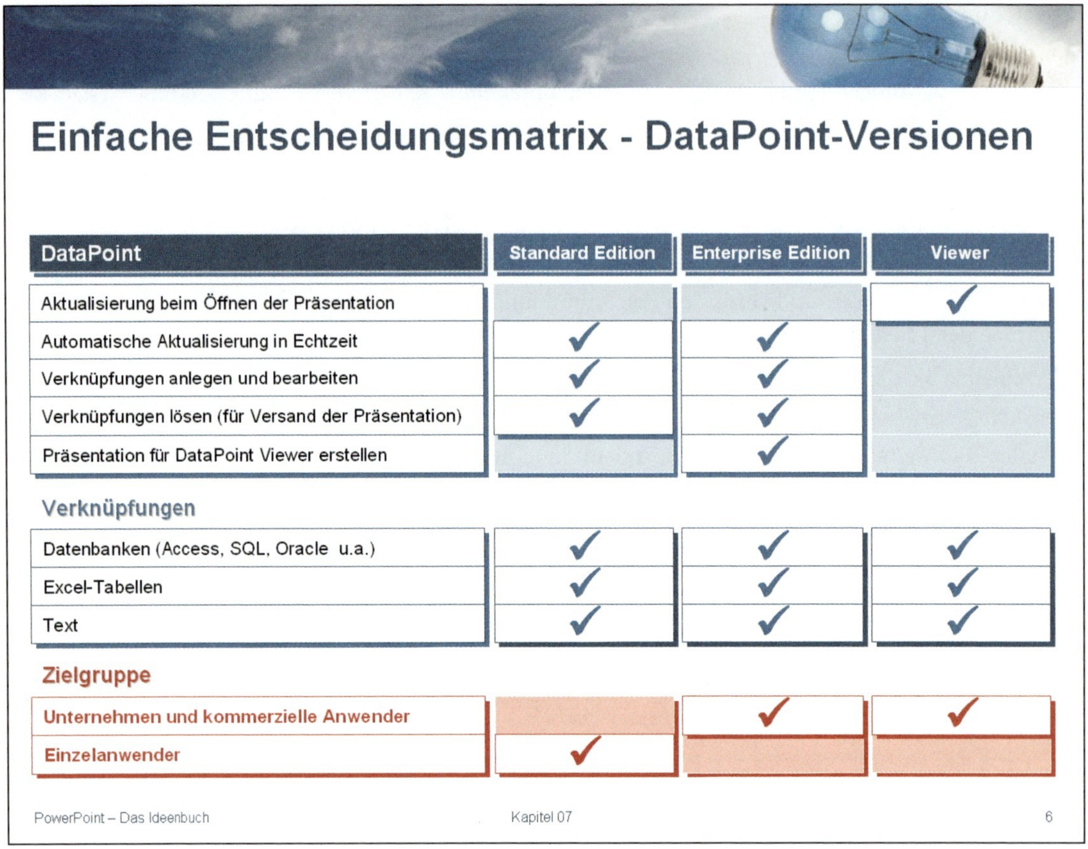

Einfache Entscheidungsmatrix - DataPoint-Versionen

DataPoint	Standard Edition	Enterprise Edition	Viewer
Aktualisierung beim Öffnen der Präsentation			✓
Automatische Aktualisierung in Echtzeit	✓	✓	
Verknüpfungen anlegen und bearbeiten	✓	✓	
Verknüpfungen lösen (für Versand der Präsentation)	✓	✓	
Präsentation für DataPoint Viewer erstellen		✓	
Verknüpfungen			
Datenbanken (Access, SQL, Oracle u.a.)	✓	✓	✓
Excel-Tabellen	✓	✓	✓
Text	✓	✓	✓
Zielgruppe			
Unternehmen und kommerzielle Anwender		✓	✓
Einzelanwender	✓		

PowerPoint – Das Ideenbuch   Kapitel 07   6

Abbildung 7.16   Eine einfache Entscheidungsmatrix gibt Auskunft darüber, ob ein Kriterium erfüllt ist oder nicht

Die Matrix zeigt, welche Funktionen ein bestimmtes Produkt erfüllt und welche nicht. Für die Symbole zur Kennzeichnung werden hier Symbolschriften wie z.B. Webdings oder Wingdings verwendet. In diesen Zeichensätzen finden Sie zahlreiche weitere Symbole, die für eine spezifische Aussage geeignet sind. Alternativ dazu können Sie auch AutoFormen zeichnen, die Sie an entsprechenden Stellen der Tabelle platzieren.

Noch deutlicher unterscheiden Sie zwischen erfüllten und nicht erfüllten Kriterien, indem Sie Bereiche mit nicht erfüllten Kriterien in einer anderen Farbe formatieren.

CD-ROM   Das Beispiel zu diesem Abschnitt finden Sie auf der CD-ROM zum Buch im Ordner \Buch\Kap07 in der Power-Point-Datei *Tabelle.ppt* bzw. der Datei *Tabelle_2007.pptx* auf Folie 8.

Eine bewertete Entscheidungsmatrix erstellen

Bei dieser Matrixform erfolgt eine Gewichtung der einzelnen Kriterien, um eine differenzierte Entscheidung zu treffen. Oft wird der Erfüllungsgrad eines Kriteriums mit einer abgestuften Zahlenreihe bewertet, die einem Notensystem gleicht (siehe Abbildung 7.17 links).

Harvey Balls (siehe Abbildung 7.17 rechts) oder eine Farbskala eignen sich ebenfalls hervorragend für die Darstellung des Erfüllungsgrads.

WICHTIG Fügen Sie in jedem Fall eine Legende zur Erläuterung der Bewertungsskala auf der Folie ein.

Bewertete Entscheidungsmatrix mit Zahlen

5 sehr gut
4 gut
3 mittel
2 schlecht
1 sehr schlecht

	Konzept 1	Konzept 2	Konzept 3	Konzept 4	Konzept 5	Konzept 6	Konzept 7
Kosten / Wirtschaftlichkeit	0	2	3	4	3	1	2
Technische Machbarkeit	1	3	2	1	3	3	2
Zeitaufwand bis zur Umsetzung	3	0	3	2	3	4	5
Verhältnismäßigkeit	2	5	4	3	3	0	4
Restrisiko und Unsicherheiten	4	1	2	4	4	3	2
Umweltverträglichkeit	1	2	2	3	5	2	1
Politik	3	2	3	4	1	5	2
Bewertung ohne Kosten	14	13	16	17	19	17	16
Bewertung mit Kosten	14	15	19	21	22	18	18

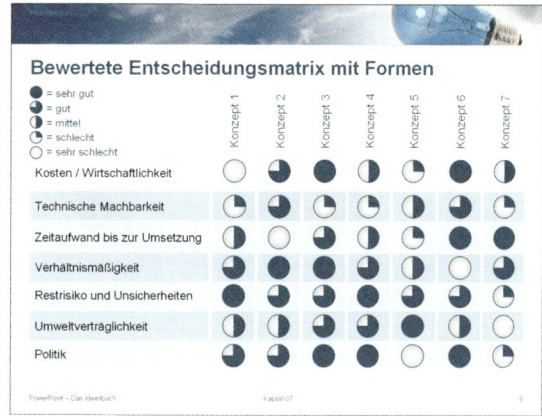

Abbildung 7.17 Mit einer bewerteten Entscheidungsmatrix treffen Sie eine rationale Entscheidung nach festgelegten Bewertungskriterien

CD-ROM Die in diesem Abschnitt gezeigten Beispiele finden Sie auf der CD-ROM zum Buch im Ordner *Buch\Kap07* in der Datei *Tabelle.ppt* bzw. der Datei *Tabelle_2007.pptx* auf den Folien 9 bis 11.

So erstellen Sie eine bewertete Entscheidungsmatrix:

1. Legen Sie zuerst die Kriterien fest, die für Ihre Entscheidung wesentlich sind, und erstellen Sie dann aus einzelnen AutoFormen die erste Spalte Ihrer Matrix.

2. Erstellen Sie einzelne Spalten für jede Lösungsvariante, indem Sie die bereits erstellte Spalte mit der Tastenkombination `Strg`+`⇧` bei gleichzeitigem Ziehen mit der Maus kopieren. Passen Sie Breite und Ausrichtung an, damit alle Spalten und Zeilen auf die Folie passen.

3. Erstellen Sie den Kopf der Tabelle und tragen Sie hier die Entscheidungsalternativen mit einem kurzen Stichwort ein.

TIPP Wenn Ihre Spaltenbezeichnungen zu lang sind, um horizontal nebeneinander zu stehen, können Sie Text auch vertikal anordnen. Markieren Sie dazu das Textfeld oder die AutoForm. Drehen Sie dann das markierte Objekt, indem Sie den grünen Markierungspunkt in die gewünschte Richtung ziehen. Halten Sie dabei beim Drehen die `⇧`-Taste gedrückt, erfolgt die Drehung in 15-Grad-Schritten.

4. Beschriften Sie die einzelnen AutoFormen mit Zahlenwerten oder verwenden Sie Symbole für die Bewertungsskala.

TIPP Wenn Sie Zahlenwerte verwenden, können Sie unterhalb der Tabelle für jedes Kriterium eine Summenzeile einfügen. Heben Sie die Spalte mit dem höchsten Ergebnis durch eine andere Farbe, einen Rahmen oder eine andere Schriftgröße oder -auszeichnung hervor.

Mit Harvey Balls bewerten

Harvey Balls sind kleine Kreisdiagramme. Die Kreisfläche ist in vier gleich große Segmente aufgeteilt, die den Erfüllungsgrad kennzeichnen. Auf diese Weise unterscheiden sie bis zu fünf Bewertungsgrade.

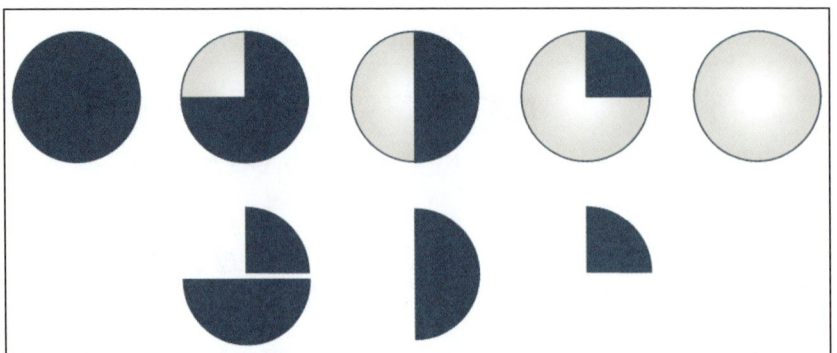

Abbildung 7.18   Eigene Harvey Balls aus AutoFormen erstellen Sie mit einem Kreis und einem Halbbogen

Die Harvey Balls setzen Sie aus Kreis, Halbkreis und Viertelkreis zusammen:

1. *Vollkreis:* Zeichnen Sie einen Kreis mit dem Ellipsenwerkzeug. Halten Sie, während Sie die AutoForm zeichnen, die ⬨-Taste gedrückt, um eine kreisrunde Form aufzuziehen.

2. Füllen Sie den ersten Kreis mit einer dunklen Farbe. Benutzen Sie diese auch als Linienfarbe und wählen Sie eine feine Linienform als Linienart.

3. Kopieren Sie den ersten Kreis, füllen Sie diesen mit einer hellen Farbe und behalten Sie Linienfarbe und Linienart bei.

TIPP   Verwenden Sie als Füllfarbe einen zweifarbigen Verlauf mit der Schattierungsart *Aus der Mitte*. Ihr Harvey Ball wirkt dadurch plastischer.

4. *Halbkreis:* Wählen Sie über *Zeichnen/AutoFormen/Standardformen* bzw. *Einfügen/Formen/Standardformen* den Halbbogen aus. Halten Sie beim Zeichnen die ⬨-Taste gedrückt. Ziehen Sie anschließend den gelben Formkorrekturpunkt in die Mitte, um aus dem Bogen einen Halbkreis zu erstellen. Weisen Sie dann dem Bogen eine Füllfarbe zu.

TIPP   Es erfordert etwas Übung und »Fingerspitzengefühl«, um beim Ziehen des Formkorrekturpunkts den Mauszeiger exakt waagerecht zu bewegen. Die kleinste Abweichung kann zu einem völlig anderen Ergebnis führen. Bewegen Sie die Maus in kleinen Schritten und vergrößern Sie gegebenenfalls den sichtbaren Bildschirmausschnitt.

Blenden Sie über *Ansicht/Raster und Führungslinien* das Raster ein und aktivieren Sie die Option *Objekte am Raster ausrichten*.

5. Ordnen Sie den Halbkreis direkt über einer Kopie des hellen Kreises an und passen Sie seine Größe an die des Kreises an. Rufen Sie dazu per Doppelklick auf den Halbkreis das Dialogfeld *AutoForm formatieren* auf und geben Sie auf der Registerkarte *Größe* die exakten Werte für Höhe und Breite ein.

6. *Viertelkreis:* Kopieren Sie den Halbkreis und ändern Sie ihn in einen Viertelkreis, indem Sie wiederum den gelben Formkorrekturpunkt ziehen. Drehen Sie gegebenenfalls die AutoForm, um die Kanten des Viertelkreises genau auszurichten.

7. Duplizieren Sie die verschiedenen AutoFormen und stellen Sie daraus die fünf verschiedenen Harvey Balls wie in Abbildung 7.18 gezeigt zusammen. Gruppieren Sie dann die Bestandteile jedes einzelnen Harvey Balls.

8. Ordnen Sie die fertigen Symbole in der Tabelle an. Erstellen Sie eine Legende und fügen Sie Beschriftungen zur Erläuterung der einzelnen Bewertungskriterien hinzu.

Mit einem »Ampel-System« bewerten

Die Farben einer Ampel eignen sich dann, wenn drei Gewichtungsstufen visuell unterschieden werden sollen. Mit zusätzlichen Symbolen können Sie diese Aussage noch verstärken.

Abbildung 7.19   Eine Entscheidungsmatrix mit drei Bewertungskriterien in den Ampelfarben Rot, Gelb und Grün

1. Zeichnen Sie einen Kreis mit dem Ellipsenwerkzeug. Halten Sie, während Sie die AutoForm zeichnen, die ⌂-Taste gedrückt.
2. Duplizieren Sie den Kreis zweimal und weisen Sie den Kreisen die Farben Rot, Grün und Gelb zu.

> **TIPP**   Wenn Sie Ihre Präsentation in Schwarz-Weiß ausdrucken möchten, verwenden Sie zusätzlich Symbole. So können Sie sichergehen, dass Ihre Bewertungskriterien optisch eindeutig zu unterscheiden sind.

3. Fügen Sie Symbole aus einer Symbolschrift direkt in die AutoForm ein. Alternativ dazu können Sie ein Textfeld mit einem Symbol auch in ein WordArt-Objekt verwandeln, wenn Sie dieses nachbearbeiten möchten.
4. Die hier verwendete Ampel finden Sie in der Microsoft ClipArt-Sammlung.
5. Erstellen Sie eine Legende zur Erläuterung und geben Sie gegebenenfalls für den Druck in Schwarz-Weiß auch die Bezeichnung der Farben an.

TIPP   Mit WordArt können Sie Füll- und Linienfarbe eines Symbols unabhängig voneinander formatieren. Um den Inhalt eines Textfeldes in WordArt zu übernehmen, müssen Sie ihn nur kopieren. Klicken Sie dann in der Symbolleiste *Zeichnen* auf die Schaltfläche *WordArt einfügen*, wird WordArt mit dem Inhalt des Textfeldes gestartet.

Zeitsparend: Excel-Auswertungen gekonnt in PowerPoint importieren

Häufig werden in Präsentationen Auswertungen gezeigt, die bereits in einer Excel-Arbeitsmappe vorliegen. Diese Excel-Tabellen und -Diagramme können Sie unmittelbar mit PowerPoint verwenden. Um sie auch optisch ansprechend in die PowerPoint-Folie zu integrieren, sind nur wenige vorbereitende Handgriffe in Excel erforderlich. Lesen Sie im Folgenden, welche Vorarbeiten und Handgriffe dabei erforderlich sind.

Excel für PowerPoint optimieren und anpassen

Anders als für PowerPoint-Vorlagen werden in Excel-Arbeitsmappen in der Regel keine benutzerdefinierten Farbpaletten erstellt, sondern die voreingestellten Standardfarben verwendet. Um importierte Tabellen und Diagramme nicht jedes Mal aufs Neue nachbearbeiten zu müssen, lohnt es sich, auch in Excel eine Farbpalette mit »Hausfarben« einzurichten.

Deaktivieren Sie darüber hinaus in Excel die Anzeige der in PowerPoint störenden Gitternetzlinien und passen Sie die Größe der Tabelle bzw. des Diagramms bereits in Excel an, um in PowerPoint Verzerrungen bei der Darstellung in der Bildschirmpräsentation zu vermeiden.

Die Excel-Farbpalette an das Farbschema von PowerPoint anpassen

Die im Folgenden beschriebene Vorgehensweise ist in Office 2007 nicht mehr erforderlich. Hier legen Sie über *Entwurf/Farben/Neue Designfarben erstellen* eine Palette aus zwölf Designfarben fest. Überschreiben Sie den vorgegebenen Namen *Benutzerdefiniert* mit einer eigenen Bezeichnung und bestätigen Sie Ihre Einstellungen mit *Speichern*. Die Designfarben werden dadurch im Standardvorlagenverzeichnis als XML-Datei abgelegt und können auch in Excel über *Seitenlayout/Farben* ausgewählt werden.

PowerPoint-Vorlagen (bis Version 2003) verfügen über ein Farbschema aus acht Farben, das Text-, Füll- und Linienfarben der einzelnen Elemente einer Präsentation bestimmt. In Excel (bis Version 2003) steht Ihnen eine Farbpalette mit Standardfarben sowie Füll- und Linienfarben für Diagramme zur Verfügung, die Sie frei definieren können.

Die Excel-Farbpalette mit 40 Füllfarben

Die 8 benutzerdefinierten Farben Ihrer PowerPoint-Vorlage

Abbildung 7.20   Definieren Sie in der Farbpalette Ihrer Excel-Datei die gleichen Farbtöne, die Sie auch in der PowerPoint-Vorlage verwenden

So stimmen Sie die Excel-Farbpalette mit Ihrer PowerPoint-Vorlage ab:

1. Wählen Sie in Ihrer Excel-Arbeitsmappe die Befehlsfolge *Extras/Optionen* und rufen Sie die Register-karte *Farbe* auf.

2. Markieren Sie ein Farbfeld und klicken Sie dann auf die Schaltfläche *Ändern*.

3. Wechseln Sie im Dialogfeld *Farben* zur Registerkarte *Benutzerdefiniert* und geben Sie dort die RGB-Farbwerte ein, die der Farbe aus Ihrer PowerPoint-Präsentation entsprechen.

   Hinterlegen Sie in gleicher Weise alle anderen Farben Ihrer PowerPoint-Vorlage in den Standardfarben sowie den Diagrammfüllfarben und -linien.

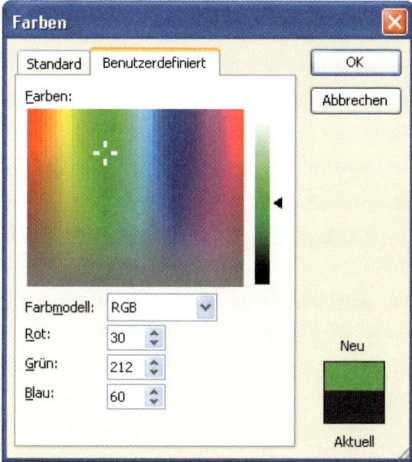

Abbildung 7.21 Mithilfe der drei RGB-Farbwerte definieren Sie in PowerPoint und Excel jede beliebige Farbe

Benutzerdefinierte Farben in andere Excel-Arbeitsmappen übernehmen

Haben Sie die Farbpalette einer Excel-Datei an das Farbschema von PowerPoint angepasst, können Sie diese Einstellung auf weitere Excel-Dateien übertragen:

1. Öffnen Sie sowohl die Arbeitsmappe mit der benutzerdefinierten Farbpalette als auch diejenige, deren Farbpalette Sie anpassen möchten.

2. Rufen Sie in der Arbeitsmappe ohne benutzerdefinierte Farbpalette über die Befehlsfolge *Extras/Optio-nen* die Registerkarte *Farbe* auf.

3. Wählen Sie über *Farben kopieren aus* die Datei aus, deren Farbpalette Sie übernehmen möchten.

Gitternetzlinien in Excel ausschalten

Zur besseren optischen Unterscheidung der einzelnen Zellen verwendet Excel feine Gitternetzlinien. Fügen Sie eine Excel-Tabelle in PowerPoint ein, werden diese Gitternetzlinien sowohl auf dem Bildschirm darge-stellt als auch im Druck wiedergegeben und stören das Erscheinungsbild der Folie.

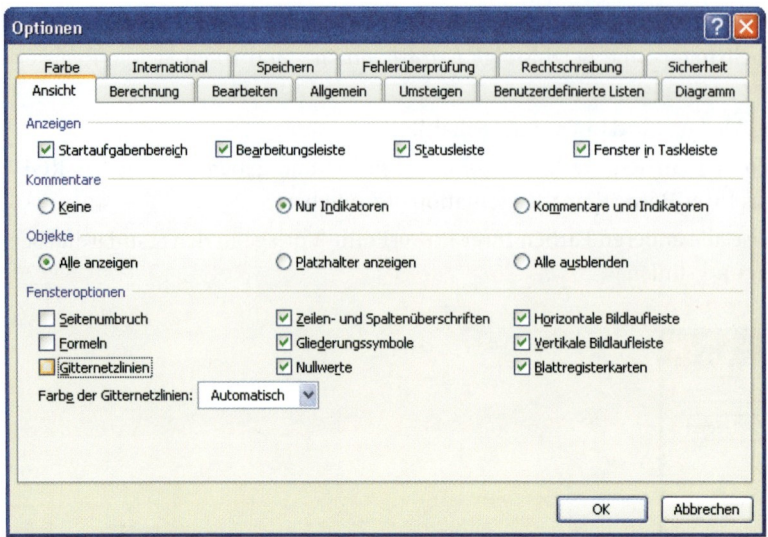

Abbildung 7.22   Die Gitternetzlinien von Excel müssen für jedes Arbeitsblatt gesondert deaktiviert werden

Um die Anzeige von Gitternetzlinien in PowerPoint zu vermeiden, müssen Sie die Anzeige von Gitternetzlinien in Excel für jedes einzelne Tabellenblatt deaktivieren:

1. Bis Version 2003 öffnen Sie Ihre Excel-Datei und klicken im Menü *Extras* auf *Optionen*.

2. Rufen Sie im Dialogfeld *Optionen* die Registerkarte *Ansicht* auf.

3. Deaktivieren Sie das Kontrollkästchen *Gitternetzlinien* und bestätigen Sie mit *OK*.

In Excel 2007 nutzen Sie das Kontrollkästchen zum Ausschalten der *Gitternetzlinien* wahlweise auf der Registerkarte *Seitenlayout* oder auf der Registerkarte *Ansicht*.

Größe und Proportionen einer Excel-Tabelle optimieren

In PowerPoint eingefügte Excel-Tabellen sind frei skalierbar und können beliebig auf der Folie angeordnet werden. Wenn Sie beim Skalieren jedoch das Bildseitenverhältnis der Tabelle verändern, kommt es zu Verzerrungen in der Darstellung von Text und Zahlenwerten, die in der Bildschirmpräsentation deutlich sichtbar sind. Vermeiden Sie solche Probleme, indem Sie Ihre Tabellen schon in Excel im richtigen Seitenverhältnis anlegen.

1. Zeichnen Sie auf einer PowerPoint-Folie ein Rechteck ohne Füllfarbe, das den Bereich umfasst, in dem die Excel-Tabelle angezeigt werden soll.

2. Kopieren Sie das Rechteck und fügen Sie es in Ihr Excel-Tabellenblatt ein.

3. Rufen Sie per Doppelklick auf das markierte Rechteck das Dialogfeld *AutoForm formatieren* auf und wechseln Sie zur Registerkarte *Eigenschaften*.

4. Aktivieren Sie die Option *Von Zellposition und -größe unabhängig*.

5. Legen Sie das Rechteck über Ihre Excel-Tabelle und richten Sie die Tabelle so aus, dass Breite und Höhe der Tabelle der des Rechtecks entsprechen.

Wenn Sie die Tabelle dann über die Zwischenablage in PowerPoint einfügen (siehe hierzu weiter hinten in diesem Kapitel den Abschnitt »Nur einen Ausschnitt einer Excel-Tabelle einfügen«), wird sie automatisch in der richtigen Größe angezeigt.

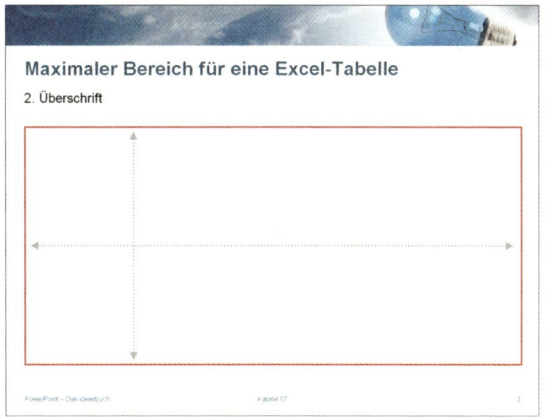

Abbildung 7.23   Passen Sie in Excel die Größe der Tabelle so an, wie Sie sie später in PowerPoint benötigen

Inhalte aus Excel in PowerPoint importieren

PowerPoint bietet Ihnen mehrere Möglichkeiten, Inhalte aus Excel zu importieren. Welche Sie einsetzen, hängt davon ab, wie Sie die Tabelle in PowerPoint weiterbearbeiten möchten. Sie können eine Tabelle als festen Bestandteil Ihrer Präsentation einbinden oder aber eine Verknüpfung erstellen, die Änderungen der Quelldatei automatisch in PowerPoint übernimmt.

Einbinden oder verknüpfen?

Wenn Sie nur den derzeitigen Stand der Inhalte verwenden möchten, fügen Sie eine *eingebundene Tabelle* in PowerPoint ein. Die Tabelle wird zu einem festen Bestandteil Ihrer Präsentation und besitzt keinen Bezug mehr zur Quelldatei.

Durch Doppelklick auf das Tabellenblatt können Sie feststellen, ob eine Tabelle in PowerPoint eingebunden ist. Wird Excel innerhalb von PowerPoint geöffnet, wurde die Tabelle in die Präsentation eingebunden und kann in PowerPoint bearbeitet werden.

HINWEIS   Eingebundene Objekte und Tabellen erweitern die Dateigröße Ihrer Präsentation, da die Excel-Datei in Power-Point gespeichert wird.

Bei einer *verknüpften Tabelle* werden lediglich die Inhalte und Daten aus einem Excel-Tabellenblatt auf Ihrer Folie dargestellt. Änderungen, die Sie in Excel vornehmen, werden direkt in PowerPoint übernommen. Auf diese Weise können Sie sicherstellen, dass die Daten in Ihrer Präsentation immer auf dem neuesten Stand sind. Bei jedem Öffnen der Präsentation prüft PowerPoint automatisch, ob Verknüpfungen vorhanden sind, und aktualisiert diese auf Ihren Wunsch hin.

HINWEIS   Verknüpfungen bewirken kleinere Dateigrößen, da PowerPoint nur den Verknüpfungspfad und die zum Anzeigen erforderlichen Daten mitspeichert.

Die Excel-Tabelle als Datei einfügen

Mit den folgenden Schritten fügen Sie ein Excel-Tabellenblatt in Ihre Präsentation ein. Legen Sie dabei im Dialogfeld *Objekt einfügen* fest, ob Sie das Objekt in PowerPoint einbinden oder eine Verknüpfung herstellen möchten.

1. Fügen Sie eine neue Folie ein und klicken Sie anschließend auf *Einfügen/ Objekt*.
2. Wählen Sie im Dialogfeld *Objekt einfügen* die Option *Aus Datei erstellen*.
3. Klicken Sie auf die Schaltfläche *Durchsuchen* und wählen Sie Ihre Excel-Datei aus.
4. Aktivieren Sie das Kontrollkästchen *Verknüpfung*, wenn Sie die Tabelle nicht einbinden, sondern mit Ihrer Präsentation verknüpfen möchten.
5. Bestätigen Sie mit *OK*.

TIPP   PowerPoint zeigt immer die zuletzt in Excel gespeicherte Ansicht eines Tabellenblatts an.

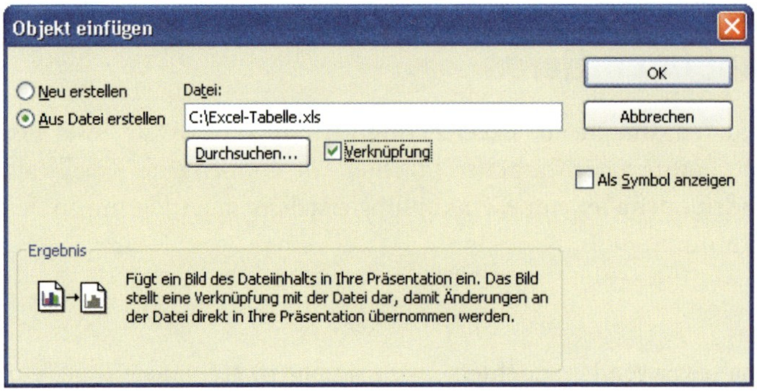

Abbildung 7.24   So verknüpfen Sie eine Excel-Tabelle mit Ihrer PowerPoint-Präsentation. Deaktivieren Sie das Kontrollkästchen *Verknüpfung*, wenn der Inhalt der Excel-Tabelle in die Präsentation eingebunden werden soll.

Nur einen Ausschnitt einer Excel-Tabelle einfügen

In den meisten Fällen werden Sie nicht das vollständige Tabellenblatt, sondern nur einen bestimmten Ausschnitt in der Präsentation zeigen. Gehen Sie dann den Weg über die Zwischenablage:

1. Markieren Sie in der Excel-Datei den Bereich, den Sie in der Präsentation zeigen möchten, und kopieren Sie ihn mit der Tastenkombination `Strg`+`C` in die Zwischenablage.
2. Wählen Sie in PowerPoint bis zur Version 2003 im Menü *Bearbeiten* den Befehl *Inhalte einfügen*. In PowerPoint 2007 erreichen Sie diesen Befehl, indem Sie auf der Registerkarte *Start* auf die untere Hälfte der *Einfügen*-Schaltfläche klicken. Aktivieren Sie dann entweder die Option *Einfügen,* um die Excel-Inhalte in die Präsentation einzubinden, oder die Option *Verknüpfung einfügen*, wenn Sie spätere Änderungen an der Excel-Datei automatisch in die Präsentation übernehmen möchten.
3. Wählen Sie im Listenfeld den Eintrag *Microsoft Office Excel-Arbeitsblatt-Objekt* aus und bestätigen Sie, indem Sie auf *OK* klicken.
4. Passen Sie gegebenenfalls die Größe und Position der Tabelle auf Ihrer Folie an.

TIPP   Sie können Inhalte aus einer Excel-Tabelle auch mit der Tastenkombination `Strg`+`V` in PowerPoint einfügen. Dann werden die Daten in eine PowerPoint-Tabelle umgewandelt.

Verknüpft: Dynamische Präsentationen mit DataPoint

DataPoint ist eine Zusatzsoftware, ein sogenanntes Add-On für PowerPoint. Damit ist es möglich, die Inhalte aus Textdateien, Excel-Tabellen, Access- oder anderen Datenbanken mit den Textfeldern, Auto-Formen, Tabellenzellen sowie den Datenblättern von Diagrammen einer PowerPoint-Datei zu verknüpfen. Im Unterschied zu anderen Verknüpfungen aktualisiert DataPoint Angaben sofort, wenn sich der Inhalt der Datenquelle ändert – selbst während einer Bildschirmpräsentation. Ist die Verknüpfung einmal angelegt, nimmt DataPoint alle Aktualisierungen automatisch vor.

Dies bedeutet, dass Sie mit DataPoint Design und Layout einer Präsentation, die in der PowerPoint-Datei definiert sind, vom Inhalt trennen. Beim Aktualisieren von Präsentationen erzielen Sie dadurch eine enorme Zeitersparnis, da diese zentral über die Bearbeitung der Datenquelle erfolgt.

Einsatzfelder von DataPoint

DataPoint erweitert die Einsatzmöglichkeiten für PowerPoint-Präsentationen. Hier einige wichtige Beispiele:

- *Selbstlaufende Informationssysteme* mit wechselnden Inhalten und Bildern: Informationen, Nachrichten und Bekanntmachungen können auf einem Desktop oder Plasmabildschirm dargestellt und ständig aktualisiert werden.

- *Produktionsdaten und Messwerte,* die über eine Datenbank mit PowerPoint verknüpft sind, können grafisch in Form von Tabellen und Diagrammen in Echtzeit ausgewertet werden.

- *Reportings und Unternehmenspräsentationen* mit stets aktuellen Zahlenwerten und Inhalten aus einer Datenbank, die ein einziger Administrator pflegen kann.

- *Bereitstellung aktueller Informationen über das Internet* z.B. für externe Mitarbeiter, für den Außendienst oder für Kunden.

Abbildung 7.25 Mit DataPoint verknüpfen Sie Inhalte aus unterschiedlichsten Datenquellen mit einer Präsentation und aktualisieren diese in Echtzeit

Kurzüberblick: DataPoint nutzen

Nach der Installation von DataPoint verfügt PowerPoint über ein zusätzliches Menü, über das Sie die Verknüpfung mit einer Datenquelle zuweisen und bearbeiten. Sie können bei Bedarf die verknüpften Inhalte auch dauerhaft in eine PowerPoint-Datei übernehmen.

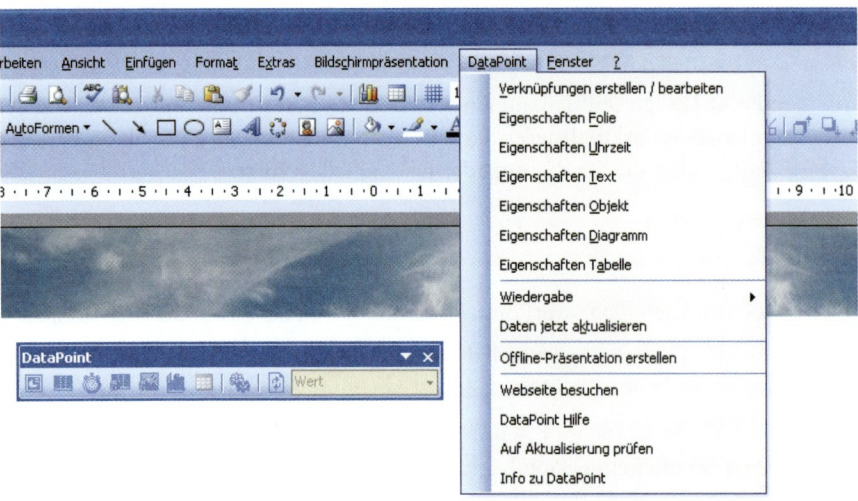

Abbildung 7.26   DataPoint erstellt ein Zusatzmenü, über das Sie Verknüpfungen anlegen und bearbeiten

Folgende Bestandteile einer PowerPoint-Präsentation können Sie mit externen Datenquellen verknüpfen:

- *Überschriften und Textfelder:* Wählen Sie in PowerPoint ein Textfeld oder eine AutoForm mit Text aus und weisen Sie jedem Objekt eine Verknüpfung zu einer Datenquelle zu. Dabei werden die Inhalte der Textfelder mit einer externen Datenquelle verknüpft, während die Formatierung weiterhin in Power-Point erfolgt.

- *Diagramme:* Verknüpfen Sie das Datenblatt eines Diagramms in PowerPoint mit einer beliebigen Datenquelle.

- *Tabellen:* Verknüpfen Sie jede Spalte oder Zeile einer in PowerPoint erstellten Tabelle mit einer externen Datei. Dadurch behalten Sie in PowerPoint stets die Kontrolle über das Layout, während die Inhalte automatisch aus einer anderen Anwendung bezogen werden.

- *Bilder und Filme:* Fügen Sie in PowerPoint ein Bild oder ein Video als verknüpften Platzhalter ein und legen Sie mit DataPoint eine Verknüpfung z.B. zu einer Datenbank an. Legen Sie alle Bilder oder Videos in einem Ordner ab, während die Datenbank lediglich einen Verweis auf den Dateinamen bzw. Pfadnamen enthält. Auf diese Weise können auch Bilder und Filme während der Präsentation ausgetauscht werden.

HINWEIS   Detailliertere Informationen zu DataPoint und eine kostenlose Demoversion finden Sie unter folgender Internetadresse: *www.presentationpoint.de*

Kapitel 8

Schaubilder mit Landkarten, Flaggen und Bildern aufwerten

Zum Visualisieren von Vertriebsstrukturen, Zielmärkten oder des Umsatzes nach Regionen bieten sich Landkarten und Flaggen an. Dabei entsteht häufig das Problem, dass kein stilistisch einheitliches Kartenmaterial für unterschiedliche Regionen verfügbar ist. Neben einer Vielzahl von Anregungen, wie Sie Landkarten und Flaggen in Businesspräsentationen einsetzen, finden Sie auf der CD-ROM zum Buch Vorlagen für Karten und Flaggen, die Sie für Ihre Präsentationen frei verwenden können.

Darüber hinaus stellen wir Ihnen die Mountain High Maps vor, eine Sammlung attraktiver Reliefkarten-Bilder, mit denen Sie eigene Landkarten-Lösungen entwickeln können.

Schließlich finden Sie in diesem Kapitel Tipps zum gekonnten Einsatz von Bildern in PowerPoint sowie Informationen zu Bezugsquellen für hochwertiges Bildmaterial zu günstigen Preisen.

Regionale und internationale Daten und Strukturen darstellen

Das Schaubild in Abbildung 8.1 zeigt in übersichtlicher Weise alle Standorte eines Unternehmens im Inland sowie die Regionen der einzelnen Vertriebsbereiche. Vereinzelte Niederlassungen im europäischen Ausland sind in einer kleineren Europakarte dargestellt.

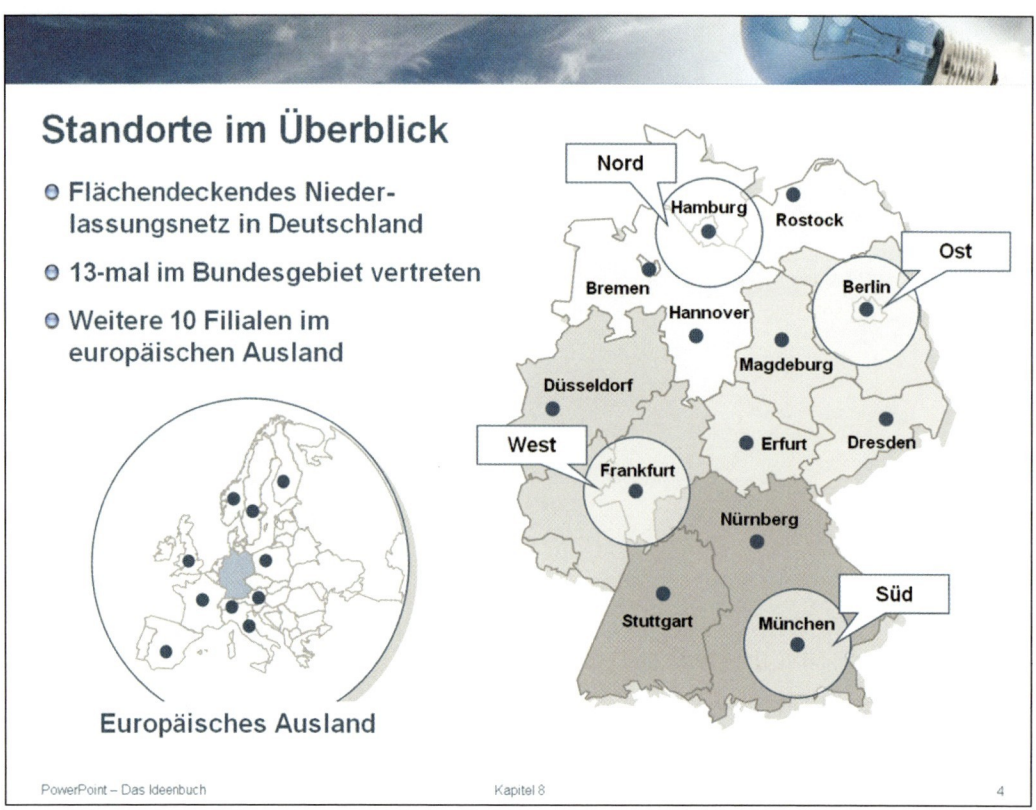

Abbildung 8.1   Mithilfe einer Landkarte ist das Niederlassungsnetz eines Unternehmens auf den ersten Blick zu erkennen

CD-ROM Die Beispiele dieses Kapitels sowie die Vorlagen für Landkarten und Flaggen finden Sie auf der CD-ROM zum Buch in der Datei *LandkartenFahnenBilder.ppt* bzw. der Datei *LandkartenFahnenBilder_2007.pptx* im Ordner *\Buch\Kap08*.

Die Landkarten von der Buch-CD einsetzen

Bei den Landkarten auf der CD-ROM zum Buch handelt es sich um Vektorgrafiken, die Sie beliebig skalieren und färben können. Einzelne Länder und Staaten liegen sogar als Einzelgrafiken vor, sodass Sie sie farblich hervorheben oder aus der Karte herauslösen können.

So setzen Sie die Karten ein:

1. Kopieren Sie eine Landkarten-Vorlage in Ihre Präsentation.
2. Positionieren Sie die Karte auf Ihrer Folie und passen Sie die Größe an. Ziehen Sie an einem Eckpunkt, um die Größe der Grafik proportional zu skalieren.
3. Lösen Sie über *Zeichnen/Gruppierung aufheben* die Gruppierung der Landkarte auf und färben Sie bestimmte Regionen ein oder löschen Sie einzelne Bestandteile aus der Landkarte heraus, wenn Sie diese nicht benötigen.

TIPP Eine Anleitung, wie Sie Füll- und Linienfarbe eines Objekts formatieren, ohne die Gruppierung aufzulösen, finden Sie in Kapitel 6 im Abschnitt »Zustände mit einem Tachometer visualisieren«.

Standorte auf der Karte einzeichnen

Benutzen Sie zum Darstellen von Standorten markante Formen oder Grafiken wie Kreise, Quadrate oder das Firmenlogo. Nehmen Sie einen Atlas zu Hilfe, um die genaue Position der Standorte nachzuschlagen. Wenn es die Größe der Landkarte zulässt, können Sie auch Standortbezeichnungen oder Legenden auf der Landkarte anordnen.

TIPP Benutzen Sie zum Hervorheben unterschiedlicher Standortkategorien, wie z.B. Haupt- und Zweigniederlassungen, Regionen und Länder verschiedene Farben und Formen und versehen Sie das Schaubild mit einer Legende.

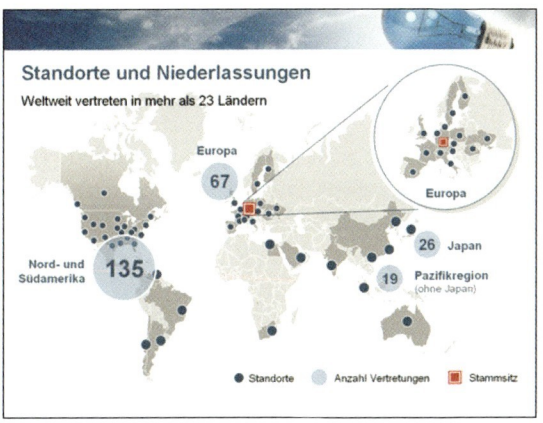
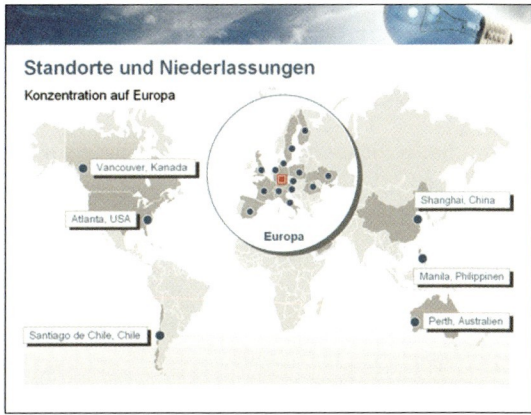

Abbildung 8.2 Setzen Sie vergrößerte Ausschnitte einer Region ein, wenn sich auf einer Karte sehr viele Informationen auf ein bestimmtes Gebiet konzentrieren

Ein häufig vorkommendes Problem bei der Darstellung von weltweiten Standorten ist die Konzentration zahlreicher europäischer Niederlassungen wie in Abbildung 8.2. Benutzen Sie einen vergrößerten Ausschnitt der Europakarte, um die Verteilung im europäischen Umfeld deutlicher darzustellen. Hinterlegen Sie den Kartenausschnitt mit einem Kreis und versehen Sie diesen mit Linienfarbe und Schatten, um den Kartenausschnitt vom Hintergrund abzuheben.

Regionale Eigenschaften aufzeigen

Um einen Überblick über quantitative Eigenschaften wie die Anzahl von Niederlassungen in bestimmten Regionen aufzuzeigen, eignen sich unterschiedlich große Kreise. Ähnlich wie bei einem Blasendiagramm kennzeichnen Sie die Anzahl der Niederlassungen in einer Region durch die Größe des Kreises. Beschreiben Sie die Größenverteilung mit einer Legende am Rand der Landkarte. Regionale Eigenschaften, die sich auf bestimmte Länder beziehen, heben Sie durch eine farbliche Kennzeichnung hervor.

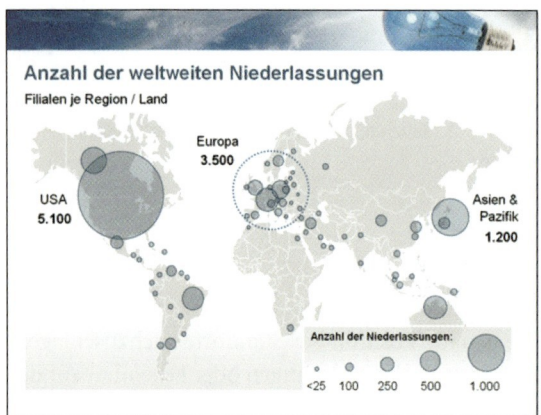
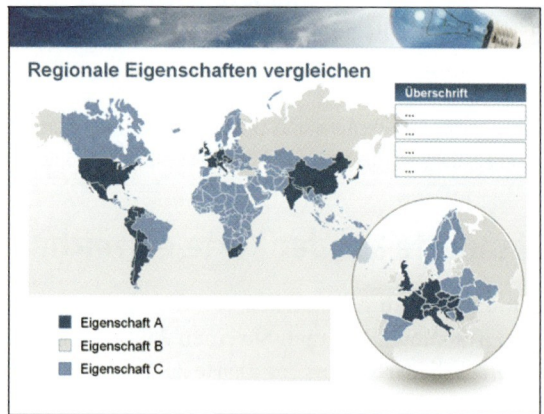

Abbildung 8.3　　Benutzen Sie Kreise oder Farben, um regionale Eigenschaften zu unterscheiden

TIPP　　　　Verwenden Sie halbtransparente Füllfarben, wenn Sie AutoFormen auf einer Landkarte anordnen. Dadurch werden die Details der Karte nicht komplett überdeckt und bleiben weiterhin erkennbar.

Wechselbeziehungen und Umsatzgrößen darstellen

Räumliche Beziehungen wie das Niederlassungsnetz eines Unternehmens, Expansions- und Investitionsziele können Sie mit Landkarten ebenfalls sehr anschaulich darstellen. Durch die Kombination von Landkarten, Diagrammen und Strukturgrafiken entstehen ansprechende Schaubilder, die regionale und finanzielle Entwicklungen übersichtlich darstellen.

Abbildung 8.4   Regionale Wechselbeziehungen können Sie durch die Verbindung der Standorte mit Linien und Pfeilen verdeutlichen

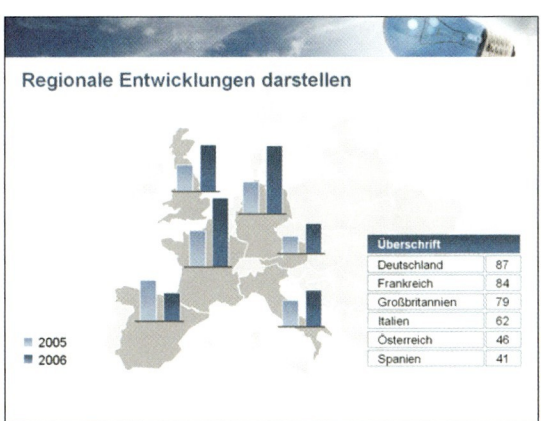
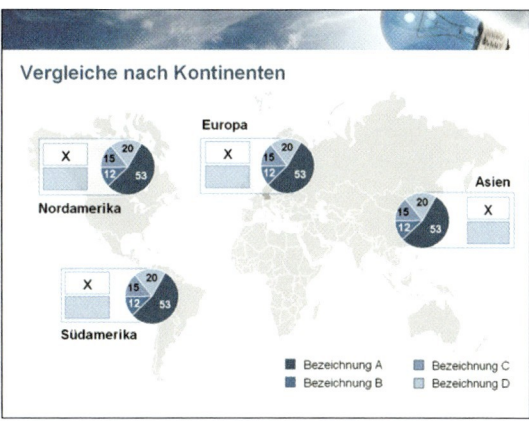

Abbildung 8.5   Kombinieren Sie Landkarten mit Diagrammen, um regionale Entwicklungen von Umsatzgrößen u.Ä. darzustellen

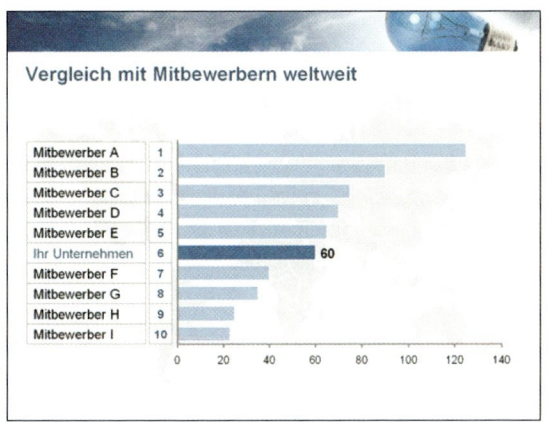

Abbildung 8.6   Hinterlegen Sie Diagramme oder Grafiken mit Landkarten, um den regionalen oder globalen Bezug des Inhalts herauszustellen

Landkarten-Lösungen mit den Mountain High Maps entwickeln

Bei den Mountain High Maps handelt es sich um Reliefkarten, wie sie im Fernsehen und in Zeitschriften häufig eingesetzt werden. Sie stellen zur geografischen Aufbereitung von Unternehmensinformationen eine reizvolle Variante gegenüber Vektorgrafiken dar.

Voraussetzung für die Verwendung der Mountain High Maps in PowerPoint ist, dass Sie die Karten mit einer Bildbearbeitungssoftware wie Photoshop, Photoshop Elements oder Paint Shop Pro nachbearbeiten. Im Original sind die Reliefbilder sehr farbenfroh und als Hintergrund für Schaubilder nicht geeignet.

Darüber hinaus bieten die zu den Karten passenden Masken die Möglichkeit, einzelne Staaten oder Bundesländer mühelos aus den Reliefbildern herauszulösen und getrennt voneinander zu gestalten.

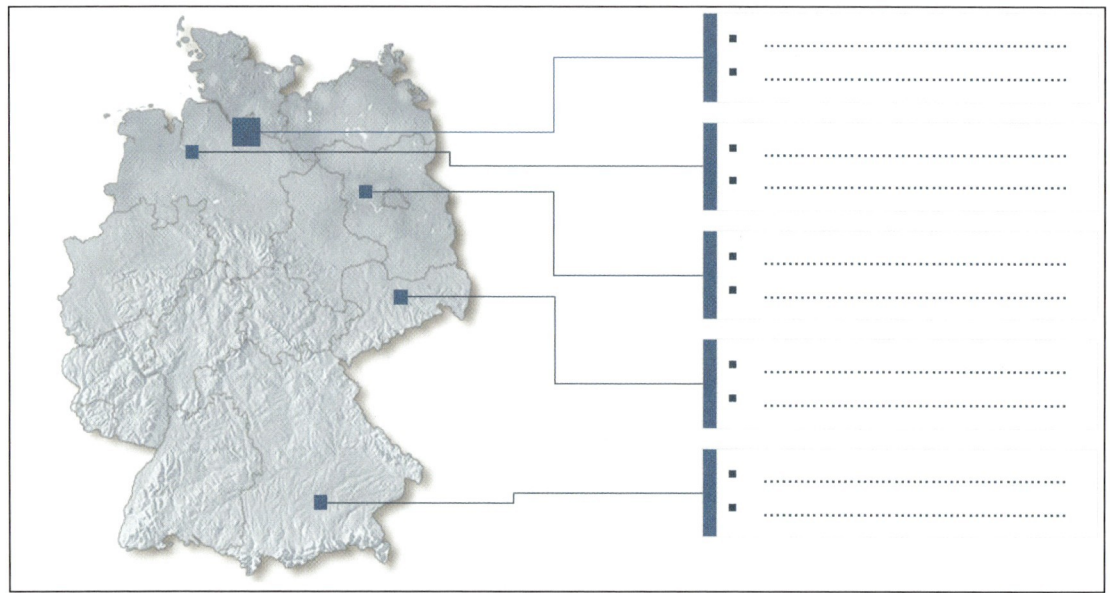

Abbildung 8.7   Die freigestellte Deutschlandkarte mit Ländergrenzen

HINWEIS   Bei Masken handelt es sich um Schwarz-Weiß-Bilder, die den Umriss eines Staates oder Bundeslandes abbilden. Dadurch haben Sie im Bildbearbeitungsprogramm die Möglichkeit, per Mausklick – in der Regel mit dem *Zauberstab* – entweder den schwarzen oder den weißen Bereich auszuwählen. Anschließend müssen Sie die Auswahl der Maske nur noch auf das Reliefbild übertragen, um die ausgewählte Region vom Rest des Bildes zu lösen und weiterzubearbeiten.

Die Mountain High Maps werden auf CD vertrieben und sind im Handel für verschiedene Regionen (Deutschland, Europa, Welt etc.) getrennt erhältlich.

CD-ROM   Die Beispiele zu diesem Abschnitt finden Sie auf den Folien 16 bis 19 der Datei *LandkartenFahnenBilder.ppt* bzw. der Datei *LandkartenFahnenBilder_2007.pptx*. Aus Copyright-Gründen sind die Beispiele zu den Mountain High Maps mit einem Wasserzeichen versehen.

Die Reliefkarten färben

Bildbearbeitungsprogramme bieten in der Regel mehrere Wege, um Bilder zu färben. Die Menübefehle der folgenden Anleitung beziehen sich auf Photoshop.

1. Reduzieren Sie zunächst die Bildfarben per *Bild/Einstellen/Sättigung verringern* auf Graustufen.
2. Färben Sie anschließend die so entstandenen unterschiedlichen Grautöne neu. Dazu stehen Ihnen gleich zwei Menübefehle zur Verfügung: *Bild/Einstellen/Variationen* oder *Bild/Einstellen/Farbton/Sättigung/Färben*.

Alternativ dazu können Sie auch eine weitere Ebene in das Bild einfügen und diese Ebene in einer Farbe Ihrer Wahl füllen. Ordnen Sie die Farbebene dann über der Ebene mit dem Reliefbild an und reduzieren Sie die Deckkraft der Farbebene.

Eine Region freistellen

1. Öffnen Sie sowohl das Reliefbild als auch die Maske und kopieren Sie die Maske auf eine eigene Ebene in das Reliefbild.
2. Wählen Sie auf der Ebene mit der Maske per *Zauberstab* den Bildteil aus, den Sie aus der Karte freistellen möchten, und übertragen Sie diese Auswahl auf die Ebene mit dem Reliefbild.
3. Kopieren Sie den markierten Bereich des Reliefbildes auf eine eigene Ebene und fügen Sie per *Ebenenstil* gegebenenfalls einen *Schlagschatten* hinzu.
4. Blenden Sie anschließend die Maske und das vollständige Reliefbild aus und speichern Sie den freigestellten Kartenausschnitt im Format *PNG*. Dadurch bleibt die Transparenz des Hintergrundes erhalten und Sie können die Karte in PowerPoint vor beliebigen Hintergründen einsetzen.

Abbildung 8.8 Hier wurden zunächst die Landmassen freigestellt, gefärbt und anschließend – ebenfalls per Maske – einzelne Staaten farblich hervorgehoben

Die Karten flexibel gestalten

In der Kombination unterschiedlicher Reliefbilder und Masken bieten die Mountain High Maps eine Vielzahl an Gestaltungsmöglichkeiten, um Karten nach Maß zu erstellen. Neben den reinen Höhenreliefs enthalten sie auch Bilder, in denen die einzelnen Staaten der betreffenden Region bereits farblich voneinander abgegrenzt sind. Darüber hinaus stehen neben den Masken zum Bearbeiten einer vollständigen Region weitere Masken zur Verfügung, die unter anderem auch die Ländergrenzen innerhalb der jeweiligen Region enthalten.

Ländergrenzen einzeichnen

Um einzelne Regionen eines Gebiets farblich hervorzuheben, verwenden Sie am besten die zu der jeweiligen Region gehörende Maske.

1. Wählen Sie per Maske die betreffende Region in der bereits freigestellten Karte aus und kopieren Sie diese Auswahl auf eine eigene Ebene. Bearbeiten Sie dann diese Ebene farblich nach.

2. Erstellen Sie anschließend per *Ebene/Ebenenstil/Kontur* eine dünne Umrisslinie für den Grenzverlauf.

Wenn Sie alle Grenzen einer Region wie beispielsweise die der Bundesländer in die freigestellte Deutschlandkarte aus Abbildung 8.7 einzeichnen möchten, kommen Sie wie folgt einfacher und schneller zum Ziel:

1. Verwenden Sie die Maske, die auch die Grenzen der Bundesländer enthält. Erstellen Sie eine Auswahl, die diese Grenzen umfasst, und übertragen Sie sie auf das Reliefbild.

2. Löschen Sie dann die ausgewählten Bereiche aus dem Reliefbild.

3. Erzeugen Sie wiederum per *Ebene/Ebenenstil/Kontur* eine Grenzlinie.

TIPP   Wenn Sie Probleme haben, eine Auswahl zu erstellen, die die Grenzbereiche mitumfasst, kommen Sie zum Ziel, indem Sie zunächst eine Region auswählen und in den Auswahloptionen *Benachbart* deaktivieren. Kehren Sie anschließend die Auswahl um.

Eine Übersichtskarte schnell erstellen

Die Auswahl einzelner Staaten per Maske und anschließendes Färben wie in den vorangehenden Abschnitten beschrieben wäre sehr zeitaufwendig, um die in Abbildung 8.9 gezeigte Europakarte zu erstellen. Eine solche Lösung erzeugen Sie auf einfachem Weg, indem Sie das Reliefbild mit farblich abgegrenzten Staatsgebieten verwenden. Denn dann müssen Sie – wie in den vorangegangenen Abschnitten beschrieben – das Bild nur noch färben, per Maske die Staatsgrenzen aus dem Bild entfernen und per Ebenenstil eine Grenzlinie einzeichnen.

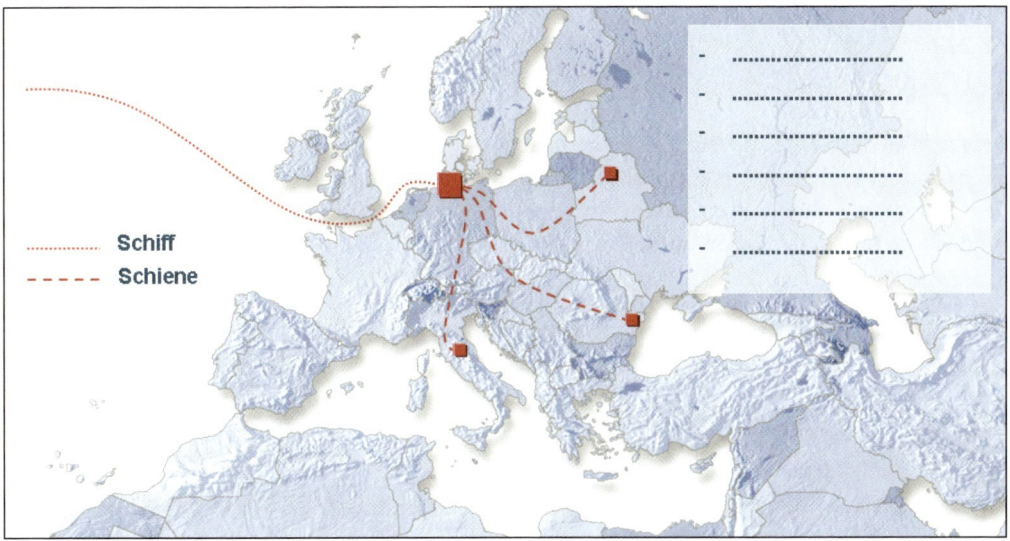

Abbildung 8.9 Die Übersichtskarte für Europa finden Sie in der Beispielpräsentation auf Folie 19

So kriegen Sie die Kurve: Vertriebswege und Reiserouten einzeichnen

1. Wählen Sie in PowerPoint in der Symbolleiste *Zeichnen* bzw. auf der Registerkarte *Einfügen* die Befehlsfolge *AutoFormen/Linien/Kurve*.

Abbildung 8.10 Lösen Sie in PowerPoint 2003 das Untermenü *Linien* durch Ziehen am oberen Rand, um es als eigene Symbolleiste am Bildschirm anzuzeigen

2. Zeichnen Sie die Kurve, indem Sie mit der Maus an den markanten Punkten der Route auf die Folie klicken. Beenden Sie das Zeichnen der Kurve per Doppelklick.

3. Wenn Sie mit dem Verlauf der Kurve nicht zufrieden sind, können Sie sie nachbearbeiten. Klicken Sie dazu mit der rechten Maustaste auf die Kurve und wählen Sie dann im Kontextmenü den Befehl *Punkte bearbeiten*. Durch Verschieben der einzelnen Punkte können Sie den Verlauf der Kurve korrigieren.

   Achten Sie bei PowerPoint 2007 darauf, dass das Service Pack 2 (SP2) installiert ist; es hat einige Fehlerkorrekturen und Verbesserungen beim Zeichnen und Bearbeiten von Zeichnungen gebracht.

4. Ganz präzise können Sie den Kurvenverlauf gestalten, indem Sie während der Punktebearbeitung mit der rechten Maustaste auf einen Punkt klicken und in dessen Kontextmenü den Befehl *Übergangspunkt* wählen. Dann blendet PowerPoint die Tangenten des Kurvenpunktes ein. Durch Ändern der Ausrichtung und der Länge der Tangenten können Sie den Verlauf der Kurve flexibel gestalten.

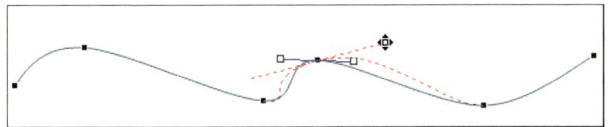

Abbildung 8.11 Kurvenpunkt mit Tangente

Landesspezifische Informationen mit Flaggen kennzeichnen

Wenn auf einer Weltkarte landesspezifische Informationen gekennzeichnet werden sollen, steht häufig nicht genug Platz zur Verfügung, um eine exakte räumliche Zuordnung vorzunehmen. Mit Flaggen nehmen Sie diese Zuordnung ohne weitere Beschriftung vor. Gleichzeitig werten Sie durch die Kombination von Karte und Flagge Ihre Präsentation optisch deutlich auf.

CD-ROM   Eine umfangreiche Sammlung an sehr realistisch und dynamisch wirkenden Länderflaggen finden Sie in der Datei *LandkartenFahnenBilder.ppt* bzw. in der Datei *LandkartenFahnenBilder_2007.pptx* im Ordner *\Buch\Kap08* auf der CD-ROM zum Buch.

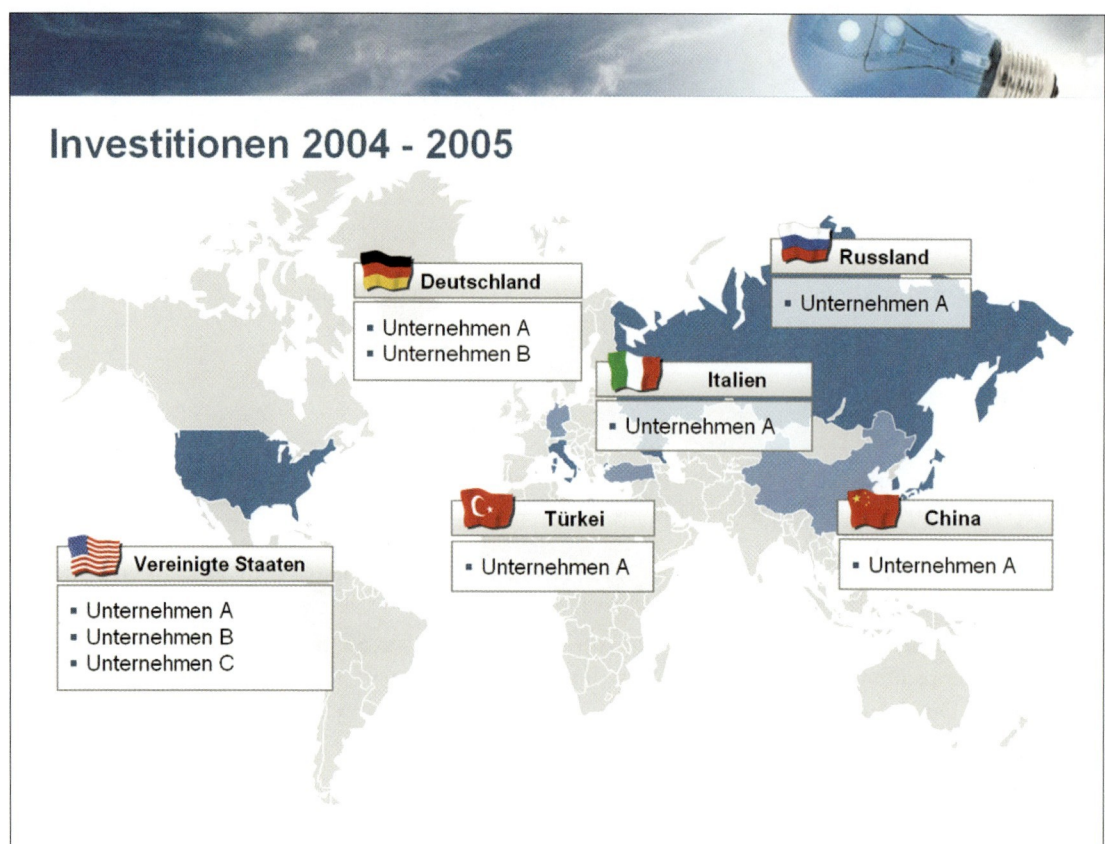

Abbildung 8.12   Kombinieren Sie Landkarten mit Flaggen, um Informationen einem bestimmten Land zuzuordnen

So erstellen Sie die Karte aus Abbildung 8.12:

1. Kopieren Sie die Weltkarte von der CD-ROM zum Buch in Ihre Präsentation. Sie finden sie in der Datei *LandkartenFahnenBilder* im Ordner *\Buch\Kap08*.

2. Färben Sie die Länder, die Sie hervorheben möchten, mit einer Farbe ein, die sich deutlich vom Rest der Karte abhebt.

3. Erstellen Sie Legenden aus rechteckigen AutoFormen und fügen Sie dort Länderbezeichnungen und detaillierte Informationen hinzu. Arbeiten Sie mit transparenten Farben, um Karte und Legenden teilweise zu überlagern.

4. Fügen Sie zum Schluss die entsprechenden Länderflaggen aus der Vorlagensammlung auf der Folie ein. Dabei können Sie auch mehrere Flaggen überlagern und staffeln.

Abbildung 8.13 Mit den Vorlagen aus der Datei *LandkartenFahnenBilder* erstellen Sie sehr schnell ansprechende Schaubilder

HINWEIS Weitere Länderfahnen finden Sie in der ClipArt-Sammlung von PowerPoint oder auf der Webseite zum Buch unter folgender Internetadresse: *www.powerpoint-ideenbuch.de*

Bilder gekonnt in PowerPoint einsetzen

Bilder werden vom Betrachter mit geringer Anstrengung ganzheitlich verarbeitet, d.h., ein Bild zeigt mehrere Informationen gleichzeitig und dies viel offensichtlicher als eine Textfolie.

- Setzen Sie Bilder als Bedeutungsträger ein, um dem Betrachter die Identifikation mit einem Thema zu erleichtern.

- Benutzen Sie Bilder, die Stimmungen zeigen oder Gedanken, Visionen und Assoziationen zum Inhalt der Folie wecken.

- Manche Dinge lassen sich durch Bilder auch schlichtweg einfacher zeigen wie beispielsweise Produkte, Personen und Orte.

- Schließlich können Sie Bilder wirkungsvoll einsetzen, um Textpassagen aufzulockern oder ungünstige Zeilenumbrüche in Aufzählungslisten auszugleichen.

TIPP Nutzen Sie den Wiedererkennungswert von Bildern, um dem Betrachter die Orientierung zu erleichtern. Sie können Bilder mit bestimmten Inhalten verknüpfen, die immer zusammen mit dem Bildmotiv gezeigt werden.

Entscheidend dabei ist die sorgfältige Auswahl des Motivs. Es muss einen inhaltlichen Bezug zum Thema aufweisen und zur Kernaussage der Folie passen. Nur dann wirkt die Darstellung auch überzeugend.

TIPP   Versetzen Sie sich in die Situation und die Kernaussage der Folie hinein, um eine Idee für ein geeignetes Motiv zu finden.

Wenn etwas nicht zu fotografieren ist, lässt es sich vielleicht als Grafik darstellen.

Wenn Sie Bilder einsetzen, erreichen Sie einen doppelten Effekt. Zum einen behält der Betrachter den Inhalt des Gehörten besser in Erinnerung, da auch das menschliche Gehirn mit Bildern arbeitet, um Informationen aufzunehmen und zu ordnen. Zum anderen wecken Sie Emotionen, die Sie mit Worten allein nicht erreichen könnten.

Auflösung und Farbmodus richtig wählen

PowerPoint unterstützt eine Fülle von Bildformaten. Dabei eignen sich Pixelformate wie JPG, GIF und PNG für Fotografien und Bilder; zum Import von Vektorgrafiken stehen die Formate WMF und EMF zur Verfügung.

Beim Import von Pixelformaten sind für eine Darstellung in guter Qualität einige Voraussetzungen bezüglich der Auflösung, des Farbmodus und der Auswahl der Bildgröße zu beachten.

Auflösung von Bildern

Im Präsentationsmodus werden Bilder nur mit der Auflösung des Bildschirms dargestellt. Diese liegt für PC-Bildschirme bei 96 dpi, bei Macintosh-Bildschirmen beträgt sie sogar nur 72 dpi. Daher reicht physikalisch bedingt eine Bildauflösung von 96 dpi aus. Eine höhere Auflösung von Bildern bringt für Bildschirm- und Beamer-Präsentationen keine Verbesserung der Bildqualität, erhöht aber deutlich die Dateigröße.

HINWEIS   Die Größe eines Bildes wird bei der Anzeige auf dem Monitor nicht in Zentimetern, sondern in Pixeln (dpi) bemessen. Wie viele Pixel dargestellt werden können, hängt von der Auflösung Ihres Monitors ab. Eine gängige Auflösung für Monitore und Beamer ist 1024x768 Pixel. Gehen Sie beim Erstellen von Bildern immer von dieser Größe als Mindestwert aus.

Folgendes müssen Sie beim Umgang mit Bildern beachten:

- Überschreiten Sie beim Vergrößern eines Bildes in PowerPoint nicht die Originalgröße, da es ansonsten zu einem Qualitätsverlust in der Darstellung kommt.

- Erstellen Sie Bilder für eine Bildschirmpräsentation mit 72 dpi oder 96 dpi.

- Um im Ausdruck die bestmögliche Qualität zu erhalten, benutzen Sie für Bilder eine höhere Auflösung von 300 dpi.

- PowerPoint 2007 komprimiert Bilder automatisch beim Speichern. Dies kann vorteilhaft sein, um die Dateigröße zu verringern. Wenn Sie die ursprüngliche Auflösung allerdings beibehalten wollen, um das Bild später gegebenenfalls wieder vergrößern zu können oder um in hoher Qualität zu drucken, sollten Sie nach dem Einfügen des Bildes vor dem nächsten Speichern auf der Registerkarte *Bildtools/Format* mit *Bilder komprimieren/Optionen* die Komprimierung ausschalten.

Bei der Wahl der geeigneten Auflösung von Bildern steht man oft vor einem Kompromiss: Bilder in hoher Qualität oder kleine Dateigröße? Falls Sie viele Bilder in hoher Auflösung einsetzen, kann die Größe Ihrer PowerPoint-Datei schnell mehrere MB erreichen. Die Datei ist dann für den Versand per E-Mail kaum noch geeignet. Sie können daher auch zwei Versionen einer Präsentation erstellen – eine für den Druck und eine für den Versand. In der Datei *Komprimieren.pdf* im Ordner *\Zusatz\Tipps* auf der CD-ROM zum Buch finden Sie einige nützliche Tipps, wie Sie auch nachträglich die Auflösung und Dateigröße verkleinern können.

RGB-Farbmodus

PowerPoint arbeitet mit RGB-Farben und gibt Farbcodes in Dezimalnummern an. Manche Bilder, die mit Photoshop oder anderen professionellen Grafikprogrammen erstellt wurden, sind im CMYK-Farbmodus abgespeichert, den PowerPoint nicht interpretieren kann. Beim Import von CMYK-Bildern wandelt Power-Point diese in ähnliche RGB-Farbwerte um, die nicht unbedingt den Originalwerten entsprechen. Falls dieser Unterschied auf dem Bildschirm nicht zu sehen ist, wird er sich im Druck ganz bestimmt bemerkbar machen.

Speichern Sie alle Grafiken und Bilder, die Sie in PowerPoint benutzen möchten, im RGB-Farbmodus ab, um eine Fehlinterpretation der Farbwerte in PowerPoint zu vermeiden und einen farbechten Ausdruck sicherzustellen.

Bilder bearbeiten und einfügen

Häufig ist es sinnvoll, mehrere Bilder auf einer Folie einzufügen, um beispielsweise Produkte, Objekte oder Personen darzustellen. Da Bilder immer rechteckig sind, ist es häufig schwierig, mehrere Bilder zu kombinieren. Einfacher gelingt das Anordnen der Bilder, wenn die Motive freigestellt vor einem transparenten Hintergrund stehen.

Freistellen in PowerPoint

Bilder mit einem einfarbigen und flächigen Hintergrund können Sie in PowerPoint selbst freistellen. Voraussetzung dafür ist eine Hintergrundfarbe, die sich vom Rest des Bildes deutlich abhebt und im Hauptmotiv selbst nicht vorkommt.

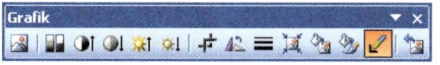

Abbildung 8.14 Durch das Bestimmen einer transparenten Farbe entfernen Sie einfarbige Hintergründe aus einem Bild

1. In PowerPoint bis Version 2003 markieren Sie das Bild und klicken dann in der Symbolleiste *Grafik* auf die Schaltfläche *Transparente Farben bestimmen*.

   In PowerPoint 2007 markieren Sie das Bild und klicken dann auf der Registerkarte *Bildtools/Format* auf *Neu einfärben*. Die letzte Option unten ist *Transparente Farbe bestimmen*.

2. Klicken Sie in Ihrem Bild in den Bereich, den Sie entfernen möchten.

Sie können nur eine Farbe auswählen, die aus dem Bild entfernt werden soll. Diese Funktion eignet sich nur zum Freistellen sehr weniger Bildmotive und führt oft zu wenig zufriedenstellenden Ergebnissen, besonders an den Rändern des freigestellten Motivs.

Freistellen mit einem Bildbearbeitungsprogramm

Bessere Ergebnisse beim Freistellen von Bilden erzielen Sie mit einem Bildbearbeitungsprogramm. Professionelle Programme bieten für diesen Zweck eine Fülle an Programmfunktionen. Zum Import von Bildern mit transparentem Hintergrund in PowerPoint eignen sich zwei Formate:

Transparente GIFs

Das GIF-Format ist ideal für Darstellungen, die möglichst homogene, vollflächige, geometrische und konstante (Farb-)Flächen haben, also für Zeichnungen, Grafiken, Illustrationen und Logos. Ein GIF-Bild kann eine Farbe transparent bzw. freigestellt darstellen, sodass der Hintergrund durchscheinen kann. Dies betrifft ausgewählte Farbflächen, wie z.B. die Hintergrundfarbe eines Bildes.

PNG mit transparentem Hintergrund

Das Bildformat PNG eignet sich sehr gut, um freigestellte Motive aus Fotografien in PowerPoint darzustellen. Da es 16 Mio. Farben und transparente Verläufe unterstützt, kombiniert dies Format die Vorteile der beiden Formate JPG und GIF. Wählen Sie das Format PNG, wenn Sie in einem Bildbearbeitungsprogramm ein Bildmotiv mit einem weichen Schatten oder mit einem transparenten Verlauf freigestellt haben.

Bilder in eine AutoForm einbauen

Alternativ zum Freistellen eines Motivs können Sie die Form eines Bildes auch durch die Kontur einer AutoForm definieren. Wählen Sie dazu beispielsweise einen Kreis oder ein abgerundetes Rechteck aus und füllen Sie dieses mit dem Bildmotiv.

Abbildung 8.15   Mithilfe einer AutoForm lassen sich Bilder in jede gewünschte Form zuschneiden

In PowerPoint bis Version 2003 gehen Sie dazu wie folgt vor:

1. Wählen Sie in der Symbolleiste *Zeichnen* über das Menü zur Schaltfläche *AutoFormen* die gewünschte Form aus und zeichnen Sie diese auf die Folie.
2. Klicken Sie mit der rechten Maustaste auf die AutoForm und wählen Sie dann im Kontextmenü den Befehl *AutoForm formatieren*.
3. Klicken Sie auf der Registerkarte *Farben und Linien* unter *Ausfüllen* in das Feld *Farbe* und wählen Sie dann den Eintrag *Fülleffekte*.

4. Wechseln Sie zur Registerkarte *Grafik*, klicken Sie auf *Grafik auswählen* und selektieren Sie das gewünschte Bild.

TIPP Da PowerPoint das Bild automatisch an die AutoForm anpasst, also auch streckt oder verzerrt, sollten Sie für Kreise immer eine quadratische Bildvorlage verwenden. Ab PowerPoint 2002 können Sie Bilder in PowerPoint selbst in das richtige Format bringen, indem Sie sie zuschneiden und dann aus PowerPoint heraus als eigene Bilder abspeichern. Klicken Sie dazu mit der rechten Maustaste auf das Bild und wählen Sie dann im Kontextmenü den Befehl *Als Grafik speichern*.

In PowerPoint 2007 ist der Umweg über eine Form nicht mehr erforderlich. Auf der Registerkarte *Bildtools/Format* können Sie mit dem Befehl *Bildform* Ihren Fotos alle Formen zuweisen, die Ihnen auch beim Zeichnen zur Verfügung stehen.

Haben Sie einem Bild schon Effekte wie abgeschrägte Kanten, Schatten oder Spiegelungen zugewiesen, wollen Sie das Motiv aber nachträglich austauschen, benutzen Sie *Bild ändern* auf derselben Registerkarte. Dabei werden Form und Effekte beibehalten, nur das Foto wird ausgetauscht.

Bilder als Hintergrundmotiv

Oft sind Textfolien in Form von Fließtext und Aufzählungen grafisch wenig ansprechend, insbesondere dann, wenn mehrere Textfolien mit gleichem oder ähnlichem Aufbau hintereinander gezeigt werden. Durch dezente Hintergrundmotive gestalten Sie Text- oder auch Diagrammfolien mit viel freiem Hintergrund optisch ansprechend. Achten Sie dabei aber darauf, dass das Motiv nicht vom Inhalt der Folie ablenkt oder die Lesbarkeit beeinträchtigt.

Abbildung 8.16 Mithilfe eines transparenten Farbverlaufs können Sie in PowerPoint ab Version 2002 Bilder sanft in den Hintergrund überblenden

Ein Bild in den Hintergrund überblenden

Der Inhalt von Textfolien ist meist links ausgerichtet. Durch die unterschiedlichen Umbrüche und Zeilen-
längen entstehen rechts oft eine unregelmäßige Textkante und ein freier Blattbereich. Durch ein Hintergrundmotiv, das von rechts nach links sanft in den Hintergrund überblendet wird, schaffen Sie ein harmo-
nischeres Gleichgewicht des Gesamtlayouts.

Ab PowerPoint 2002 können Sie Bilder in PowerPoint selbst mit wenigen Mausklicks überblenden:

1. Zeichnen Sie über dem Bild ein Rechteck mit exakt gleicher Größe.
2. Wählen Sie in der Symbolleiste *Zeichnen* im Menü zur Schaltfläche *Füllfarbe* den Befehl *Fülleffekte*.
3. Wählen Sie auf der Registerkarte *Graduell* einen zweifarbigen Farbverlauf und stellen Sie den Regler *Transparenz* für die erste Farbe auf *100%*. Wählen Sie für die zweite Farbe die des Hintergrunds.
4. Wählen Sie unter *Schattierungsarten* die Option *Vertikal*, um das Bild von rechts nach links in den Hinter-grund überblenden zu lassen.

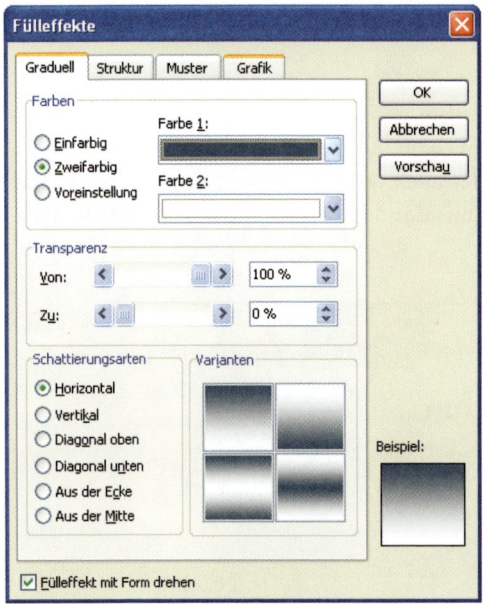

Abbildung 8.17 AutoFormen formatieren Sie mit einem transparenten Verlauf, wenn Sie für einen zweifarbigen Farbverlauf eine Farbe mit 100% Transparenz versehen

Durch die AutoForm wird das Bild mit einem transparenten Verlauf überlagert. Dadurch rufen Sie den Effekt einer allmählichen Abschwächung des Bildes hervor.

ACHTUNG   Transparente Verläufe in PowerPoint können zwar am Bildschirm dargestellt werden, aber viele Drucker können sie nicht drucken. Im Druck erscheinen beide Farben deckend. Dieses Problem taucht auch bei der Umwandlung in PDF-Dateien auf, insbesondere bei Freeware-Programmen. Erst Adobe Acrobat ab der Version 8 und das in Office 2007 enthal-tene PDF-Add-In stellen Transparenz problemlos dar. Gruppieren Sie für den Druck deshalb AutoForm und Bild und speichern Sie das gruppierte Objekt als Grafik ab, die Sie dann erneut in PowerPoint importieren.

Bilder mit PowerPoint aufhellen

Für zentriert ausgerichtete Inhalte und Tabellen, Diagramme und sonstige Schaubilder eignet sich auch ein stark aufgehelltes, vollflächiges Hintergrundbild. PowerPoint besitzt mehrere Funktionen, um ein Bild zu bearbeiten, zwischen Farb- und Graustufendarstellung zu wählen und Kontrast und Helligkeit anzupassen. Bessere Ergebnisse erzielen Sie allerdings, wenn Sie Bilder in einem Bildbearbeitungsprogramm aufhellen.

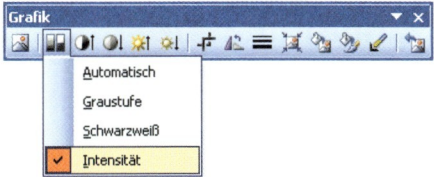

Abbildung 8.18 Die Funktion *Intensität* in der *Grafik*-Symbolleiste hellt ein Bild deutlich auf, sodass Sie es wie ein Wasserzeichen als Hintergrund verwenden können. Alternativ dazu können Sie auch durch Ändern der Kontrast- und Helligkeitseinstellungen ein Bild stark aufhellen.

Mehr Möglichkeiten, Bilder umzufärben und aufzuhellen, haben Sie in PowerPoint 2007. Dort finden Sie auf der Registerkarte *Bildtools/Format* den Befehl *Neu einfärben*. Er stellt Ihnen helle und dunkle Varianten der Designfarben zur Verfügung. So können Sie schnell Bilder an die Farbstimmung Ihrer Präsentation anpassen und auch unterschiedliche Fotos einander angleichen.

In derselben Gruppe finden Sie auch Einstellmöglichkeiten für Helligkeit und Kontrast.

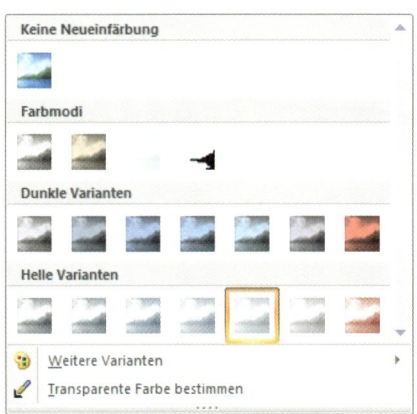

Abbildung 8.19 PowerPoint 2007 bietet die Möglichkeit, Fotos mit einem Mausklick neu einzufärben

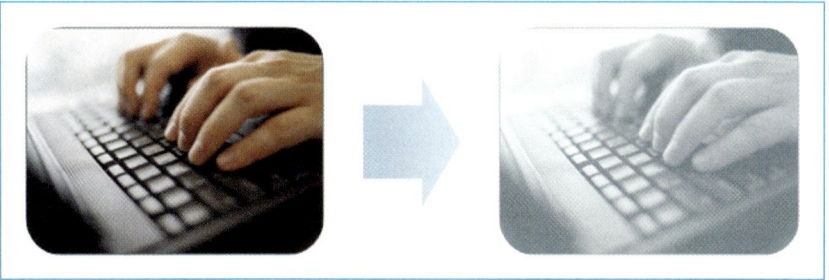

Abbildung 8.20 Der Befehl *Neu einfärben* wandelt ein Farbfoto in ein farbig getöntes monochromes Bild um

Professionelle Layouts mit transparenten AutoFormen erstellen

Eine sehr ansprechende Wirkung erzielen Sie, wenn Sie Teile eines Bildes mit einem transparenten Rechteck abdecken. Dadurch erreichen Sie zum einen eine Strukturierung des Folieninhalts, zum anderen hebt sich der über dem Hintergrundmotiv liegende Inhalt der Folie deutlicher vom Hintergrund ab und wird besser lesbar.

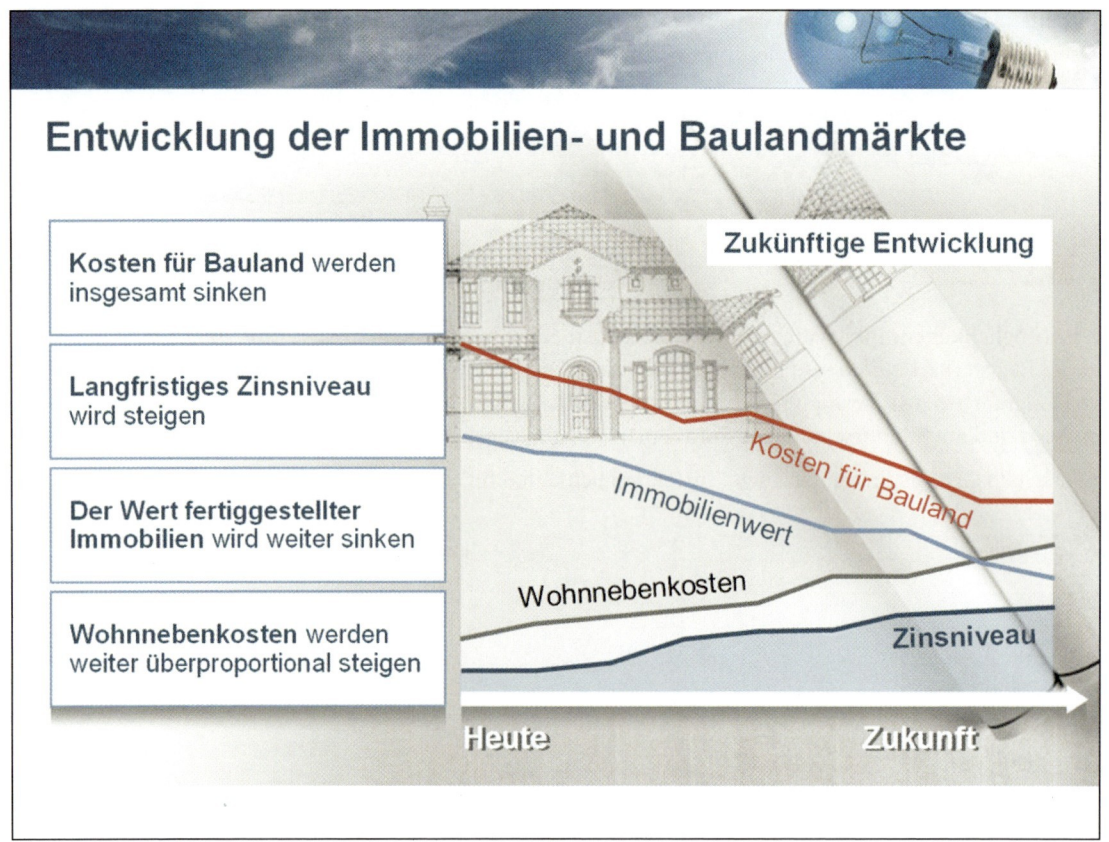

Abbildung 8.21　Decken Sie Teile eines Bildes mit einer transparenten AutoForm ab, um ein professionelles Layout zu gestalten

> **TIPP**　Beachten Sie beim Einsatz von Transparenzen, dass Versionen vor PowerPoint 2002 diese nur teilweise unterstützen. Testen Sie unbedingt, ob Ihr System und gegebenenfalls Ihr Drucker Transparenzen richtig darstellt.

Günstige Bildquellen finden

Wenn Sie an einer Präsentation arbeiten, haben Sie sicherlich oft gute Bildideen, aber kein passendes Motiv zur Hand. Ein Bild einfach aus einer Internetseite zu kopieren, stellt keine Lösung dar. Abgesehen davon, dass die Bildqualität für Präsentationen nicht ausreicht, müssen vor der Nutzung fremden Materials unbedingt Urheber- und Lizenzrechte geklärt werden.

Wir haben deshalb einige günstige und kostenlose Bildquellen für Sie zusammengestellt, die Ihnen das Auffinden von geeigneten Bildern erleichtern. Sie finden eine entsprechende Liste in der Datei *Bildquellen.pdf* im Ordner *Zusatz\Tipps* auf der CD-ROM zum Buch.

> **TIPP**　Legen Sie sich eine Sammlung mit Bildern an, die für Ihre Präsentation geeignet sind. So finden Sie alle Bilder auf einen Blick und können Ihre Bilddatenbank stetig durch weitere Fotos und Grafiken erweitern.

Infografiken mit Piktogrammen erstellen

In Nachrichtenmagazinen wird seit einigen Jahren ein neuer Typ von Grafiken eingesetzt, um Zusammenhänge und komplexe Abläufe verständlich und mit hohem Informationsgehalt darzustellen. Bei konventionellen Abbildungen stehen Text und Bild getrennt, der Text befindet sich unterhalb des Bildes als Legende.

Anders ist es bei einer Infografik: Hier ist der Text an den Stellen im Bild platziert, wo er hingehört und zum Verständnis des Schaubildes beiträgt. Diese Texte sind kleine Erklärungseinheiten und machen häufig lange Beschreibungen überflüssig. Auf diesem Weg können Prozesse, die ansonsten nur mit umfangreichen Erklärungen darzustellen wären, mit einem einzigen Schaubild gezeigt werden.

Wir stellen Ihnen in diesem Kapitel Lösungen vor, wie Sie in PowerPoint mithilfe von AutoFormen, ClipArt und Symbolschriften eigene Piktogramme entwickeln und eindrucksvolle Infografiken erstellen, die garantiert einen bleibenden Eindruck hinterlassen.

Da das Zeichnen eigener Piktogramme recht aufwendig ist, haben wir außerdem eine Vorlagensammlung mit häufig verwendeten Symbolen für Sie erstellt, die Sie sofort in Ihren Präsentationen einsetzen können.

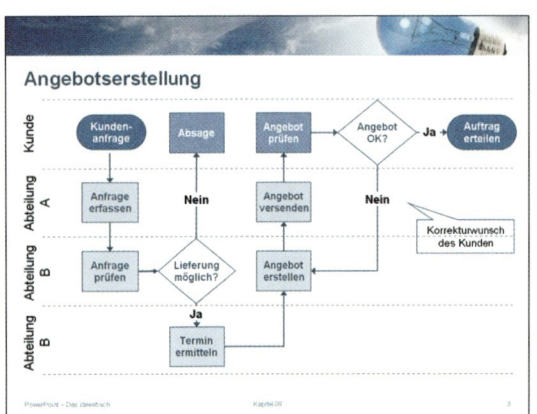 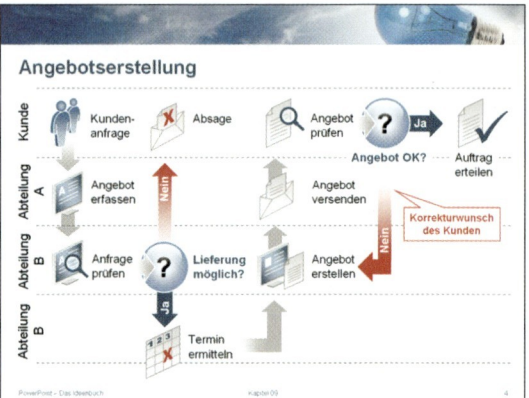

Abbildung 9.1   Aus einem einfachen Flussdiagramm wird durch den Einsatz von Piktogrammen eine attraktive Infografik

Eigene Piktogramme zeichnen

Indem Sie mehrere AutoFormen kombinieren, können Sie in PowerPoint selbst eindrucksvolle Symbole zeichnen. Überlagern und staffeln Sie diese Grundformen und arbeiten Sie mit Farbverläufen, um Ihren Piktogrammen mehr Plastizität und Realismus zu verleihen.

TIPP   Stellen Sie eigene Sammlungen von Grafiken zusammen, die Sie immer wieder in Ihren Präsentationen verwenden.

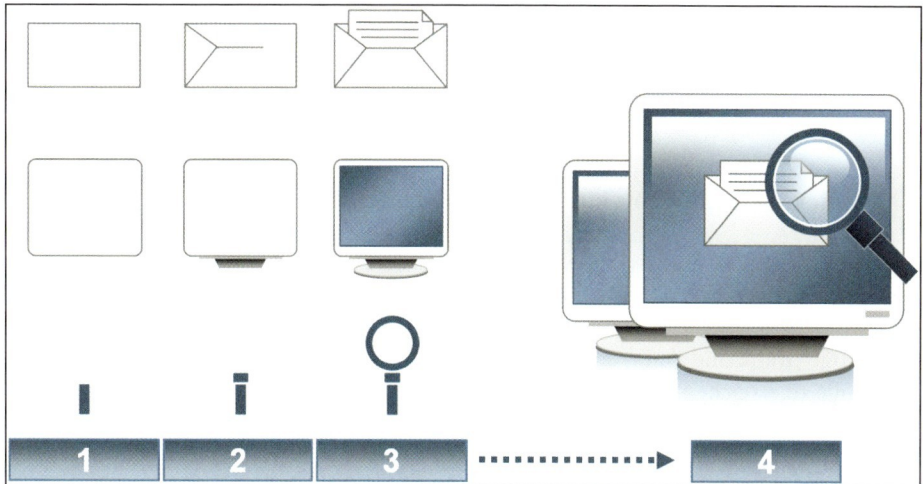

Abbildung 9.2 Mit AutoFormen erstellen Sie eigene Grafiken, die Sie frei skalieren und anpassen können

Eigene Grafiken in PowerPoint zeichnen

Wie Sie im Detail vorgehen, hängt vom jeweiligen Objekt ab, das Sie zeichnen möchten. Am leichtesten finden Sie den Einstieg, wenn Sie die Piktogramme in den Beispielen zu diesem Kapitel in ihre einzelnen Bestandteile zerlegen und analysieren.

CD-ROM   Die Beispiele zu diesem Kapitel finden Sie auf der CD-ROM zum Buch in der Datei *Infografiken.ppt* bzw. der Datei *Infografiken_2007.pptx* im Ordner *\Buch\Kap09*.

Hier einige Tipps zum Erstellen eines Piktogramms:

- Zeichnen Sie zuerst eine einfache AutoForm, wie z.B. ein Rechteck oder einen Kreis, die den Anfang oder die Außenkontur Ihrer Grafik bilden soll.

- Fügen Sie weitere AutoFormen hinzu, überlagern und kombinieren Sie diese mit den bereits vorhandenen Elementen.

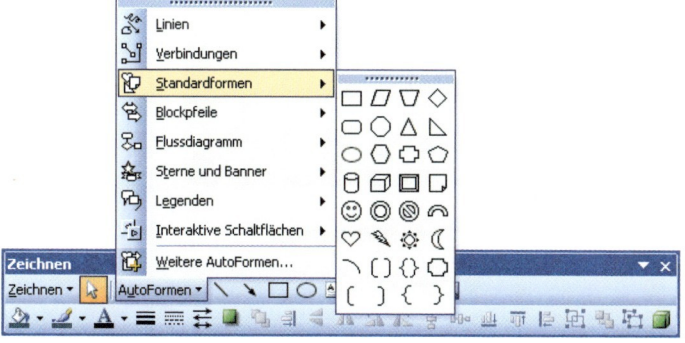

Abbildung 9.3 Mit den AutoFormen steht Ihnen eine vielfältige Palette an geometrischen Formen zur Verfügung

- Zoomen Sie Ihre Zeichnung möglichst groß ein, um alle Einzelobjekte exakt ausrichten zu können.

- Überlagern Sie einzelne Formen, indem Sie die Reihenfolge der Ebenen ändern. Oft reicht es aus, wenn Sie eine Form teilweise unter eine andere legen, um die gewünschte Darstellung zu erreichen. Durch die Überlagerung entsteht praktisch eine neue Form, die aus mehreren Einzelteilen besteht.

- Setzen Sie Freihandformen ein, um Objekte zu zeichnen, die mit den Standardformen nicht erstellt werden können.

- Verwenden Sie Linien, um weitere Elemente hinzuzufügen und Ihre Grafik zu verfeinern.

TIPP   Konzentrieren Sie sich beim Zeichnen auf eine abstrakte Darstellungsform, damit Ihre Grafik nicht mit zu vielen Details überladen wird.

- Gruppieren Sie die fertige Grafik und skalieren oder drehen Sie sie dann, um die gewünschte Größe und Anordnung auf der Folie zu erreichen.

HINWEIS   Eine Grafik aus verschiedenen AutoFormen ist frei skalierbar. Beachten Sie aber, dass PowerPoint die Linienstärken nicht mitskaliert. Eventuell müssen Sie die Linienart später anpassen, wenn Sie eine Grafik in einer anderen Größe darstellen wollen.

Einen 3-D-Effekt durch Verläufe hinzufügen

Richtig dreidimensional wirken Ihre Grafiken, wenn Sie Farbverläufe mit transparenten Fülleffekten kombinieren.

- Füllen Sie kreisförmige Formen mit einem zweifarbigen Verlauf. Um eine Kugel zu erstellen, verwenden Sie zwei Füllfarben (eine helle und eine dunkle Variante eines Farbtons) und den Fülleffekt *Aus der Mitte*.

- Auch rechteckige Formen und Freihandformen können Sie mit Farbverläufen versehen und damit Lichteffekte auf einfache Weise nachempfinden.

- Setzen Sie vereinzelte Highlights wie Spiegelungen oder Reflexionen, indem Sie einer AutoForm einen zweifarbigen Verlauf zuordnen und die Transparenz einer Farbe auf 100% einstellen.

Abbildung 9.4   Erst durch transparente Verläufe überlagern sich die Füllungen mehrerer AutoFormen

HINWEIS   Eine Anleitung, wie Sie eine (Halb-)Kugel mithilfe der 3-D-Effekte in PowerPoint 2007 zeichnen können, finden Sie in Kapitel 2.

Räumliche Tiefe erzeugen

Ordnen Sie mehrere Grafiken hintereinander an, wenn Sie Infografiken erstellen. Eine perspektivische Wirkung erzielen Sie dabei, wenn Sie die hinteren Grafiken kleiner skalieren als die vorderen.

Abbildung 9.5   Durch Staffelung verschiedener Grafiken bekommt Ihr Schaubild mehr räumliche Tiefe

Schnell zum Ziel: Die Vorlagen der Buch-CD

Das Erstellen eigener Piktogramme und Symbole ist sehr zeitaufwendig und erfordert Übung. Auf der CD zum Buch finden Sie eine eindrucksvolle Sammlung an häufig benötigten Symbolen. Sie wird durch 3-D-Grafiken ergänzt, mit denen sich Netzwerkschaubilder und technische Abläufe darstellen lassen. Die Vorlagen liegen als Vektorgrafiken vor und können mit den Befehlen der Symbolleiste *Zeichnen* bzw. der Registerkarte *Zeichentools/Format* in PowerPoint bearbeitet werden, ohne dass Sie ein zusätzliches Grafikprogramm benötigen.

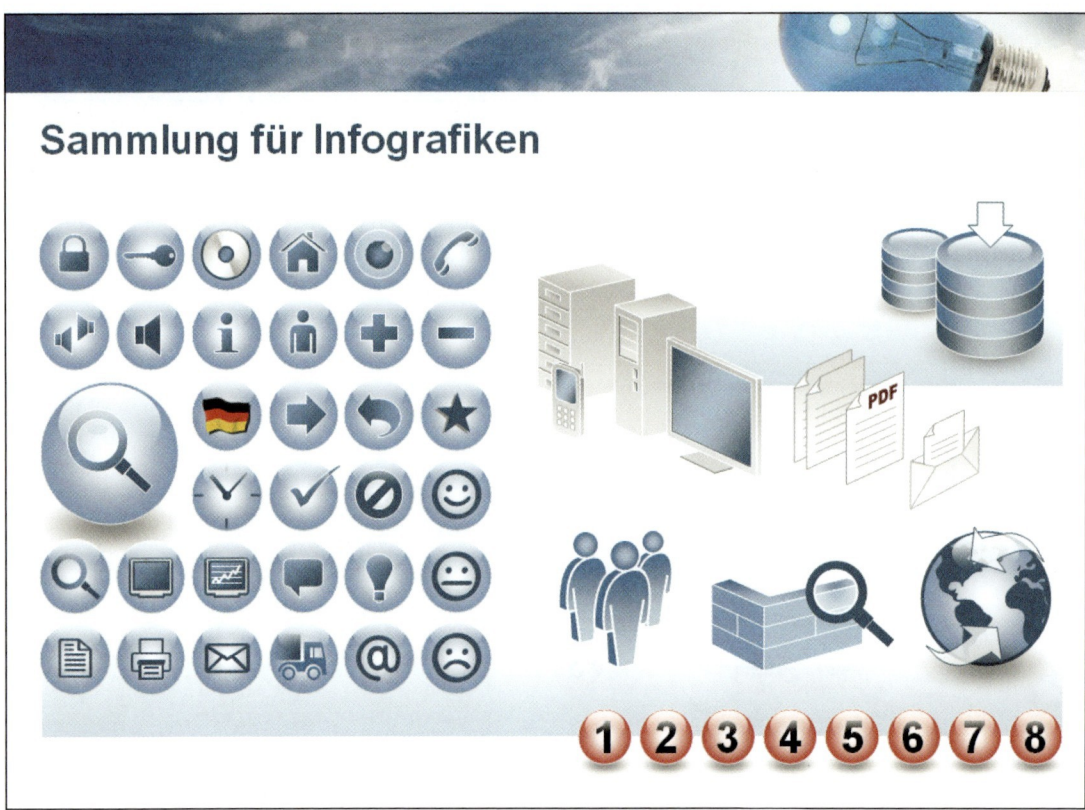

Abbildung 9.6   Setzen Sie die Vorlagen auf der Buch-CD ein, um schnell eindrucksvolle Infografiken zu erstellen

Die Vorlagen einsetzen

Mit den Vorlagen erstellen Sie im Handumdrehen professionelle Infografiken wie beispielsweise das in Abbildung 9.7 gezeigte Netzdiagramm zum Illustrieren des technischen Ablaufs einer computergestützten Anwendung.

1. Kopieren Sie das gewünschte Objekt aus der Vorlagensammlung in Ihre Präsentation und passen Sie gegebenenfalls die Farben an Ihre Präsentation an.

2. Skalieren Sie die Grafik auf die gewünschte Größe und ordnen Sie sie auf Ihrer Folie an.

3. Verfahren Sie mit allen anderen Grafiken ebenso. Verändern Sie die Vorlagen nach Ihren Wünschen und fügen Sie eigene AutoFormen und Grafiken hinzu.

4. Zeichnen Sie Verbindungen oder Pfeile als Linien ein oder stellen Sie Wechselbeziehungen mit einem Doppelpfeil dar.

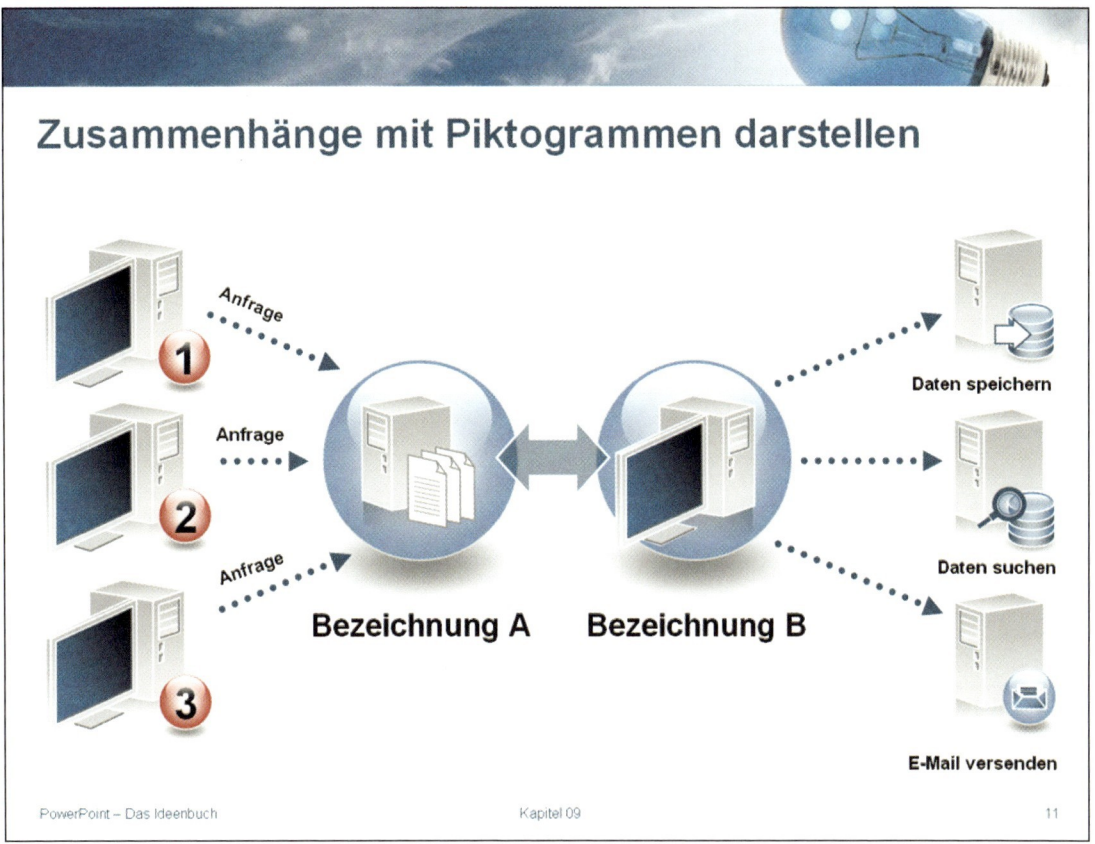

Abbildung 9.7 Ein technischer Funktionsablauf besteht oft aus verschiedenen Komponenten und stellt die Interaktion zwischen Benutzer, Software und Hardware dar

TIPP Blockpfeile eignen sich ebenfalls sehr gut, um eine Verbindung darzustellen. Sie können die Verbindungsarten variieren, um z.B. einer Verbindung mit einem Blockpfeil mehr Gewicht zu geben als einer Verbindung mit einer gestrichelten Linie.

5. Fügen Sie Bezeichnungen der einzelnen Bestandteile unterhalb der Grafik ein. So lässt sich die Zuordnung am einfachsten nachvollziehen.

6. Beschriften Sie Pfeile und Verbindungslinien, indem Sie den Text parallel zur Linie ausrichten. Drehen Sie dazu das Textfeld im gewünschten Winkel. Längere Blockpfeile lassen sich gut mit Text innerhalb des Pfeils versehen.

Bild und Text übersichtlich kombinieren

Abbildung 9.8   Durch den Einsatz der Grafiken ist dieser Ablauf sehr schnell zu erfassen; gleichzeitig bleibt ausreichend Raum auf der Folie, um das Bild durch zusätzliche Informationen zu ergänzen

Im Gegensatz zu beschrifteten AutoFormen ist das Schaubild in Abbildung 9.8 für den Betrachter auf einen Blick zu erfassen. Die einzelnen Schritte sind durch Nummerierungen im gleichen grafischen Stil versehen. Durch die horizontalen Linien und die vertikalen Pfeile entsteht ein Panoramaausschnitt, der die einzelnen Bestandteile zusammenfasst und detaillierte Informationen deutlich aus der Grafik herausnimmt. So lassen sich mehrere Informationsstufen sehr gut nacheinander zeigen.

1. Ordnen Sie alle Objekte auf Ihrer Folie an und versehen Sie sie mit Texten, Verbindungslinien und Nummerierungen.

2. Kontrollieren Sie die Ausrichtung und die Abstände zwischen den einzelnen Objekten und positionieren Sie diese etwa in der Mitte der Folie.

3. Zeichnen Sie eine horizontale Linie von der linken bis zur rechten Außenkante Ihrer Folie. Ziehen Sie die Linie nach unten oder oben und halten Sie gleichzeitig die Tastenkombination $\boxed{\text{Strg}}$+$\boxed{\text{⇧}}$ gedrückt, um eine Kopie zu erstellen und exakt vertikal zu verschieben. Richten Sie die Position der Linien mit gleichem Abstand zu den Objekten aus.

4. Zeichnen Sie einen Blockpfeil und richten Sie diesen mit der geraden Kante an einer der Linien aus.

5. Zeichnen Sie eine Linie in der Hintergrundfarbe, um die Kante des Pfeils zu überdecken. Wählen Sie dafür gegebenenfalls eine dickere Linienstärke als die des Blockpfeils.

6. Gruppieren Sie den Blockpfeil und die überdeckende Linie, erstellen Sie Kopien dieser Gruppe und ordnen Sie die Pfeile dann entlang der horizontalen Linien an.

> **TIPP** Durch die abwechselnde Anordnung der Bezeichnungspfeile gewinnen Sie mehr Raum für detaillierte Informationen. Durch die eindeutige Zuordnung der Pfeile muss die Textbezeichnung nicht exakt in Höhe der Grafik platziert sein und tritt auch nicht in Konflikt mit der vorhergehenden oder nachfolgenden Beschreibung.

ClipArt für Piktogramme verwenden

Microsoft stellt allen Office-Anwendern eine ClipArt-Sammlung mit Tausenden von Grafiken zur Verfügung. ClipArts sind frei skalierbare Vektorgrafiken, die Sie in PowerPoint importieren und in der Regel auch weiterbearbeiten können.

> **HINWEIS** Die ClipArt-Sammlung wird meistens bei der Standardinstallation von PowerPoint auf den Rechner kopiert. Falls sie auf Ihrem Rechner nicht vorhanden ist, können Sie ClipArts auch von der Programm-CD laden.

ClipArts in Ihre Präsentation einfügen

Wenn die ClipArt-Sammlung auf Ihrem Rechner installiert ist, gehen Sie folgendermaßen vor:

1. Wählen Sie im Menü *Einfügen* den Befehl *Grafik/ClipArt* bzw. auf der Registerkarte *Einfügen* den Befehl *ClipArt*.

2. Geben Sie im Aufgabenbereich *ClipArt* im Textfeld *Suchen nach* einen Begriff ein und bestätigen Sie durch einen Klick auf die Schaltfläche *OK*.

3. Wählen Sie unter den angezeigten Abbildungen ein Motiv aus und fügen Sie es per Doppelklick auf der Folie ein.

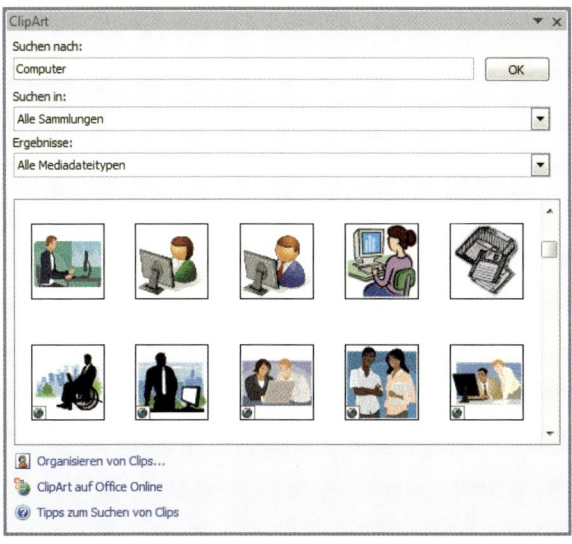

Abbildung 9.9 In der ClipArt-Sammlung von Microsoft Office Online finden Sie zahlreiche Abbildungen zu unterschiedlichen Themen und Begriffen

TIPP   Durch Klicken auf den Link *ClipArt auf Office Online* finden Sie im Internet auf den Webseiten von Microsoft weitere ClipArt-Sammlungen, die fortlaufend aktualisiert werden.

ClipArt neu einfärben

Wenn Sie eine ClipArt in PowerPoint importieren, entsprechen ihre Farben in der Regel nicht Ihrem Corporate Design. Mit der Funktion *Bild neu einfärben* passen Sie ClipArt-Grafiken an Ihr Farbschema an.

1. Klicken Sie bis PowerPoint 2003 in der Symbolleiste *Grafik* auf die Schaltfläche *Bild neu einfärben*.
2. Tauschen Sie im Dialogfeld *Bild neu einfärben* die Farben des Originalbildes durch die gewünschten Farbwerte aus.

Abbildung 9.10   So passen Sie eine ClipArt-Grafik an Ihre Farbpalette an

Die Möglichkeit, Farben in ClipArt-Grafiken auf diese Art auszutauschen, besteht in PowerPoint 2007 nicht mehr. Der Befehl *Neu einfärben* auf der Registerkarte *Bildtools/Format* färbt nun die komplette Grafik um. Wollen Sie nur die Farben einzelner Teile einer ClipArt anpassen, müssen Sie vorher die Gruppierung aufheben (siehe folgenden Abschnitt).

ClipArt individuell bearbeiten

Um eine ClipArt-Grafik in PowerPoint weiter anzupassen, heben Sie die Gruppierung der Grafik auf. Denn dann können Sie einzelne Teile löschen, verschieben oder neu formatieren.

TIPP   Die ClipArt-Sammlung enthält Grafiken in drei Dateiformaten: WMF, PNG und JPG. Um welchen Dateityp es sich handelt, sehen Sie in der QuickInfo, die erscheint, wenn Sie mit dem Mauszeiger auf eine Grafik zeigen. Nur bei Grafiken im Vektorformat WMF können Sie die Gruppierung aufheben.

Und auch diese bestehen oft aus vielen Einzelobjekten, die sich nur mit hohem Zeitaufwand anpassen lassen. Heben Sie die Gruppierung einer ClipArt-Grafik nur dann auf, wenn es sich um eine einfache Darstellung mit wenigen Details und Objekten handelt.

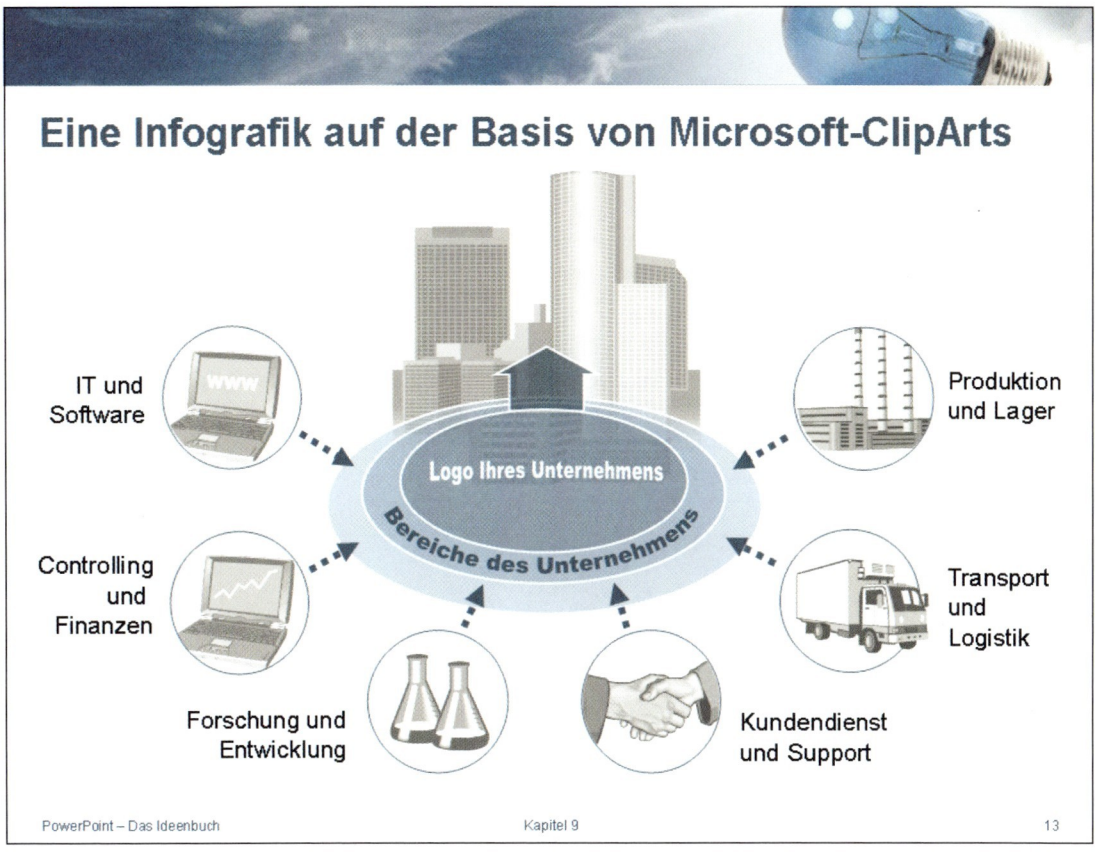

Abbildung 9.11   Mit den richtigen Motiven gestalten Sie mit ClipArts eindrucksvolle Schaubilder

Eine Infografik mit ClipArt erstellen

Wenn Sie in einem Schaubild mehrere ClipArt-Symbole verwenden, sollten Sie größten Wert auf die sorgfältige Auswahl der Bilder legen. Achten Sie vor allem darauf, dass Sie stilistisch einheitliche Motive mit gleichem Detaillierungsgrad verwenden. Setzen Sie diese dann in einen einheitlichen Rahmen – wie in Abbildung 9.12 gezeigt – und passen Sie die Farben an. Auf diesem Weg erreichen Sie eine stimmige Gestaltung Ihrer Folie, trotz unterschiedlicher Motive.

TIPP   In der Grafik in Abbildung 9.11 wurden alle ClipArt-Motive mit der Funktion *Farbe* in der Symbolleiste *Grafik* bzw. in PowerPoint 2007 mit der Funktion *Neu einfärben* auf der Registerkarte *Bildtools/Format* in *Graustufen* konvertiert und *Helligkeit* und *Kontrast* angepasst. Auf diese Art erreichen Sie eine möglichst einheitliche Darstellung, ohne die Farben zeitaufwendig anzupassen.

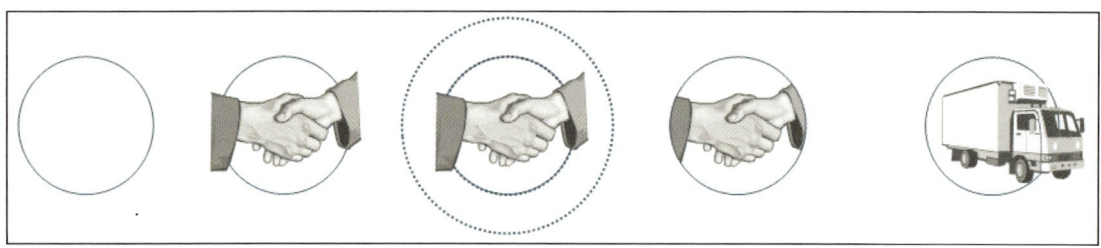

Abbildung 9.12   Mit einem Ring aus den AutoFormen können Sie eine Maske erstellen, um die Randbereiche einer ClipArt-Grafik kreisrund zu überdecken

TIPP   Wenn Sie einen einfarbigen Hintergrund verwenden, können Sie eine oder mehrere AutoFormen in der Hintergrundfarbe über bestimmte Bereiche einer ClipArt-Grafik oder eines Bildes legen, um z.B. die Randbereiche oder bestimmte Details zu überdecken. Außerdem steht Ihnen auch für ClipArts die Funktion *Zuschneiden* in der Symbolleiste *Grafik* zur Verfügung, um Randbereiche einer ClipArt-Grafik zu entfernen.

Eine Infografik mithilfe der Vorlagensammlung

IT und Software

Produktion und Lager

Logo Ihres Unternehmens

Bereiche des Unternehmens

Controlling und Finanzen

Transport und Logistik

Forschung und Entwicklung

Kundendienst und Support

PowerPoint – Das Ideenbuch   Kapitel 09   15

Abbildung 9.13   Das gleiche Schaubild wie in Abbildung 9.11, jedoch mit Piktogrammen aus der Vorlagensammlung von der CD-ROM zum Buch

Piktogramme aus Symbolschriften

Alternativ zu ClipArt und selbst gezeichneten Piktogrammen stehen Ihnen auch Symbolschriften wie *Webdings* und *Wingdings* zur Verfügung, die auf fast jedem Rechner installiert sind. Weitere solche Schriftarten (auch *Dingbats* genannt), deren Zeichensatz statt Buchstaben eine Sammlung an kleinen Grafiken enthält, finden Sie auf vielen Webseiten zum kostenlosen Download. Das Themenspektrum dieser Schriften ist weitläufig und fast jedes Motiv ist dort zu finden.

Symbolschriften in WordArt einsetzen

Schriften wie Webdings enthalten über 220 Zeichen, die Sie direkt als Symbole in ein Textfeld einfügen und mithilfe der Schriftgröße skalieren können. Allerdings können Sie nicht immer davon ausgehen, dass diese Schrift auch auf jedem anderen System installiert ist. Daher empfiehlt es sich, das Symbol zunächst in WordArt zu laden und dann in eine Vektorgrafik umzuwandeln.

In PowerPoint bis Version 2003 gehen Sie wie folgt vor:

1. Erstellen Sie ein Textfeld auf Ihrer Folie und fügen Sie das gewünschte Symbol über die Befehlsfolge *Einfügen/Symbol* ein.
2. Geben Sie einen möglichst hohen Wert für die Schriftgröße an, z.B. *150*, um das Symbol deutlich zu vergrößern.
3. Markieren Sie das Symbol und klicken Sie dann in der Symbolleiste *Zeichnen* auf die Schaltfläche *WordArt einfügen*.
4. Wählen Sie ein geeignetes WordArt-Format und einen Effekt aus, der Ihr Symbol nicht zu stark verfremdet.

> **HINWEIS**   Da die verschiedenen WordArt-Formate an eine bestimmte Schriftart gekoppelt sind, stellen Sie über *Text bearbeiten* in der *WordArt*-Symbolleiste die ursprüngliche Symbolschrift wieder ein. Ansonsten erhalten Sie durch die unterschiedlichen Zeichensätze ein anderes Ergebnis.

5. Passen Sie Seitenverhältnis und Farbe des erstellten *WordArt*-Symbols an und fügen Sie gegebenenfalls 3-D-Effekte oder Schatten hinzu.

In PowerPoint 2007 gehen Sie folgendermaßen vor:

Der Weg über ein WordArt-Objekt entfällt in der neuen PowerPoint-Version. Alle Texte in Textfeldern können Sie mit den Werkzeugen auf der Registerkarte *Zeichentools/Format* mit WordArt-Effekten versehen.

WordArt in Vektorgrafik konvertieren

Abbildung 9.14 In drei Schritten erstellen Sie in PowerPoint aus einem Symbol eine Grafik, die Sie frei skalieren und weiterbearbeiten können

Sie haben nun ein Symbol erstellt, das Sie frei skalieren, einfärben und mit Effekten versehen können. Das Symbol ist aber immer noch als Bestandteil von *WordArt* an die Schriftart gekoppelt.

Um das Symbol in seine Bestandteile zu zerlegen und weiterzubearbeiten, speichern Sie es als Grafik und importieren es dann erneut in PowerPoint.

1. Klicken Sie mit der rechten Maustaste auf das Symbol und wählen Sie im Kontextmenü den Befehl *Als Grafik speichern*. Stellen Sie als Dateiformat *.wmf* ein.
2. Importieren Sie die Grafik über die Befehlsfolge *Einfügen/Grafik/Aus Datei* wieder in Ihre Präsentation.
3. Lösen Sie über *Zeichnen/Gruppierung aufheben* die Gruppierung auf und löschen Sie alle überflüssigen Ebenen heraus.

    WMF-Dateien bestehen aus verschiedenen Objektebenen, die übereinander liegen. Auf der untersten Ebene finden Sie eine Vektorgrafik des ursprünglichen Symbols, dessen einzelne Pfade bzw. Punkte Sie frei bearbeiten können, indem Sie die Befehlsfolge *Zeichnen/Punkte bearbeiten* wählen.

TIPP   Mit einem Bildbearbeitungsprogramm können Sie Symbolschriften auch in Pixelbilder umwandeln, um diese anschließend in PowerPoint zu verwenden.

Die Grafikeffekte von PowerPoint 2007 nutzen, um Piktogramme und Schaltflächen zu zeichnen

PowerPoint 2007 bietet eine Reihe zusätzlicher Grafikeffekte, mit denen Sie schnell und einfacher als früher eigene Piktogramme zeichnen. Diese Effekte lassen sich ebenso nutzen, um Schaltflächen (»Buttons«) zu zeichnen, wie sie auf Webseiten zur Navigation oder zum Starten von Multimedia-Elementen verwendet werden.

HINWEIS   Lesen Sie in Kapitel 10, wie Sie Schaltflächen mit Hyperlinks und Trigger-Animationen versehen, um sie zur Navigation zu nutzen.

Räumliche Wirkung entsteht durch Kombinieren mehrerer Effekte:

- Abschrägung der Kante einer Form
- Höhe und Tiefe dieser Abschrägung
- Räumliche Tiefe des Objekts und Drehung im Raum (Perspektive)

- Material

- Beleuchtung und Schatten

Beginnen Sie mit einer zweidimensionalen Form – beispielsweise einem Rechteck. Rufen Sie per Klick mit der rechten Maustaste auf die Form das Dialogfeld *Form formatieren* auf.

Die Livevorschau ermöglicht es Ihnen, die einzelnen Einstellungen zu kontrollieren, sodass Sie sich an den gewünschten Effekt »herantasten« können.

TIPP   Übermäßiger Gebrauch der neuen Grafikeffekte von PowerPoint 2007 wirkt schnell übertrieben und »verspielt«. Wenden Sie dieselben Effekte konsequent durch die ganze Präsentation hindurch an. Leider »merkt« PowerPoint sich die zuletzt verwendeten Einstellungen nicht. Notieren Sie sich deshalb Ihre Einstellungen.

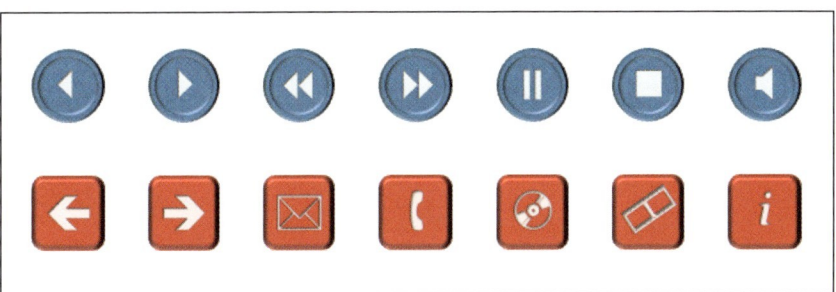

Abbildung 9.15   Attraktive Piktogramme und Schaltflächen lassen sich mit den Grafikeffekten von PowerPoint 2007 schnell und einfach erzeugen

CD-ROM   Die Beispiele aus Abbildung 9.15 und eine kurze Anleitung finden Sie auf den Folien 17 und 18 in der Datei *Infografiken_2007.pptx* auf der CD-ROM zum Buch im Ordner *\Buch\Kap09*.

Infografiken animieren

Eine besondere Bedeutung beim Einsatz von Infografiken kommt der Animation zu. Die einzelnen Schritte, auf die Sie dann in Ihrem Vortrag näher eingehen, lassen sich zum besseren Verständnis nacheinander animieren oder es können bestimmte Bereiche hervorgehoben werden. Diese Vorgehensweise ist sehr effektiv, um die Aufmerksamkeit der Zuhörer zu gewinnen, und lässt diese direkt an Ihrem Gedankenprozess teilhaben.

CD-ROM   Zum Flussdiagramm aus Abbildung 9.1 finden Sie auf der CD-ROM zum Buch im Ordner *\Buch\Kap09* in der Datei *Infografiken.ppt* bzw. der Datei *Infografiken_2007.pptx* ein Beispiel, wie Sie per Animation den gezeigten Ablauf mit Entscheidungsschleifen noch übersichtlicher zeigen (siehe Folie 5).

Kapitel 10

Eine interaktive Präsentation mit Hyperlinks und Trigger erstellen

In diesem Kapitel:

Der Ablauf der meisten PowerPoint-Präsentationen ist linear, d.h., die Folien werden in einer bestimmten, vorher festgelegten Reihenfolge angezeigt. In der Mehrzahl der Fälle ist das auch völlig ausreichend.

Es gibt jedoch Anlässe oder Anwendungsgebiete für Präsentationen, wo es besser oder sogar erforderlich ist, dass die Reihenfolge von Folien individuell gewählt werden kann. Denken Sie beispielsweise an Messen oder kleine Lernprogramme oder Produkt-CDs für Kunden, bei denen sich die Abfolge der gezeigten Inhalte interaktiv durch den Dialog mit dem Publikum bzw. durch die Entscheidungen des Anwenders ergibt.

Wir haben das Beispiel einer Präsentation gewählt, die auf einer CD-ROM verteilt werden soll. Erfahren Sie in diesem Kapitel Schritt für Schritt, wie Sie die Inhalte der Präsentation für diesen Zweck aufbereiten. Egal ob eine solche CD für Kunden oder Mitarbeiter bestimmt ist, ob es sich um eine Messe-, Unternehmens- oder Produktpräsentation handelt – die dabei eingesetzten Techniken sind immer gleich.

Natürlich spielen auch bei diesem Thema wieder Ideen und Anregungen für eine ansprechende Gestaltung eine wichtige Rolle.

Eine Seitennavigation mit Hyperlinks aufbauen

Für den flexiblen Wechsel zu anderen Folien oder generell zu anderen Inhalten bauen Sie eine Navigation aus *Hyperlinks* in die Folien ein, damit sich die Abfolge der Informationen interaktiv steuern lässt. Die Inhalte werden wie bei einer Webseite völlig flexibel aufgerufen: Mit einem Klick auf einen Hyperlink wird eine bestimmte Folie angezeigt oder zu einer anderen Präsentation gewechselt oder eine andere Anwendung oder eine Internetseite geöffnet.

Interaktive Schaltflächen nutzen

In PowerPoint gibt es für den flexiblen Wechsel zu anderen Inhalten vordefinierte und vorformatierte Hyperlinks, die sogenannten interaktiven Schaltflächen. Mit ihnen bauen Sie im Handumdrehen eine Seitennavigation auf. In Abbildung 10.1 sehen Sie die Palette der interaktiven Schaltflächen, die Ihnen zur Verfügung stehen.

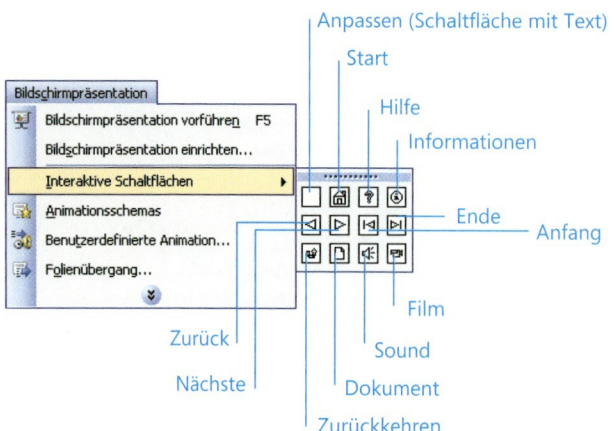

Abbildung 10.1   Interaktive Schaltfläche besitzen vordefinierte Symbole und Hyperlinks, die Sie direkt auf Ihre Folie ziehen können

Die Gestaltung der Schaltflächen ist durch die Symbole weitgehend vorgegeben und die meisten besitzen eine vordefinierte Hyperlink-Aktion. Eine Ausnahme bildet die leere Schaltflächenvorlage *Anpassen*. Diese können Sie nutzen, um eine eigene Schaltfläche mit Textbeschriftung zu erstellen und auch den Hyperlink können Sie frei definieren.

Eine eigene interaktive Schaltfläche erstellen

Wenn Sie eine solche Schaltfläche erstellen wollen, gehen Sie wie folgt vor:

1. In den PowerPoint-Versionen bis 2003 klicken Sie im Menü *Bildschirmpräsentation* auf *Interaktive Schaltflächen*.

   In PowerPoint 2007 finden Sie sowohl auf der Registerkarte *Start* als auch auf der Registerkarte *Einfügen* die *Formen* und in diesem Katalog als letzte Gruppe unten *Interaktive Schaltflächen*.

2. Wählen Sie eine interaktive Schaltfläche aus und platzieren Sie die Schaltfläche auf Ihrer Folie.

3. Legen Sie im daraufhin angezeigten Dialogfeld die Einstellungen des Hyperlinks fest, indem Sie die gewünschte Aktion im Listenfeld auswählen und mit *OK* bestätigen.

4. Starten Sie die Bildschirmpräsentation und testen Sie die Funktion der Schaltfläche.

Wenn Sie während der Bildschirmpräsentation den Mauszeiger über ein Objekt bewegen und der Zeiger sich in eine Hand mit ausgestrecktem Zeigefinger verwandelt, befindet er sich über einem Hyperlink, auf den geklickt werden kann.

Die interaktive Präsentation einrichten

Bevor Sie eine interaktive Präsentation testen, diese auf einer CD-ROM verteilen oder auf einem Messestand einrichten, sollten Sie PowerPoint so einstellen, dass nur noch durch Klick auf eine Schaltfläche navigiert werden kann.

Normalerweise ist PowerPoint so eingestellt, dass Vortragende während der Bildschirmpräsentation mit einem Klick auf eine beliebige Stelle der Folie automatisch zur nächsten Folie gelangen. Bei einer interaktiven Präsentation mit Navigation sollten Sie diese Funktion ausschalten, um Folienwechsel durch versehentliche Mausklicks zu vermeiden und die Navigation auf die voreingestellten Pfade zu beschränken. Dazu stehen Ihnen folgende Möglichkeiten zur Verfügung:

- Folienübergang bei Mausklick deaktivieren

  Richten Sie den Folienübergang so ein, dass der Mausklick ohne Wirkung bleibt; das Navigieren per Tastatur ist weiterhin möglich. Und so gehen Sie vor:

  - Bis PowerPoint 2003 klicken Sie im Menü *Bildschirmpräsentation* auf *Folienübergang*. In PowerPoint 2007 wechseln Sie zur Registerkarte *Animationen*.

  - Deaktivieren Sie bis Version 2003 unten im Aufgabenbereich, in Version 2007 rechts in der Multifunktionsleiste das Kontrollkästchen *Bei Mausklick* und klicken Sie anschließend auf die Schaltfläche *Für alle Folien übernehmen*.

- Kioskmodus für die Bildschirmpräsentation einrichten

  Aktivieren Sie den Kioskmodus für die PowerPoint-Datei und machen Sie damit jeden Mausklick und jedes Drücken einer Taste (mit Ausnahme der Tasten `Esc` und `F1`) wirkungslos. Anwender können nun nur noch über die Navigationsschaltflächen zwischen den Folien wechseln. So richten Sie den Kioskmodus ein:

■ Klicken Sie im Menü bzw. auf der Registerkarte *Bildschirmpräsentation* auf *Bildschirmpräsentation einrichten*.

■ Aktivieren Sie das Kontrollkästchen *Ansicht an einem Kiosk (volle Bildschirmgröße)* und bestätigen Sie anschließend mit *OK*.

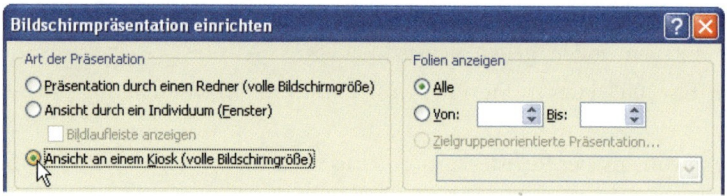

Abbildung 10.2 Durch Wahl des Kioskmodus das Navigieren per Mausklick oder Tastatur unmöglich machen

Eigene Schaltflächen erstellen

Wenn Ihnen die vorgegebenen Schaltflächen von PowerPoint nicht ausreichen oder nicht zusagen, können Sie auch eigene Schaltflächen aus Textfeldern, AutoFormen, oder importierten Grafiken erstellen und eine Hyperlink-Aktion hinzufügen.

Die neuen Grafikeffekte von PowerPoint 2007 erlauben Ihnen dabei Gestaltungsmöglichkeiten, wie Sie sie von »Buttons« auf Webseiten kennen. Achten Sie aber auch hier darauf, dass die Effekte zum Stil der Präsentation passen.

CD-ROM   In den Beispieldateien im Ordner *\Buch\Kap10* auf der CD-ROM zum Buch finden Sie solche benutzerdefinierten Schaltflächen.

Achten Sie darauf, dass Sie für eigene Navigationselemente eine gängige Symbolik verwenden, damit sich auch andere Anwender intuitiv mit der Navigation zurechtfinden. Schaltflächen wie *Startseite*, *Letzte besuchte Seite*, *Beenden*, *Vorwärts* und *Rückwärts* gehören auf jede Seite einer interaktiven Präsentation.

TIPP   Genau wie bei jedem anderen Hyperlink können Sie auch mit einem Textfeld einen Link zu einer Webseite herstellen. Der Hyperlink enthält anstelle der gewünschten Folie oder Präsentation die URL inklusive Präfix *http://*. Ein Klick auf diese Schaltfläche öffnet den Webbrowser und die betreffende Internetseite, sofern der Rechner über eine aktive Internetverbindung verfügt.

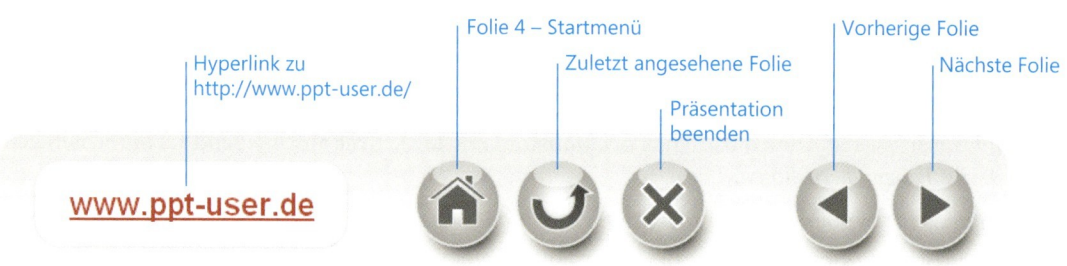

Abbildung 10.3   Eigene Schaltflächen können Sie aus Textfeldern und AutoFormen zusammensetzen

Um aus einem Objekt eine Schaltfläche zu erstellen, gehen Sie wie folgt vor:

1. Zeichnen Sie eine AutoForm, erstellen Sie ein Textfeld oder importieren Sie eine beliebige Grafik, die Sie als Schaltfläche benutzen möchten.

2. Bis zur PowerPoint-Version 2003 klicken Sie mit der rechten Maustaste auf das Objekt und wählen im Kontextmenü den Befehl *Aktionseinstellungen*. In PowerPoint 2007 finden Sie im Kontextmenü nur die Hyperlinks, eine *Aktion* weisen Sie mithilfe des Befehls auf der Registerkarte *Einfügen* zu.

Abbildung 10.4 Im Dialogfeld *Aktionseinstellungen* legen Sie eine Hyperlink-Aktion fest und wählen aus, ob Sie diese bei Mausklick oder bei Mouseover aktivieren möchten

3. Aktivieren Sie die Registerkarte *Mausklick* und wählen Sie die Option *Hyperlink zu*.

HINWEIS   Die Möglichkeit, eine Aktion bei Mouseover auszulösen, sollten Sie nach Möglichkeit meiden, da sie den Anwender oft irritiert. Setzen Sie diese Option nur dann ein, wenn auch klar ist, dass direkt eine Aktion erfolgen soll, sobald der Mauszeiger über die Schaltfläche bewegt wird.

4. Wählen Sie in der Liste eine Aktion aus und bestätigen Sie mit *OK*.

TIPP   PowerPoint unterstützt die Funktion *Aktionseinstellungen* nicht bei gruppierten AutoFormen. Zeichnen Sie dafür eine neue AutoForm und legen Sie diese mit 100% Transparenz und ohne Linienfarbe über die selbst erstellte Schaltfläche. Sie können der transparenten AutoForm dann eine Aktion zuweisen. Mit diesem Trick können Sie den Bereich zur Aktivierung eines Hyperlinks unabhängig von sichtbaren Objekten frei festlegen.

WICHTIG   Die soeben beschriebene Möglichkeit, transparente Objekte als Hyperlink zu nutzen, funktioniert jedoch nicht, wenn die Bildschirmpräsentation mit älteren Versionen des PowerPoint Viewers 2003 abgespielt wird.

Falls Sie beim Testen Ihrer Präsentation auf Probleme stoßen, laden Sie sich die neueste Version des PowerPoint 2003-Viewers herunter (**Achtung:** Diese wird nur noch bis Oktober 2009 auf der Microsoft-Webseite verfügbar sein.) – oder gleich den PowerPoint Viewer 2007. Die Viewer-Version 2007 kann auch Dateien aus älteren PowerPoint-Versionen abspielen, lässt sich aber nicht von CD starten, sondern muss installiert werden.

Hyperlinks auf dem Folienmaster platzieren

Sie erhalten eine konsistente Navigation auf allen Folien Ihrer Präsentation, wenn Sie alle Schaltflächen im Folienmaster platzieren. Änderungen brauchen Sie dann nur noch im Master und nicht auf jeder Folie einzeln vorzunehmen. Ordnen Sie interaktive Schaltflächen im unteren Bereich, links oder rechts am Folienrand an, da sie dort von den meisten Benutzern erwartet werden.

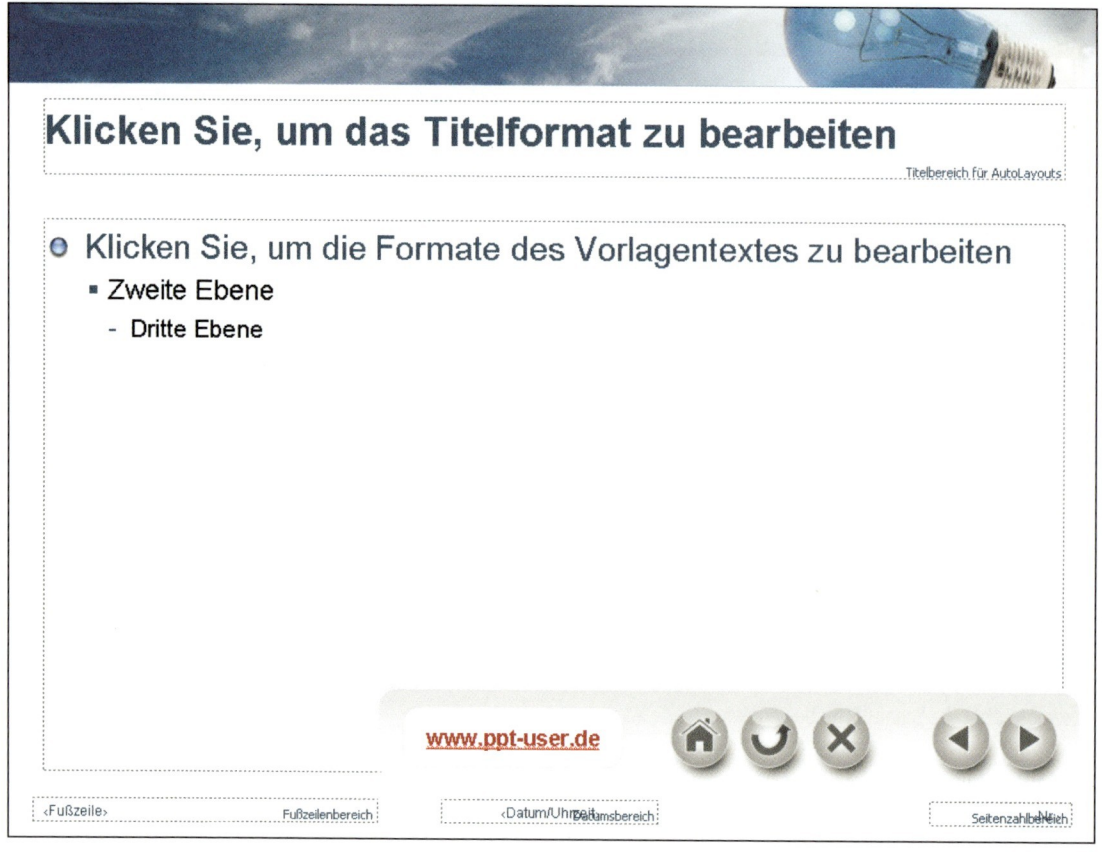

Abbildung 10.5   Eine Navigation im Master wird auf allen Seiten angezeigt und die Hyperlinks können von jeder Seite aus aktiviert werden

TIPP   Wenn Sie nicht auf allen Folien die gleiche Navigation verwenden möchten, können Sie diese auch auf jeder einzelnen Folie anordnen. Meist ist es aber einfacher, wenn Sie auf einzelnen Folien die Navigation einfach mit einer AutoForm überdecken. Ab PowerPoint 2002 können Sie mehrere Master in Ihrer Präsentation verwenden. Erstellen Sie einfach einen zusätzlichen Folienmaster, der keine oder andere Navigationselemente besitzt. Allerdings haben Anwender früherer Versionen Probleme bei der Anzeige von Präsentationen mit mehreren Mastern.

Fallbeispiel: Eine interaktive Präsentation planen und erstellen

Für eine jährlich stattfindende Veranstaltung, die »PowerPoint-Anwendertage«, wird eine interaktive Präsentation erstellt. Sie enthält Informationen, Bilder und Vortragspräsentationen dieses Events. Das Ergebnis wird auf einer CD-ROM veröffentlicht und den Teilnehmern zugeschickt.

Anhand dieses realen Praxisbeispiels können Sie nachvollziehen, wie Sie die verschiedenen Navigationsprinzipien einsetzen können und dabei die Bewegungen des Anwenders durch die Präsentation vorgeben bzw. kontrollieren.

CD-ROM   Zur Veranschaulichung finden Sie das Fallbeispiel im Ordner *\Buch\Kap10* auf der CD-ROM zum Buch als selbstlaufende Präsentation *PowerPoint-Anwendertage_2005.pps* bzw. *PowerPoint-Anwendertage_2008.ppsx*. In der Datei *Interaktiv.ppt* bzw. *Interaktiv_2007.pptx*, die ebenfalls in diesem Ordner abgelegt sind, können Sie die Navigation und alle Einstellungen anhand der Beispielfolien nachvollziehen.

Verschiedene Navigationsprinzipien einsetzen

Beginnen Sie mit einem Navigationskonzept, noch bevor Sie die interaktive Präsentation selbst erstellen. Es gibt verschiedene Grundtypen der Benutzerführung, die Sie sicher auch von anderen Anwendungen, wie z.B. einer Webseite oder CD-ROM-Anwendung, kennen. Wenden Sie eines der folgenden Prinzipien an oder kombinieren Sie diese miteinander, um die Benutzer durch die Inhalte zu führen.

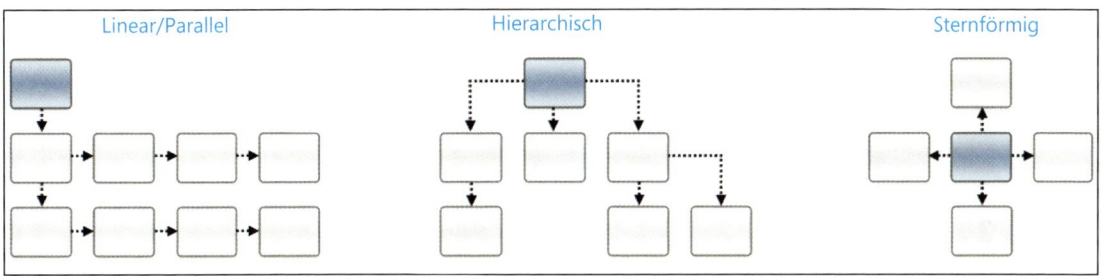

Abbildung 10.6   Verschiedene Navigationsprinzipien zum Erstellen einer interaktiven Präsentation

- Die links gezeigte *lineare Benutzerführung* entspricht der Abfolge einzelner Seiten wie bei einer Bildschirmpräsentation. Die parallele Benutzerführung entspricht einer wiederkehrenden Anordnung verschiedener Bereiche mit gleichem Aufbau, sodass die Inhalte immer nacheinander aufgerufen werden können.

- Die *hierarchische Benutzerführung* entspricht einer Baumstruktur und ist am ehesten mit einem Organisationsdiagramm vergleichbar. Ausgehend von einer Startseite verzweigen sich alle weiteren Seiten hierarchisch.

- Bei der *sternförmigen Benutzerführung* übernimmt die Startseite eine zentrale Rolle und verweist mit Hyperlinks direkt auf jede weitere Seite der Präsentation.

TIPP   Egal für welchen Typ Sie sich entscheiden, gestalten Sie die Benutzerführung so, dass die Anwender ohne Umwege die gewünschten Informationen finden. Verwenden Sie gängige Navigationsprinzipien und richten Sie gegebenenfalls eine Startseite ein, von der aus Sie einen Überblick über alle Inhalte liefern und direkt zu den Hauptbereichen weiterleiten.

Eine Startseite mit Auswahlmenü erstellen

Die Startseite in unserem Fallbeispiel liefert eine Auswahl der vier Hauptbereiche und verfügt über Hyperlinks, die dem Anwender erlauben, direkt zu anderen Seiten innerhalb der Präsentation zu springen. Damit hier eine Auswahl getroffen werden muss, sind die linearen Navigationselemente wie vorwärts und rückwärts deaktiviert. Dafür wurden Schaltflächensymbole, die keinen Hyperlink besitzen, direkt auf der Folie angeordnet. Diese überdecken die Hyperlinks im Folienmaster, die dadurch nicht aktiviert werden können.

TIPP   Wenn Sie nicht aktive Schaltflächen heller oder in einer anderen Farbe darstellen, weiß jeder Anwender intuitiv, dass er diese Schaltflächen auf dieser Seite nicht benutzen kann. Dies hat auch den Vorteil, dass Ihre Präsentation eine durchgängigere Navigation besitzt, als wenn bestimmte Schaltflächen auf manchen Seiten gar nicht vorhanden wären.

Abbildung 10.7   Die Startseite dient als Übersicht und verweist direkt per Hyperlink auf die wichtigsten Folien

Wir haben einige Tipps für Sie zusammengestellt, um eine Startseite wie in der Abbildung 10.7 zu erstellen:

- Bauen Sie die einzelnen Bereiche, die als Schaltflächen dienen sollen, aus einzelnen AutoFormen, Textfeldern und Bildern auf und fassen Sie diese mit einem rechteckigen Rahmen zusammen.

- Eine Mischung aus kurzen informativen Überschriften, Texten und Bildern erleichtert es dem Anwender, sich besser zu orientieren.

- Verwenden Sie Screenshots der Folie, auf die Sie per Hyperlink verweisen, und setzen Sie Piktogramme und Icons ein, um das Auswahlmenü bildhafter zu gestalten.

- Wenn Sie alle Formen platziert haben, können Sie über jeden Bereich eine transparente AutoForm legen und dieser einen Hyperlink über die Befehlsfolge *Bildschirmpräsentation/Aktionseinstellungen* zuweisen.

Eine Inhaltsseite mit Aufklappmenü simulieren

Die weiteren Folien der interaktiven Präsentation erhalten eine zusätzliche Navigationsleiste mit den Textbezeichnungen der vier Hauptbereiche. Mithilfe dieser Schaltflächen können Sie jederzeit zwischen diesen hin und her springen. Dieses Prinzip kommt der Navigationsstruktur einer Webseite gleich. Sie können sogar ein Aufklappmenü simulieren, indem Sie die Schaltflächen auf eine andere Seite kopieren und weitere Unterebenen hinzufügen.

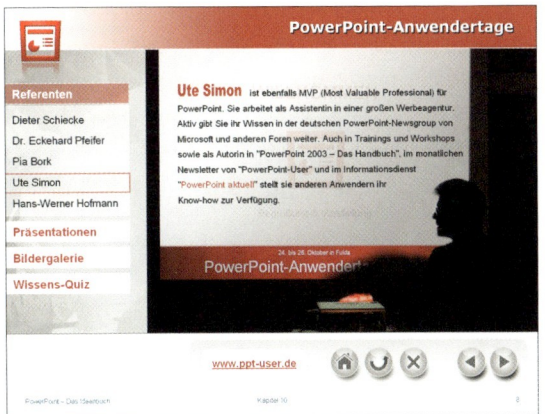 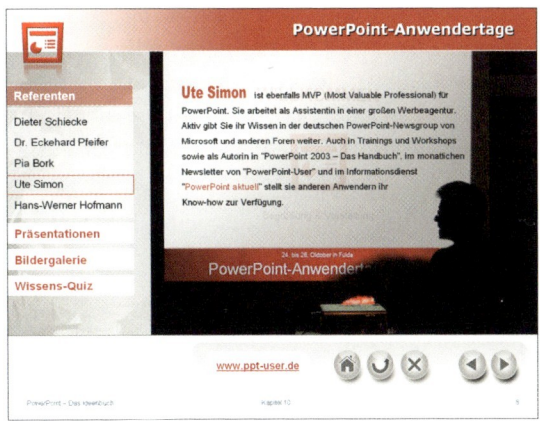

Abbildung 10.8 Die Folien, auf denen die Trainer vorgestellt werden, sind links mit zusätzlichen Schaltflächen versehen, was wie ein Aufklappmenü wirkt

Dieses Anwendungsbeispiel verwendet zwei unterschiedliche Navigationsprinzipien. Jeder der Trainer wird auf einer separaten Folie vorgestellt. Über die zwei verschiedenen Navigationsleisten können Sie zur nächsten Folie oder direkt auf die Folie eines Referenten springen.

- Klicken Sie auf eine Schaltfläche in der linken Navigationsleiste, um direkt auf die jeweilige Folie zu gelangen. Dort ist zusätzlich die Schaltfläche mit dem Namen des Trainers hervorgehoben, um anzuzeigen, auf welcher Folie Sie sich gerade befinden.

- Auf der ersten Folie können Sie mit der Schaltfläche *Vorwärts* zur zweiten Folie springen. Auf der zweiten Folie gelangen Sie mit den betreffenden Schaltflächen wieder zurück zur vorhergehenden und weiter zur nächsten Folie.

TIPP   Wenn Sie ein Aufklappmenü am linken Seitenrand simulieren möchten, sodass sich nur die Navigation, nicht aber der Inhalt verändert, erstellen Sie einfach eine Kopie Ihrer Folie. Ordnen Sie dort eine zweite Ebene aus zusätzlichen Schaltflächen an und verschieben Sie gegebenenfalls andere übergeordnete Schaltflächen nach unten.

Mehr Flexibilität mit benutzerdefinierten Layouts in PowerPoint 2007

Das Konzept von Master und Layout wurde in PowerPoint 2007 grundlegend geändert. Waren die Folienlayouts bisher fest vorgegeben, können sie nun in beliebiger Anzahl selbst erstellt werden.

Wechseln Sie mit *Ansicht/Folienmaster* in die Masteransicht. Das etwas größere Folienvorschaubild links oben ist der eigentliche *Master*, die kleineren Vorschaubilder darunter stehen für die *Layouts*. Auf der Registerkarte *Folienmaster* können Sie mit den entsprechenden Befehlen weitere Folienmaster und/oder Folienlayouts einfügen (diese Optionen stehen Ihnen auch nach einem Klick mit der rechten Maustaste in den linken Vorschaubereich zur Verfügung).

Während der Master die allgemeine Gestaltung der Folien vorgibt, legen die Layouts die Anordnung und Anzahl der *Platzhalter* fest. Neben dem allgemeinen Inhaltsplatzhalter, der flexibel genutzt werden kann, haben Sie nach einem Klick auf die untere Hälfte des Befehls *Platzhalter einfügen* auch die Möglichkeit, spezielle Platzhalter für Text, Bilder, Diagramme, Tabellen, SmartArt, Medien oder ClipArts zu zeichnen.

Anstatt wie in älteren Versionen die Navigation auf den einzelnen Folien einzufügen, können Sie in Power-Point 2007 dafür ein eigenes Layout anlegen. Dieses enthält bereits Rechtecke mit Hyperlinks auf der linken Seite und wird allen Folien in diesem Präsentationsabschnitt zugewiesen (vgl. Abbildung 10.9). Ein weiteres Layout gibt die Bestandteile der Trainerbiografie-Folien vor: Titelplatzhalter für den Namen, Textplatzhalter für Biografie und E-Mail-Adresse und ein Bildplatzhalter für das Foto. Diese Platzhalter stellen nicht nur eine Arbeitserleichterung dar, sie sorgen auch für ein einheitliches Aussehen der Folien.

Legen Sie zusätzlich auf den einzelnen Folien einen Rahmen oder eine halbtransparente Fläche über diese Navigationsleiste, um die aktuelle Folie hervorzuheben.

 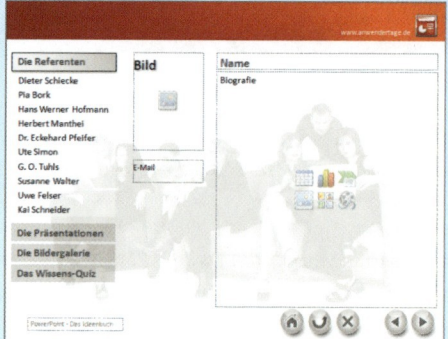

Abbildung 10.9   Mit benutzerdefinierten Layouts legen Sie die Links in den Folienmaster und geben die Struktur der Folien vor

CD-ROM   Beispiele für benutzerdefinierte Layouts und ihre Anwendung finden Sie auch in den beiden Beispieldateien *Interaktiv_2007.ppsx* und *PowerPoint-Anwendertage_2008.ppsx* im Ordner *\Buch\Kap10* auf der CD-ROM zum Buch.

Eine Liste mit Hyperlinks zu anderen Präsentationen oder Dateien herstellen

Auf der Folie *Präsentationen* ist eine Liste verschiedener Vortragspräsentationen der Veranstaltung zusammengestellt. Von hier aus sollen die PowerPoint-Dateien direkt aufgerufen werden können. Dazu kommen Hyperlinks zum Einsatz, mit deren Hilfe Sie aus der aktuellen Präsentation heraus weitere Dateien öffnen oder eine externe Anwendung starten können.

■ Kopieren Sie dafür zuerst alle Dateien in den gleichen Ordner, in dem sich auch Ihre Präsentation befindet, und fügen Sie anschließend auf einer Folie Hyperlinks zu diesen Dateien ein.

In unserem Fallbeispiel wurde aus AutoFormen ein Datei-Icon und ein Textfeld erstellt und beides neben der Bezeichnung des Vortrags platziert. Eine transparente AutoForm mit Hyperlink stellt sicher, dass Sie die Schaltfläche aktivieren können, gleich ob Sie auf den Textlink oder auf das Icon klicken.

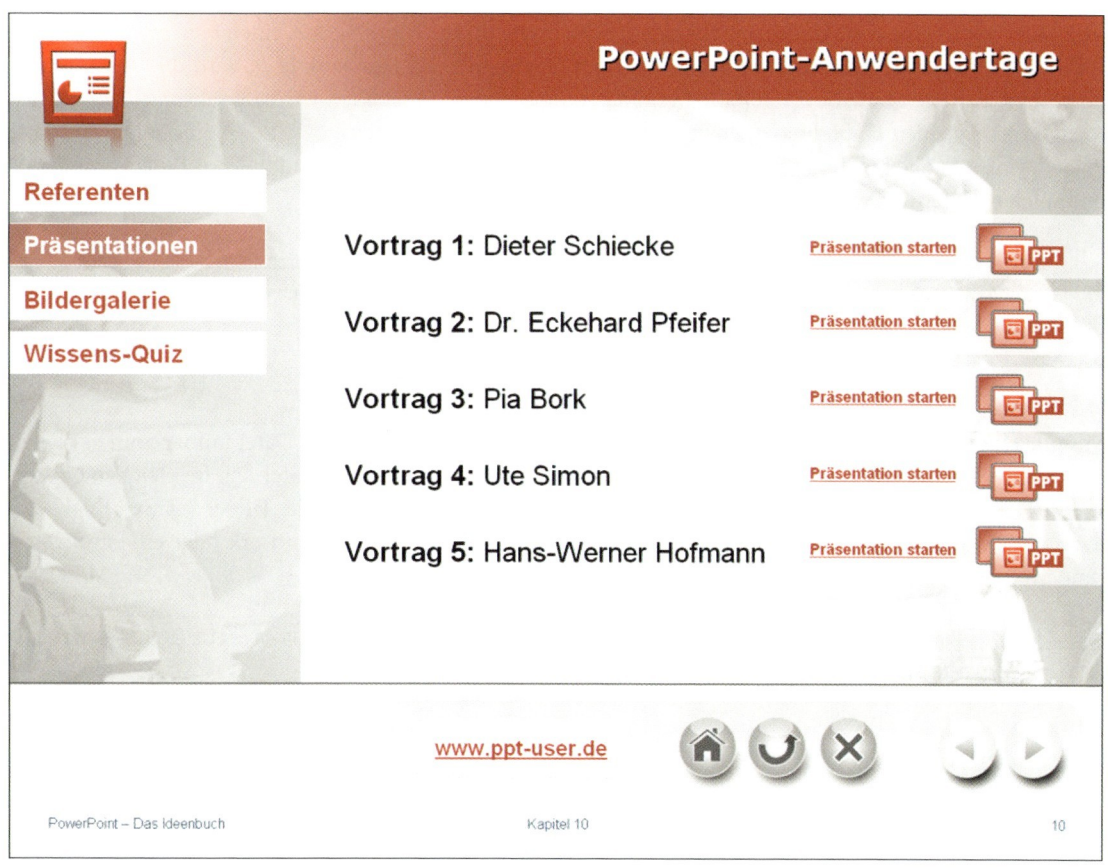

Abbildung 10.10 Aus der aktuellen Präsentation heraus direkt weitere Präsentationen starten

HINWEIS   Wenn Sie für Ihre Präsentation den Kioskmodus während der Bildschirmpräsentation aktiviert haben, müssen Sie in den verknüpften Präsentationen auch Schaltflächen zum Navigieren einbauen. Ansonsten können Sie in diesen nicht vorwärts oder rückwärts navigieren. Mit der Taste ⎡Esc⎤ gelangen Sie wieder auf die Seite zurück, von der aus Sie die Präsentation gestartet haben.

Absolute und relative Pfadangaben meistern

Wenn Sie eine interaktive Präsentation oder eine Präsentation mit verknüpften Inhalten erstellen, kommt es bei der Weitergabe an andere oft zu Problemen. Wenn PowerPoint einen Hyperlink oder eine Verknüpfung auf einem anderen Rechner nicht mehr finden kann, liegt es meist daran, dass Sie – ohne es zu wissen – absolute Pfadangaben verwendet haben.

Immer wieder Probleme mit absoluten Pfaden

Jede Datei besitzt eine eindeutige Lage auf einem Speichermedium. Wenn Sie z.B. einen Film mit PowerPoint verknüpfen, der in einem anderen Ordner oder auf einem anderen Laufwerk liegt, wird die Verknüpfung durch eine Adresse wie z.B. *F:\Filme\Imagefilm.avi* angegeben. Dieser Pfad wird als »absolut« bezeichnet. Auch wenn Sie einen Hyperlink zu einer anderen Datei erstellen, benutzt PowerPoint eine solche absolute Pfadadresse. Solange Sie die Präsentation nur auf Ihrem Rechner benutzen, findet PowerPoint die Adresse und spielt beispielsweise den Film ab.

HINWEIS   Wenn Sie Ihre Präsentation mit dem Film versenden oder auf einem anderen Rechner abspielen möchten, sucht PowerPoint genau nach dieser absoluten Pfadbezeichnung. Wenn dort das Laufwerk einen anderen Namen hat oder die Datei nicht in dem gleichen Ordner liegt, kann PowerPoint den Pfad nicht finden.

Die Lösung: Relative Pfade

Mithilfe einer relativen Pfadangabe geht PowerPoint bei der Suche nach einer Datei immer vom aktuellen Verzeichnis aus. Das funktioniert bei PowerPoint nur, wenn die verknüpfte Datei sich im gleichen Ordner wie die PowerPoint-Präsentation befindet, *bevor* der Hyperlink erstellt wurde. Dieser relative Pfad wird dann als ...\Imagefilm.avi dargestellt und besitzt keine Referenz zu einem Laufwerk oder einem Ordner, sondern lediglich den Dateinamen.

HINWEIS   PowerPoint findet Dateien mit relativen Pfadangaben, indem es nach dem Namen der Datei sucht, und zwar in dem Ordner, in dem sich auch die Präsentation befindet.

Die Bildergalerie mit der Funktion *Fotoalbum* erstellen

Für die Fotoimpressionen der Veranstaltung wurde eine Bildergalerie erstellt. Jedes Bild liegt in einer kleinen und einer großen Auflösung vor (dies wurde vorher in einem Bildbearbeitungsprogramm erledigt). Auf zwei Übersichtsfolien sind je sechs kleine Vorschaubilder platziert. Auf jedem dieser Bilder liegt ein Hyperlink, der zu der Seite mit der größeren Version des Bildes verweist. Parallel dazu kann auch innerhalb der Seiten mit den großformatigen Bildern vor- und zurückgeblättert werden.

Abbildung 10.11 Durch eine oder mehrere Seiten mit Vorschaubildern (links) lässt sich eine Bildergalerie gliedern und eine vergrößerte Version der einzelnen Bilder aufrufen (rechts)

TIPP PowerPoint verfügt ab der Version 2002 über eine Fotoalbum-Funktion. Mit ihr lassen sich mehrere Bilder in einem Arbeitsgang direkt in eine Präsentation kopieren. Und so geht's:

1. Klicken Sie in den PowerPoint-Versionen bis 2003 im Menü *Einfügen* auf *Grafik* und wählen Sie *Neues Fotoalbum*. In Power-Point 2007 finden Sie den Befehl auf der Registerkarte *Einfügen*.

2. Stellen Sie über die Schaltfläche *Datei/Datenträger* den Pfad zu den Bildern ein und markieren Sie die Bilder, die Sie importieren wollen.

3. Weisen Sie ein fertiges oder ein selbst erstelltes *Bildlayout* zu.

4. Klicken Sie abschließend auf die Schaltfläche *Erstellen*.

PowerPoint erzeugt daraufhin mehrere Folien und fügt die Bilder in die Präsentation ein. Die so gefertigten Folien importieren Sie in die Präsentation mit der Navigation.

Ein Quiz: Animationen per Trigger steuern

Der Begriff *Trigger* kommt aus dem Englischen und bedeutet so viel wie »Abzug«, »Auslöser«. Ab Power-Point 2002 können Sie Trigger-Animationen verwenden, um Objekte auf einer Folie nur bei Bedarf zu animieren oder nur auf Nachfrage einzublenden. Damit lässt sich sehr gut Interaktion in eine Präsentation einbauen. Die per Klick auf der gleichen Folie ausgelöste Animation kann ein anderes Objekt einblenden, hervorheben oder ausblenden. Als Trigger können Sie das animierte Objekt selbst oder auch jedes andere Element auf der Folie verwenden.

Mit dem Trigger verschiedene Objekte ein- und ausblenden

Für ein Quiz soll mithilfe des Triggers angezeigt werden, ob die Antwort richtig oder falsch ist. Klickt der Anwender auf eine falsche Antwort, wird ein weiteres Objekt mit dem Text *Falsche Antwort* eingeblendet und nach wenigen Sekunden wieder ausgeblendet. Bei der richtigen Antwort erscheint zur Bestätigung ein Stern.

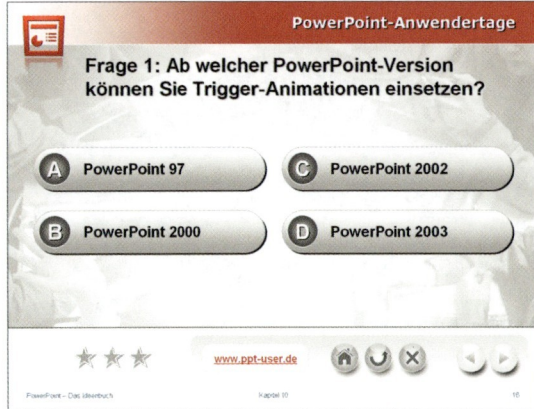

Abbildung 10.12   Mit einer Trigger-Animation können Sie ein einfaches Quiz erstellen und per Mausklick auf eine Trigger-Schaltfläche weitere Objekte ein- und ausblenden – hier die Situation für eine richtige Antwort

Hier kommt die folgende Technik zum Einsatz:

- Damit der Anwender die Frage nicht überspringen kann, gelangt er nur zur nächsten Seite, wenn er die richtige Antwort angeklickt hat. Dafür werden die Schaltflächen zum Vorwärts- und Rückwärts-Navigieren deaktiviert, indem auf der Folie Schaltflächensymbole angeordnet werden, die ohne Hyperlink sind. Da sie über den Schaltflächen aus dem Folienmaster liegen, ist der Hyperlink überdeckt und somit deaktiviert.

- Gleichzeitig mit der Trigger-Animation für die korrekte Antwort blenden Sie die überdeckenden Aktionsschaltflächen aus. Dadurch können die Anwender weiter navigieren.

> **TIPP**   Ein Trigger oder ein Hyperlink ist nur aktiv, wenn das Objekt, auf dem die Aktion liegt, auch eingeblendet ist. Wenn ein Objekt über einem anderen liegt, ist nur das sichtbare anklickbar. Weisen Sie einer Trigger-Schaltfläche immer eine Füllung zu, da Sie diese – anders als bei einem Hyperlink – sonst nicht aktivieren können. Diese Füllfarbe darf 99 % transparent sein, um die Schaltfläche unsichtbar zu machen – aber eben nicht zu 100 %.

Eine Trigger-Animation zuweisen

Anhand des Beispiels in Abbildung 10.12 können Sie sehen, wie Sie eine Trigger-Animation einrichten. Beim Klick auf einen Antworttext wird ein weiteres Objekt darüber eingeblendet.

Abbildung 10.13 Auf der Registerkarte *Anzeigedauer* der Animationsoptionen richten Sie die Trigger-Animation ein

1. Platzieren Sie die Objekte, die eingeblendet werden sollen, direkt über der Frage und gruppieren Sie die einzelnen Formen, um diese zusammen einblenden zu können.

2. Klicken Sie mit der rechten Maustaste auf die Gruppe und wählen Sie im Kontextmenü den Befehl *Benuterdefinierte Animation*.

3. Klicken Sie rechts im Aufgabenbereich auf die Schaltfläche *Effekt hinzufügen* und wählen Sie einen Eingangseffekt aus.

   Die Gruppe erscheint nun mit einem Effekt der Animationsliste. In unserem Beispiel wurde der Effekt *Verblassen* verwendet, um das Objekt weich einzublenden.

4. Öffnen Sie das Dropdownmenü für den soeben festgelegten Animationseffekt, indem Sie auf den Pfeil rechts neben der Bezeichnung klicken, und wählen Sie dann *Anzeigedauer*.

5. Klicken Sie auf die Schaltfläche *Trigger* und aktivieren Sie die Option *Effekt starten beim Klicken auf*.

6. Wählen Sie das Objekt aus, das die Animation auslösen soll, und bestätigen Sie mit *OK*.

In der Liste der Animationseffekte rechts im Aufgabenbereich wird nun vor dem Objekt eine zusätzliche Zeile eingeblendet, die anzeigt, dass es sich um einen Trigger handelt.

TIPP   Sie können mit einem Trigger nicht nur eine, sondern bei Bedarf auch mehrere unterschiedliche Animationen auslösen. So können Sie ein Objekt, das Sie per Trigger auf der Folie erscheinen lassen, auch automatisch wieder verschwinden lassen. Fügen Sie dem Objekt einfach neben dem Eingangseffekt zusätzlich noch einen *Entfernen*-Effekt hinzu. Wählen Sie für Letzteren die Start-Option *Nach vorheriger* und eine Verzögerungszeit. Diese können Sie über die Animationsoptionen auf der Registerkarte *Anzeigedauer* festlegen. Der Trigger funktioniert dann wie bei einer Schleife: Sie können die kombinierte Animation immer wieder starten.

Kapitel 11

Mit bewegten Bildern Impulse setzen

In diesem Kapitel:

Sie möchten etwas bewegen, Impulse setzen, provozieren, Ihren Worten Nachdruck verleihen? In diesem Kapitel erfahren Sie, wie Sie mit bewegten Bildern mehr Wirkung erzielen. Dazu bieten sich für PowerPoint die im Internet beliebten Flash- und GIF-Animationen an.

Animierte GIFs einsetzen

GIF steht für Graphics Interchange Format und ist ein Grafikformat für Bilder mit geringer Farbtiefe, die bis zu 256 verschiedene Farben haben können (mehr zu Bildformaten lesen Sie in Kapitel 8). Die erweiterte Version GIF89a kann auch einfache Animationen wiedergeben. Dazu werden in einer GIF-Datei mehrere Einzelbilder gespeichert. Das GIF-Format hat zwei Vorteile: Es unterstützt transparente Hintergründe und wird sowohl im Internet Explorer als auch in PowerPoint wiedergegeben, ohne dass die Installation zusätzlicher Software erforderlich wäre. Neben verschiedenen Bildbearbeitungsprogrammen, die animierte GIFs exportieren können, existieren auch GIF-Animationsprogramme wie der Ulead GIF Animator oder Jasc Animation Shop, die weitergehende Funktionen bieten.

Der Import in PowerPoint erfolgt über die Befehlsfolge *Einfügen/Grafik/Aus Datei*. Animierte GIFs werden wie andere Bildformate in der PowerPoint-Datei gespeichert, sodass für den Einsatz in PowerPoint keine Besonderheiten zu beachten sind.

HINWEIS   PowerPoint 97 und der Viewer zu PowerPoint 97 geben animierte GIFs noch nicht wieder.

Flash-Filme verwenden

Adobe Flash ist ein Vektoranimationsprogramm, mit dem auch sehr komplexe und vor allem interaktive Animationen erstellt werden können. Flash verarbeitet auch Bitmaps, Audio- und Videodateien. Wird eine Flash-Animation in eine Internetseite eingebunden, hat sie oft die Dateierweiterung .swf.

Aufgrund seines platzsparenden Formats finden Flash-Filme nicht nur im Internet zunehmend Verbreitung. Auch für Produktpräsentationen und wissenschaftliche Arbeiten wird Flash häufig eingesetzt.

HINWEIS   Verkürzend werden mehrere Dateiformate, die als Animationen in Webseiten eingebunden werden können, als *Flash* bezeichnet:

- **swf**   Ursprünglich von Macromedia entwickelt, nun von Adobe weitergeführt, handelt es sich bei *swf*-Dateien in erster Linie um animierte Vektorgrafiken, die auch Bitmap-Grafiken, Audio- und Videodateien enthalten können. Allerdings ist die Länge auf 16.000 Einzelbilder (»Frames«) begrenzt, sodass sich das Format nur für kurze Videos eignet. swf-Dateien können auch interaktive Shockwave-Dateien enthalten.

- **flv**   Längere Videos werden meist im Flash-Video-Format in Webseiten eingebettet, das die Dateiendung *flv* trägt und keiner Längenbeschränkung unterliegt.

- **mp4**   Relativ neu ist das *mp4*-Format (mit dem Codec *H.264* komprimiert), das wie die beiden zuvor genannten mit dem Adobe Flash Player wiedergegeben werden kann.

Achtung: Von diesen drei Formaten kann in PowerPoint bis zur Version 2007 nur das swf-Format auf Folien eingefügt werden! Die beiden anderen Formate können nur verlinkt und in einem separaten Player-Fenster abgespielt werden.

Im Gegensatz zu animierten GIFs ist für die Wiedergabe von Flash-Filmen ein Plug-In erforderlich. Im Internet Explorer ab Version 6 ist bereits eine ältere Version des Flash Players integriert, die jedoch nicht alle Funktionen neuerer Programmversionen von Adobe Flash unterstützt. Für die Wiedergabe von Flash-Filmen sollten Sie deshalb die aktuelle Version des Players nutzen. Sie erhalten ihn kostenlos unter folgender Internetadresse: *http://get.adobe.com/de/shockwave/* (dieser Shockwave Player enthält den Adobe Flash Player).

TIPP Wenn Sie einen Flash-Film neu erstellen, können Sie wählen, für welche Version des Flash Players der Film veröffentlicht werden soll. Wenn Sie vorhaben, die Präsentation mit dem Flash-Film weiterzugeben und der Funktionsumfang einer älteren Player-Version für die Wiedergabe Ihres Flash-Films genügt, ist es sinnvoll, diese anstelle der aktuellen Version auszuwählen. Sie erreichen so eine größere Zielgruppe, da in vielen Firmen der Download und die Installation zusätzlicher Software nicht möglich ist.

Flash-Filme mit der Dateiendung .swf können problemlos in PowerPoint importiert und sogar in der Präsentation gespeichert werden. Sie werden parallel zu Folienanimationen abgespielt und können selbst in den Master integriert werden.

Flash-Animationen, die ausschließlich auf Vektorgrafiken basieren, können außerdem ohne Beeinträchtigung der Darstellungsqualität beliebig vergrößert werden.

Flash stellt damit eine perfekte Multimedia-Erweiterung zu PowerPoint dar. Durch die Kombination von PowerPoint und Flash haben Sie außerdem die Möglichkeit, Bestandteile Ihrer Corporate Identity, die auf Ihren Internetseiten mittels Flash umgesetzt wurden, unverändert auch in Ihren PowerPoint-Präsentationen zu verwenden.

TIPP Achten Sie beim Einsatz von Flash darauf, dass Sie nur solche Animationen verwenden, die nicht vom Inhalt der Folie ablenken.

Visualisieren Sie: Trotten oder Laufen?

Wenn Ihr Projekt nicht vorankommt, Arbeitsabläufe ins Stocken geraten, ungünstige Verhaltensmuster den Fortschritt blockieren oder die Konkurrenz Sie überholt, werden Sie die Ursachen analysieren und Ihre Mitstreiter von den notwendigen Veränderungen überzeugen. Oft ist es dabei hilfreich, die Situation anhand optischer Impulse zu verdeutlichen.

CD-ROM Die Beispiele zu diesem Kapitel finden Sie auf der CD-ROM zum Buch im Ordner \Buch\Kap11 in der Datei *11_Bewegte Bilder.ppt*.

Zusätzlich zu den in der Präsentation verwendeten Beispielen haben wir in den Ordnern \Buch\Kap11\Flash und \Buch\Kap11\GIF die Trott- und Renn-Animationen für den Einsatz in Ihren eigenen Präsentationen in verschiedenen Farben und Geschwindigkeiten für Sie vorbereitet.

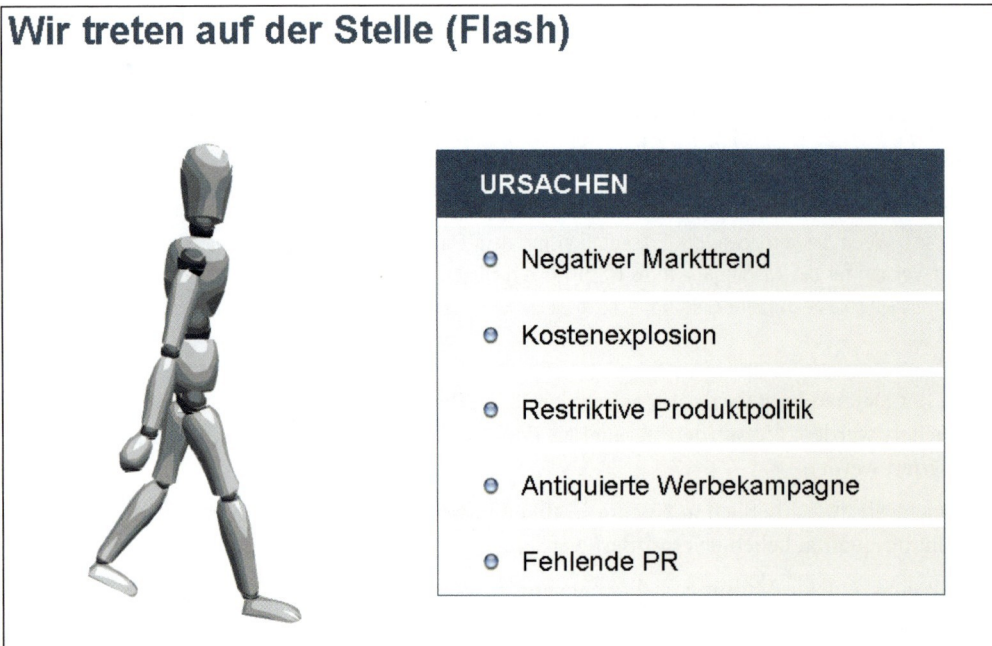

Abbildung 11.1   Erst in der Animation wird erkennbar, mit welcher Schwerfälligkeit die Figur versucht voranzukommen

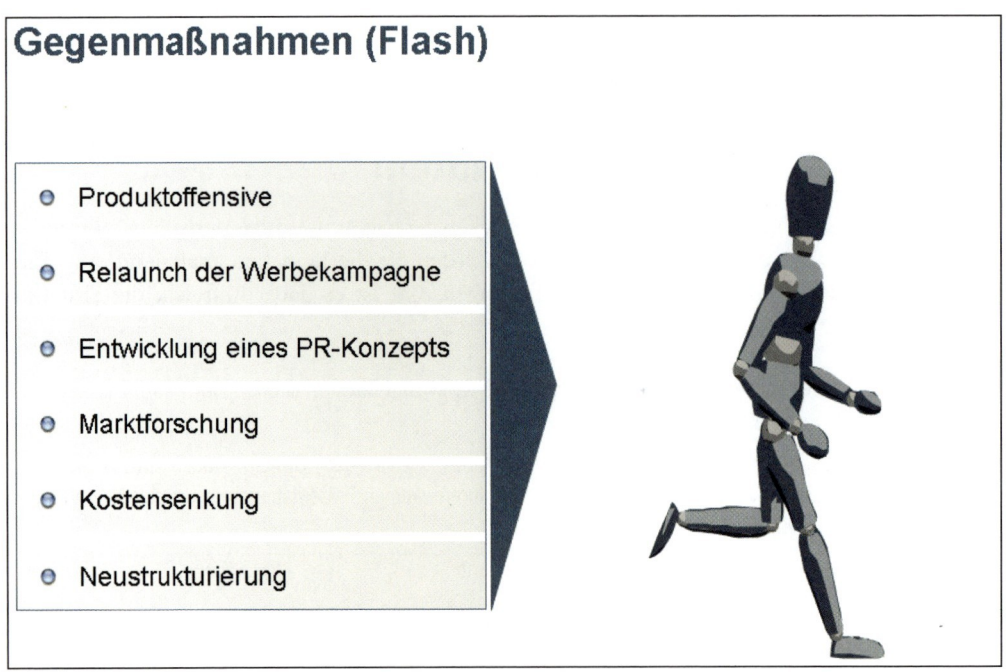

Abbildung 11.2   Mit Rückenwind geht's leichter

Die Konkurrenz zieht an uns vorbei (Flash)

WIR	DIE KONKURRENZ
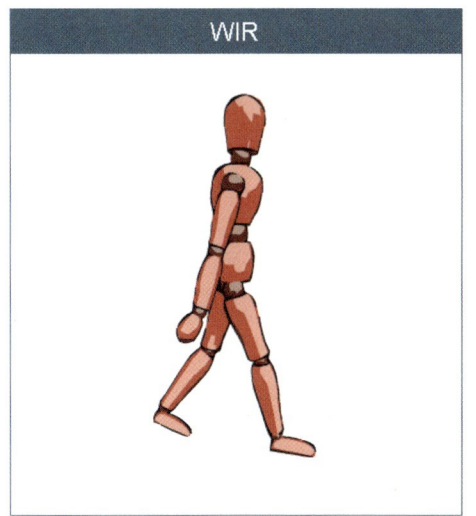	

Abbildung 11.3   Hier wird zusätzlich Farbe eingesetzt: Rot (Anstrengung) steht für die eigenen Bemühungen, während die Konkurrenz in kühlem Blau (Leichtigkeit) davonläuft

Wie Sie sehen, genügen schon sehr einfache Darstellungen, um Ihr Publikum auch auf der emotionalen Ebene gezielt anzusprechen.

Wie erreichen Sie Ihre Ziele? (Flash)

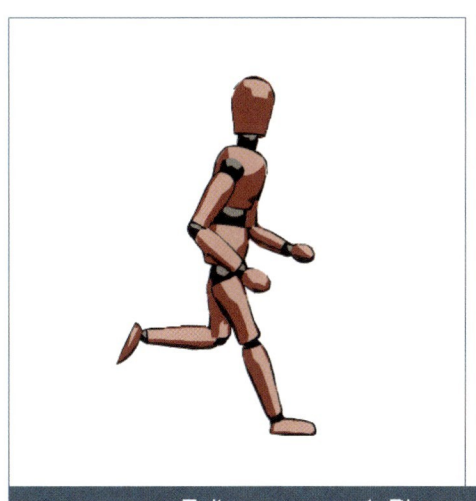 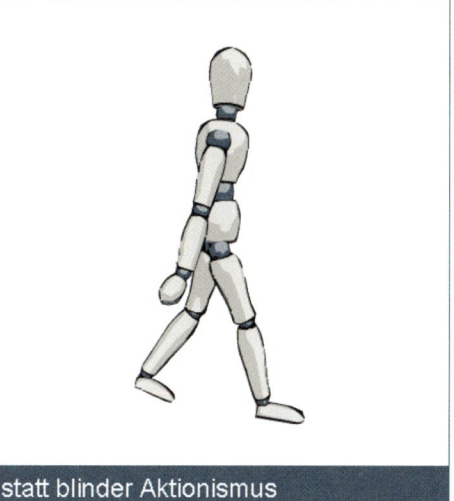

Zeitmanagement: Planung statt blinder Aktionismus

Abbildung 11.4   Das Bild ist – fast – identisch mit Abbildung 11.3, die Aussage aber eine völlig andere

Mit einer kleinen Änderung des Bildes erzielen Sie dabei schon eine völlig andere Aussage: In Abbildung 11.4 wird der Energiegewinn aus professionellem Zeitmanagement den Anstrengungen eines planlosen »Drauflos-Handelns« gegenübergestellt.

Flash-Filme in Folien einfügen: Die Technologie

Im Unterschied zum Einfügen von Grafiken können Sie beim Einbinden von Flash-Filmen nicht auf einen vorgefertigten Menübefehl zurückgreifen. Der technische Aufwand ist etwas größer, aber mit wenigen Mausklicks von jedem Anwender zu meistern.

1. Rufen Sie über *Ansicht/Symbolleisten* die *Steuerelement-Toolbox* auf und klicken Sie dort auf die Schaltfläche *Weitere Steuerelemente*.

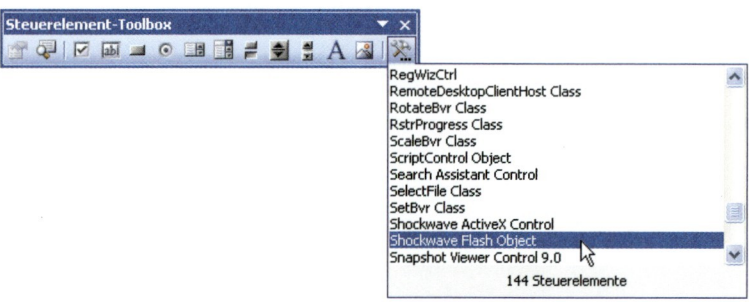

Abbildung 11.5   Die Steuerelement-Toolbox zeigt die auf Ihrem Rechner vorhandenen Steuerelemente an. Die Anzahl hängt davon ab, welche Objekte auf Ihrem Rechner installiert sind.

In PowerPoint 2007 müssen Sie hierzu zunächst über *Office-Schaltfläche/PowerPoint-Optionen/Häufig verwendet/Entwicklerregisterkarte in der Multifunktionsleiste anzeigen* die Registerkarte *Entwicklertools* einblenden. Dort finden Sie in der Gruppe *Steuerelemente* den Befehl *Weitere Steuerelemente*.

2. Scrollen Sie in der Liste nach unten, bis der Eintrag *Shockwave Flash Object* angezeigt wird (siehe Abbildung 11.5). Wenn Sie diese Option markieren, verwandelt sich der Mauszeiger in ein Kreuz. Zeichnen Sie das Fenster, in dem die Flash-Animation später abgespielt werden soll, mit gedrückter linker Maustaste als Rechteck auf die Folie.

3. Klicken Sie mit der rechten Maustaste auf das Flash-Objekt auf der Folie und wählen Sie im Kontextmenü den Befehl *Eigenschaften*.

4. Trotz der Fülle von Optionen ist nur eine Eintragung erforderlich: Tragen Sie im *Eigenschaften*-Fenster des Shockwave Flash-Objekts neben *Movie* – wie in Abbildung 11.6 gezeigt – den Dateinamen und gegebenenfalls den kompletten Pfad ein.

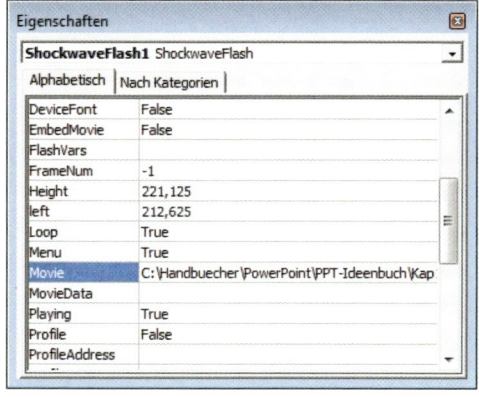

Abbildung 11.6 Klicken Sie in den Eigenschaften des Shockwave Flash-Objekts in das Feld neben *Movie* und geben Sie den Dateinamen ein

5. Bis zur PowerPoint-Version 2003 können Sie zusätzlich die Eigenschaft *Embed* auf *True* setzen, um die swf-Datei in der ppt-Datei einzubetten. Dies funktioniert in PowerPoint 2007 nicht mehr; die swf-Datei muss mit weitergegeben werden.

TIPP   Speichern Sie den Flash-Film *vor* dem Einfügen in PowerPoint im gleichen Verzeichnis wie die Präsentation. Dann nämlich ist die Pfadangabe nicht erforderlich und es genügt, wenn Sie nur den Namen und die Dateierweiterung des Flash-Films eintragen. Dies hat außerdem den Vorteil, dass PowerPoint den Pfad zum Flash-Film als relativen Pfad speichert. Solange Film und Präsentation im gleichen Verzeichnis liegen, können Sie beide bedenkenlos verschieben oder weitergeben, ohne dass die Verknüpfung zum Flash-Film verloren geht.

6. Wechseln Sie mit `F5` zur Bildschirmpräsentation, um den Flash-Film anzusehen. Danach wird er auch in der Bearbeitungsansicht von PowerPoint angezeigt.

Tipps und Tricks zum Umgang mit Flash-Filmen

Flash-Filme während der Bildschirmpräsentation

Der Flash-Film liegt während der Bildschirmpräsentation immer auf der obersten Ebene der Präsentation. Es ist nicht möglich, Text, interaktive Schaltflächen oder andere PowerPoint-Objekte darüberzulegen.

Bei dem Shockwave Flash-Objekt handelt es sich um ein Programmfenster, das auf der Folie liegt. Wenn Sie einen interaktiven Flash-Film mit PowerPoint verwenden, ist für den Wechsel zwischen Flash-Film und Folie ein zusätzlicher Klick erforderlich, um entweder den Film oder die Folie zu aktivieren.

HINWEIS   Aus diesem Grund darf der Flash-Film auch nicht auf die gesamte Fläche der Folie aufgezogen werden – die Präsentation wäre dann nicht mehr bedienbar.

Wenn Sie eine Präsentation mit einem Flash-Film weitergeben, muss auch beim Empfänger der Flash Player installiert sein. Der PowerPoint-Viewer kann auch in Version 2007 Flash-Filme nicht wiedergeben, da er Steuerelemente generell nicht darstellt.

Kapitel 12

Mit PowerPoint 2007 beeindruckende 3-D-Businessgrafiken erstellen

Entscheidungen und Statusberichte mit einer 3-D-Matrix zeigen

Wenn es um Entscheidungen geht, müssen sich die Akteure auf das Wesentliche konzentrieren können. Unübersichtliche Textfolien sind da höchst ungeeignet. Eine schnell überschaubare Entscheidungsmatrix hingegen wirkt unterstützend. In diesem Kapitel erfahren Sie, wie Sie mit den 3-D-Werkzeugen von Power-Point 2007 eine professionell gestaltete Entscheidungsmatrix aufbauen.

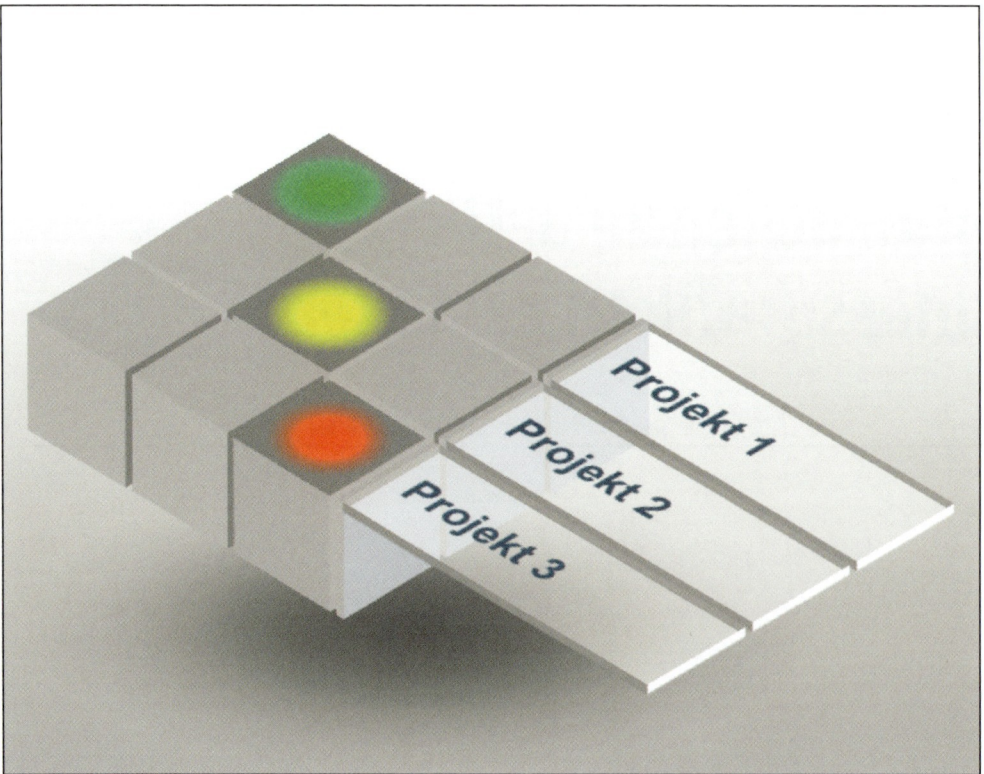

Abbildung 12.1   Vorschau auf eine Entscheidungs- bzw. Bewertungsmatrix für Projekte mit Ampel-Funktion

CD-ROM   Die Beispiele dieses Kapitels finden Sie auf der CD-ROM zum Buch in der Datei *3D-Entscheidungsmatrix.pptx* im Ordner *\Buch\Kap12*.

Die 3-D-Matrix aus Abbildung 12.1 können Sie z.B. für folgende Zwecke nutzen:

- als übersichtliche Vorlage für Entscheidungen
- als prägnante Projektstatusanzeige, die die Informationen auf den Punkt bringt
- als Vergleichsübersicht zu bestimmten Merkmalen bei Produkten
- als Auswertung der Ergebnisse eines Assessment-Centers

Vorschau auf die fertige Visualisierungslösung

In der Musterdatei sind zwei Beispiele in mehreren Variationen zusammengestellt.

- Mit dem ersten Beispiel – Abbildung 12.1 – lässt sich beispielsweise Projekt-Reporting optisch wirkungsvoll auf den Punkt bringen.

- Das zweite Beispiel – Abbildung 12.2 – eignet sich beispielsweise, um die Elemente für eine Bewerberauswahl übersichtlich zusammenzustellen.

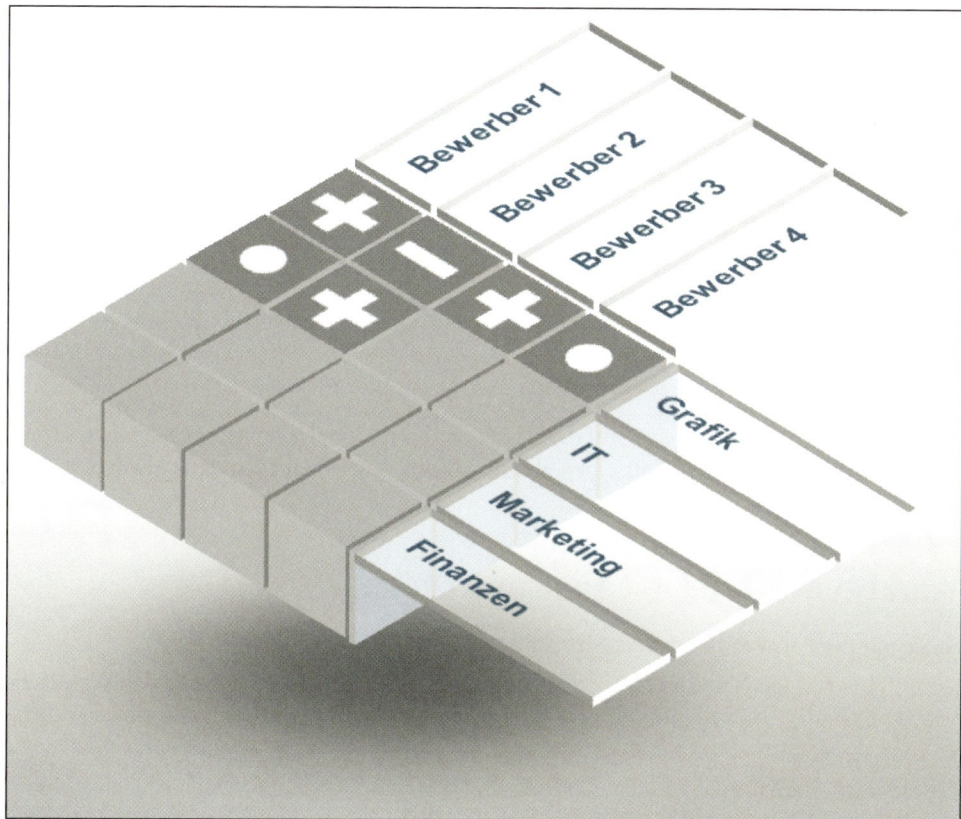

Abbildung 12.2   Vorschau auf das Beispiel einer Entscheidungsmatrix zur Bewerberauswahl

Animiert statt statisch

Die Wirkung der 3-D-Matrix erhöht sich wesentlich, wenn die einzelnen Elemente nicht gleich alle angezeigt, sondern der Reihe nach vorgestellt und kommentiert werden. Zu diesem Zweck sind einzelne Elemente animiert. Abbildung 12.4 zeigt, wie die (Würfel-)Elemente der Matrix nacheinander eingeblendet werden.

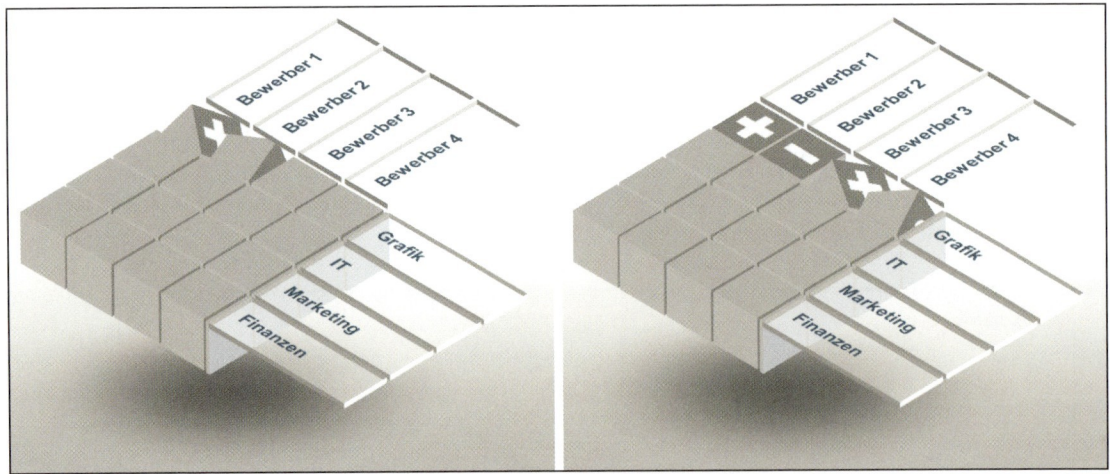

Abbildung 12.3   Die Aussagen der Matrix werden durch Drehen der Würfel nacheinander angezeigt

Schritt 1: Von 2-D zu 3-D – den Prototyp des Würfels anlegen

3-D-Objekte entstehen in PowerPoint 2007 auf der Basis zweidimensionaler Formen, denen eine Drehung, Perspektive und Tiefe zugeordnet wird. Für einen gleichmäßigen Würfel wird also eine quadratische Form als Ausgangsbasis benötigt.

Vom Quadrat zum Würfel mit Tiefe und Drehung

1. Zeichnen Sie mit der Form *Rechteck* bei gedrückter ⇧-Taste ein perfektes Quadrat.
2. Klicken Sie mit der rechten Maustaste auf das Quadrat und wählen Sie *Form formatieren*. Wählen Sie in der Rubrik *3D-Drehung* die in Abbildung 12.4 gezeigten Einstellungen, um die passende Perspektive zu erhalten.

   Probieren Sie auch einmal aus, wie die Veränderung der Gradwerte der verschiedenen Achsen die Erscheinung der Form beeinflusst. Sie sehen, dass sich auch die Beschriftung entsprechend verzerrt.
3. Wechseln Sie im gleichen Dialogfeld zur Rubrik *3D-Format*. Legen Sie hier die Tiefe des dreidimensionalen Körpers fest: Das Objekt erhält nun Volumen. Es ist wichtig, dass alle Seiten gleich lang sind – der korrekte Punktwert für *Tiefe* variiert mit der Größe der Ausgangsform.
4. Mit den Einstellungen unter *Oberfläche* können Sie verschiedene Beleuchtungsvarianten für den Würfel festlegen.

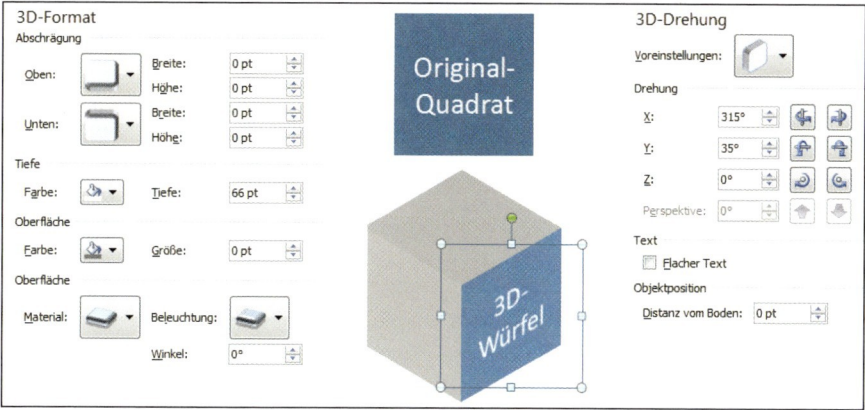

Abbildung 12.4 Mit den links und rechts gezeigten 3-D-Einstellungen wird aus dem Quadrat ein Würfel

Schritt 2: Beschriftungselemente für Zeilen und Spalten der Matrix anlegen

Wie bei dem Würfel basiert auch das Beschriftungsfeld auf einer 2-D-Form – diesmal ein Rechteck, da es mehr Platz für die Beschriftung bietet. Alle Zeichen, die in der 2-D-Form Platz finden, stehen auch nach der perspektivischen Verzerrung innerhalb des Objekts.

Vom Rechteck zum 3-D-Objekt

1. Zeichnen Sie das Rechteck in derselben Höhe wie Ihr Quadrat und legen Sie die in Abbildung 12.5 rechts dargestellten Werte für die *3D-Drehung* fest.

2. Anders als beim zuvor erstellten Würfel kippt die Vorderseite des Objekts durch die *3D-Drehung* nach oben und bildet nicht, wie beim Würfel, die Seite des Volumens. Um die Form nicht zu massiv wirken zu lassen, wählen Sie bei *3D-Format* eine geringe Tiefe von *5 pt* (siehe Abbildung 12.5 links).

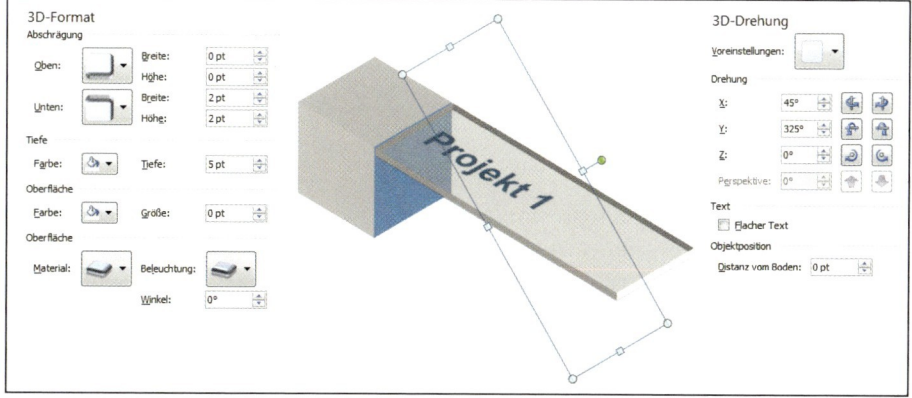

Abbildung 12.5 3-D-Formatoptionen für das waagerechte Beschriftungsfeld einstellen

Das 3-D-Objekt durchscheinend machen

Damit die Würfel durch das Beschriftungselement durchscheinen, legen Sie im gleichen Dialogfeld (*Form formatieren*) einen *Transparenz*-Effekt fest: in der Rubrik *Füllung* durch Ziehen des Reglers im unteren Teil des Dialogfelds auf *50%*.

Ein senkrechtes Beschriftungselement ergänzen

Um eine weitere Dimension von Informationen in der Matrix anzeigen zu können, ergänzen Sie nun senkrechte Beschriftungselemente für die Spalten der Würfelmatrix.

Die 3-D-Einstellungen für das senkrechte Element wählen

Verfahren Sie analog zu den horizontalen Beschriftungselementen. Allerdings müssen Sie unter *3D-Drehung* andere Einstellungen vornehmen – die Werte sehen Sie in Abbildung 12.6.

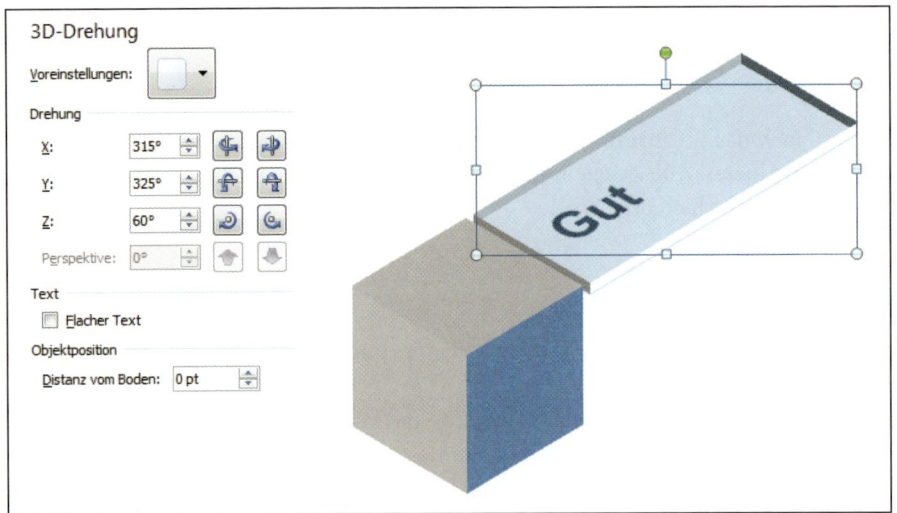

Abbildung 12.6   3-D-Formatoptionen für das senkrechte Beschriftungsfeld einstellen

Schritt 3: Mehrere Würfelgruppen erzeugen und in Reihen anordnen

Nun haben Sie alle Elemente erstellt, die im weiteren Verlauf als Prototyp dienen können. Für das Schaubild brauchen Sie mehrere solcher Gruppen – manche ohne, manche mit einem und eine – an der rechten oberen Ecke – mit zwei Beschriftungsfeldern. Doch bevor Sie nun ans Duplizieren gehen, sollten Sie kurz überlegen, wie viele Zeilen und Spalten die fertige Matrix haben soll. Für das Beispiel mit den Ampeln aus Abbildung 12.1 werden gebraucht:

- drei Reihen und drei Spalten, also insgesamt neun Würfel
- außerdem je drei Spalten- und Zeilenbeschriftungen

Würfelgruppen duplizieren und anordnen

1. Vervielfältigen Sie die Objekte in der erforderlichen Anzahl durch Drücken der Tastenkombination `Strg`+`D`.

2. Ordnen Sie die Würfel manuell so an, dass die Platzierung mit dem späteren Schaubild in etwa übereinstimmt.

3. Verwenden Sie die Ausrichten-Werkzeuge, um die Elemente gleichmäßig anzuordnen.

4. Damit die Kanten aller Eckwürfel in ihrer Verlängerung mit den Kanten der anderen Eckwürfel übereinstimmen, können Sie, wie in Abbildung 12.7 gezeigt, Hilfslinien zeichnen.

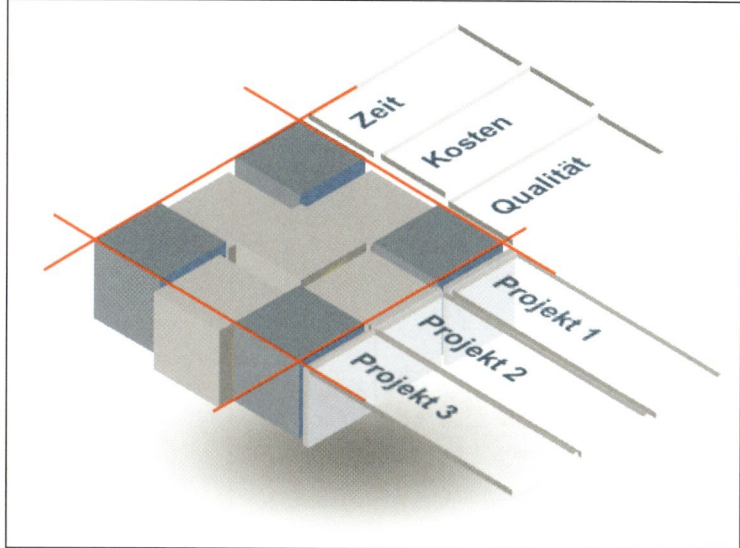

Abbildung 12.7 Hilfskonstruktion mit vier Linien zur Ausrichtung der Eckwürfel

5. Benutzen Sie die Befehle *Vertikal verteilen* und *Horizontal verteilen*, um die Würfel zwischen den umschließenden Eckwürfeln in gleichen Abständen anzuordnen.

6. Die Beschriftungselemente können Sie manuell mit den Richtungstasten an die verteilten Würfel angleichen und untereinander ebenfalls mit *Vertikal verteilen* und *Horizontal verteilen* exakt anordnen.

Schritt 4: Ampel-Funktionalität in die Würfel einbauen

Wenn Entscheidungen oder Statusinformationen gezeigt werden, soll dies geschehen, indem sich die Würfel drehen und nach dem Prinzip einer Ampel die Farben Rot, Gelb und Grün anzeigen. Eine dieser drei Farben muss also auf der Würfeloberseite erscheinen. Das lässt sich wie folgt technisch umsetzen:

■ Die Vorderseite eines Würfels – also das Ausgangsobjekt Quadrat – versehen Sie mit einer Füllfarbe oder einem Fülleffekt.

■ Anschließend drehen Sie den Würfel so, dass die zunächst verdeckte Vorderseite zur sichtbaren Oberseite wird.

Den Würfelvorderseiten einen Fülleffekt zuweisen

Für diese Lösung benötigen Sie einen Fülleffekt für alle Würfel – und zwar in den drei klassischen Ampel-farben.

1. Markieren Sie alle neun Würfel, wählen Sie im Kontextmenü *Form formatieren* und wechseln Sie zur Rubrik *Füllung*.

2. Legen Sie eine *Graduelle Füllung* vom Typ *Radial* an.

3. Verändern Sie – wie in Abbildung 12.8 gezeigt – die Einstellungen so, dass der Rand des Würfels gleich-mäßig grau bleibt. Das ist wichtig, denn die Ampelfarbe soll nicht sichtbar sein, bis der Würfel seine Motivseite nach oben wendet.

4. Verwenden Sie zunächst eine Farbe, beispielsweise das Rot.

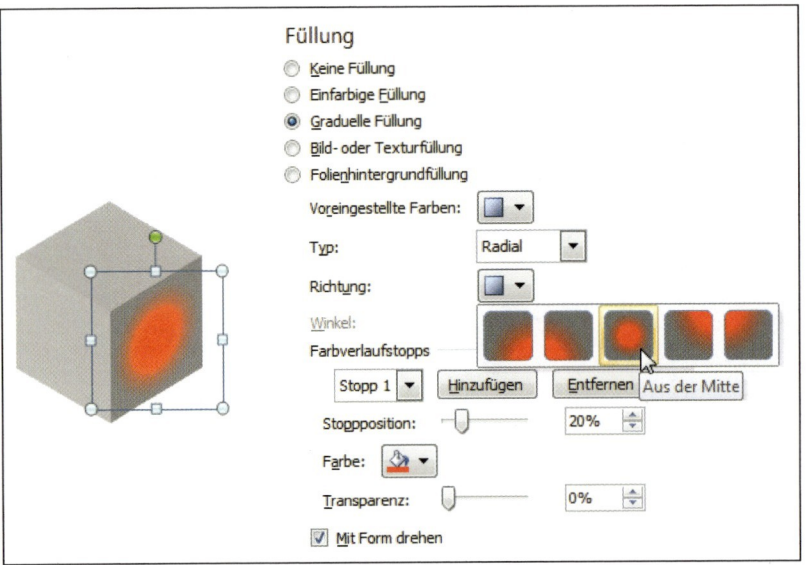

Abbildung 12.8 Die Art des Fülleffekts für die Ampel-Funktionalität auf *Radial* und *Aus der Mitte* einstellen

5. Markieren Sie nun nur die zweite bzw. dritte Spalte der Würfel. Ändern Sie die Farbe in Gelb bzw. Grün. So müssen Sie die Effekteinstellungen nur einmal vornehmen.

Abbildung 12.9 zeigt, wie ein Fülleffekt über je drei Stopps realisiert wird.

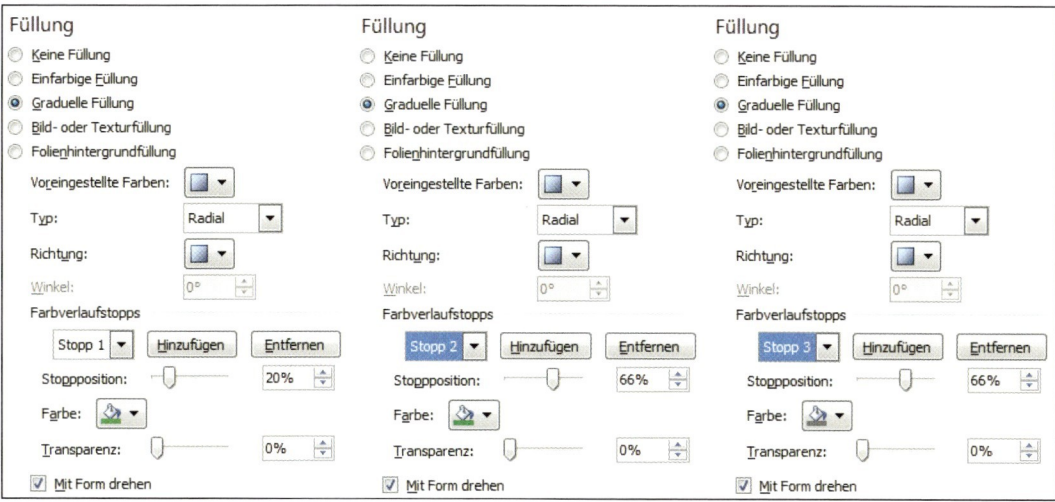

Abbildung 12.9 Die Fülleffekte für die Ampelfarben – hier Grün – realisieren Sie mit je drei Stopps

Statt der Ampelfarben einfach Symbole verwenden

Wenn Sie keine Ampelfarben einsetzen wollen oder eine andere Anzahl als drei Kriterien brauchen, können Sie auch Symbole verwenden, die Sie auf der Vorderseite der Würfel einbauen.

Nutzen Sie dazu die Funktion *Bild- oder Texturfüllung*. Sie erlaubt es, beliebige Bilder anstelle einer Füllfarbe oder eines Fülleffekts zu verwenden.

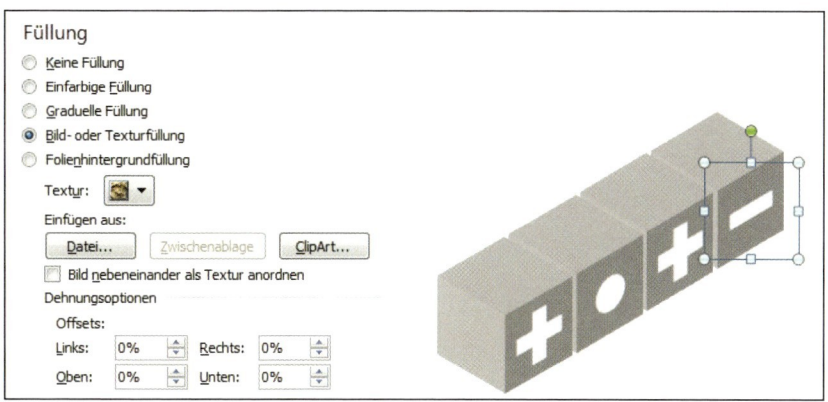

Abbildung 12.10 Statt Ampelfarben lassen sich auch Symbole verwenden, hier als Bildfüllung

Fügen Sie das Bild des gewünschten Symbols entweder über einen Klick auf die in Abbildung 12.10 gezeigte Schaltfläche *Datei* ein oder über die Zwischenablage.

Die Vorderseiten in Reihe 1 abdecken

Nach dem Zuweisen eines Fülleffekts oder eines Symbols für die Vorderseite der Würfel ist ein kleines Problem zu lösen: In Reihe 1 der Würfel ist die Farbe oder das Symbol zu sehen, es schimmert durch das halbtransparente Beschriftungsfeld durch.

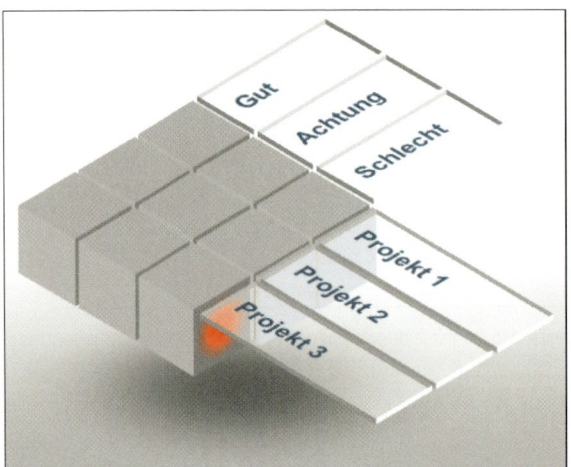

Abbildung 12.11 Nach dem Einrichten der Ampelfarben scheinen diese unter dem waagerechten Beschriftungsfeld durch, aber ...

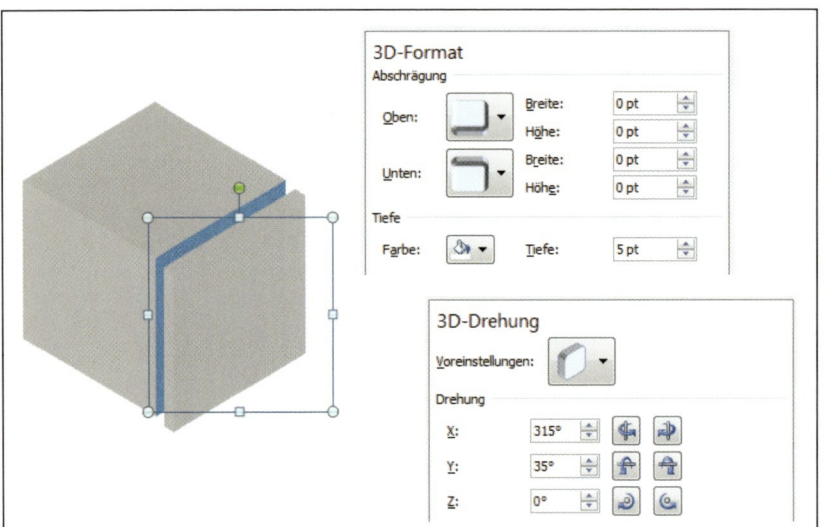

Abbildung 12.12   ... mit den folgenden 3-D-Einstellungen entsteht ein ideales Abdeckobjekt

Um diese in Abbildung 12.11 gezeigte vorzeitige Offenlegung der Würfelflächen zu verhindern, decken Sie die Motivseiten mit Flächen ab (siehe Abbildung 12.12).

- Dazu duplizieren Sie einfach die Reihe der Würfel auf der rechten Seite, also diejenige, die verdeckt werden soll, und ersetzen den Ampel-Fülleffekt mit einem neutralen Grau.

- Verringern Sie die Tiefe in der Rubrik *3D-Format* so, dass flache Blenden entstehen, die Sie nun zwischen den Würfeln und den Reihenbeschriftungen platzieren.

Schritt 5: Die Statusseite einiger Würfel nach oben drehen

Diejenigen Würfel in jeder Reihe, die eine Entscheidung oder einen bestimmten Status zeigen sollen, drehen Sie nun so, dass die Ampelfarbe oder das Symbol auf der Oberseite erscheint.

1. Markieren Sie diese Würfel und rufen Sie auf der Registerkarte *Animationen* den Befehl *Benutzerdefinierte Animation* auf.
2. Klicken Sie im nun rechts eingeblendeten Aufgabenbereich auf *Effekt hinzufügen*.
3. Wählen Sie *Hervorgehoben/Weitere Effekte/Rotieren*.
4. Stellen Sie die in Abbildung 12.13 gezeigten Optionen ein.

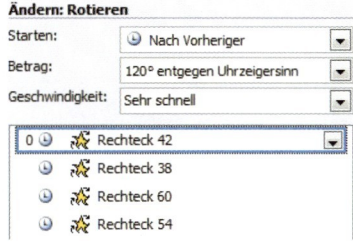

Abbildung 12.13   Mit diesen Animationseffekten werden die Würfel gedreht

---

TIPP   Legen Sie die Klickreihenfolge so fest, dass der erste Würfel der Reihe jeweils auf Klick in Bewegung gesetzt wird, und alle weiteren Würfel der Reihe automatisch folgen. So sparen Sie Klicks, ohne dass die Animation der Inhalte unübersichtlich wird.

Ausbaufähig: Eine weitere Dimension hinzufügen

Bei komplexeren Zusammenhängen reicht eine Würfelmatrix vielleicht nicht aus oder sie müsste auf eine unübersichtliche Anzahl von Würfeln erweitert werden.

Duplizieren Sie zur Lösung dieses Problems einfach die fertige animierte Folie mit der Tastenkombination `Strg`+`⇧`+`D` und ergänzen Sie beispielsweise links eine Statusübersicht in der für mehrere Standorte jeweils die Details angezeigt werden. So lässt sich eine beliebige Anzahl von Entscheidungsmatrizen hintereinanderschalten, ohne dass der Gesamtzusammenhang verloren geht.

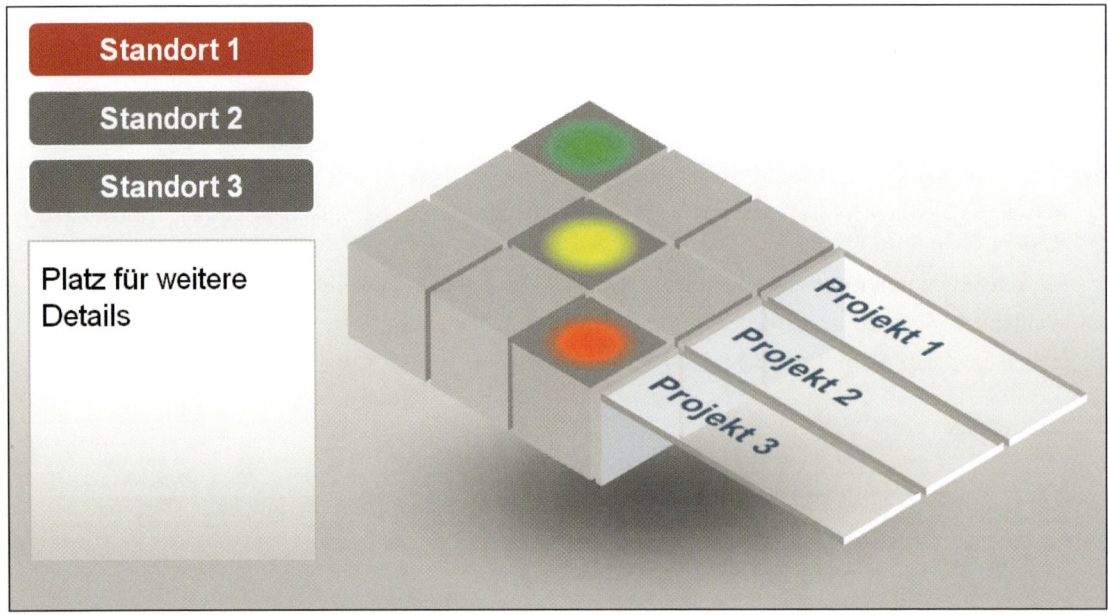

Abbildung 12.14   Eine sinnvolle Erweiterungsmöglichkeit: Die Matrix für mehrere Standorte anlegen

Kapitel 13

Diagramme mit PowerPoint 2007 noch mehr zum Blickfang machen

In Kapitel 6 konnten Sie Anregungen finden, um Zahlen in Balken-, Säulen-, Blasen-, Flächen- und Linien-diagrammen darzustellen. Die zugrunde liegenden Visualisierungsideen können Sie natürlich auch in Power-Point 2007 nutzen.

Die Version 2007 bietet allerdings deutlich mehr Werkzeuge, um ein Diagramm zu einem echten Blickfang zu machen. Dank der Diagrammformatvorlagen genügen wenige Mausklicks, um Zahlen ansprechend auf-zubereiten. Mehr noch: Mithilfe von Farbverläufen, Transparenzen, Grafik- und 3-D-Effekten zaubern Sie aus Ihren Diagrammen echte Eyecatcher.

Etwas Zeit und Experimentierfreude müssen Sie dafür mitbringen. Wie Sie dabei vorgehen, erfahren Sie in diesem Kapitel anhand von fünf Beispielen.

CD-ROM   Die in diesem Kapitel beschriebenen Beispiele finden Sie im Ordner *Buch\Kap13* auf der Buch-CD.

Wenn Sie mit der Verwendung der Diagrammfunktionen von PowerPoint 2007 noch nicht so vertraut sind, ist das kein Problem. Denn als besonderer Service haben wir das komplette Diagrammkapitel aus dem Power-Point 2007-Handbuch (ISBN 978-3-86645-105-6) auf die Buch-CD gepackt. Erfahren Sie beim Studium dieser fast fünfzigseitigen PDF-Datei, wie Sie in PowerPoint 2007 Diagramme anlegen und bearbeiten.

CD-ROM   Die PDF-Datei finden Sie im Ordner *Buch\Kap13* auf der Buch-CD.

Beispiel 1: Teil- und Gesamtwerte im gestapelten Säulendiagramm

Manchmal sollen in einem Diagramm die Ergebnisse zu einzelnen Produkten verglichen und zusätzlich auch die Summe der Einzelergebnisse angezeigt werden. Lösen lässt sich das beispielsweise mit einem gesta-pelten Säulendiagramm und einem kleinen Trick. Abbildung 13.1 und Abbildung 13.2 zeigen eine solche Lösung: Über den Säulen stehen jeweils noch die Gesamtergebnisse pro Quartal.

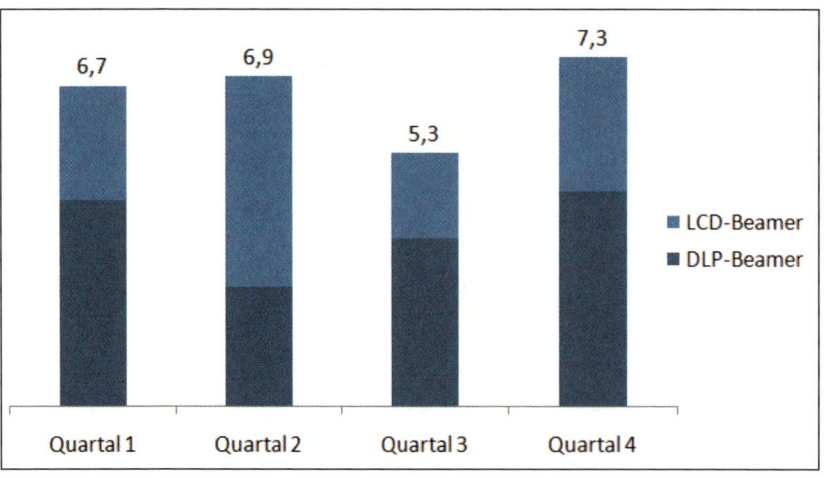

Abbildung 13.1   Vorher: Die Lösung mit der Standardvariante des gestapelten Säulendiagramms

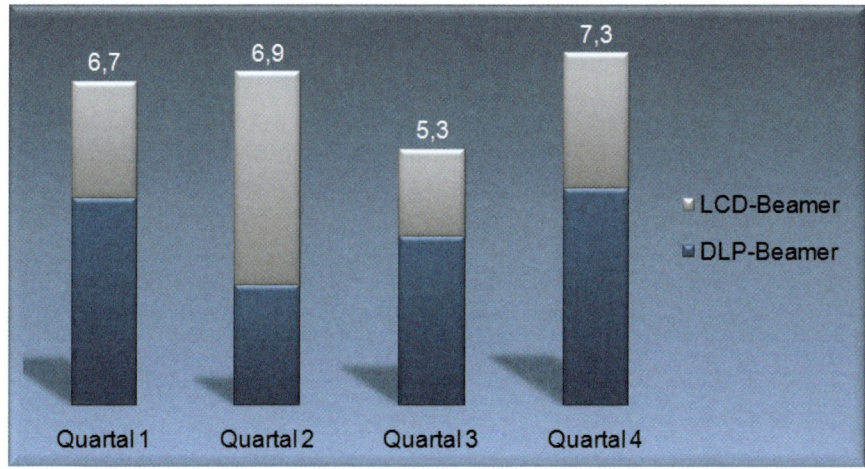

Abbildung 13.2   Nachher: Das gleiche Diagramm nach der Bearbeitung in PowerPoint 2007

Diagramm anlegen und Gesamtwerte berechnen

1. Legen Sie ein neues Diagramm vom Typ *Gestapelte Säulen* an und geben Sie in Spalte A bis C des Datenblatts die in Abbildung 13.3 gezeigten Werte ein.

D2	▾	f_x	=SUMME(Tabelle1[[#Diese Zeile];[DLP-Beamer]:[LCD-Beamer]])		
	A	B	C	D	E
1		DLP-Beamer	LCD-Beamer	Gesamt	
2	Quartal 1	4,3	2,4	6,7	
3	Quartal 2	2,5	4,4	6,9	
4	Quartal 3	3,5	1,8	5,3	
5	Quartal 4	4,5	2,8	7,3	

Abbildung 13.3   Die Werte in den Spalten B und C geben Sie ein, die Gesamtwerte lassen Sie durch Excel berechnen

2. Nutzen Sie nun einen Vorteil von PowerPoint 2007 – und zwar dass Sie beim Eingeben der Daten Excel benutzen. Lassen Sie per Klick auf das Symbol *Summe* die Gesamtwerte in Spalte D berechnen. Die dabei von Excel gebildete Formel sehen Sie in Abbildung 13.3 oben in der Bearbeitungsleiste.

Das Aussehen des Diagramms anpassen

1. Löschen Sie alle Elemente, die für die Aussage nicht relevant sind. Entfernen Sie zuerst die waagerechten Gitternetzlinien im Hintergrund.
2. Klicken Sie zweimal nacheinander in der Legende auf den Eintrag *Gesamt*, um ihn separat zu markieren, und löschen Sie ihn ebenfalls.
3. Fügen Sie die Datenbeschriftung für die Reihe der Gesamtwerte hinzu. Klicken Sie dazu eines der oberen Segmente an und wählen Sie auf der Registerkarte *Diagrammtools/Layout* bei *Datenbeschriftungen* die Option *Basis innerhalb*.

4. Lassen Sie die Diagrammsegmente für die Gesamtwerte markiert und machen Sie diese unsichtbar, indem Sie auf der Registerkarte *Diagrammtools/Format* bei *Fülleffekt* die Option *Keine Füllung* und bei *Formkontur* die Option *Keine Gliederung* wählen.

5. Verkürzen Sie nun die vertikale Achse, damit die beiden noch sichtbaren Datenreihen für *LCD-Beamer* und *DLP-Beamer* besser zur Wirkung kommen. Klicken Sie dazu die Größenachse an und rufen Sie mit `Strg`+`1` das Dialogfeld *Achse formatieren* auf. Wählen Sie in der Rubrik *Achsenoptionen* bei *Maximum* einen passenden Wert – im vorliegenden Fall *8*.

> **HINWEIS**   Achtung, damit legen Sie manuell die Höhe der Größenachse auf einen Maximalwert fest. Kommen neue oder andere Teilwerte hinzu, müssen Sie hier gegebenenfalls einen neuen *Maximum*-Wert bestimmen.

6. Da die Größenachse nun nicht mehr gebraucht wird, löschen Sie sie.

7. Für die waagerechte Achse wählen Sie *Formkontur/Keine Gliederung*.

Die Vorteile von PowerPoint 2007 ins Spiel bringen

Das Diagramm müsste nun so wie in Abbildung 13.1 aussehen. Greifen Sie jetzt zu den Werkzeugen von PowerPoint 2007, um das Diagramm ansehnlicher zu machen.

Farben und Effekte anpassen

Besonders schnell passen Sie das Aussehen an, wenn Sie auf der Registerkarte *Diagrammtools/Entwurf* ganz rechts in der Gruppe *Diagrammformatvorlagen* eine Variante wählen – beispielsweise *Formatvorlage 28*.

Wollen Sie individueller gestalten, markieren Sie nacheinander die beiden sichtbaren Datenreihen und wählen über *Diagrammtools/Format* bei *Formenarten* eine der Farben aus der unteren Reihe. Sie tragen die Bezeichnung *Intensiver Effekt*.

Abbildung 13.4   Wählen Sie zum Beispiel Farben aus der untersten Reihe mit der Bezeichnung *Intensiver Effekt*

Das Diagramm per Animation schrittweise aufbauen

Der Aufbau des Diagramms während der Bildschirmpräsentation soll so erfolgen, dass zuerst die Segmente der beiden sichtbaren Datenreihen und danach darüber die Gesamtwerte eingeblendet werden.

Das Animieren ist in PowerPoint 2007 besonders einfach und selbst für ungeübte Anwender wirklich ein Kinderspiel. Gehen Sie wie folgt vor:

1. Klicken Sie in das Diagramm und wechseln Sie zur Registerkarte *Animationen*.

2. Öffnen Sie dort in der Gruppe *Animationen* so wie in Abbildung 13.5 gezeigt das Dropdown-Listenfeld rechts neben *Animieren*. Wählen Sie unter *Wischen* die Option *Nach Element in Datenreihe*.

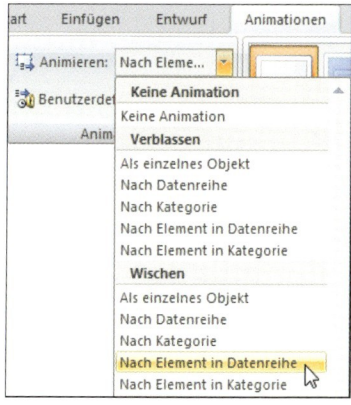

Abbildung 13.5 Voreingestellte Animationseffekte für Diagramme lassen sich schnell und bequem zuweisen

Animationsoptionen anpassen

Wenn Sie nun für die aktuelle Folie mit ⌖ + F5 die Bildschirmpräsentation starten, werden Sie feststellen, dass für den kompletten Aufbau des Diagramms insgesamt 13 Mausklicks erforderlich sind. Das wäre ziemlich lästig und daher reduzieren Sie die Anzahl der notwendigen Klicks wie folgt auf drei:

1. Öffnen Sie auf der Registerkarte *Animationen* per Klick auf die Schaltfläche *Benutzerdefinierte Animation* den gleichnamigen Aufgabenbereich am rechten Bildschirmrand.

2. Klicken Sie in der Liste der Animationseffekte – so wie in Abbildung 13.6 gezeigt – unterhalb des Animationseintrags auf den kleinen Doppelpfeil. Damit machen Sie die Liste der Einzelschritte sichtbar.

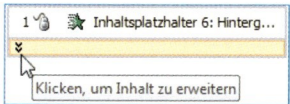

Abbildung 13.6 Per Mausklick auf den kleinen Doppelpfeil die Liste der Einzelschritte öffnen

3. Im Moment steht vor jedem der Einzelschritte das Maussymbol, was bedeutet, dass der Effekt per Mausklick abgerufen werden muss. Wie in Abbildung 13.7 rechts gezeigt können Sie jetzt den Großteil der Animationsschritte automatisch erfolgen lassen, indem Sie statt Maus- das Uhrensymbol zuweisen. Markieren Sie dazu die Einträge für die Segmente, die automatisch erscheinen sollen und wählen Sie über der Liste im Feld neben *Starten* die Option *Nach Vorheriger*. Am sinnvollsten ist es, das erste Segment jeder Datenreihe per Mausklick erscheinen zu lassen, die anderen Segmente der Datenreihe dann zeitgesteuert.

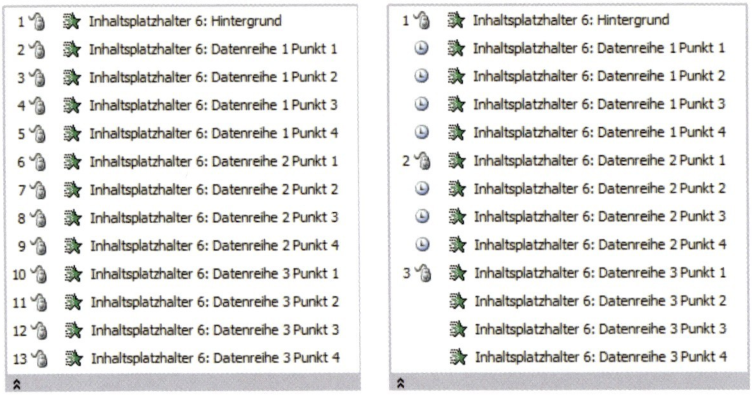

1	Inhaltsplatzhalter 6: Hintergrund		1	Inhaltsplatzhalter 6: Hintergrund
2	Inhaltsplatzhalter 6: Datenreihe 1 Punkt 1			Inhaltsplatzhalter 6: Datenreihe 1 Punkt 1
3	Inhaltsplatzhalter 6: Datenreihe 1 Punkt 2			Inhaltsplatzhalter 6: Datenreihe 1 Punkt 2
4	Inhaltsplatzhalter 6: Datenreihe 1 Punkt 3			Inhaltsplatzhalter 6: Datenreihe 1 Punkt 3
5	Inhaltsplatzhalter 6: Datenreihe 1 Punkt 4			Inhaltsplatzhalter 6: Datenreihe 1 Punkt 4
6	Inhaltsplatzhalter 6: Datenreihe 2 Punkt 1		2	Inhaltsplatzhalter 6: Datenreihe 2 Punkt 1
7	Inhaltsplatzhalter 6: Datenreihe 2 Punkt 2			Inhaltsplatzhalter 6: Datenreihe 2 Punkt 2
8	Inhaltsplatzhalter 6: Datenreihe 2 Punkt 3			Inhaltsplatzhalter 6: Datenreihe 2 Punkt 3
9	Inhaltsplatzhalter 6: Datenreihe 2 Punkt 4			Inhaltsplatzhalter 6: Datenreihe 2 Punkt 4
10	Inhaltsplatzhalter 6: Datenreihe 3 Punkt 1		3	Inhaltsplatzhalter 6: Datenreihe 3 Punkt 1
11	Inhaltsplatzhalter 6: Datenreihe 3 Punkt 2			Inhaltsplatzhalter 6: Datenreihe 3 Punkt 2
12	Inhaltsplatzhalter 6: Datenreihe 3 Punkt 3			Inhaltsplatzhalter 6: Datenreihe 3 Punkt 3
13	Inhaltsplatzhalter 6: Datenreihe 3 Punkt 4			Inhaltsplatzhalter 6: Datenreihe 3 Punkt 4

Abbildung 13.7   Den Ablauf »teilautomatisieren« – links die Original- und rechts die angepassten Einstellungen

Säulen per Animation verblassen lassen und so den Blick auf die Gesamtwerte verbessern

Soll nach dem Aufbau des Diagramms abschließend der Blick auf die Gesamtwerte verbessert werden – beispielsweise um besser die Entwicklung über die vier Quartale zu sehen -, wäre es nützlich, die darunter liegenden Segmente optisch zurückzunehmen. Das erledigen Sie mit dem Animationseffekt *Transparent*.

1. Klicken Sie in das Diagramm und wählen Sie im Aufgabenbereich *Benutzerdefinierte Animation* die Befehlsfolge *Effekt hinzufügen/Hervorgehoben/Weitere Effekte/Transparent*.

2. Öffnen Sie per Klick auf den Doppelpfeil unterhalb des neuen Effekteintrags wieder die Liste der Einzelschritte (vgl. Abbildung 13.8 links).

3. Entfernen Sie die Einträge für die Diagrammelemente, die nicht vom Verblassen-Effekt betroffen werden sollen. Im vorliegenden Fall sind das Hintergrund und die gesamte Datenreihe 3 – also die Gesamtwerte.

4. Setzen Sie außerdem ab dem zweiten Einzelschritt des *Transparent*-Effekts die *Starten*-Option auf *Mit Vorheriger* (vgl. Abbildung 13.8 rechts).

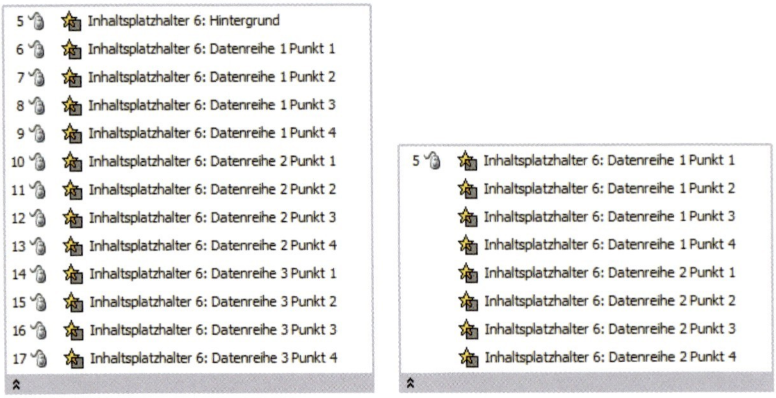

5	Inhaltsplatzhalter 6: Hintergrund			
6	Inhaltsplatzhalter 6: Datenreihe 1 Punkt 1			
7	Inhaltsplatzhalter 6: Datenreihe 1 Punkt 2			
8	Inhaltsplatzhalter 6: Datenreihe 1 Punkt 3			
9	Inhaltsplatzhalter 6: Datenreihe 1 Punkt 4			
10	Inhaltsplatzhalter 6: Datenreihe 2 Punkt 1		5	Inhaltsplatzhalter 6: Datenreihe 1 Punkt 1
11	Inhaltsplatzhalter 6: Datenreihe 2 Punkt 2			Inhaltsplatzhalter 6: Datenreihe 1 Punkt 2
12	Inhaltsplatzhalter 6: Datenreihe 2 Punkt 3			Inhaltsplatzhalter 6: Datenreihe 1 Punkt 3
13	Inhaltsplatzhalter 6: Datenreihe 2 Punkt 4			Inhaltsplatzhalter 6: Datenreihe 1 Punkt 4
14	Inhaltsplatzhalter 6: Datenreihe 3 Punkt 1			Inhaltsplatzhalter 6: Datenreihe 2 Punkt 1
15	Inhaltsplatzhalter 6: Datenreihe 3 Punkt 2			Inhaltsplatzhalter 6: Datenreihe 2 Punkt 2
16	Inhaltsplatzhalter 6: Datenreihe 3 Punkt 3			Inhaltsplatzhalter 6: Datenreihe 2 Punkt 3
17	Inhaltsplatzhalter 6: Datenreihe 3 Punkt 4			Inhaltsplatzhalter 6: Datenreihe 2 Punkt 4

Abbildung 13.8   In PowerPoint 2007 können Sie Einzelschritte innerhalb der Animation löschen

Die Säulen mit Schatten versehen und dem Hintergrund eine leichte 3-D-Wirkung geben

Geben Sie zum Schluss dem Diagramm noch räumliche Wirkung, indem Sie einige Werkzeuge aus dem Repertoire der 3-D-Funktionen von PowerPoint 2007 nutzen.

1. Markieren Sie den Diagrammbereich und rufen Sie mit `Strg`+`1` das Dialogfeld *Diagrammbereich formatieren* auf.

2. Wählen Sie dort in der Kategorie *Füllung* die Option *Graduelle Füllung* vom Typ *Linear* und wie in Abbildung 13.9 gezeigt einen Farbverlauf, der nach unten heller wird, beispielsweise *Linear unten* oder *Linear diagonal*.

Abbildung 13.9 Für den Diagrammhintergrund einen linearen Farbverlauf wählen, der nach unten heller wird

3. Markieren Sie die untere Datenreihe und rufen Sie wiederum mit `Strg`+`1` das Dialogfeld *Datenreihen formatieren* auf. Stellen Sie in der Kategorie *Schatten* die in Abbildung 13.10 gezeigten Optionen ein.

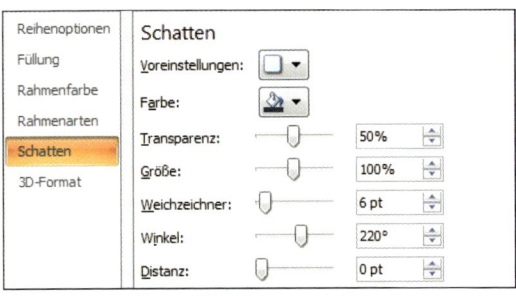

Abbildung 13.10 Die Schattenoptionen für die untere Datenreihe

CD-ROM   Die Folien zu diesem Beispiel finden Sie in der Datei *Kap13_Beispiel_1.pptx* im Ordner *\Buch\Kap13* auf der CD-ROM zum Buch. Die Datei zeigt auch die Einzelschritte bei der Bearbeitung.

Zeitsparend und einheitlich mit eigene Diagrammvorlagen

Wenn Sie häufig Diagramme anlegen, werden Sie sicher Anforderungen haben, die von den Standardvorgaben abweichen. Definieren Sie deshalb eigene Standards.

Eine eigene Diagrammvorlage anlegen

PowerPoint bietet eine einfache und schnell zugängliche Option an, mit der Sie ein Diagramm als wiederverwendbare Vorlage speichern können. Es ist auch möglich, diese Vorlage an andere zu verteilen.

1. Legen Sie ein Diagramm mit allen gewünschten Formaten an.
2. Lassen Sie das Diagramm markiert und klicken Sie auf der Registerkarte *Diagrammtools/Entwurf* auf das Symbol *Als Vorlage speichern*. So wird das Dialogfeld *Diagrammvorlage speichern* aufgerufen.
3. Vergeben Sie eine Bezeichnung für die Vorlage (sie wird als Dateityp mit der Endung .crtx abgelegt). Der Ordner, in dem diese Vorlagen gespeichert werden, ist dann von Bedeutung, wenn Sie eine Diagrammvorlage an andere weitergeben möchten. Mehr dazu weiter hinten in diesem Kapitel.
4. Klicken Sie abschließend rechts unten auf die Schaltfläche *Speichern*.

Eigene Diagrammvorlagen einsetzen

Wenn Sie künftig zum Erstellen eines neuen Diagramms auf Ihre eigenen Vorlagen zugreifen wollen, klicken Sie bei der Auswahl des Diagrammtyps im Dialogfeld *Diagramm einfügen* oben links auf den gelben Ordner *Vorlagen*.

Wollen Sie ein vorhandenes Diagramm mithilfe einer eigenen Diagrammvorlage schnell in die gewünschte Form bringen, klicken Sie auf der Registerkarte *Diagrammtools/Entwurf* ganz links in der ersten Befehlsgruppe auf *Diagrammtyp ändern* und im folgenden Dialogfeld ebenfalls auf *Vorlagen*.

Eigene Diagrammvorlagen weitergeben

Diagrammvorlagen werden mit der Dateiendung *.crtx* in einem speziellen Vorlagen-Unterordner namens *Charts* abgelegt. Wo sich dieser befindet, sehen Sie im Dialogfeld *Diagrammvorlage speichern*, das Sie über die Schaltfläche *Als Vorlage speichern* auf der Registerkarte *Diagrammtools/Entwurf* aufrufen.

Wenn Sie eine CRTX-Datei versenden, muss diese Vorlage am PC des Empfängers wieder in diesen Vorlagen-Unterordner *Charts* kopiert werden.

Beispiel 2: 3-D-Säulen vor 3-D-Gitternetz

Anstelle von 2-D-Säulen können Sie natürlich die optisch auffallenderen 3-D-Säulen verwenden. Abbildung 13.11 zeigt dafür ein Beispiel.

Verstärkt wird die perspektivische Wirkung des 3-D-Säulendiagramms durch das im Hintergrund liegende 3-D-Gitternetz.

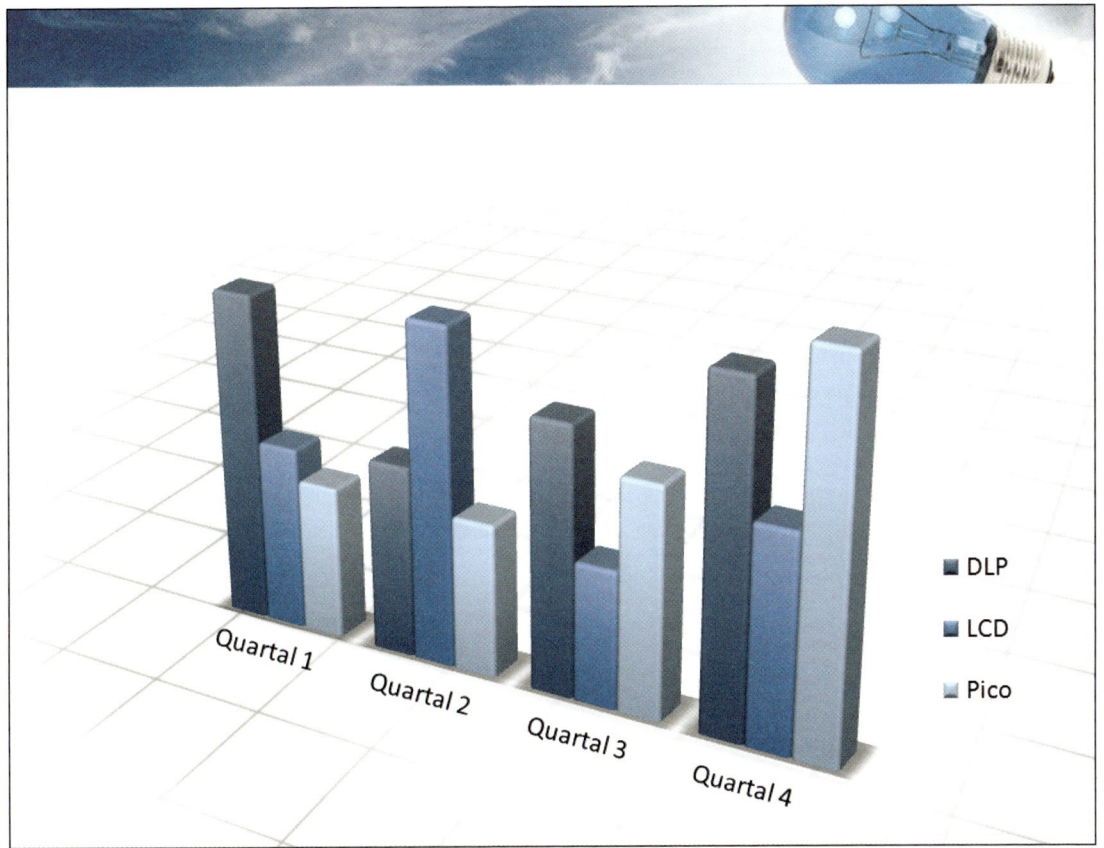

Abbildung 13.11 Säulendiagramm und Gitternetz im Hintergrund sind perspektivisch ausgerichtet

Damit dieses Gitternetz beim Bearbeiten des Diagramms und weiterer Objekte auf der Folie nicht ständig stört, bauen Sie es einfach als Folienhintergrund ein.

1. Klicken Sie dazu mit der rechten Maustaste auf eine freie Stelle der Folie und wählen Sie *Hintergrund formatieren*.
2. Klicken Sie im folgenden Dialogfeld in der Kategorie *Füllung/Bild oder Texturfüllung* unter *Einfügen aus* auf die Schaltfläche *Datei* und wählen Sie von der Buch-CD die Grafikdatei *3D-Gitternetz.png*.

Das 3-D-Gitternetz gibt durch seine Linien bestimmte Verläufe vor. Um das Säulendiagramm an einer der Gitternetzlinien auszurichten, gehen Sie wie folgt vor:

1. Klicken Sie auf das Diagramm und auf der Registerkarte *Diagrammtools/Layout* auf *3D-Drehung*.
2. Nehmen Sie im Dialogfeld *Diagrammbereich formatieren* in der Kategorie *3D-Drehung* die in Abbildung 13.12 gezeigten Einstellungen vor.

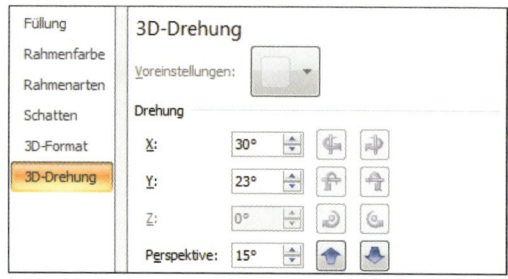

Abbildung 13.12 **Abbildung 13.12** Die 3-D-Drehung exakt an einer der Gitternetzlinien ausrichten

Um die Beschriftungen der Rubrikenachse (die vier Quartale) mit dem gleichen Drehungswinkel zu versehen, setzen Sie vier Textfelder auf das Diagramm.

Zeichnen Sie eine Linie, die Sie als Hilfslinie nutzen, um die vier Textfelder an der richtigen Position und mit dem passenden Drehwinkel anzuordnen.

CD-ROM   Die Folien zu dieser Lösung finden Sie in der Datei *Kap13_Beispiel_2.pptx* im Ordner *\Buch\Kap13* auf der CD-ROM zum Buch. Im gleichen Ordner liegt auch die Datei *3D-Gitternetz.png*, die Sie in den Folienhintergrund einbauen können.

Beispiel 3: Säulendiagramm mit Transparenz und Leuchteffekt

Zugegeben, der Aufwand für das hier vorgestellte Säulendiagramm ist zunächst recht hoch. Aber die Funktionalität des Diagrammobjekts bleibt erhalten. Haben Sie das Diagramm einmal erstellt, können Sie es immer wieder verwenden, indem Sie nur die Zahlen austauschen.

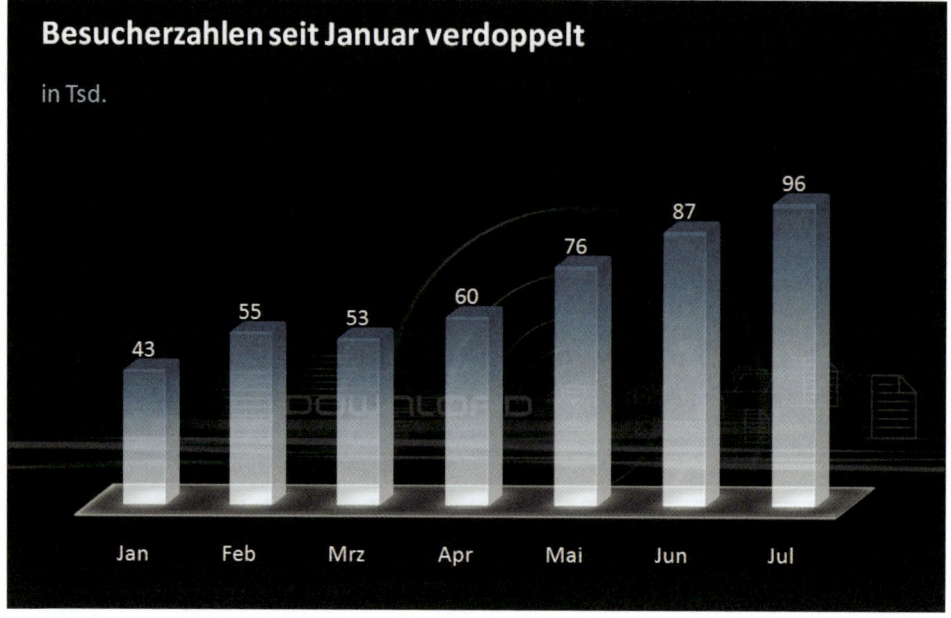

Abbildung 13.13   Leuchtende Diagrammsäulen für glänzende Ergebnisse

Den dunklen Hintergrund einrichten

Damit das Leuchten an der Basis der Säulen auch wirklich zur Geltung kommt, benötigen Sie für dieses Beispiel auf jeden Fall einen dunklen Hintergrund. Im Beispiel kommt zusätzlich ein Farbverlauf zum Einsatz, der für etwas mehr Tiefenwirkung im Hintergrund sorgt.

Wenn Ihre Vorlage einen hellen Folienhintergrund verwendet, haben Sie zwei Möglichkeiten, dies zu ändern:

- Sie tauschen über die *Formatvorlagen* (Schaltfläche *Hintergrundformate* auf der Registerkarte *Entwurf*) die Hell-Dunkel-Einstellungen für den Folienmaster und damit für die ganze Präsentation aus. Dies hat den Vorteil, dass – die konsequente Verwendung der Designfarben vorausgesetzt – Schrift- und Objektfarben automatisch und (weitgehend) richtig an den geänderten Hintergrund angepasst werden.

Abbildung 13.14   Welche *Formatvorlagen* Ihnen als *Hintergrundformate* zur Verfügung stehen, hängt vom Design Ihrer Vorlage ab

- Wenn Sie in den *Hintergrundformaten* keine geeignete Voreinstellung finden, rufen Sie über den Pfeil der Gruppe *Hintergrund* das Dialogfeld *Hintergrund formatieren* auf und nehmen dort die gewünschten Einstellungen vor.
  - Um den Hintergrund aller Folien zu formatieren, klicken Sie auf die Schaltfläche *Für alle übernehmen*.
  - Um nur die aktuelle Folie anzupassen, schließen Sie das Dialogfeld nach dem Anpassen des Folienhintergrunds nur über die Schaltfläche *Schließen*.

HINWEIS   Anders als beim Austausch der Formatvorlage werden beim Formatieren des Hintergrunds die Objektfarben nicht angepasst.

HINWEIS   Das Aussehen der *Hintergrundformate* wird durch das *Office-Design* bestimmt, das beim Erstellen Ihrer Power-Point-Vorlage verwendet wurde. Ein Anpassen der *Hintergrundformate* ist ohne Austausch des Designs nur auf XML-Ebene möglich. Mit Bordmitteln von PowerPoint können Sie die *Hintergrundformate* nicht editieren.

Das Diagramm vorbereiten

1. Erstellen Sie ein neues Diagramm und wählen Sie als Diagrammtyp *3D-Säulen (gruppiert)*.

2. Geben Sie in Excel Ihre Daten als Datenreihe 1 ein und passen Sie bei Bedarf die Größe des Diagramm-datenbereichs an.

3. Falls Ihr Diagramm eine perspektivische Drehung aufweist, rufen Sie auf der Registerkarte *Diagramm-tools/Layout* per Klick auf die Schaltfläche *3D-Drehung* das Dialogfeld *Diagrammbereich formatieren* auf. Aktivieren Sie unter *3D-Drehung* die Option *Rechtwinklige Achsen*.

4. Löschen Sie alle nicht benötigten Diagrammelemente: *Diagrammtitel*, *Legende*, *Gitternetzlinien* und die *Größenachse*.

5. Rufen Sie über das Kontextmenü der *Rubrikenachse* das Dialogfeld *Achse formatieren* auf.

6. Wählen Sie unter *Achsenoptionen* für *Hauptstrichtyp* die Einstellung *Keine* und unter *Linienfarbe* die Einstellung *Keine Linie*, sodass lediglich noch der Diagrammboden und die Achsenbeschriftung zu sehen sind.

7. Rufen Sie über das Kontextmenü der *Datenreihe* den Befehl *Datenbeschriftungen hinzufügen* auf.

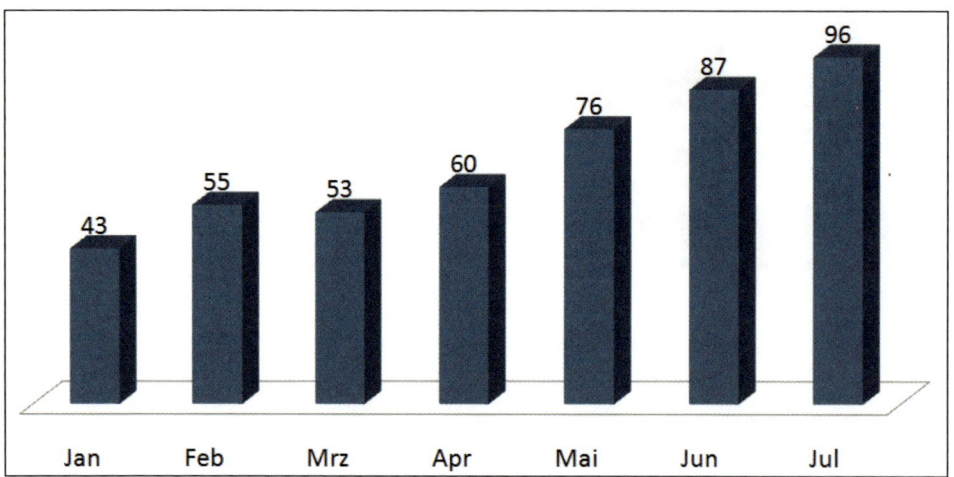

Abbildung 13.15   Das auf seine wesentlichen Bestandteile reduzierte Diagramm

3-D-Format, Farbverlauf und Transparenz der Diagrammsäulen einrichten

Wie schon gesagt: Das Aussehen eines Objekts wird immer durch das Zusammenwirken aller ihm zugewiese-nen Grafikeffekte bestimmt. Im Beispiel kommt noch hinzu, dass Sie die Transparenz der Diagrammsäulen natürlich erst dann beurteilen können, wenn Sie das Hintergrundbild eingefügt haben. In der Praxis werden Sie deshalb mehrere Arbeitsgänge benötigen, bis das Ergebnis tatsächlich Ihren Vorstellungen entspricht. Aber irgendwo müssen Sie ja schließlich anfangen:

1. Rufen Sie über das Kontextmenü der *Datenreihe* das Dialogfeld *Datenreihen formatieren* auf.

2. Weisen Sie den Säulen etwas weichere Kanten zu, indem Sie unter *3D-Format* für *Abschrägung Oben* und *Unten* die Einstellung *Kreis* mit einer *Höhe* und *Breite* von jeweils 2 pt wählen.

3. Verwenden Sie für *Material* die Einstellung *Durchsichtig/Pulver*.

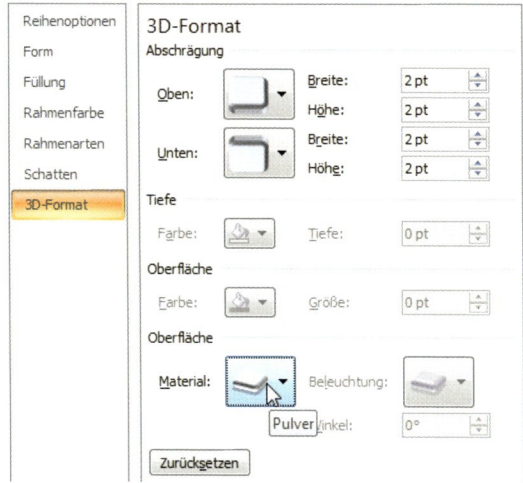

Abbildung 13.16 3-D-Format der Diagrammsäulen einrichten

4. Wählen Sie für die transparente Farbverlaufsfüllung unter *Füllung* die Option *Graduelle Füllung*.

5. PowerPoint weist den Diagrammsäulen zunächst die Farbverlaufseinstellungen zu, die Sie zuletzt verwendet haben. Öffnen Sie deshalb als Erstes das Listenfeld *Farbverlaufstopps* und prüfen Sie die Zahl der vorhandenen *Farbverlaufstopps*. Erzeugen Sie per Klick auf die Schaltflächen *Hinzufügen* bzw. *Entfernen* die Zahl der benötigten Stopps – drei bis maximal vier Farben sind völlig ausreichend.

HINWEIS   Farbverlaufstopps definieren, an welcher Stelle entlang der Verlaufsrichtung eine Farbe angeordnet ist. In PowerPoint 2007 können Sie Farbverläufe aus maximal zehn einzelnen Farben zusammensetzen.

6. Passen Sie für jeden der vier Farbverlaufstopps *Stoppposition*, *Farbe* und *Transparenz* an. Die im Beispiel verwendeten Einstellungen sehen Sie in Abbildung 13.17.

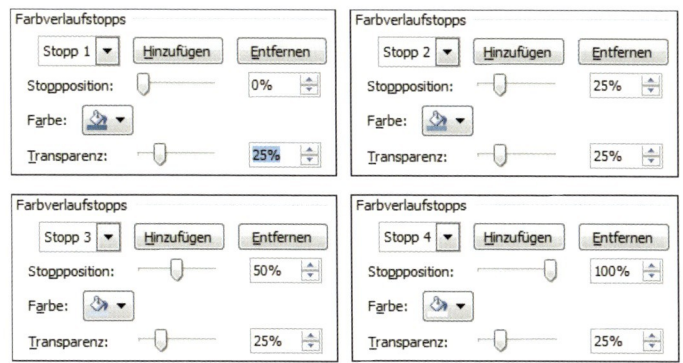

Abbildung 13.17 Die Einstellungen für die vier Farbverlaufstopps der Diagrammsäulen

TIPP   Weisen Sie beim Einrichten transparenter Farbverläufe zuerst die *Farbe* und dann erst die *Transparenz* zu. Denn beim Ändern der *Farbe* wird die *Transparenz* wieder zurückgesetzt.

Den Diagrammboden bearbeiten

1. Weisen Sie dem *Diagrammboden* eine hellgraue *Einfarbige Füllung* zu.

2. Wählen Sie unter *3D-Format* als *Material* auch für den Boden die Einstellung *Pulver*.

   Damit der *Diagrammboden* nicht wie ein dünnes Blatt Papier, sondern wie eine dreidimensionale Fläche wirkt, müssen Sie einen Umweg gehen. Denn für Diagramme stehen die 3-D-Optionen nicht im gleichen Umfang zur Verfügung wie für gezeichnete Formen. So sind beispielsweise die Optionen *Tiefe* und *Oberfläche* im Dialogfeld *Bodenfläche formatieren* inaktiv. Das Zuweisen einer *Abschrägung* ist zwar möglich, zeigt im Diagramm aber keine sichtbare Wirkung.

3. Weisen Sie dem *Diagrammboden* unter *Rahmenfarbe* eine helle, *Einfarbige Linie* zu und wählen Sie unter *Rahmenarten* eine *Breite* von ca. 2 pt.

Abbildung 13.18   Die 3-D-Oberfläche des *Diagrammbodens* kann zwar nicht editiert werden, übernimmt aber die *Breite* der *Rahmenlinie*

Einen Schatten unter dem Diagrammboden einbauen

Wenn Sie versuchen, dem *Diagrammboden* einen *Schatten* zuzuweisen, werden Sie den gleichen Effekt wie beim Zuweisen der *Abschrägung* feststellen: Die Einstellungen können zwar ausgewählt und bearbeitet werden, bleiben im Diagramm aber ohne sichtbare Wirkung.

Um dennoch einen Schatten zu verwenden, ersetzen Sie den *Diagrammboden* durch ein gezeichnetes Objekt.

1. Zeichnen Sie ein *Rechteck* in der Breite und Höhe des *Diagrammbodens* in das Diagramm ein.

2. Wechseln Sie zur Registerkarte *Zeichentools/Format* und wählen Sie unter *Form bearbeiten* zuerst *In Freihandform konvertieren* und im nächsten Schritt *Punkte bearbeiten*.

3. Verschieben Sie die beiden oberen Punkte des *Rechtecks* nach rechts, sodass ein Parallelogramm in der Form des Diagrammbodens entsteht.

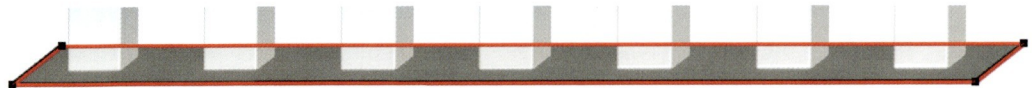

4. Nehmen Sie die Formatierung des gezeichneten Diagrammbodens vor und weisen Sie diesem einen *Schatten außen* zu. Passen Sie die Schatteneinstellungen beliebig an Ihre Vorstellungen an.

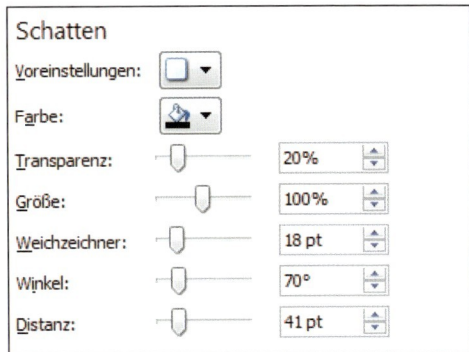

Abbildung 13.19 Die Schatteneinstellungen des Beispiels; damit der Schatten vor dem dunklen Hintergrund der Folie noch zu sehen ist, wurde die *Transparenz* stark reduziert

5. Ordnen Sie den gezeichneten Diagrammboden hinter den Diagrammsäulen an.

TIPP   Um das hinter dem Diagrammobjekt angeordnete Zeichnungsobjekt erneut zu bearbeiten, klicken Sie zunächst in den Bereich neben der Folie und drücken dann so lange die ⇆-Taste, bis das Zeichnungsobjekt markiert ist.

Die Lichtreflexe auf dem Diagrammboden erzeugen

Die Leuchten auf dem Diagrammboden wird ebenfalls mithilfe von *Schatten* erzeugt – nur verwendet dieser nicht Schwarz, sondern Weiß als *Farbe*.

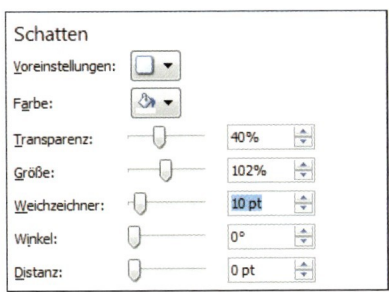

Abbildung 13.20 Wenn Sie die Einstellungen für den *Weichzeichner* anpassen, werden Sie feststellen, dass PowerPoint auch an dieser Stelle etwas unlogisch reagiert. Die Lichtreflexe sind tatsächlich als Zufallsergebnis durch Experimentieren mit den Einstellungen entstanden.

Das Hintergrundbild einfügen und anpassen

Bilder, die Sie in Fotodatenbanken finden, sind nur selten als Hintergrundmotive für Präsentationszwecke geeignet. Auch das im Beispiel verwendete Bild ist im Original viel zu bunt. Da es aber – wie die Folie – Schwarz als Hintergrundfarbe verwendet, kann es ohne zusätzliche Spezialsoftware allein mit den Bildbearbeitungsfunktionen von PowerPoint 2007 in den Hintergrund der Folie eingebaut werden.

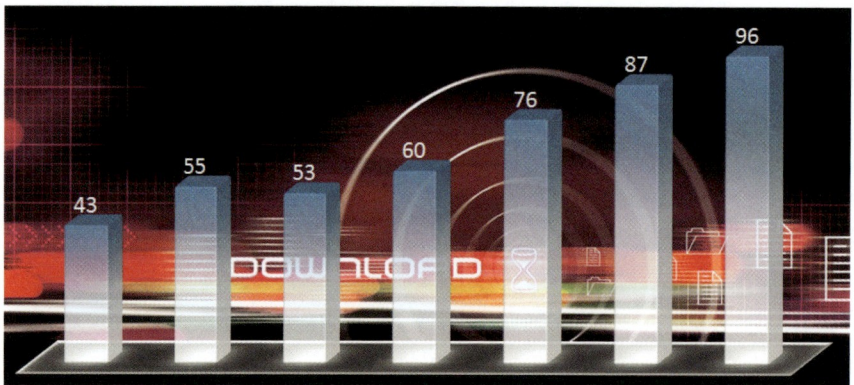

Abbildung 13.21   Die Farben des Bildes sind als Hintergrund zu intensiv und passen nicht zu den Farben der Präsentation

1. Konvertieren Sie Ihr Bild über *Neu einfärben* auf der Registerkarte *Bildtools/Format* in *Graustufe* oder weisen Sie eine geeignete *Dunkle Variante* zu.

2. Wenn das Anpassen der Farbe nicht ausreicht und das Bild immer noch die Folie dominiert, nutzen Sie Transparenz, um das Bild in den Hintergrund zu integrieren. Dazu müssen Sie das Bild als *Füllung* in ein *Rechteck* einfügen, einem Bild kann keine Transparenz zugewiesen werden.

   ■ Zeichnen Sie ein *Rechteck* in der Größe des Bildes auf die Folie.

   ■ Markieren Sie das Bild und drücken Sie [Strg]+[X], um es auszuschneiden.

   ■ Markieren Sie das *Rechteck* und rufen Sie über das Kontextmenü das Dialogfeld *Form formatieren* auf.

   ■ Aktivieren Sie in der Rubrik *Füllung* die Option *Bild- oder Texturfüllung* und klicken Sie auf die Schaltfläche *Zwischenablage*, um das Bild von der Folie in die *Form* einzufügen.

   ■ Reduzieren Sie mit der Einstellung *Transparenz* die Deckkraft des Bildes.

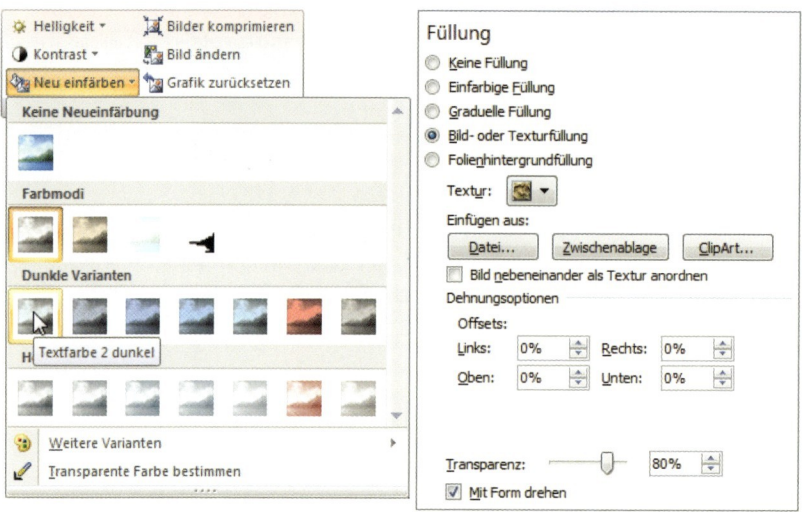

Abbildung 13.22   Links die Schaltfläche *Neu einfärben* zum Anpassen der Bildfarbe; rechts die Optionen für Bildfüllungen

Beispiel 4: 3-D-Kreisdiagramm mit flachen, runden Kanten

Mit einer *Schnellformatvorlage* lässt sich in PowerPoint 2007 bereits ein attraktives 3-D-Kreisdiagramm erzeugen. Abbildung 13.23 zeigt, dass das Programm aber auch hier viele weitergehende Möglichkeiten bietet.

CD-ROM   Die Folien zu diesem Beispiel finden Sie in der Datei *Kap13_Beispiel_4.pptx* im Ordner *\Buch\Kap13* auf der CD-ROM zum Buch. Neben den fertigen Folien zeigt die Datei auch die Einzelschritte der Bearbeitung.

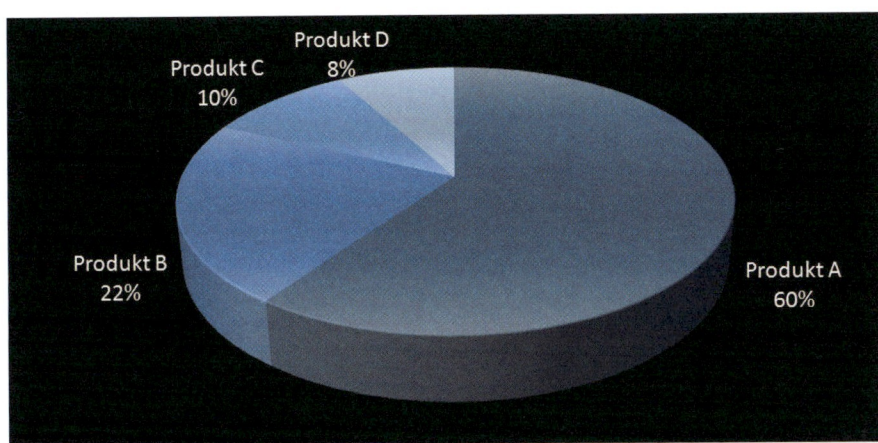

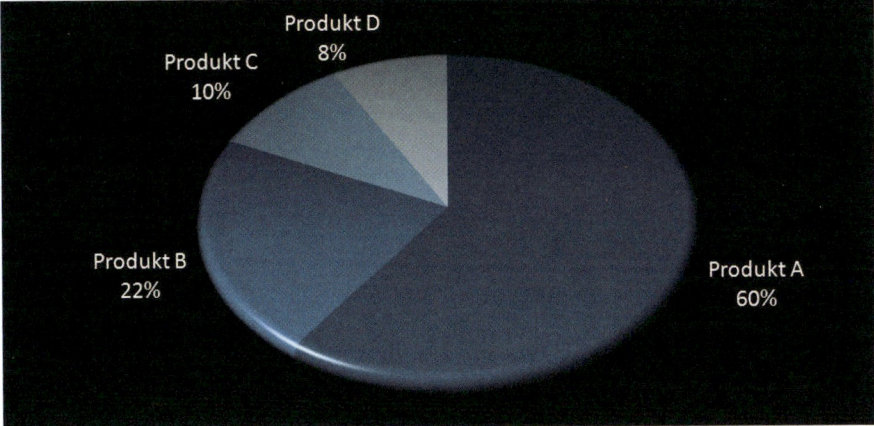

Abbildung 13.23   Oben das per *Schnellformatvorlage* gestaltete Diagramm, unten die individuelle Lösung

1. Erstellen Sie ein neues Diagramm und wählen Sie als Diagrammtyp *3D-Kreis*.
2. Löschen Sie *Diagrammtitel* und *Legende*.
3. Klicken Sie mit der rechten Maustaste auf die Datenpunkte und wählen Sie aus dem Kontextmenü *Datenbeschriftungen hinzufügen*.
4. Rufen Sie per Klick mit der rechten Maustaste auf eine der *Datenbeschriftungen* das Dialogfeld *Datenbeschriftungen formatieren* auf.

5. Aktivieren Sie in den *Beschriftungsoptionen Kategorienname*, *Prozentsatz* und *Ende außerhalb*. Die Anordnung der Beschriftung außerhalb der Datenpunkte hat den Vorteil, dass auch für kleine Werte genügend Platz für die Beschriftung zur Verfügung steht.

Abbildung 13.24 Wählen Sie in den *Beschriftungsoptionen Kategorienname*, *Prozentsatz* und als *Beschriftungsposition Ende außerhalb*

6. Markieren Sie die Datenpunkte und rufen Sie das Dialogfeld *Datenreihen formatieren* auf.

7. Wählen Sie in der Kategorie *3D-Format* für *Abschrägung Oben* und *Unten* die Einstellung *Kreis*.

8. Erhöhen Sie die Rundung der Kante, indem Sie jeweils für *Breite* 30 pt und für *Höhe* 100 pt eingeben.

9. Wählen Sie für *Material* den Spezialeffekt *Dunkle Kante*.

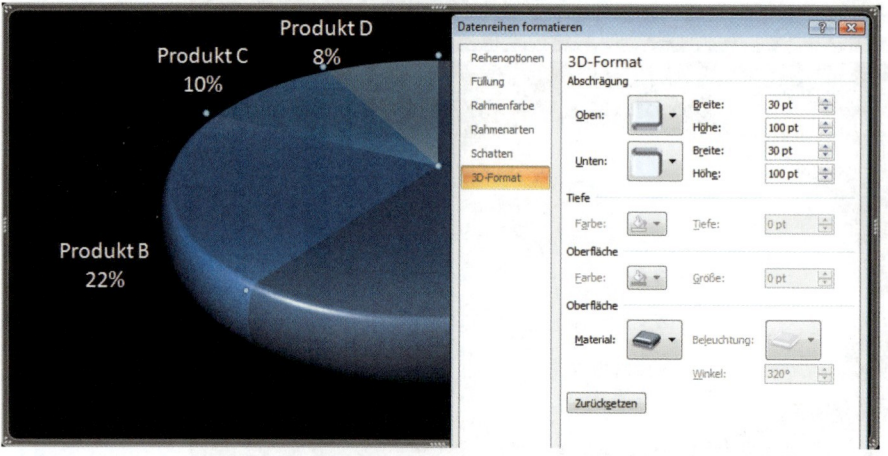

Abbildung 13.25 Die Formatoptionen für die Datenreihen des Kreisdiagramms; wie bei Säulendiagrammen stehen Tiefe und Oberfläche nicht zur Verfügung

Was Ihrem Diagramm jetzt noch fehlt, ist eine Reduzierung der Höhe der Datenpunkte. Wie bei Säulendiagrammen stehen die Optionen Tiefe und Oberfläche jedoch nicht zur Verfügung. Auch eine Anpassung der Breiten- und Höheneinstellung der *Abschrägung* führt nicht zum Ziel.

Die Lösung finden Sie gut versteckt und etwas unerwartet im Dialogfeld *Diagrammbereich formatieren*.

1. Klicken Sie mit der rechten Maustaste auf den Objektrahmen des Diagramms und wählen Sie *Diagrammbereich formatieren*. Wechseln Sie im gleichnamigen Dialogfeld zur Kategorie *3D-Drehung*.

2. Deaktivieren Sie die Option *AutoSkalieren*.

3. Reduzieren Sie den Wert für *Höhe (% der Basis)* auf ca. 40, um die Datenpunkte flacher zu gestalten.

4. Reduzieren Sie zum Schluss noch die starke perspektivische Verzerrung des Diagramms, indem Sie den Wert für *Y-Drehung* auf ca. 40 % erhöhen und die Perspektive auf 5 % reduzieren.

Abbildung 13.26 Die Einstellungen für die *3D-Drehung* beeinflussen auch das Aussehen der Datenpunkte

TIPP   Wie bei Säulendiagrammen lässt sich auch der Schatten von Kreisdiagrammen nicht flexibel formatieren. Die Ränder wirken ungeglättet und Schatten mit einer breiten weichen Kante werden abgeschnitten. Diese Probleme vermeiden Sie, indem Sie anstelle des Schattens der Datenreihen eine *Ellipse* verwenden.

1. Zeichnen Sie eine *Ellipse* mit den gleichen Proportionen wie das Kreisdiagramm.

2. Weisen Sie der *Ellipse* den Formeffekt *Weiche Kanten* mit einer Stärke von 25 pt zu.

3. Vergrößern Sie die *Ellipse*, bis der sichtbare Bereich nach dem Zuweisen der *Weichen Kante* wieder in etwa die Größe des Kreisdiagramms hat.

4. Ordnen Sie die *Ellipse* als Schatten hinter dem Diagramm nach unten versetzt an.

Beispiel 5: Liniendiagramm mit 3-D-Effekt

Liniendiagramme hatten in PowerPoint bis Version 2003 den Nachteil, dass bei Überschneidung der Linien nicht genau zu erkennen war, was wohin gehört, denn die Möglichkeiten, Linien und Datenpunkt differenziert darzustellen, waren eingeschränkt. Mit Version 2007 ändert sich das grundlegend: Nun können Sie – wie am folgenden Beispiel zu sehen ist – auch Liniendiagramme in attraktive Infografiken verwandeln.

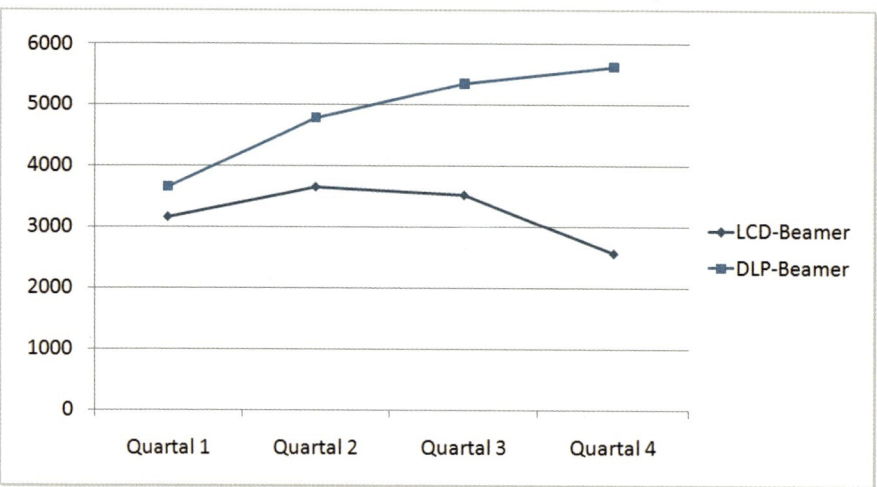

Abbildung 13.27   So sieht ein Liniendiagramm mit Standardeinstellungen aus ...

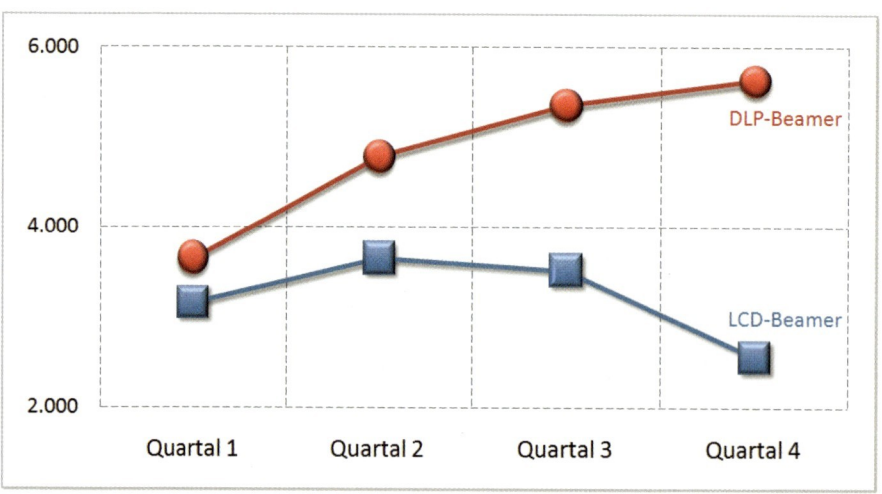

Abbildung 13.28   ... und das ist eine Lösung mit Einsatz von einigen 3-D-Effekten

CD-ROM   Die Folien zu dieser Lösung finden Sie in der Datei *Kap13_Beispiel_5.pptx* im Ordner *\Buch\Kap13* auf der CD-ROM zum Buch.

Das Diagramm anlegen

Erstellen Sie zunächst ein Liniendiagramm und wählen Sie dabei wie in Abbildung 13.29 gezeigt den Untertyp *Linie mit Datenpunkten*. Die Datenpunkte sind in dem Fall wichtig, da sie durch einen 3-D-Effekt zum Eyecatcher des Diagramms werden sollen.

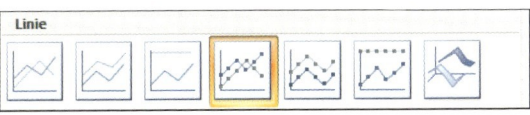

Abbildung 13.29 Beim Typ *Linie* den Untertyp *Linie mit Datenpunkten* wählen

Für das Beispiel wurden die in Abbildung 13.30 gezeigten Werte verwendet. Geben Sie diese in das Excel-Datenblatt ein, wenn Sie das Liniendiagramm Schritt für Schritt nachbauen wollen.

	A	B	C
1		LCD-Beamer	DLP-Beamer
2	Quartal 1	3162	3654
3	Quartal 2	3654	4782
4	Quartal 3	3523	5349
5	Quartal 4	2563	5626

Abbildung 13.30 Das sind die Werte im Excel-Datenblatt

Nach Eingabe der Werte sollte das Diagramm so wie in Abbildung 13.27 aussehen.

Das Diagramm nachbearbeiten

Um die in Abbildung 13.28 gezeigte Diagrammlösung zu erhalten, passen Sie zunächst die beiden Achsen an und sorgen für ein Gitternetz aus senkrechten und waagerechten gestrichelten Linien.

1. Klicken Sie die Größenachse an und rufen Sie mit ⌜Strg⌝+⌜1⌝ das Dialogfeld *Achse formatieren* auf. Tragen Sie in der Rubrik *Achsenoptionen* bei *Minimum* den Wert 2000 ein, bei *Maximum 6000* und bei *Hauptintervall 2000*.

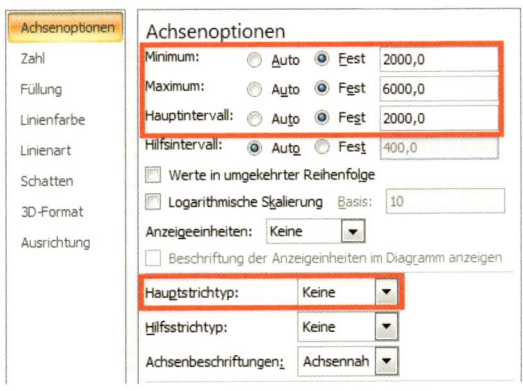

Abbildung 13.31 Die Werte für *Minimum*, *Maximum* und *Hauptintervall* ändern und die Hauptstriche ausblenden

2. Stellen Sie weiter unten bei *Hauptstrichtyp* die Option *Keine* ein.

3. Wechseln Sie zur Rubrik *Linienart* und wählen Sie bei *Strichtyp* die Option mit der langen Strichelung.

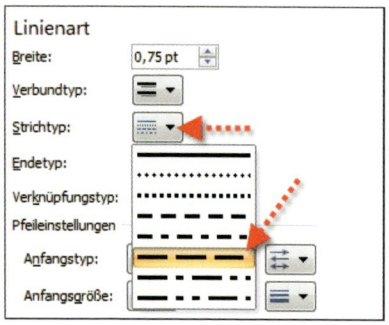

Abbildung 13.32   Achsen und Gitternetzlinien erhalten das gleiche, gestrichelte Aussehen

4. Klicken Sie bei geöffnetem Dialogfeld *Achse formatieren* die waagerechte Achse an und stellen Sie auch hier in der Rubrik *Achsenoptionen* bei *Hauptstrichtyp* die Option *Keine* ein und wählen Sie in der Rubrik *Linienart* bei *Strichtyp* die gleiche gestrichelte Variante.

5. Wechseln Sie zur Registerkarte *Diagrammtools/Layout* und wählen Sie in der Gruppe *Achsen* bei *Gitternetzlinien* nacheinander die Befehlsfolge *Primäre horizontale Gitternetzlinien/Hauptgitternetze* sowie *Primäre vertikale Gitternetzlinien/Hauptgitternetze*. Damit steht das Diagramm vor einem Gitter aus acht Quadraten.

6. Markieren Sie eine beliebige senkrechte Gitternetzlinie und rufen Sie mit Strg +1 das Dialogfeld *Hauptgitternetz formatieren* auf. Legen Sie in der Rubrik *Linienart* bei *Strichtyp* die gleiche gestrichelte Variante wie für die Achsen fest.

7. Klicken Sie bei geöffnetem Dialogfeld eine beliebige waagerechte Gitternetzlinie und weisen Sie auf gleichem Weg wieder die gestrichelte Linienvariante zu.

Die Datenpunkte mit 3-D-Effekt versehen

1. Klicken Sie eine der beiden Linien einmal an, um die Datenreihe zu markieren.

2. Wechseln Sie zur Registerkarte *Diagrammtools/Format* und wählen Sie in der Gruppe *Formenarten* – so wie in Abbildung 13.33 gezeigt – einen Effekt aus der letzten Reihe mit dem Namen *Intensiver Effekt*. Dadurch bekommen die Datenpunkte dieser Linie einen 3-D-Effekt.

Abbildung 13.33   Einen Effekt aus der unteren Reihe namens *Intensiver Effekt* wählen

3. Lassen Sie sich nicht davon stören, dass vorübergehend die Linie nicht angezeigt wird. Sie ist noch markiert und Sie rufen mit Strg +1 das Dialogfeld *Datenreihen formatieren* auf.

4. Wählen Sie links die Rubrik *Markierungsoptionen* und stellen Sie rechts bei *Typ* einen Kreis und bei *Größe* den Wert von 25 ein. Damit entstehen große runde Datenpunkte.

5. Machen Sie nun die Linie wieder sichtbar, indem Sie links die Rubrik *Linienfarbe* anklicken und die gleiche Farbe wie für die Datenpunkte wählen. Wechseln Sie zur Rubrik *Linienart* und stellen Sie dort eine *Breite* von *4 pt* ein.

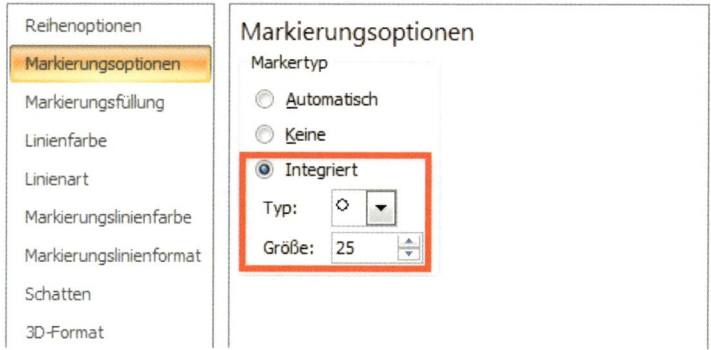

Abbildung 13.34 Das Aussehen der Datenpunkte für die erste Linie ändern

6. Wiederholen Sie die Schritte 1 bis 5 für die zweite Linie, wählen Sie aber eine andere Farbe und eine andere Form für die Datenpunkte.

Je nach gewünschter Aussage und je nach Relevanz dieses Diagramms in Ihrer Präsentation können Sie die Wirkung noch verstärken, indem Sie einen dunklen Hintergrund hinzufügen.

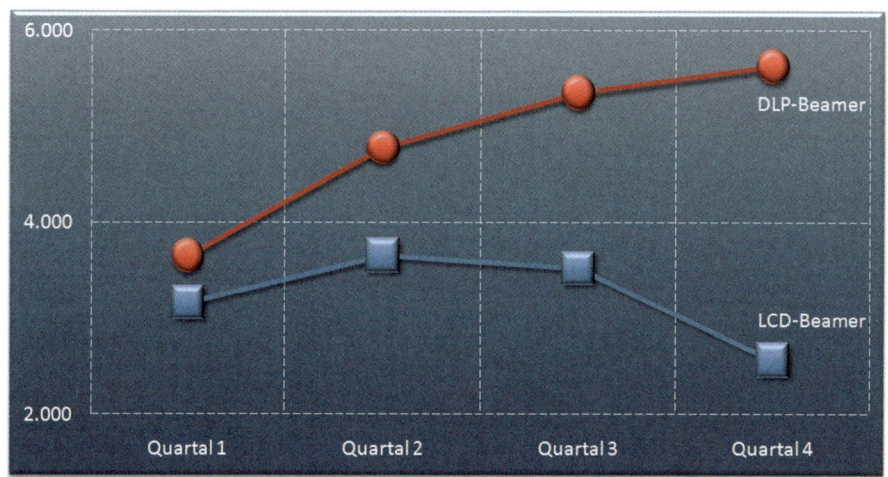

Abbildung 13.35 Eine weitere Gestaltungsvariante: Das Diagramm vor einem dunklen Hintergrund mit 3-D-Kanten

Kapitel 14

Schaubilder auf Mausklick mit den SmartArt-Grafiken in Version 2007

In diesem Kapitel:

Vorgefertigte Schaubilder à la carte

Abläufe, Strukturen, Zusammenhänge und dergleichen lassen sich mit bildhaften Darstellungen einfacher erklären als mit Textfolien. Mit den SmartArt-Grafiken können selbst wenig geübte PowerPoint-Anwender Textfolien in optisch ansprechendere Schaubilder verwandeln. PowerPoint 2007 bietet in sieben Rubriken insgesamt 83 verschiedene SmartArt-Layouts.

Wann sich der Einsatz der SmartArt-Grafiken lohnt

Die Verwendung dieser vordefinierten Grafiken spart Zeit und Mühe, kann aber natürlich nicht alle Bedürfnisse erfüllen. SmartArt-Grafiken eignen sich, wenn Sie

- einfache Sachverhalte darstellen möchten,
- Textfolien durch optisch attraktivere Alternativen ersetzen wollen,
- Lösungen brauchen, die sich mit den Formen nur schwer zeichnen lassen.

Drei Wege führen zur SmartArt-Grafik

Das Erstellen und Bearbeiten von SmartArt-Grafiken ist textorientiert. Sie müssen SmartArt-Grafiken gar nicht von vornherein als solche konzipieren. Denn mit wenigen Mausklicks wandeln Sie einen bereits vorhandenen Text nachträglich in eine SmartArt-Grafik um. Diese Vorgehensweise ist dann empfehlenswert, wenn Sie knapp formulierte Texte als Grafik aufbereiten möchten. In Beispiel 1 wird dieser Weg demonstriert.

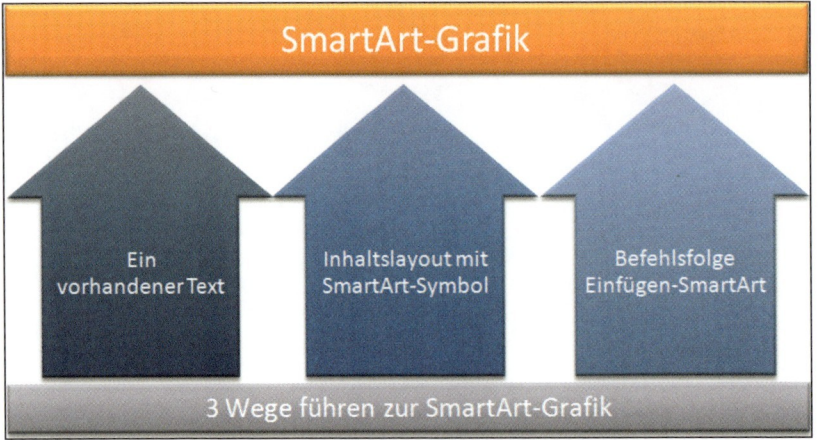

Abbildung 14.1   Es gibt mehrere Wege, um eine SmartArt-Grafik anzulegen

Beim zweiten und dritten Weg hingegen starten Sie mit einer leeren Grafik, die Sie Schritt für Schritt mit Textinformationen füllen. In den folgenden Beispielen lernen Sie alle drei Wege näher kennen.

Beispiel 1: Eine Agenda auf Basis einer Textfolie anlegen

Wenn Sie Ihre Präsentation nicht gleich mit einer Textfolie einleiten, ist das schon mal ein guter Start. Die Funktion SmartArt-Grafik unterstützt Sie dabei. Erfahren Sie im folgenden Beispiel, wie Sie in weniger als fünf Minuten aus einer Agenda, die bereits als Textfolie vorliegt, eine deutlich ansehnlichere Folie machen.

Abbildung 14.2   Die Agenda als normale, gegliederte Textfolie ...

Abbildung 14.3   ... und als SmartArt-Grafik

Mit drei Mausklicks von der Textfolie zur Grafik

Wenn Sie das Beispiel Schritt für Schritt nachvollziehen wollen, öffnen Sie die Datei *Kap14_SmartArts.pptx* von der Buch-CD und wechseln zu Folie 7.

1. Klicken Sie in den vorhandenen Aufzählungstext mit der rechten Maustaste.
2. Wählen Sie im Kontextmenü – so wie in Abbildung 14.4 gezeigt – *In SmartArt konvertieren* und im Untermenü das erste Layout namens *Vertikale Aufzählung.*

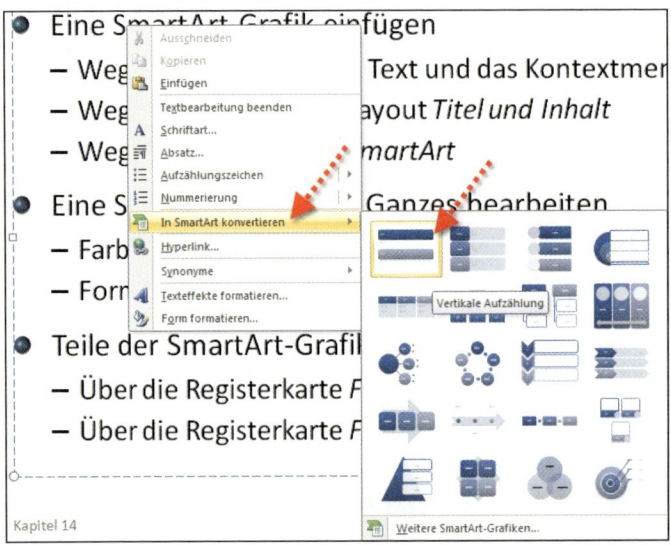

Abbildung 14.4 Mit drei Mausklicks wird aus dem Text eine SmartArt-Grafik

3. PowerPoint wandelt den Text sofort in eine SmartArt-Grafik um und die Registerkarte *SmartArt-Tools/ Entwurf* wird angezeigt. Klicken Sie dort in der Gruppe *SmartArt-Formatvorlagen* auf *Farben ändern* und wählen Sie beispielsweise *Farbige Füllung – Akzent 3.*
4. Öffnen Sie unmittelbar rechts daneben den Katalog der Formatvorlagen und wählen Sie – wie in Abbildung 14.5 gezeigt – in der Gruppe *3D* den Effekt *Poliert.*

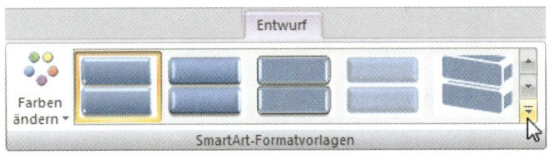

Abbildung 14.5 Die Effektvariante *Poliert* auswählen

Bei Bedarf können Sie jetzt noch die Höhe und Breite der Balken für die erste Textebene verkleinern. Wie Sie das leichter als mit der Maus erledigen, lesen Sie im vorletzten Abschnitt dieses Kapitels (»Tipps zum leichteren Umgang mit SmartArt-Grafiken« auf Seite 299).

Wollen Sie Aufzählungstexte etwas mehr von den Balken absetzen, klicken Sie in den Text und markieren den zugehörigen Platzhalter mit F2 . Verschieben Sie nun den kompletten Textplatzhalter mit der Taste ↓ nach unten.

Troubleshooting für SmartArt-Grafiken: Mehr Flexibilität und stressfreier Austausch mit früheren Programmversionen

So praktisch SmartArts sind, zwei Probleme machen Anwendern zu schaffen:

■ In komplexeren Layouts wird infolge der automatischen Größenanpassung der verfügbare Platz auf der Folie nicht optimal genutzt. Das manuelle Korrigieren einer solchen ungünstigen Anordnung ist ausgesprochen mühsam.

■ Beim Öffnen mit früheren PowerPoint-Versionen werden SmartArt-Grafiken in Bilder konvertiert. Weder Farben noch Beschriftung können editiert werden. Das gemeinsame Arbeiten an einer Präsentation mit unterschiedlichen PowerPoint-Versionen wird dadurch erheblich erschwert.

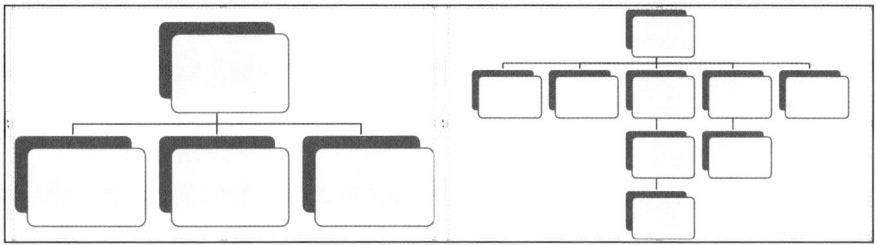

Abbildung 14.6 SmartArt-Grafiken sind optimal für einfache Schaubilder, aber nach dem Einfügen zusätzlicher Formen (Abbildung rechts) wird der verfügbare Platz in der Breite nicht mehr optimal genutzt

Mit dem Service Pack 2 für Office 2007 gibt es für diese Probleme eine einfache Lösung: Nachdem das Service Pack installiert ist, steht für SmartArt-Grafiken der Befehl *Gruppierung aufheben* zur Verfügung. Sie finden ihn sowohl im Kontextmenü der SmartArt-Grafik als auch in der Registerkarte *SmartArt-Tools/Format* in der Gruppe *Anordnen*.

Konvertieren Sie auf diesem Weg SmartArt-Grafiken in ein Zeichnungsobjekt, das Sie flexibel beschriften, in anderen Programmversionen bearbeiten und auch beliebig animieren können.

Das Service Pack 2 für Office 2007 erhalten Sie unter *http://www.microsoft.com/downloads/ details.aspx?familyid=B444BF18-79EA-46C6-8A81-9DB49B4AB6E5&displaylang=de*.

Falls Sie nicht sicher sind, ob Sie das Service Pack 2 bereits installiert haben, können Sie dies in den *Power-Point-Optionen* feststellen. Wählen Sie *Office-Schaltfläche/PowerPoint-Optionen/Ressourcen*. Am Zusatz *SP2 MSO* unter *Info* erkennen Sie, dass das Service Pack 2 bereits installiert ist.

Info zu Microsoft Office PowerPoint 2007	Inf*o*
Microsoft® Office PowerPoint® 2007 (12.0.6504.5000) SP2 MSO (12.0.6425.1000)	

Zwischenfazit: SmartArt-Grafik als schnelle Layouthilfe nutzen und die Grenzen kennen

Wenn Sie komplexere Schaubilder erstellen, können Sie SmartArt-Grafiken als ideale Layouthilfe nutzen. Im Fall eines Organigramms beispielsweise legen Sie die SmartArt-Grafik nur für die erste und zweite Hierarchie-ebene an. Heben Sie anschließend die Gruppierung der SmartArt-Grafik auf. Nach diesem Konvertieren in Zeichnungsobjekte ist das Erstellen fehlender Ebenen durch vertikales Verschieben/Kopieren vorhandener Elemente (bei gedrückten Tasten `Strg`+`⇧`) dann schnell erledigt.

Wann SmartArt-Grafiken und wann Formen?

SmartArt-Grafiken sind bestens geeignet, wenn Sie einfache Sachverhalte schnell skizzieren möchten oder nach einer ansprechenden Visualisierung wie beispielsweise Zahnrad, Trichter, Pyramide oder Zielscheibe suchen. Solche Grafiken könnten Sie mithilfe der *Formen* nur mit deutlich höherem Aufwand zeichnen. Für individuelle Lösungen, die flexibel animiert werden sollen, oder auch für komplexere Schaubilder sind hingegen *Formen* besser geeignet.

Beim Einsatz von SmartArt-Grafiken müssen Sie mit Einschränkungen rechnen:

- Die manuelle Anpassung der Größe von Formen und deren Ausrichtung innerhalb der Grafik sind nur mit einigem Zeitaufwand möglich.
- In manchen SmartArt-Layouts können Aufzählungszeichen nicht ein- bzw. ausgeschaltet werden.
- Die Animationsreihenfolge der Elemente einer SmartArt-Grafik lässt sich nicht ändern.

Beispiel 2: Zwei einander beeinflussende Faktoren darstellen

Um zwei Faktoren oder Prozesse darzustellen, die einander beeinflussen, wäre ein Venn-Diagramm geeignet, bei dem sich Kreise zum Teil überlagern. Ein solches *Einfaches Venn* gibt es in der SmartArt-Bibliothek in der Gruppe *Beziehung*. Eine Alternative, die das gegenseitige Beeinflussen mit mehr Dynamik zeigt, bietet das Layout *Textkreis*.

Die SmartArt-Grafik *Textkreis* aufbauen

1. Legen Sie auf der Registerkarte *Start* per Klick auf *Neue Folie* eine Folie mit dem Layout *Titel und Inhalt* an.

CD-ROM   Sie können auch die Folie 9 der Datei *Kap14_SmartArts.pptx* nutzen, wenn Sie das Beispiel nach der nun fol-genden Anleitung nachbauen wollen. Sie finden die Datei auf der CD zum Buch im Ordner *\Buch\Kap14*.

2. Klicken Sie im Inhaltsplatzhalter – so wie in Abbildung 14.7 gezeigt – auf das Symbol *SmartArt-Grafik einfügen*.

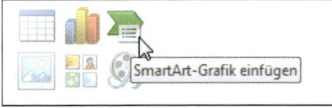

Abbildung 14.7 Im Inhaltsplatzhalter das Symbol für *SmartArt-Grafik einfügen* anklicken

3. Wählen Sie im folgenden Dialogfeld links die Gruppe *Zyklus* und rechts das Layout *Textkreis* aus und schließen Sie den Vorgang mit *OK* ab.

4. Löschen Sie in der nun erstellten SmartArt-Grafik links im Textbereich die drei überflüssigen Absätze und tragen Sie – so wie in Abbildung 14.8 gezeigt – die beiden Textzeilen ein.

Abbildung 14.8 Im Textbereich links überflüssige Absätze löschen und gewünschten Text eintragen

Die Optik der SmartArt-Grafik anpassen

1. Wählen Sie auf der Registerkarte *SmartArt-Tools/Entwurf* rechts im Katalog der *SmartArt-Formatvorlagen* diesmal die Variante *Intensiver Effekt*.

2. Markieren Sie dann nur den oberen Pfeil und wählen Sie über die Registerkarte *SmartArt-Tools/Format* im Katalog der *Formenarten* die Variante *Intensiver Effekt – Akzent 6*.

Das fertige Ergebnis sollte dann wie in Abbildung 14.9 aussehen.

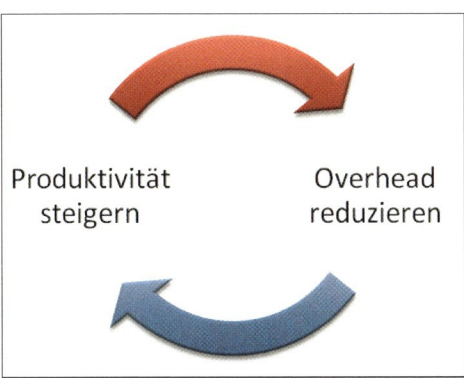

Abbildung 14.9 Die fertiggestellte SmartArt-Grafik mit zwei verschiedenfarbigen Pfeilen

Beispiel 3: Ein Projektteam als horizontale Hierarchie abbilden

Organigramme sind ideal, um die Struktur einer Abteilung, einer Firma oder die Aufgabenverteilung in einem Projektteam übersichtlich abzubilden. Gewöhnlich werden die Strukturen dabei von oben nach unten, also vertikal, angeordnet. Im Unterschied dazu bietet eine horizontale Lösung folgende Vorteile:

- Sie nutzt die volle Breite der Folie und schafft damit mehr Platz für Beschriftungen.

- Sie hebt optisch das Denken in den üblichen Hierarchien von oben nach unten auf und passt damit besser zum Charakter von Projekten.

Das Organigramm anlegen

1. Fügen Sie per Klick auf *Neue Folie* auf der Registerkarte *Start* eine neue Folie mit dem Layout *Nur Titel* ein.

CD-ROM   Sie können auch die Folie 18 der Datei *Kap14_SmartArts.pptx* nutzen, wenn Sie das Beispiel nach der Anleitung nachbauen wollen. Sie finden die Datei auf der CD zum Buch im Ordner *Buch\Kap14*.

2. Klicken Sie auf der Registerkarte *Einfügen* auf *SmartArt*.

3. Wechseln Sie im Dialogfeld *SmartArt-Grafik auswählen* zur Gruppe *Hierarchie*, klicken Sie auf das Layout *Horizontale Hierarchie* und dann auf *OK*.

4. Tragen Sie nun die Informationen links in den Textbereich ein und gehen Sie dabei wie folgt vor: Ersetzen Sie zunächst die vorgegebenen [Text]-Einträge und navigieren Sie zwischen diesen nur mit den Tasten ⬇ und ⬆. In der Ebene, in der Sie eine weitere Form ergänzen wollen, drücken Sie am Zeilenende die ⏎-Taste. In Abbildung 14.10 beispielsweise wurde auf diese Weise nach *Paul Erfurt* noch *Jana Lück* hinzugefügt.

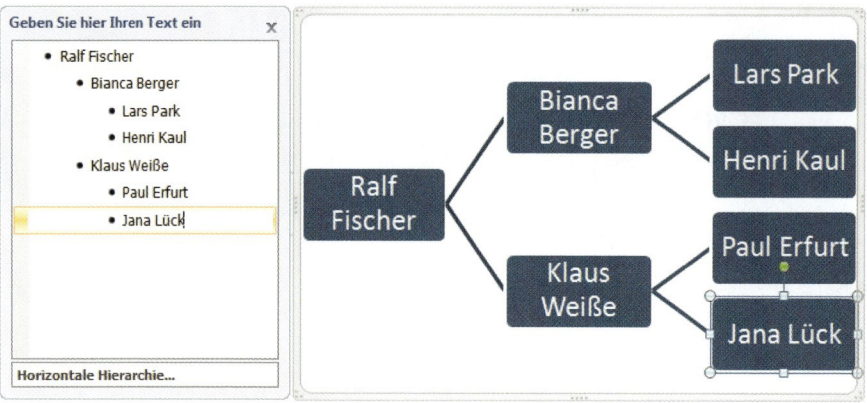

Abbildung 14.10 Beim Aufbau des Organigramms zunächst die vorgegebenen Beispieltexte nutzen

5. Um für die Personen der ersten und zweiten Ebene nun noch eine Bezeichnung in den Formen anzuzeigen, setzen Sie den Cursor hinter den Namen und erzeugen mit der Tastenkombination ⇧+⏎ einen Zeilenumbruch.

Die Optik des Organigramms verbessern

1. Verbreitern Sie die Formen für die zweite Ebene, indem Sie beide mit gedrückter ⇧-Taste markieren und dann mit ⇧+→ die Breite schrittweise vergrößern.

2. Klicken Sie auf eine freie Stelle in der SmartArt-Grafik und markieren Sie dann mit Strg+A alle Formen. Wechseln Sie zur Registerkarte *Start*. Passen Sie dort *Schriftgrad* und gegebenenfalls *Schriftfarbe* an.

3. Markieren Sie die Formen der ersten und zweiten Ebene und machen Sie deren Texte *Linksbündig*. Lassen Sie die Markierung für die drei Formen bestehen.

4. Damit die Texte nicht zu dicht am linken Rand stehen, rufen Sie im Kontextmenü den Befehl *Form formatieren* auf. In der Rubrik *Textfeld* wählen Sie unter *Innerer Seitenrand* für *Links* den Wert *0,2.*

5. Abschließend können Sie die Optik noch weiter verbessern, indem Sie beispielsweise wieder die *SmartArt-Formatvorlage* namens *Intensiver Effekt* (Registerkarte *SmartArt-Tools/Entwurf*) sowie verschiedenfarbige *Formenarten* auf der Registerkarte *SmartArt-Tools/Format* nutzen. Das Ergebnis könnte wie in Abbildung 14.11 gezeigt aussehen.

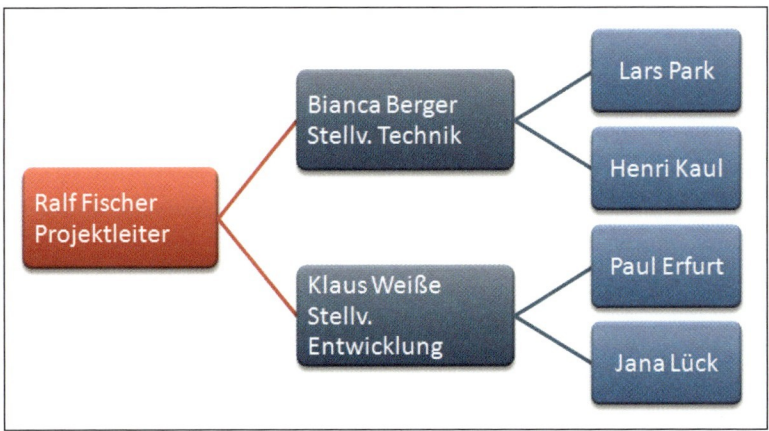

Abbildung 14.11 Mögliches Aussehen des Organigramms nach Nutzung diverser Formatvorlagen

Tipps zum leichteren Umgang mit SmartArt-Grafiken

Beim Anpassen der Formen des Organigramms werden Sie sicher bemerkt haben: Eine minimale Bewegung zu weit mit der Maus und die Grafik fällt zusammen.

Abhilfe schafft dann der Befehl *Grafik zurücksetzen* auf der Registerkarte *Entwurf* der *SmartArt-Tools*.

Clever: SmartArt-Formen mithilfe der Tastatur vergrößern, verkleinern und drehen

Sie können Probleme beim Vergrößern und Verkleinern sowie beim Drehen von SmartArt-Formen von vornherein vermeiden, indem Sie nicht die Maus, sondern die Tastatur einsetzen. Mithilfe der folgenden Tastenkombinationen passen Sie die Formen einer SmartArt-Grafik in kleinen Schritten an:

- Mit `⇧`+`→` vergrößern Sie Formen horizontal.
- Mit `⇧`+`←` verkleinern Sie Formen horizontal.
- Mit `⇧`+`↑` vergrößern Sie Formen vertikal.
- Mit `⇧`+`↓` verkleinern Sie Formen vertikal.
- Mit `Alt`+`→` drehen Sie Formen nach rechts.
- Mit `Alt`+`←` drehen Sie Formen nach links.
- Um die Schrittweite zu reduzieren, mit der die Anpassung über die aufgeführten Tastenkombinationen durchgeführt wird, halten Sie zusätzlich `Strg` gedrückt.

Beispiel 4: Informationen in zwei Ebenen per Kreismatrix darstellen

Wie im ersten, so soll auch im letzten Beispiel eine schlichte Textfolie den Weg zu einer optisch attraktiven Darstellung finden – mithilfe der SmartArt-Funktion.

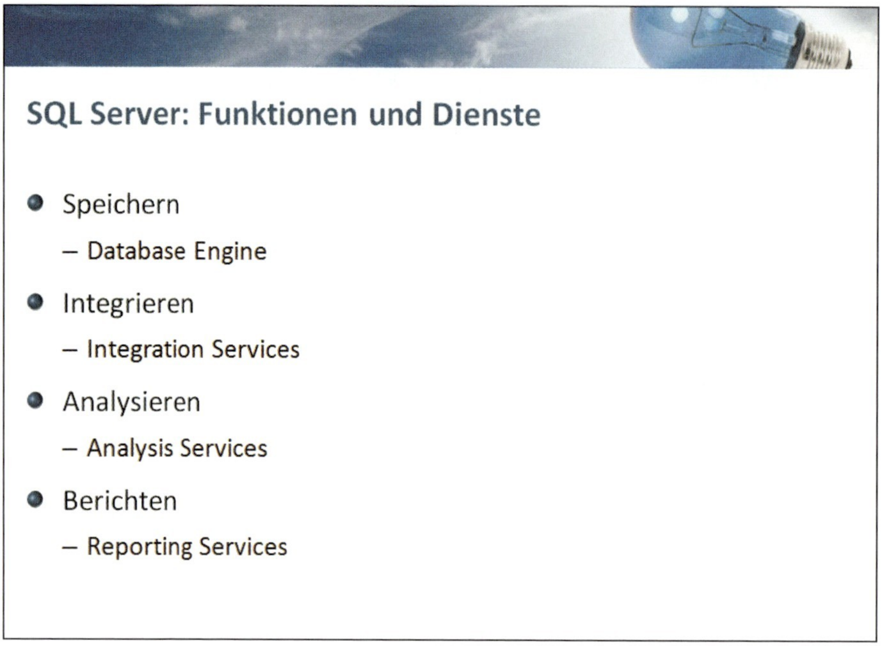

SQL Server: Funktionen und Dienste

- Speichern
  - Database Engine
- Integrieren
  - Integration Services
- Analysieren
  - Analysis Services
- Berichten
  - Reporting Services

Abbildung 14.12   Eine sachliche und den Betrachter wohl kaum zum Lesen motivierende Information ...

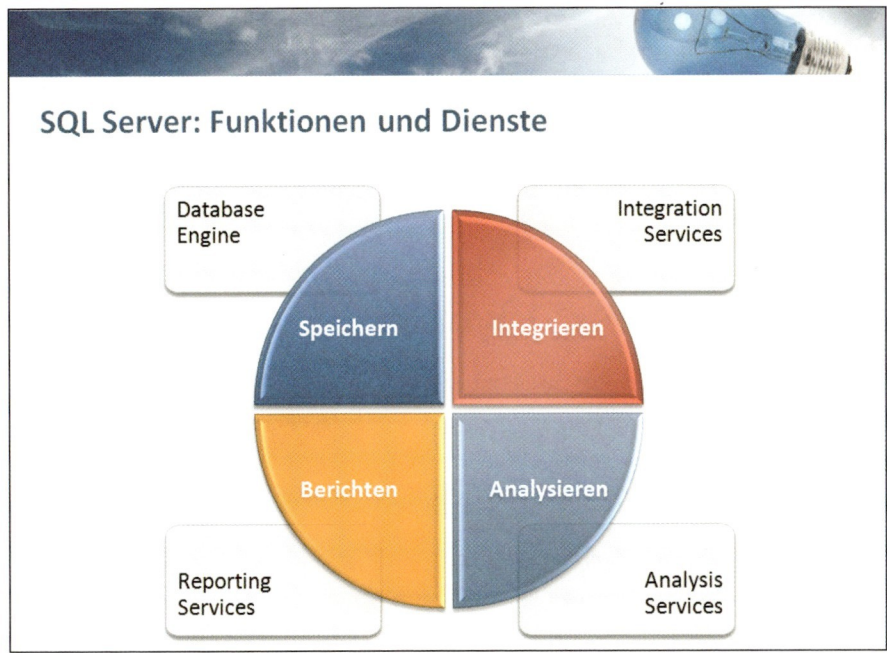

Abbildung 14.13   ... und hier die gleiche Information als SmartArt-Grafik aufbereitet

Die Kreismatrix erstellen

Die Informationen auf der bereits bestehenden Textfolie sind wieder in zwei Ebenen gegliedert. Um sie wie in Abbildung 14.13 anzuordnen, gehen Sie wie folgt vor:

CD-ROM   Nutzen Sie die Folie 20 der Datei *Kap14_SmartArts.pptx*, wenn Sie das Beispiel anhand der nun folgenden Anleitung nachbauen wollen. Sie finden die Datei auf der CD zum Buch im Ordner *Buch**Kap14*.

1. Rufen Sie per Klick mit der rechten Maustaste in den Aufzählungstext im Kontextmenü den Befehl *In SmartArt konvertieren* auf.
2. Wählen Sie im folgenden Untermenü ganz unten *Weitere SmartArt-Grafiken*.
3. Wählen Sie im Dialogfeld *SmartArt-Grafik auswählen* links die Gruppe *Beziehung* und dann rechts das Layout *Kreismatrix*.

Das Aussehen der SmartArt-Grafik anpassen

1. Klicken Sie auf der Registerkarte *SmartArt-Tools/Entwurf* auf *Farben ändern* und wählen Sie bei *Akzent 1* ganz rechts *Transparenter Farbverlaufbereich – Akzent 1*.
2. Wählen Sie rechts daneben im Katalog der *SmartArt-Formatvorlagen* diesmal den Effekt *Poliert*.

3. Klicken Sie mit der rechten Maustaste auf den Rand der SmartArt-Grafik und wählen Sie *Gruppieren/ Gruppierung aufheben*. Mit diesem Schritt wird die SmartArt-Grafik in normale Zeichnungsobjekte und Textfelder umgewandelt, die Sie mit den verfügbaren Formatbefehlen weitaus individueller und flexibler gestalten können, als dies bei einer SmartArt-Grafik der Fall wäre.

4. Durch das Auflösen der Gruppierung der SmartArt-Grafik können Sie beispielsweise auch die störenden Aufzählungspunkte und die Einzüge für die Texte in den abgerundeten Rechtecken entfernen (Registerkarte *Start* in der Gruppe *Absatz*).

Quellen für weitere SmartArt-Layouts

Office 2007 ist zwar mit über 70 SmartArt-Layouts ausgestattet, doch manchmal reichen diese nicht aus oder eine angepasste Variante wäre besser.

Zusätzliche Layouts auf Microsoft Office Online

Wenn Sie weitere kostenlose Varianten suchen, werden Sie unter folgender Adresse bei Microsoft fündig:

http://office.microsoft.com/en-us/help/HA102117791033.aspx?pid=CL100605171033

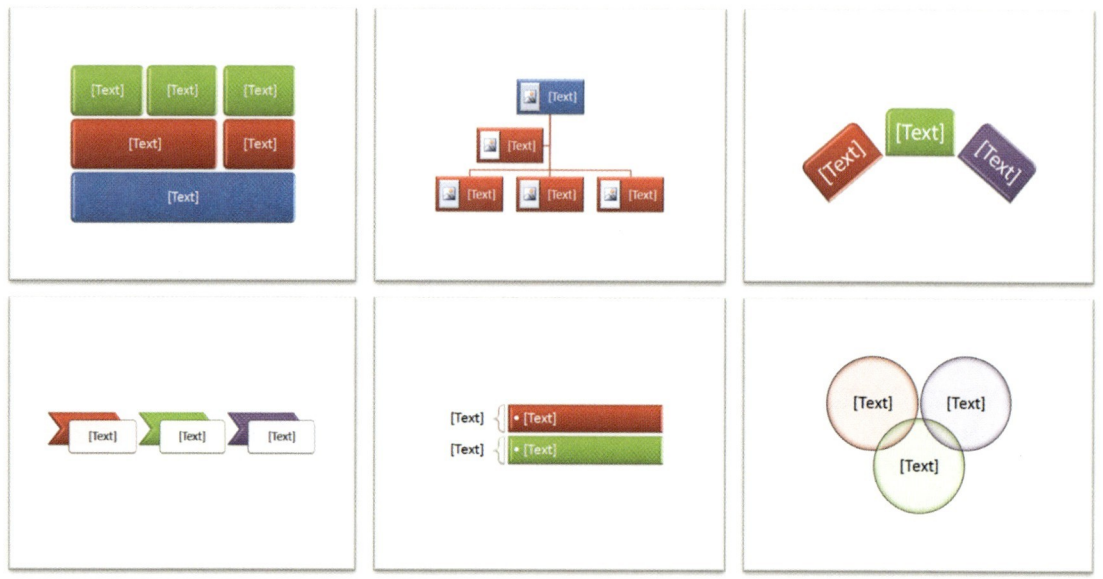

Abbildung 14.14   Eine Auswahl der SmartArt-Layouts, die bei Microsoft Office Online zusätzlich verfügbar sind

Neben einer kurzen Beschreibung gibt es dort die direkte Downloadmöglichkeit.

Angepasste SmartArt-Layouts

Eine weitere Quelle für zusätzliche SmartArt-Layouts ist die Website *www.pptx.de*.

Abbildung 14.15 Auf dieser Website finden Sie angepasste Layouts

Zusätzliche SmartArt-Layouts in das System von Office 2007 einbinden

Nach einer Standardinstallation von Office 2007 werden zusätzliche SmartArt-Layouts – sie tragen die Dateierweiterung *.glox* – automatisch erkannt, wenn diese in den Benutzervorlagen, also im Verzeichnis *..\Microsoft\Templates\SmartArt Graphics* abgelegt werden.

Wo sich dieses Verzeichnis befindet, hängt von der Windows-Version ab.

PROFITIPP   Am einfachsten finden Sie die Benutzervorlagen, wenn Sie in der Adressleiste des Windows-Explorers die Zeichenfolge *%AppData%* eingeben.

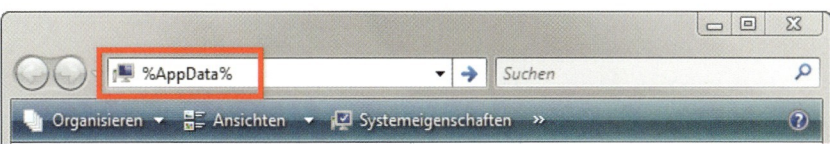

Abbildung 14.16 Mit diesem Trick landen Sie schnell im Ordner für Benutzervorlagen

Troubleshooting: Wenn das Einbinden von zusätzlichen SmartArt-Grafiken nicht klappt

Probleme beim Einbinden zusätzlicher SmartArt-Layouts können mehrere Ursachen haben. Hier einige typische Fehler und deren Ursache:

- Der Ordner *SmartArt Graphics* ist unter ..*Microsoft**Templates* noch nicht vorhanden. Ursache: Der Ordner wird erst erstellt, wenn Sie das erste Mal eine SmartArt-Grafik erzeugen. Haben Sie noch nie mit SmartArt gearbeitet oder Office 2007 gerade neu installiert, müssen Sie ihn manuell anlegen.

- Die zusätzlichen SmartArt-Layouts liegen in den Benutzervorlagen, werden aber trotzdem im Dialog-feld *SmartArt-Grafik auswählen* nicht angezeigt. Ursache: Wie schon in früheren Programmversionen werden auch für Office 2007 die Standardspeicherorte für Ihre gesamte Office-Installation über die Vor-einstellungen in Word gesteuert. Wurde in Word für die *Benutzervorlagen* ein anderer Speicherort gewählt, müssen auch zusätzliche SmartArt-Layouts dort abgelegt werden.

Wo sind die Benutzervorlagen in Office 2007 abgelegt?

Wo Benutzervorlagen gespeichert sind, finden Sie wie folgt heraus:

1. Rufen Sie in Word 2007 über die *Office-Schaltfläche* die *Word-Optionen* auf.

2. Wechseln Sie zur Rubrik *Erweitert* und scrollen Sie im rechten Bereich nach unten, bis die Rubrik *Allge-mein* zu sehen ist.

3. Klicken Sie auf die Schaltfläche *Dateispeicherorte*. Im Dialogfeld *Speicherort für Dateien* sehen Sie neben *Benutzervorlagen* den angepassten Speicherort.

4. Klicken Sie gegebenenfalls auf *Ändern*, um den vollständigen Pfad zu sehen.

Die CD-ROM zum Buch

Die in den Kapiteln des Buches beschriebenen Beispiele und Vorlagen finden Sie im Ordner *Buch* auf der Begleit-CD-ROM. Tabelle A.1 listet zu jedem Kapitel, den Speicherort und die Namen der Beispieldateien auf.

Die Dateien für Anwender *bis PowerPoint-Version 2003* tragen die Endung *.PPT*. Dateien, die mit *Power-Point 2007* angelegt wurden, haben die Endung *.PPTX* und im Dateinamen den Zusatz *_2007*.

Anwender von PowerPoint 2000, 2002 und 2003 können in PowerPoint 2007 erstellte Dateien auch öffnen, vorausgesetzt das *Compatibility Pack* ist installiert. Dieses gibt es bei Microsoft als kostenlosen Download (37,3 MB) unter der folgenden Adresse:

http://www.microsoft.com/downloads/details.aspx?familyid=4F97AB2F-1F7D-49A3-9123-7CA3E703B916&displaylang=de

Beachten Sie auch die Hinweise zur Handhabung der Beispieldateien und Vorlagen im jeweiligen Kapitel.

HINWEIS   Für die meisten Beispiele ist es von Vorteil, den jeweiligen Ordner von der CD-ROM auf die Festplatte Ihres PCs zu kopieren und die Schreibschutz-Attribute der Dateien aufzuheben.

Markieren Sie dazu im Windows-Explorer die kopierte(n) Datei(en), klicken Sie mit der rechten Maustaste auf die Markierung, wählen Sie im Kontextmenü den Befehl *Eigenschaften*, deaktivieren Sie das Kontrollkästchen *Schreibgeschützt* und klicken Sie dann auf die Schaltfläche *OK*.

Kapitel	Speicherort	Dateiname
1	\Buch\Kap01	Kapitel_01.ppt
2	\Buch\Kap02	TexteAttraktiv.ppt; Ziele.ppt; Pfeilsymbol_30Grad.emf; Pfeilsymbol_330Grad.emf; TexteAttraktiv_2007.pptx; Ziele_2007.pptx; MindMap.glox (SmartArt-Layout für 2007)
3	\Buch\Kap03	Organigramm.ppt; Organigramm_2007.pptx
4	\Buch\Kap04	Teile zum Ganzen.ppt; Vorlagen.ppt; Kap04_PPT2007.pptx
5	\Buch\Kap05	Abfolgen+Prozesse.ppt; Abfolgen+Prozesse_2007.pptx
6	\Buch\Kap06	Balkendiagramm.ppt; BildDiagramm.ppt; Cockpit.ppt; PiktogrammDiagramme.ppt; Portfolio.ppt; Blase.png; Euro1.png; Euro2.png; Euro3.png; Euro4.png
7	\Buch\Kap07	Tabelle.ppt; Kapitel_07.xls; Tabelle_2007.pptx; Kapitel_07.xlsx
8	\Buch\Kap08	LandkartenFahnenBilder.ppt; LandkartenFahnenBilder_2007.pptx
9	\Buch\Kap09	Infografiken.ppt; Infografiken_2007.ppt;x
10	\Buch\Kap10	Interaktiv.ppt; PowerPoint-Anwendertage_2005.pps; Interaktiv_2007.pptx; PowerPoint-Anwendertage_2008.ppsx
11	\Buch\Kap11	11_Bewegte Bilder.ppt; folie3_trotten.swf; folie5_laufen.swf; folie7_laufen.swf; folie7_trotten.swf; folie8_rasen.swf; folie8_trotten.swf; folien4_9_trotten.gif; folien6_9_laufen.gif; einen Ordner *Flash* und einen Ordner *GIF* mit je 15 Dateien
12	\Buch\Kap12	3D-Entscheidungsmatrix.pptx
13	\Buch\Kap13	PowerPoint_2007-Handbuch_Diagrammkapitel.pdf; Kap13_Beispiel_1.pptx; Kap13_Beispiel_2.pptx; Kap13_Beispiel_3.pptx; Kap13_Beispiel_4.pptx; Kap13_Beispiel_5.pptx
14	\Buch\Kap14	Kap14_SmartArts.pptx

Tabelle 1 Übersicht über die Beispieldateien auf der CD-ROM

Bonus für alle engagierten PowerPoint-Anwender

Der Ordner *Zusatz* enthält eine echte Fundgrube für PowerPoint-User – unter anderem sechs Hefte des Informationsdienstes »PowerPoint aktuell« (*www.powerpoint-aktuell.de*) als PDF, Ausgaben von »Power-Point-TV«, eine geniale Sammlung von Produktivitätstools sowie Umstiegshilfen für PowerPoint 2007.

Speicherort	Dateiname
\Zusatz\PowerPoint_aktuell	Sechs Ausgaben der Monatszeitschrift zu PowerPoint als PDF
\Zusatz\PowerPoint-TV	Zwei Ausgaben des Video-Podcasts »PowerPoint-TV« und eine Videoanleitung zum Konfigurieren der *Symbolleiste für den Schnellzugriff* in PowerPoint 2007
\Zusatz\Tools\01_Efficient	30-Tage Demoversion der Add-In-Sammlung »Efficient Elements for presentations«, die den Umgang mit PowerPoint deutlich produktiver macht – inkl. Anleitung
\Zusatz\Tools\02_2007	Nützliche Helfer von Microsoft für den problemlosen Umstieg auf Office 2007
\Zusatz\Tipps	Zuschauergerecht gestalten.pdf
\Zusatz\Tipps	Bildquellen.pdf
\Zusatz\Tipps	Komprimieren.pdf

Tabelle 2   Übersicht über den Inhalt des Ordners *Zusatz* auf der CD-ROM

Stichwortverzeichnis